中国社会科学院创新工程学术出版资助项目

中国经济运行分析
（1953—1957）

武 力 董志凯 主编

中国社会科学出版社

图书在版编目（CIP）数据

中国经济运行分析：1953—1957/武力，董志凯主编 .—北京：中国社会科学出版社，2017.10

ISBN 978 - 7 - 5161 - 6559 - 1

Ⅰ.①中… Ⅱ.①武…②董… Ⅲ.①中国经济—经济运行—研究报告—1953—1957 Ⅳ.①F123

中国版本图书馆 CIP 数据核字（2015）第 160055 号

出 版 人	赵剑英
出版策划	卢小生
责任编辑	戴玉龙
责任校对	石春梅
责任印制	王 超
出 版	中国社会科学出版社
社 址	北京鼓楼西大街甲 158 号
邮 编	100720
网 址	http：//www.csspw.cn
发 行 部	010 - 84083685
门 市 部	010 - 84029450
经 销	新华书店及其他书店
印 刷	北京明恒达印务有限公司
装 订	廊坊市广阳区广增装订厂
版 次	2017 年 10 月第 1 版
印 次	2017 年 10 月第 1 次印刷
开 本	710×1000 1/16
印 张	26.75
插 页	2
字 数	448 千字
定 价	98.00 元

凡购买中国社会科学出版社图书，如有质量问题请与本社营销中心联系调换
电话：010 - 84083683
版权所有　侵权必究

作者分工

武力：导论、第一章、后记；

石建国：第二章；

徐建青：第三章；

隋福民：第四章；

董志凯：第五章；

肜新春：第六章；

姜长青：第七章；

赵学军：第八章；

曲韵：第九章；

隋福民：第十章；

程连升：第十一章；

武力、董志凯负责全书纲目设计和统稿。

目 录

导 论 ··· 1
  一 1953—1957年经济发展与体制变革概述 ···························· 1
  二 工业化与社会主义改造的关系 ··· 6
  三 对社会主义经济体制的初步探索 ······································ 11
  四 国际环境对中国发展的影响 ·· 14

第一章 社会主义工业化战略的确定和办法 ································ 18
  第一节 社会主义工业化战略的确定 ······································ 18
    一 新中国工业化的基础和环境 ·· 18
    二 "社会主义工业化"战略的形成 ··································· 21
  第二节 第一个五年计划的编制 ·· 25
    一 "一五"计划的编制过程 ·· 25
    二 "一五"计划的主要内容 ·· 30
    三 "一五"计划对几个经济关系的处理 ···························· 34
  第三节 应对经济"紧运行"的综合平衡办法 ························· 36
    一 1953年的"小冒进"与稳步前进方针的提出 ·················· 36
    二 1956年"冒进"的形成 ·· 39
    三 "反冒进"的提出和初步实施 ····································· 44
    四 "八大"前后的继续"反冒进" ··································· 45

第二章 "一五"时期市场与计划的矛盾及制度变革 ····················· 49
  第一节 "一五"初期的商品市场基础 ··································· 49
    一 市场结构 ··· 49
    二 市场调节机制 ··· 53

第二节 "一五"期间计划与市场的矛盾日益突出 53
    一 基本建设投资骤增与两次冒进 54
    二 流通领域中出现的新情况 56
    三 市场竞争对计划安排的冲击 62

第三节 "一五"时期的制度变革 64
    一 对农业、手工业和资本主义工商业的社会主义
       改造速度加快 65
    二 迅速控制工农业产品大部分货源，对主要物资的
       计划管理加强 67
    三 生产资料由国家统一分配的种类和范围增加速度加快，
       计划分配逐步制度化 69
    四 部分消费品实行计划分配，开始按票证供应 70
    五 对自由市场的管理逐步加强 70
    六 物价管理权限集中到中央 71

第三章 微观经济运行中的矛盾和解决办法 73

第一节 农业小生产与高积累的矛盾 73
    一 新民主主义制度下的农业生产情况 73
    二 计划制度下的农业生产剩余与分配 76
    三 农业社会主义改造的历史分析 79

第二节 私营经济与发展战略的矛盾 82
    一 过渡时期的多种经济成分 82
    二 走向公私合营的私营工商业 89
    三 私营工商业被改造的原因分析 92

第三节 国营经济经营管理中的矛盾 94
    一 "一长制"与党委领导制的争论 94
    二 国营企业运行中的效率分析 99
    三 企业运行中的激励不足问题 100

第四章 传统农业向现代农业的转变 104

第一节 分散的小农经济与高积累的矛盾 104
    一 新民主主义制度下的农业生产情况 104

二　小农经济与国家高积累的矛盾……………………………106
第二节　国家的农业发展计划、政策和投资………………………109
　　一　国家的农业发展计划和措施……………………………109
　　二　国家对农业的投资………………………………………117
第三节　农业技术的进步……………………………………………120
　　一　农作物品种改良和良种推广……………………………120
　　二　农作物病虫害的防治和牲畜疫病的防治………………121
　　三　农作物耕作技术和栽培技术的改革……………………121
　　四　改良旧式农具和推广新式农具…………………………124
　　五　土壤改良和增施肥料……………………………………125
第四节　农业合作化的迅速实现……………………………………126
　　一　农业合作化的稳步发展…………………………………126
　　二　农业合作化进程的加快…………………………………129
　　三　农业合作化提前完成……………………………………134
　　四　高级农业生产合作社体制的调整及其中断……………140
第五节　1953—1957年农业发展情况………………………………144
　　一　农作物业的发展…………………………………………144
　　二　畜牧业的发展……………………………………………147
　　三　林业的发展………………………………………………147
　　四　渔业生产的发展…………………………………………148
　　五　农业发展速度及对国民经济发展的贡献………………149

第五章　以工业为核心的基本建设推进……………………………154

第一节　基本建设投资结构与基本建设体制的关系………………154
　　一　新中国的投资结构取决于旧中国的经济遗产…………154
　　二　优先发展重工业的利弊得失……………………………157
　　三　资金筹集与投资体制变迁………………………………158
第二节　工业基本建设的结构与布局辨析…………………………161
　　一　重点建设项目确立的指导思想…………………………161
　　二　轻重工业投资比重与农轻重的关系……………………162
　　三　沿海与内地布局的变化因素……………………………165
第三节　工业基本建设决策的实践…………………………………167

一 "外援"与"引进"的利用 …………………………………… 167
　　　二 地质勘测与设计业的成长 …………………………………… 170
　　　三 "条条"与"块块"的协作配合 …………………………… 174
　第四节 工业基本建设对后发国家工业化的意义 …………………… 180
　　　一 基础工业与基础设施的价值 ……………………………… 180
　　　二 能源、原材料的作用 ……………………………………… 182
　　　三 装备制造工业起步与工业化根基的确立 ………………… 185
　　　四 建筑业的发展保证了基本建设的实施 …………………… 189

第六章　交通通信业的发展对经济增长的影响 ……………………… 191
　第一节 1953—1957年中国交通通信业发展概述 ………………… 192
　　　一 国内外经济发展情况及影响 ……………………………… 192
　　　二 交通通信业总体发展状况 ………………………………… 193
　　　三 突出的计划管理特点 ……………………………………… 196
　　　四 苏联经验的影响 …………………………………………… 197
　第二节 交通通信业的发展和增长 …………………………………… 200
　　　一 铁路行业的发展与增长 …………………………………… 201
　　　二 公路运输业的发展 ………………………………………… 207
　　　三 水运事业的发展 …………………………………………… 210
　　　四 航空事业的起步 …………………………………………… 213
　　　五 邮电通信业的缓慢发展 …………………………………… 215
　第三节 国外经验与历史启示 ………………………………………… 218
　　　一 国外发展经验 ……………………………………………… 218
　　　二 "一五"期间中国交通通信业发展的绩效分析 ………… 225

第七章　生产建设型财政的形成及对经济发展的影响 ……………… 234
　第一节 1953—1957年的财政体制分析 …………………………… 234
　　　一 中央对财权的集中 ………………………………………… 234
　　　二 国营企业财务管理体制的变化 …………………………… 241
　　　三 1957年对财政体制的改革 ……………………………… 247
　第二节 1953—1957年财政收支情况分析 ………………………… 249
　　　一 财政运行的整体情况 ……………………………………… 249

二　财政各年运行的具体特点和问题……………………………… 254
　第三节　国家财政对"一五"计划完成的贡献 ………………………… 259
　　一　重工业优先发展战略对财政资金的大量需求………………… 259
　　二　"一五"时期中央政府主导的经济建设 ……………………… 261
　　三　财政收支与社会经济的协调发展……………………………… 262

第八章　金融制度的变迁与金融资金的计划运行……………………… 266
　第一节　金融体制的高度集权化………………………………………… 266
　　一　金融体系的集权化……………………………………………… 267
　　二　金融管理体制的集权化………………………………………… 269
　第二节　金融市场的进一步萎缩………………………………………… 272
　　一　投资公司的兴办与关闭………………………………………… 273
　　二　商业信用的清理与禁止………………………………………… 276
　第三节　信贷资金的计划运行…………………………………………… 279
　　一　国家银行信贷资金来源………………………………………… 280
　　二　国家银行信贷资金的运用……………………………………… 286
　　三　信贷资金计划运行的两次失误………………………………… 291
　第四节　金融在经济发展中的作用……………………………………… 293
　　一　信贷杠杆促进社会主义改造…………………………………… 293
　　二　支持国营经济的发展…………………………………………… 296
　　三　促进农业生产合作社发展生产………………………………… 299

第九章　两大阵营下的对外经济关系…………………………………… 303
　第一节　"一五"时期国内外环境的变化与对外贸易的新
　　　　　发展………………………………………………………………… 303
　　一　"一五"计划时期中苏关系的新变化及对中苏贸易的
　　　　影响……………………………………………………………… 304
　　二　与东欧社会主义国家间贸易关系得到强化…………………… 308
　　三　"和平共处五项原则"的提出及中国与发展中国家间
　　　　贸易的拓展……………………………………………………… 309
　　四　与资本主义国家间反对"封锁""禁运"的新突破…………… 310
　第二节　对外贸易进出口结构变化及成因分析………………………… 312

一　工业化战略对进口需要的带动…………………………312
　　二　国内生产力水平对出口能力的制约…………………………315
　第三节　对外贸易领域集中统一经营管理体制的强化与确立……318
　　一　对外贸易经营管理体制的调整与变化…………………………318
　　二　对外贸易集中统一管理体制形成中的历史因素……………321
　　三　"一五"时期对外贸易经营管理体制的效果分析………324
　第四节　对外经济技术援助的发展…………………………325
　　一　对社会主义国家的援助…………………………325
　　二　万隆会议及对亚、非民族主义国家的援助……………329
　　三　对外援助的规模和效果…………………………330

第十章　科技进步与经济发展……………………………332

　第一节　工业化战略的诉求…………………………332
　　一　科技进步：赶超型工业化战略的诉求……………332
　　二　党和政府高度重视科技进步…………………………333
　第二节　科技进步的现实选择分析…………………………336
　　一　科技进步的条件…………………………336
　　二　引进与创新相结合，提倡百家争鸣……………………338
　　三　全民动员：技术革新运动…………………………346
　第三节　科研体制的建立和人才的培养……………………347
　　一　制度和人才：科技进步的保障………………………348
　　二　知识分子问题会议及其方针政策……………………351
　　三　科研体制的建立及特征…………………………354
　　四　科技发展的规划：指引科研方向……………………356
　　五　教育变革：培养科技人才…………………………360
　第四节　科技进步与经济绩效的分析………………………364
　　一　科技进步促进经济增长…………………………365
　　二　工农业科技进步和工业基础的建立…………………366

第十一章　劳动就业和工资福利的变化……………………370

　第一节　劳动力市场日渐式微…………………………370
　　一　城乡劳动力就业的分割…………………………370

	二　劳动力市场的运行状况……………………………………	372
	三　劳动力市场式微的原因和影响…………………………	375
第二节	劳动就业政策及其实施………………………………………	379
	一　劳动力资源供给增加和就业压力加大…………………	379
	二　就业政策的调整和统包统配就业制度的形成…………	382
	三　解决就业的办法和效果…………………………………	385
	四　就业政策的执行效果……………………………………	388
第三节	工资制度改革和收入分配趋势………………………………	393
	一　国有单位工资制度的改革………………………………	393
	二　公私合营企业的工资改革………………………………	397
	三　职工工资水平和结构的变化……………………………	398
	四　职工工资增长中的关系处理……………………………	402
第四节	职工劳动保险和劳保福利……………………………………	404
	一　企业职工劳动保险制度的进一步发展…………………	405
	二　国家机关、事业单位社会保险制度的进一步完善………	407
	三　职工生活福利的进一步丰富……………………………	408
	四　劳动保护制度的建立与实施……………………………	411

导　　论

1953—1957年是中国开始大规模经济建设与成功实现向单一公有制和计划经济的社会主义过渡的重要历史时期。在这短短的五年里，不仅中国的工业化发展迅猛，令世界瞩目，而且这是在中国的经济体制发生急剧变动的条件下实现的。这种变化到底是怎样发生的？它的利弊得失如何评估？为什么会发生这种变化？它与前后两个历史时期的关系如何？这种变化背后的动因和制约因素有哪些？揭开这些20世纪50年代发生在中国大陆上的经济史之谜，是本书的愿望。

一　1953—1957年经济发展与体制变革概述

1952年年底，国民经济按预定计划完成恢复任务后，中央人民政府即决定从1953年开始，我国进入大规模经济建设时期，并开始实施发展国民经济的第一个五年计划。这就是本书论述的起点。

1952年年底国民经济恢复任务完成以后，走怎样的工业化道路的问题摆在了中国共产党面前。当时的中国不仅经济落后，人均GDP仅119元，城乡居民人均银行储蓄仅1.5元，工业化的资金极为匮乏；同时我国面临着更为严峻的国际环境，朝鲜战争爆发后，以美国为首的西方国家不仅对我国进行经济封锁，而且威胁到我们的国家安全，即使从国家安全和建立独立国防工业的角度看，尽快建立独立的工业体系也成为刻不容缓的任务。因此，当1953年我国开始大规模经济建设后，为加快工业发展，就选择了苏联模式的社会主义工业化道路。其结果，一是在经济落后、资金和人才短缺的条件下，为加快工业化步伐，被迫选择了一条实行进口替代和压缩消费的优先发展重工业战略；二是为保障上述战略的实施和"一五"计划的完成，加快了社会主义改造的步伐，即通过实行单一公有制，排除市场调节对优先快速发展重工业战略的妨碍，将资源配置控制在政府手中。这些都集中表现在1953年中共中央正式提出和大张旗鼓地宣传的"党在过渡时期总路线"上。

由于缺乏经验和基本的资料数据，尽管"一五"计划的编制工作得到苏联的帮助，但为了减少失误，从1951年2月中央财经委员会试编到1955年7月全国人大一届二次会议通过，"一五"计划的编制仍然历时4年，五易其稿才最终确定。

第一个五年计划的基本任务是：集中主要力量进行以苏联帮助设计的156个建设项目为中心、由694个建设项目组成的工业建设，建立我国社会主义工业化的初步基础；发展部分集体所有制的农业和手工业合作社，建立对农业和手工业社会主义改造的初步基础；基本上把资本主义工商业分别纳入各种形式的国家资本主义轨道，建立对私营工商业社会主义改造的基础。围绕基本任务，"一五"计划提出了以下12项具体任务：(1)建设重工业，使之门类比较齐全；(2)相应建设纺织工业和其他轻工业；(3)充分合理地利用原有的工业企业，发挥其潜在的生产能力；(4)采用说服、示范和国家援助的办法推动农业合作化运动，并在此基础上进行初步的技术改良，提高单位面积产量；(5)相应发展交通运输业和邮电业，主要是铁路建设；(6)在国家统筹安排下，分别对不同情况，采用不同的合作方式，逐步将个体手工业、个体运输户和独立小商业组织起来；(7)将私营工商业的大部分纳入国家资本主义轨道，其中私营现代工业的大部分将转变为高级形式的公私合营；(8)保证市场稳定；(9)发展文化教育和科研事业；(10)厉行节约，反对浪费，提高资金积累；(11)在发展生产和提高劳动生产率的基础上，逐步改善人民的物质和文化生活；(12)继续加强国内各民族之间经济和文化的互助合作，促进各少数民族经济和文化事业的发展。

根据上述任务，"一五"计划的主要指标为：5年内用于经济和文化建设的投资总额为766.4亿元（当时折合黄金7亿多两），其中用于基本建设的投资为427.4亿元；在上述427.4亿元中，工业部门占58.2%。5年内工农业总产值增长51.1%，平均每年增长8.6%；其中工业总产值平均每年增长14.7%，农业和副业总产值平均每年增长4.3%。5年内职工平均工资约增长33%，农村居民购买力提高一倍。

在"一五"计划实施的第一年，即1953年，中共中央提出了著名的

"过渡时期总路线"。按照中国共产党在新中国成立前后的设想，由于中国的经济落后，新中国应该经历一个多种经济成分并存发展的新民主主义社会，只有当经济发达、条件成熟后，再开始向单一公有制的社会主义社会过渡。从1952年下半年开始，毛泽东根据新中国成立以来的实践，认为中国向社会主义的过渡，并不是也不应该等到经济发达后的某一天再开始，而是从新中国成立之日即开始了，这是一个逐步的过渡，即社会主义改造与工业化应该是同步进行，而不是等到工业化后再开始社会主义改造。毛泽东批评了党内关于巩固新民主主义"新秩序""走向社会主义"的提法，经过1953年8月的全国财经会议，毛泽东说服了全党，提出了工业化与社会主义改造同步进行的"党在过渡时期总路线"，其主要内容就是：从1953年开始，用15年或更长的时间，逐步实现工业化和对农业、手工业、资本主义工商业的社会主义改造，使中国进入单一公有制和计划经济的社会主义社会。"过渡时期总路线"当时作为中国共产党和国家一切工作的"灯塔"，对中国大陆的经济体制变迁产生了重大影响。从1953年开始，经济工作和社会改革的目标，就是在保证快速推进工业化的同时，使经济体制逐步转向单一公有制和计划经济的社会主义。

1953年是执行"一五"计划的第一年，由于缺乏经验和各地、各部门都想多搞一些建设，上半年的建设摊子铺得大了，政府和国营企业投资超过了国民经济的承受能力，从而导致经济的紧运行，尤其是农副产品供应紧张。1953年8月的全国财经会议虽然纠正了上半年出现的经济建设小"冒进"，提出了"综合平衡，稳步前进"的方针。但是，经济紧运行导致的粮食供应紧张，却使政府认为这是小农经济和市场与社会主义工业化的矛盾。解决矛盾、保证工业化的办法，一是实行粮食"统购统销"，即取消主要农产品供销中的市场调节机制；二是加快农业合作化的步伐，即通过将小农经济改造为规模较大的合作社经济，来大幅度提高农产品的产量，解决"农业拖工业化后腿"的问题。第一个办法只是治标，第二个办法才能治本。根据上述认识，1953年10月，中共中央决定对粮食实行"统购统销"政策，11月做出对食用植物油实行"统购统销"。1954年9月，国家又对棉花、棉布实行"统购统销"政策。于是市场机制基本退出国民经济中最重要也是影响最大的行业。同时，1953年10月召开的第三次全国互助合作会议也统一了党内对农业合作化速度的认识，12月，中共中央做出《关于发展农业合作社的决议》，要求农业合作化的重心由巩固发展互助组转向发展初级生产合作社（以下简称"初级社"）。

1953年，国家在对农业和农产品供销体制采取上述变革决策的同时，还根据"过渡时期总路线"的精神，并配合农产品统购统销，着手安排对资本主义工商业的社会主义改造，根据前几年的经验，确定以"公私合营"作为改造资本主义工商业的主要形式，制定了比较明确具体的进度表。对于个体手工业，1953年年底召开的第三次全国手工业合作会议，也确定了对其进行社会主义改造的方针和政策，即通过逐步发展手工业合作社的办法，将个体手工业者组织起来，达到消灭个体经济的目的。

1954年，严重的自然灾害使农业没有完成预定的增产计划，由此影响了1955年的工业增长计划，按照这种情形，"一五"计划有可能落空。同时1954年以来农业合作化因推进过快也产生了不少问题，中央农村工作部部长邓子恢等主张1955年合作社暂停发展，以整顿和巩固现有的合作社为主。面对这种情况，毛泽东在经过自己的调查研究后认为，要保证社会主义工业化的顺利进行，农业合作化必须加快速度；占农村人口大多数的贫下中农，具有很高的社会主义积极性，应充分利用这种积极性，加快农业合作化的步伐。1955年7月31日，毛泽东在省、直辖市、自治区党委书记扩大会议上作了著名的《关于农业合作化问题报告》。该《报告》阐述了上述观点，并对邓子恢等人进行了严厉批评，要求加快农业合作化的步伐。毛泽东的权威和道理使他的观点又一次被中共中央所接受。于是在批判"右倾保守思想"的压力和过度宣传合作社优越性的双重作用下，全国农村掀起了合作化的高潮。到1955年年底，初级社即由6月的65万个增加到190多万个，入社农户占农户总数的63%左右。1956年1月，毛泽东主编并亲自写了两篇序言和大量按语的《中国农村的社会主义高潮》一书公开出版，进一步推动了合作化运动。到1956年3月，入社农户占全国农户总数的90%，到年底，则达到97%，农业合作化速度之快，甚至超过了毛泽东的期望。初级社发展的辉煌成果，又诱发人们加快高级农业生产合作社（以下简称"高级社"）的发展速度。在1955年7月农业合作化高潮前，全国参加高级社的农民仅4万户，到1956年3月，参加高级社的农民已达6000万户，到年底，又达到10742.2万户，已占入社农户总数的90%以上。至此，农业社会主义改造基本完成。

1955年8月开始的农业社会主义改造高潮，也带动了手工业和资本主义工商业的社会主义改造。1955年12月召开的第五次全国手工业生产合作会议即根据中共中央的指示，要求手工业合作化的速度必须与农业和资本主义工商业的社会主义改造相适应，在1956年和1957年两年内，基本上完成手工业合作化的组织任务。于是从1956年1月开始，全国出现手工业合作化的高潮。到1956年年底，全国手工业生产合作社（组）已达到10.4万个，社（组）员达到470万人，占全国手工业从业人员总数的91.7%，产值108亿元，占全国手工业总产值的9.29%。至此，手工业的社会主义改造也于1956年底基本完成。资本主义工商业的社会主义改造，在1955年农业合作化高潮前即已取得较大进展。1954年配合农副产品统购统销，基本上消灭了私营批发商；到1955年，加工订货这种初级形式的资本主义企业，已经在全国普遍发展起来，实行加工订货的私营工厂产值占全部私营工业总产值的81.7%；而500人以上的大型私营工厂90%都已实行公私合营，剩下的小企业，由于市场萎缩、资金缺乏、设备落后、工人不安心等原因，处境十分困难。因此，当农业合作化高潮到来和毛泽东希望资本主义工商业也加快社会主义改造速度时，私营企业即掀起全行业公私合营浪潮。北京在1956年1月，仅用10天的时间，即实现了全市私营工商业的公私合营。到1956年年底，实行公私合营的工业企业产值已占原有私营工业企业总产值的99.6%；私营商业也以公私合营、合作社商店或合作小组的形式，绝大部分完成了社会主义改造。

农业、手工业和资本主义工商业的社会主义改造，由于实际进程比原计划大为缩短，因此出现了要求过急、工作过粗、形式过于单一等毛病，但总的来说，在当时并未造成太大的社会动荡和对经济产生直接的不利影响，只是从长远看，这种单一公有制和计划经济体制，并不适合中国的国情。

1955年下半年开始的社会主义改造高潮，影响并导致1956年经济工作中出现"冒进"，即经济过热现象，后经及时纠正和1957年的调整，使"一五"计划得以超额完成。5年内，工业总产值年均增长18%，超过了"一五"计划规定的14.7%；农业总产值年均增长4.5%，超过了"一五"计划规定的4.3%。"一五"计划期间工业的迅速发展，为我国的工业化奠定了基础。"一五"计划的制订和实施，在当时西方封锁的情况下，得到了苏联在资金、技术和人员方面的大力援助。

1956年以后，中国共产党根据自己的经验和鉴于苏联暴露的经济建设中的教训，曾对如何建设中国的社会主义经济和工业化进行了认真全面的探索，可惜，这种探索因体制弊端还未充分展开以及"反右"运动的干扰而中断。

以"过渡时期总路线"为指导的上述经济发展战略和经济制度变革，虽然在当时保证了"一五"计划时期的经济高速增长和重工业的迅速发展，并提前实现了向社会主义的过渡，但是其消极后果也很严重。一方面，这种发展造成全面"短缺"和经济紧运行，使工业化缺乏后劲，并引发周期性的波动；另一方面，由此形成的单一公有制和计划经济体制，从长期来看，不利于调动各方面的积极性，不利于国民经济的全面健康发展。

总的来说，这五年既是新中国凯歌行进、意气风发、成就巨大的时期，也是中国共产党在经济建设方面因缺乏经验，解决问题的方法由民主革命时期的强调马克思主义与中国实际相结合转到更多地信从斯大林创造的社会主义理论和模式，其标志就是轻易放弃了自己几十年总结出来的新民主主义经济理论，转而接受苏联的社会主义经济模式。辉煌与误区同在，是这个时期经济发展历史的突出特点。

二　工业化与社会主义改造的关系

众所周知，工业化是近代以来世界各国走向富强的必由之路，早期资本主义国家通过对外扩张和殖民，充分利用世界资源和市场实现了工业化，并由于后起资本主义国家加入对世界资源和市场的争夺而导致了20世纪上半期两次惨烈的世界大战。而有悠久历史和灿烂文明的中国，在近代则成为帝国主义列强争夺世界资源和市场的牺牲品，究其原因，就像毛泽东后来总结的那样：一是经济落后；二是制度腐败。因此，当1949年中国人民在中国共产党的领导下建立新中国并彻底扫除了腐败的旧制度后，通过尽快工业化实现国家的富强就自然成为执政的中国共产党的最重要目标。实际上，这不仅是近代以来中国人民一直追求的目标，而且惨痛的历史教训还告诉中国人民：在弱肉强食的帝国主义时代，落后就要挨打，没有工业化，就没有国家的统一和安全，就没有真正稳定的和平，就有可能在未来的战争中再次成为牺牲品，成为亡国奴。

中国民主革命的成功，是学习苏联和接受马克思主义的结果；同样，我国在革命成功后如何实现工业化问题上，也与苏联当时的情况相似，即不能靠对外侵略和掠夺来积聚工业化资金，面临帝国主义的经济封锁和军事威胁。在1955年苏联国内问题"揭盖子"以前，苏联的工业化道路是赶超战略的成功典范，并为第二次世界大战苏联的胜利所证明，受到世界瞩目。

应该说，从新中国成立的那天起，中国共产党的性质和中华民族的强烈愿望，就使得中国共产党担负起加快工业化的历史使命。纵观新中国60年的历史可以看出，中国共产党领导集体都力图加快实现工业化。而在这个阶段所出现的经济体制的急剧变迁，实际上也是为了加快工业化。

迅速实现工业化，改变中国近代以来积贫积弱的落后面貌，不仅是实现中国强大的根本，也是当时各阶层的共识，已经列入1949年的《共同纲领》和1954年的第一部宪法中。但是，新中国成立以后，面对的是一个人口众多、人均资源贫乏、资金极为短缺的现实，加上朝鲜战争爆发后国家安全和统一受到威胁，因此要赶上欧美以及周边的日本和苏联，必须加快发展速度。而要加快速度，就必须加快重工业的发展。此时，怎样突破所谓的"马尔萨斯陷阱"，解决六亿人口的吃饭问题，同时又可以积累起资金开展工业建设，突破发展经济学所说的"贫困陷阱"，对当时中国共产党和新中国来说，是一个最大的难题。20世纪50年代兴起的发展经济学提出的唯一解决办法是通过引进外资来突破"贫困陷阱"，这个解决办法对于中国这个大国来说是难以实现的。一是中国不可能再重走对外扩张来获取资源和市场的道路；二是西方国家的封锁和敌视，使得吸引大量外资也是不可能的；三是苏联属于社会主义国家，虽然愿意援助中国，但是，由于它的经济体制因素（短缺经济）和战略重点在欧洲，对中国的援助也很有限。这种情况，毛泽东、刘少奇、周恩来等领导人早在新中国成立初期就已经预见到了，因此提出了"以自力更生为主、依靠外援为辅"的基本方针和政策。

实际上，当1953年新中国转入大规模经济建设以后，面临着与"十月革命"后的苏联几乎完全一样的国际环境和国内经济。1922年，列宁针对苏联需要迅速发展重工业的情况说："重工业是需要国家补助的。如果我们找不到这种补助，那我们就会灭亡，而不成其为文明的国家，更不必说成为社会主义的国家了。所以我们在这方面采取了坚决的步骤。"①

1953年中国转入大规模经济建设后，资金和物资立即捉襟见肘，要么放慢工业发展速度，按照市场化配置资源，这在今天看也未尝不可，甚至从长期看经济发展速度并不慢，但是，当时根据历史经验和理论（帝国主义和无产阶级革命时代），却担心战争随时可能爆发，中国再次成为"鱼肉"，因而不愿意放慢工业化速度；要么尽可能地将剩余拿到国家手里，在压低消费的同时保障社会稳定和公平，并采取行政办法配置资源，使投资向重工业倾斜，加快工业化步伐。后者正是苏联的办法。因此，中国在20世纪50年代选择了社会主义制度和发展道路。但是，准备采取苏联的办法来实现工业化，建立起单一公有制和计划经济制度来保障重工业的优先快速发展，即走"社会主义工业化"道路，也不仅仅是有主观愿望就可以，还必须有客观条件来实现。

第一，彻底的新民主主义革命为社会主义工业化提供了强大的政治基础。1840年以前的中国，是一个建立在农业文明高度发达基础上的封建社会。传统中国社会的政治体制经过夏商周以来四千余年的发展，到清代已经相当完备。第一，形成了统一而庞大的政府行政管理体系。其特点是条块结合、分级管理，实行对皇帝负责的三权（行政、监察、司法）分立、互相制约。第二，形成了一整套官吏选拔、考评和调任制度。特别是科举制度，打破了贵族和官僚的垄断，"白衣可致卿相"，使社会的优秀人才进入政府管理阶层。第三，在强大的国家官僚体系统治下，传统农业、手工业和商业非常分散，无论是农民还是市民都缺乏自我组织能力。

上述这种情况随着西方列强的入侵被彻底改变了。在1840年受到帝国主义国家的侵略而导致政府一败涂地并走向腐败后，中国这样一个大国很快就陷入了一个缺乏凝聚力和有效政府的"一盘散沙"的境地，政府不但不能保护国家安全，而且不能建立起公正、公平和稳定的社会，军阀混战，土匪横行，官吏盘剥，灾害频繁，民不聊生。在近代中国的100多年里，当资产阶级无力建立起一个强大的政府来维护国家安全和解决社会危机时，中国共产党应运而生，承担起领导民主革命的任务，从而使得民主革命由旧民主主义转变为新民主主义——其特点就是中国共产党领导下

---

① 列宁：《俄国革命的五年和世界革命的前途》（1922年11月13日），《列宁论新经济政策》，人民出版社1992年版，第200页。

的以贫苦农民为主体的武装斗争。

中国共产党通过20多年革命的锻炼,形成了极为强大有效的组织系统,其组织的效率不仅是中国有史以来最强大的,也是现代一般政党所不具备的。中国共产党不仅自己的组织效能极强,而且通过动员和领导广大人民群众参加民主革命,还形成了最有效的社会政治动员能力和强大的统治国家的力量。到1952年,中国共产党通过农村土地改革和城市民主改革,彻底消灭了农村的士绅阶层和城市的黑社会,党和政府的控制能力已经延伸到农村和城市的基层。

中国共产党及其所领导的政府的强大,不仅表现在上述动员和控制社会方面,还表现在其他的政党和组织都完全接受它的领导,没有任何政党或组织能够在政治上制约中国共产党的决策和权力。就社会各阶层看,人数最多的农民,经过彻底的土地改革,不仅过去在政治上可以与基层政府相抗衡的士绅阶层已经消失,甚至连可能对中国共产党不满的小地主和富农实际上也被消灭。农村中不仅形成了清一色的个体农民,而且基层组织的领导者(乡村干部和农会领袖)也是革命的获益者,不仅其财富,就是其权力和地位也来自中国共产党。他们是中国共产党最忠实的支持者。从城市看,中国共产党及其政府在就业、工资、劳动保护和保险方面确实大大改善了他们的处境,他们自然要拥护这个从农村来的、自称是他们阶级的政党。至于所谓的资产阶级,经过日寇和国民党政府的摧残和战争的破坏,到新中国成立时已经衰落,后又经过新中国政府整顿市场、限制政策以及"五反"的整治,到1952年年底,不仅政治上没有了表达自己意见的地位,在经济上也远不能与国家相抗衡。

第二,新民主主义革命和恢复时期的经济政策,为社会主义工业化奠定了经济基础。在西方经济学里,一般不将社会革命纳入研究的范围,马克思则运用历史唯物主义,将资本主义经济的发展与无产阶级革命联系在一起,创造了政治经济学。而研究1953—1957年的经济发展和制度变迁历史,如果不研究此前的社会革命,特别是新民主主义革命,就不能真正准确地理解它。不向前回溯100年,就不能正确理解新中国成立后党和政府为什么会将国家安全放到首要位置,就不能很好地理解新中国为什么要选择优先发展重工业。同样,不了解新民主主义革命斗争的残酷性、制度变革的深刻性、参与者的广泛性,就不能理解当新中国开展大规模经济建设后,当需要实行低消费、高积累政策时,为什么社会公平和平均在20

世纪50年代人的精神世界里那么重要，为什么在经济建设中会运用群众运动的方式和特别强调精神激励。正如著名经济史学家诺思所说的，意识形态和精神激励往往是经济发展中成本最低的手段。

新民主主义革命是最广泛的人民群众，特别是农民参与的革命，他们为新中国的建立做出了巨大的贡献，他们的代表中国共产党理应从经济上补偿和代表他们的利益与要求。认识到这一点，才会了解为什么在20世纪50年代，中国要实行彻底的土地改革和抑制私营经济，为什么经济制度和政策的选择只能是共同富裕的公有制，而不是导致贫富分化的私有化和市场经济。

从经济结构方面来看，旧中国强大的"官僚资本"为新中国建立强大的国家资本奠定了基础，新中国政府通过没收官僚资本和敌产，控制了金融、重工业、现代交通通信等关系国民经济命脉的行业。另外，在新中国成立初期，受战争和国民党长期通货膨胀的影响，市场混乱。为了保证供给和稳定市场，国营贸易企业迅速发展起来，并控制了主要工农业产品的流通；在对外贸易方面，西方的封锁与贸易重心转向苏联和社会主义国家，是国营外贸企业在"统制外贸"后形成垄断的另一个重要原因。在投资方面，政府也成为现代工业和基础设施的主要投资者，这一方面是因为可能成为投资主体的农民太穷、资产阶级元气大伤、外资不能进入；另一方面也是政府发行"公债"、控制信贷和限制资产阶级的结果。

至于当时在国民经济中占很高比重的小农经济（有1亿多户），不仅因为规模小、经营分散，无力与市场和国家抗衡；而且更重要的原因是土地改革所实行的无偿的、平均分配土地的方法，动摇了私有财产神圣不可侵犯的信念（本来中国传统社会这个观念就很薄弱），已经将国家的权力和意志注入了农民的私有土地。特别是人数众多的、在农村掌握基层政权的贫下中农，作为中国共产党的既得利益者，在统购统销和合作化面前，不仅无力，也不愿意反抗。

1949年中华人民共和国的建立，使中国的工业化进程进入了一个新阶段。通过革命战争建立起来的中国共产党执政的政府，一方面，利用政治和经济手段，并通过一系列运动将其组织深入到社会的最基层，建立起中国有史以来最强大有效的行政管理系统；另一方面，则通过接收国民党政府遗留下来的庞大国营经济和新中国成立初期社会经济所需要的政府干预，确立了政府主导型经济，政府成为工业化的主要推进者。1953年以后，又将其转变为以单一公有制和政府行政性计划管理为特征的计划经济。从1956年基本完成社会主义改造到1978年改革开放的20多年里，即使从微观经济运行上看，各级政府实际上也成为经济运行的唯一决策人和管理者。工业化正是在这种政治和经济体制下进行的。

三 对社会主义经济体制的初步探索

1953—1956年社会主义改造迅速而又顺利的完成，虽然使我国进入了苏联模式的社会主义，即基本建立起以单一公有制、计划经济和按劳分配为特征的社会主义经济制度，但是，经济体制并没有像过渡时期所预期的那样高效和完美，旧的矛盾虽然解决了，新的矛盾和问题却产生了。事与愿违，党的"八大"提出的将工作重心转移到经济建设方面的决策，在第一年，即1957年就受到"反右派"运动的干扰。此后，从1958年"南宁会议""反冒进"开始，政治运动和经济体制调整几乎没有间断过，我国进入了一个经济体制与经济社会发展矛盾重重、"剪不断，理还乱"的20年。

我国的社会主义经济形态，虽然在改造方式和经济发展水平上与当年的苏联不同，但是，从所有制结构和经济管理方法上看，即从建成后的形态上看，基本上是按照斯大林创造的苏联社会主义模式建立的，与苏联社会主义模式没有大多差异。

根据苏联的社会主义经济理论，中国的社会主义经济不存在对抗性的或不可克服的矛盾。在社会主义公有制和计划经济下，由于人与人之间是平等的、互助的同志关系，没有根本的利害冲突，人的积极主动性和聪明才智得以充分发挥；而计划经济，则可避免自由竞争所带来的浪费和经济波动。因此，社会主义是一个有计划、按比例发展，以不断发展生产来满足人民日益增长的需要的社会。

但是，现实中的社会主义单一公有制和计划经济，并不像理论上所说的那样优越。

第一，无论是当时的国营经济还是集体经济，都存在着激励不足和缺乏责任心的问题。在新中国成立初期，由于国营企业的广大职工经历了旧中国的苦难和新中国带来的政治、经济上的翻身（包括没有失业的压力),经历了改朝换代后的和平、安定、社会秩序良好,因此焕发出劳动热情和积极性。但是,随着时间的推移,当这种感激心情淡化后,国有企业那种政企不分、指令性计划管理、统一固定的八级工资制、没有失业和破产压力的机制,不仅使得企业的管理者缺乏相应的责任心(实际上既不能承担行政命令下的责任,也不需要其承担责任),也使得工人缺乏主动精神(即使不考虑物质刺激,工人只有增加生产的权利,而没有参与企业决策的权利,实际上企业管理者的决策权也很小,劳动热情是难以维持长久的),更何况计划管理的僵化还束缚了职工的主动性。

在农村,激励不足的情形更为严重。由于农业集体经济不像工业那样是各个工序的合作生产,既便于考核管理,人际关系也相对简单。集体经济是以地域为单位建立的,家庭、亲戚、朋友、"敌人"都在一起,既有过去政治斗争、经济纠纷甚至几代人遗留下来的旧矛盾,也有合作化以后形成的新矛盾,而这些又是不能逃避的,因为你不能脱离这个集体(除非个别的参军、进城或盲流)。当这种矛盾不能妥善解决时,它就转变为内耗或消极怠工,再加上"大锅饭"和"搭便车"机制导致的个人劳动投入最小化,使得集体经济的效益很低。更何况国家还通过"政社合一"制度和不承担责任的干预,使农民几乎丧失了所有经济权利(如生产经营自主权、购销自主权、分配自主权、人口迁徙和劳动力转移的自主权)。因此,在农村的集体经济内,农民的生产积极性并不像预期的那样高。

第二,计划管理能否做到科学合理的问题。马克思所设想的社会主义计划经济,是建立在生产社会化基础上的,即整个社会的生产就像一个工厂一样,可以实行计划管理。但是,马克思没有考虑到如下因素,即社会和经济的发展,使生产和经济生活日趋复杂化、多样化,政府即使有能力实行统一的计划管理,也会因管理成本太高而考虑值不值得。实际上,我国自从计划经济体制形成起,计划管理就受到是否能做到科学合理的挑战。首先,计划的合理性必须建立在完整准确的信息基础上,而中国的经济落后所造成的信息产业落后,不仅缺乏必要的、基本的经济资料,而且缺乏科学可靠的信息收集手段,更何况地方、企业、个人因种种原因还要扭曲信息。其次,我国经济运行中不确定因素影响很大,计划经济总会遇到一些不确定的、突发的因素,但是如果这种因素对整个经济影响过大,则预先制订的计划越具体、越详细,其可行性就越低。当时我国计划经济中最大的不确定因素就是农业靠天吃饭，因农业丰歉预测不准而导致计划变动的事例屡见不鲜。从1957年到1978年的20余年，无论是部门计划、国民经济的年度计划，还是中长期计划，实施结果与原来计划一致的情况几乎没有。

第三，国家经济决策能否代表人民最大利益和反映人民要求的问题。马克思设想的社会主义经济，是建立在资本主义高度发达的基础之上的，这既包括资本主义创造的物质文明，也包括其创造的精神文明，即商品经济高度发达所带来的民主和法制。民主与法制的成熟程度直接决定其代表和反映人民利益的程度。而20世纪所建立的社会主义制度，几乎都是产生于经济落后、资本主义没有得到充分发展的国家。因此，社会主义国家的民主与法制，几乎都要从头开始去建立和完善，这显然需要时间。但是，社会主义的单一公有制和计划经济，由于其管理权集中于政府甚至中央政府，经济上的集中导致了政治决策的集中，而缺乏民主决策和监督的公有制只能是一种名义上的政府所有制。而在1978年以前，我国社会主义民主和法制显然很不健全，即使党内的民主，甚至党内最高领导阶层的民主都不健全。

正是由于上述原因，使得苏联的社会主义经济体制虽然在20世纪三四十年代表现出巨大的优越性，例如，没有经济危机、没有失业，快速的工业化和战后经济恢复等，但是，从长期看，尤其是从长远的和平时期看，单一公有制和计划经济并没有表现出超过资本主义的优越性。而我国的社会主义经济体制因其生产力水平低于苏联，不仅其管理难度超过苏联，成效也远远低于预期目标。结果，农村中的家庭经营和商品经济冲动在"大跃进"失败后重新活跃起来，城市中的利用经济杠杆的呼声也越来越高。刘少奇、邓小平、陈云等绝大多数从事经济工作的领导都认识到并主张进行相应的体制调整和改革。

毛泽东"无产阶级专政下继续革命"理论的提出，一方面是要解决苏联经济体制所没有解决的问题，另一方面则是要阻止商品经济及其伴生物——私有制的复兴。毛泽东认为，社会主义的弊病是可以逐步克服和完善的，不必退回到多种经济成分并存和商品经济，克服的办法就是继续革命，过七八年就来一次"文化大革命"。

"文化大革命"干扰了经济建设。邓小平后来反思说："我们总结了几十年搞社会主义的经验。社会主义是什么，马克思主义是什么，过去我们并没有完全搞清楚。马克思主义的另一个名词就是共产主义。"① "社会主义的任务很多，但根本一条就是发展生产力，在发展生产力的基础上体现出优于资本主义，为实现共产主义创造物质基础。我们在一个长时期里忽视了发展社会主义社会的生产力。"② "社会主义究竟是个什么样子，苏联搞了很多年，也并没有完全搞清楚。可能列宁的思路比较好，搞了个新经济政策，但是后来苏联的模式僵化了。"③

四　国际环境对中国发展的影响

19世纪末以后，第二次工业革命使少数资本主义国家国力大增，资本主义开始进入由少数发达资本主义国家对世界资源和市场瓜分完毕并不断重新瓜分的阶段。这种以战争的形式、以殖民地和半殖民地为掠夺对象的重新瓜分，导致由局部战争演变为世界大战，而两次世界大战的间隔不到20年（如果从1919年巴黎和会作为第一次世界大战结束，从1937年日本全面侵华战争作为第二次世界大战开始），第二次世界大战的规模、时间和死亡人数都大大超过了第一次世界大战。其间还爆发了严重的世界性的1929年经济危机。这些都充分暴露出资本主义的严重弊病，"帝国主义是资本主义的垂死阶段"的结论被越来越多的人接受。

当世界资本主义发展到帝国主义阶段，即依靠武力来重新瓜分世界资源和世界市场的时候，社会主义作为消除这种资本主义灾难的一种新生力量应运而生。如果从世界范围看，到第一次世界大战前，资本主义制度只是在少数国家取得胜利，资本主义生产方式和工业化只是在少数几个国家得以实现，而大多数国家仍然处于这些资本主义国家的剥削和奴役下，国内的资本主义经济尚未处于主导地位，资产阶级也没有获得统治地位，一句话，资本主义经济基础和上层建筑都还没有在这些落后国家建立起来。在这种状况下，当帝国主义国家发动重新瓜分世界资源和市场的世界大战后，因这些帝国主义国家同时又是发达的资本主义国家，是资本主义生产方式和社会制度的代表，因此，无论是殖民地、半殖民地人民，还是帝国

---

① 《邓小平文选》第三卷，人民出版社1993年版，第137页。
② 同上。
③ 同上书，第139页。

主义国家的人民，其反对帝国主义的斗争和革命就必然包含有反对和否定资本主义的因素，这也是列宁为什么将帝国主义视为无产阶级革命的前夜，将帝国主义时代的民主革命纳入社会主义世界革命范畴的基本原因的历史根源，这一点也被历史事实所证明。

因此，当第一次世界大战爆发后，帝国主义国家之间、帝国主义国家内部、帝国主义国家与殖民地人民之间的矛盾，就自然被社会主义革命者所利用，从而掀起一场反对资本主义的社会主义革命。第一个社会主义国家苏联的诞生，就是列宁领导的"布尔什维克"利用俄国战争期间国内矛盾的激化和资产阶级"二月革命"后的社会动荡和人民的不满，迅速进行了"十月革命"，可以说，第一个社会主义国家的诞生，虽然内部条件是人民对沙皇的封建军事帝国主义的抛弃，但是，从整个大背景来看，却是广大人民在第一次世界大战后对资本主义制度失去了信心，认为这是一个"恶"的制度，不愿意再建立这种制度。同样的，第二次世界大战以后，新产生的社会主义国家，除了那些主要依靠外部力量建立起来的国家外，凡是主要依靠自己力量建立起来的社会主义制度的国家，都是第二次世界大战的被侵略、被压迫者，都是由民族、民主革命转变到社会主义革命的。这些国家的社会主义革命，与其说是因为资本主义充分发达基础上的无产阶级与资产阶级的矛盾，不如说是因为这些国家是资本主义世界的受害者，这些国家的人民不愿意再选择资本主义制度。可以说，20世纪50年代社会主义在世界范围内形成浪潮，即反映了这种现象。因此，这些国家的社会主义革命与殖民地、半殖民地带有民主革命性质的民族独立和解放运动一起，必然成为反对帝国主义的力量，自然也成为以美国为首的西方资本主义国家敌视的对象。"巴统"协定以及将中国列入被封锁的对象是一个证明。

因此，新中国成立前后，当毛泽东的《论人民民主专政》和中国人民政治协商会议通过的《共同纲领》一再强调新中国将在平等互利的条件下与西方国家开展贸易和经济合作，提出了"内外交流"的基本政策时，不仅没有得到以美国为首的西方国家的积极回应，反而对新中国实行了经济封锁政策。实事求是地说，是西方国家先关闭了与中国经济交往的大门，特别是在朝鲜战争爆发以后。①

1950年朝鲜战争爆发以后，美国不顾中国的再三警告，悍然越过"三八"线，中国被迫卷入战争，由此导致中美两国的直接对抗和来自西方威胁的升级（1840年以来这种威胁几乎没有停止过）。即使在朝鲜战争停战以后，美国仍然直接阻挠中国的统一。例如，当1954年爆发第一次"台海危机"时，1955年1月24日和28日，美国众参两院分别以410票赞成、3票反对和83票赞成、3票反对通过《防御福摩萨联合决议》。美国国会正式授权总统：为保证国民党控制台澎，可动用美军保卫国民党控制的任何区域，也可采取其他必要措施。②

1955年3月6日，杜勒斯对艾森豪威尔说，台海局势迅速恶化，美国不能在中共攻击金门、马祖时袖手旁观，他认为，形势的发展需要美国使用核武器。艾森豪威尔对杜勒斯的观点表示同意。3月7日，杜勒斯对参议院外交委员会主席乔治（Walter George）说，他认为，美国应当协防金马，并指出，这样做需要美国使用原子弹来摧毁中共在金马对岸的军事设施。③

3月10日，杜勒斯向国家安全委员会报告了他和总统的意见，并指示，为美国介入台海地区的军事行动和使用原子武器制造舆论，使盟国与国内民众思想上有所准备。④ 杜勒斯与艾森豪威尔和副总统尼克松多次在新闻记者招待会上暗示了美国有可能采用包括原子武器在内的一切手段来对付共产党中国的进攻。⑤

这种国际环境和历史教训都迫使中国必须加强国防力量，而优先发展重工业和尽快建立独立的工业体系，则是加强国防力量、维护国家安全的基本经济措施。当时中国工业极端落后的状况显然不能有效维护国家安全

---

① 1949年12月，苏联顾问柯瓦廖夫在其给斯大林的报告中就说"中国工商界已准备同任何外国商人做生意，只要能给他们带来利润。现在无论对国际贸易还是对国内外国人的贸易，中国政府都没有做出任何限制"。在朝鲜战争爆发前，新中国一直在采取积极的对西方国家贸易政策，希望通过"大进大出"来调整国内工商业呆滞状况。

② 《防御福摩萨联合决议》，《美国对华政策文件集（1949—1972）》（第二卷上），世界知识出版社2004年版，第438页。

③ 贾国庆：《未实现的和解》，文化艺术出版社1998年版，第184页。

④ "Memorandum of Discussion at the 240th Meeting of the NSC, March 10, 1955", FK Eisenhower Papers, FS NSC Series, Box 6. NSC Summaries of Discussion, Eisenhower Library.

⑤ Thomas E. Stolper, China, Taiwan and the Offshore Islands, FS M. E. Sharpe Inc., 1985, pp. 89 – 90.

和实现国家统一。1953 年，当中国完成经济恢复任务开始大规模经济建设时，中国工业发展水平与西方国家相比差距是很大的，以直接关系到国防工业的钢产量来看，美国总量是中国的 57 倍，人均是中国的 224 倍。正如毛泽东在当时所说："现在我们能造什么？能造桌子椅子，能造茶碗茶壶，能种粮食，还能磨成面粉，还能造纸，但是，一辆汽车、一架飞机、一辆坦克、一辆拖拉机都不能造。"①

同时，苏联及社会主义阵营给予了新中国真诚的援助，帮助中国加快工业化步伐，以迅速改变贫穷落后面貌，这可从"一五"计划中得到充分证明。

因此可以说，1953—1957 年的中国对外经济政策是正确的，新中国不仅巩固和提高了自己的国际地位、保障了国家安全，而且充分利用了社会主义阵营内的互助原则和国际资源，加快了中国工业化的步伐，同时也打破了美国的封锁，积极开展了与亚非拉第三世界的经济往来和合作。

---

① 《毛泽东文集》第六卷，人民出版社 1999 年版，第 329 页。

第一章　社会主义工业化战略的确定和办法

第一节　社会主义工业化战略的确定

新中国成立以后，随着民主革命任务的完成和国民经济的恢复，工业化就成为摆在执政的中国共产党面前最大也是最迫切的任务。如何实现工业化，对于中国共产党来说，是一个新问题，显然，中国不可能再走西方那种依靠对外扩张来实现工业化的资本主义道路；而严峻的国际环境又不允许中国慢慢地走发展轻工业道路，特别是在国民收入水平非常低的条件下，既要保证高积累的实现，又要保证人民生活的安定。因此，我国最终选择了苏联创造的社会主义工业化道路。

一　新中国工业化的基础和环境

中国作为一个后发工业化国家，实际上从19世纪下半叶的"洋务运动"开始，就探索在资本主义列强"虎视鹰瞵"和"弱肉强食"的环境下如何实现工业化的问题。

从洋务运动时期的资产阶级改良派到以孙中山为代表的革命派，从政府官员钱昌照、翁文灏到学者吴景超、谷春帆、马寅初、费孝通等，再到企业家荣德生、卢作孚等，都探讨过中国如何实现工业化问题，但是，理论和设想都没有实现。

怎样实现中国的工业化，这是中国共产党在民主革命时期就开始考虑的重要问题。1945年4月，在延安召开的中共"七大"上，毛泽东即指出了中国实现工业化的迫切性。他说："没有工业，便没有巩固的国防，便没有人民的福利，便没有国家的富强。"同时论述了工业化与民主革命、与资本主义经济的关系。① 1949年3月，毛泽东在党的七届二中全会上又提出中国工业化的实现必须以"节制资本"和"统制对外贸易"为前提。1949年6月，刘少奇在论述新中国的财政经济政策时指出："中国要工业化，路只有两条：一是帝国主义；一是社会主义。历史证明，很多工业化的国家走上帝国主义的路。如果在没有工业化的时候，专门想工业化，而不往以后想，那是很危险的，过去日本和德国就是个例子。"②

当国民经济恢复任务基本完成、开始转入大规模经济建设后，如何实行工业化的问题就凸显出来。由于当时中国共产党缺乏经验，基本采纳了斯大林的优先发展重工业的社会主义工业化战略。这以中国共产党过渡时期总路线的提出和贯彻为标志。

实现经济上赶超资本主义发达国家，是20世纪社会主义国家普遍实行的国家经济发展战略。第二次世界大战以后，新产生的绝大多数社会主义国家，都是第二次世界大战的被侵略、被压迫者，都是由民族、民主革命转变到社会主义革命的。因此，当这些国家建立起社会主义制度的同时，还面临着本该由资本主义完成的工业化任务，而这些国家的工业化任务，与依靠外部资源和市场建立起来的资本主义国家工业化相比，非常艰巨。同时，世界两大阵营的对立和战争威胁，使得这些社会主义国家工业化任务更加迫切。社会主义只有在经济发展上表现出超过资本主义的优越性和速度，才有可能存在和发展。这是战后社会主义国家赶超型发展观和战略形成的根本原因。这种发展观以苏联的工业化理论为代表，它作为20世纪20年代末到50年代初苏联的主流理论和指导思想，不仅对苏联，也对其他社会主义国家产生了深远影响。斯大林关于社会主义工业化的理论，概括起来，主要有四个内容：一是优先发展重工业；二是工业高速增长；三是工业化以社会主义改造为条件，即工业化是以建立单一公有制和计划经济为保障的；四是农业应该为工业化积累资金。

对于中国来说，人口多、底子薄和朝鲜战争所造成的国家安全压力，都使得中国共产党迫切地需要加快工业化的速度。这在1951—1955年制订第一个五年计划时即反映出来。当时主管经济工作的陈云在1954年说："中国土地少，人口多，交通不便，资金不足。因此，农业赶不上工业建

---

① 参见毛泽东《论联合政府》，《毛泽东选集》第三卷，人民出版社1991年版；《毛泽东在"七大"讲话集》，中央文献出版社1994年版。

② 《刘少奇论新中国经济建设》，中央文献出版社1993年版，第139页。

设的需要，将是一个长期的趋势，不要把它看短了。这是在革命胜利后用突击方法发展工业国家必然要发生的现象。我国工业化与资本主义工业化不同，资本主义工业化是长期的过程，我们是突击；资本主义可以去掠夺殖民地，我们要靠自己；资本主义开始是搞轻工业，我们一开始就搞重工业；资本主义在盲目中依靠自然调节，能够相当地按比例发展，而我们说要按比例发展是从长时间算的，在短时间内，只是力求建设与消费、重工业与轻工业之间不要脱节太远，实质上并不是按比例的发展。"①

朝鲜战争爆发和美国派兵进驻台湾所引发的中国与以美国为首的西方直接冲突，使得中国工业落后不仅是经济问题，更重要的是国家安全和统一问题。1953年，当中国完成经济恢复任务、开始大规模经济建设时，中国工业发展水平与西方国家相比，差距是很大的，以直接关系到国防工业的钢产量来看，差距如表1-1所示。

表1-1 1953年中国与主要资本主义国家钢产量对比

国别	项目	钢	
		总量（万吨）	人均（公斤）
中国		177	3
美国		10126	673
英国		1789	353
西德		1708	482
日本		766	87

再从有色金属及加工产品来看，飞机需要有色金属22种，1956年我们仅能够解决11种，需要有色金属的合金及加工品1739种，我们仅能解决303种。通信设备需要有色金属26种，我们仅能解决11种，需要有色金属合金及其加工品723种，1956年我们仅能解决160种。在化工方面，1956年苏联能够生产化工产品1090种，我们只能生产355种，而且国内需要的品种为800种，不能生产的品种只有依靠进口。② 这种工业水平的差距直接影响到国家的安全和统一。这也是以毛泽东为核心的中国共产党

---

① 中央文献研究室编：《陈云年谱》中卷，中央文献出版社2000年版，第210页。
② 参见中国社会科学院、中央档案馆编《中华人民共和国经济档案资料选编（1953—1957）》（综合卷），中国物价出版社1998年版，第608—612页。

领导集体实施赶超型工业化战略的最重要原因。

轻工业也是如此,与发达国家的差距很大。1952年美国人均棉织物为55.3公尺,毛麻织物为17.8公尺;印度1955年人均棉织物为16.6公尺,1952年人均毛麻丝织物约0.44公尺;而中国1952年人均仅分别为6.7公尺和0.07公尺。①

1955年10月29日,毛泽东在工商业社会主义改造问题座谈会上明确说:"我们的目标是要赶上美国,并且要超过美国。……究竟要几十年,看大家努力,至少是五十年吧,也许七十五年……哪一天赶上美国,超过美国,我们才吐一口气。"② 这种强烈的赶超意识,还表现在毛泽东的下面这段话上:"你有那么多人,你有那么一块大地方,资源那么丰富,又听说搞了社会主义,据说是有优越性,结果你搞了五六十年还不能超过美国,你像个什么样子呢?那就要从地球上开除你的球籍!"③

二 "社会主义工业化"战略的形成

朝鲜战争爆发以后,中国共产党就基本上确定了优先发展重工业的战略。1951年10月,李富春提出:"巩固国防是我们的首要任务,因而在工业建设方面,首先必须加强与国防密切关联的重工业。"④ 1951年12月,中共中央提出:"从一九五三年起,我们就要进入大规模经济建设了,准备以二十年时间来完成中国的工业化。完成工业化当然不只是重工业和国防工业……但是首先重要并能带动轻工业和农业向前发展的是建设重工业和国防工业。"⑤ 1953年8月,毛泽东在修改中央财经会议结论时,正式提出了党在过渡时期的总路线。总路线的核心是实行社会主义工业化。毛泽东对过渡时期总路线作了完整的表述:从中华人民共和国成立,到社会主义改造基本完成,这是一个过渡时期。党在这个过渡时期的总路线和总任务,是要在一个相当长的时期内基本上实现国家工业化和对农业、手工业、资本主义工商业的社会主义改造。过渡时期总路线的提出,标志着中国选择了优先发展重工业的社会主义工业化战略。同年9月24

---

① 转引自贾拓夫《关于轻工业的汇报提纲》,1956年2月29日。
② 《在工商业社会主义改造问题座谈会上的讲话》(1955年10月29日),《毛泽东文集》第六卷,人民出版社1996年版,第500页。
③ 《毛泽东选集》第五卷,人民出版社1977年版,第296页。
④ 中国社会科学院、中央档案馆编:《中华人民共和国经济档案资料选编(1949—1952)》(基本建设投资和建筑业卷),中国城市经济社会出版社1989年版,第18页。
⑤ 《毛泽东文集》第六卷,人民出版社1999年版,第207页。

日，作为庆祝新中国成立4周年的口号，中共中央将其公之于世。

在此以前，党和政府在谈到中国的经济发展时一般都是用"工业化"这个词，毛泽东主持编写的《为动员一切力量把我国建设成为一个伟大的社会主义国家而斗争——关于党在过渡时期总路线的学习和宣传提纲》（以下简称《宣传提纲》）首次明确提出，中国要实行的是"社会主义工业化"并解释了其含义，即社会主义工业化具有两个重要特点：一是将发展重工业作为工业化的中心环节；二是优先发展国营经济并逐步实现对其他经济成分的改造，保证国民经济中的社会主义比重不断增长。

总路线还认为，小农经济与社会主义工业化存在不可调和的矛盾，认为小农经济不是社会主义的基础。《宣传提纲》引用斯大林的话："可以在多少长久的时期内，把苏维埃政权和社会主义事业建筑在两个不同的基础上，建筑在最巨大集中的社会主义工业基础上和最散漫落后的小商品农民经济基础上么？当然是不可以的。长此以往，整个国民经济都会有完全瓦解的一日。出路何在呢？出路就在于使这个农业成为巨大的农业，使它成为能够实行积累，能够实现扩大再生产的农业，并依此而改造国民经济的农业基础。可是，怎样才能使它成为巨大的农业呢？为要达到这一步，只有两条道路可走。一条是资本主义的道路……另外一条是社会主义的道路。""同样，社会主义的道路也是我国农业唯一的出路。"[①]

上述优先发展重工业的工业化的思想和战略，充分体现在第一个五年计划的制订和实施过程中。1952年8月，政务院财经委员会在其制订的《中国经济状况和五年建设的任务及附表》中即提出"一五"计划的方针是"工业建设以重工业为主，轻工业为辅。重工业首先建设钢铁、煤、电力、石油、机械制造、军事工业、有色金属及基本化学工业；轻工业建设的重点是纺织、造纸和制药工业"。[②]

1955年3月，具体负责起草"一五"计划工作的陈云在中国共产党全国代表会议讨论"一五"计划草案时专门解释了优先发展重工业的原因。他说："为什么要用重工业作重点呢？因为改变我国农业、铁路交通以及其他方面落后状态的关键，不是别的，正是发展重工业。"在谈到轻

[①] 中央文献研究室编：《建国以来重要文献选编》第四册，中央文献出版社1995年版，第714—715页。

[②] 国家计委"当代中国的计划工作"办公室编：《中华人民共和国国民经济和社会发展计划大事辑要》，红旗出版社1987年版，第29页。

工业与重工业的关系时,陈云说:"同样,没有重工业就不可能扩大轻工业,因而也就不可能有系统地改善人民生活。我们现在的情况是这样:一方面许多轻工业品不能满足人民需要;另一方面许多轻工业设备还有空闲,原定增加的纱锭还得减少,原因就是缺少原料。除缺少来自农产品的原料,比如棉、丝、毛、烟叶、甘蔗等等以外,还缺少来自重工业的原料,比如化学品、黑色金属、有色金属等等。"①

同年7月,全国人大一届二次会议讨论通过的《中华人民共和国发展国民经济的第一个五年计划》就说:"采取积极的工业化的政策,即优先发展重工业的政策,其目的就是在于求得建立巩固的国防、满足人民需要和对国民经济实现社会主义改造的物质基础。因此,我们把重工业的基本建设作为制订发展国民经济第一个五年计划的重点,并首先集中力量进行苏联帮助我们设计的156个工业单位的建设。"② 国家计委主任李富春在会上就此所做的报告中也提出:"社会主义工业化是我们国家在过渡时期的中心任务,而社会主义工业化的中心环节,则是优先发展重工业。"③

20世纪50年代工业化道路的形成,可以"一五"计划的实施为标志。这个经济发展战略,可简单概括为:主要依靠国内积累建设资金,从建立和优先发展重工业入手,高速度地发展国民经济;实施"进口替代"政策,通过出口一部分农产品、矿产品等初级产品和轻工业品换回发展重工业所需的生产资料,并用国内生产的生产资料逐步代替它们的进口;改善旧中国留下的工业生产布局极端不合理和区域经济发展极端不平衡的畸形状态;随着重工业的建立和优先发展,用重工业生产的生产资料逐步装备农业、轻工业和其他产业部门,随着重工业、轻工业和农业以及其他产业部门的发展,逐步建立独立完整的工业体系和国民经济体系,逐步改善人民生活。

这种工业化道路具有以下几个特点:(1)以高速度发展为首要目标。(2)优先发展重工业。(3)以外延型的经济发展为主。外延型的发展是指实现经济增长的主要途径是靠增加生产要素。(4)从备战和效益出发,加快内地发展,改善生产力布局。(5)以建立独立的工业体系为目标,实行进口替代。

---

① 《陈云文集》第二卷,中央文献出版社2005年版,第592页。
② 《中华人民共和国发展国民经济的第一个五年计划》,人民出版社1955年版,第15页。
③ 同上书,第164页。

研究上述工业化道路的形成，不能不研究作为新中国缔造者和领导者的中国共产党对工业化问题的认识，因为这对1949年以后中国工业化道路的选择起到了关键性的作用。

在过渡时期总路线的指导下，中国开始了优先快速发展重工业和大规模社会主义改造运动，到1956年年底，基本上完成了社会主义改造，为走上社会主义工业化道路建立了制度保证。

上述工业化道路的形成，如果仅从20世纪50年代党和政府的主观认识方面寻找原因，显然是不够的，当时的中国之所以形成这样的经济发展模式，是有其深刻的经济原因和社会背景的。

第一，这种经济发展战略的形成，是与新中国成立初期的经济发展水平和特点分不开的。新中国成立之初，旧中国遗留下来的是积贫积弱的国民经济和落后就要挨打的惨痛教训。中国是一个有五亿人口的大国，按人口数量排世界第一，按国土面积排世界第三，但是，人均国民收入则位次非常落后。正如毛泽东所说："现在我们能造什么？能造桌子椅子，能造茶碗茶壶，能种粮食，还能磨成面粉，还能造纸，但是，一辆汽车、一架飞机、一辆坦克、一辆拖拉机都不能造。"这种与大国地位极不相称的经济落后状况，是导致新中国选择优先发展重工业的赶超战略的基本原因。

第二，这种发展战略的形成，还与苏联的榜样作用有很大关系。我们知道，中国民主革命的成功，是学习苏联和接受马克思主义的结果；同样，我国在革命成功后如何实现工业化问题上，也与当时苏联的情况相似，比如不能依靠对外侵略和掠夺来积聚工业化资金，面临着帝国主义的经济封锁和军事威胁。在1955年苏联国内问题"揭盖子"以前，苏联的工业化道路是赶超战略的成功典范，并为第二次世界大战苏联的胜利所证明，受到世界瞩目。

第三，这种发展战略的形成，与当时的国际环境也有一定关系。1950年朝鲜战争爆发以后，中国被迫卷入战争，由此导致中美两国的直接对抗和来自西方的威胁（与苏联也并非铁板一块，这使得我国不甘心于社会主义阵营内部的分工，而要进行独立自主的工业化）。这种国际环境和历史教训都迫使中国必须加强国防力量，而优先发展重工业和尽快建立独立的工业体系，则是加强国防力量、维护国家安全的基本经济措施。

第二节 第一个五年计划的编制

"一五"计划是我国制订的第一个中长期计划,也是改革开放以前所制订并实施的最好的五年计划。"一五"计划是在多种经济成分并存条件下,即非计划经济体制下制订,从其着手制订到正式通过,"一五"计划已经实行了两年半。由此也说明当时制订一个比较符合实际的五年计划有多困难;同时也说明"一五"计划的成功并不能说明当时计划经济是成功的,当时计划管理的水平可以与计划经济体制相适应。

一 "一五"计划的编制过程

第一个五年计划的制订,是中国共产党第一次编制全国性的大规模建设计划,也是中国有史以来第一次编制全面的中长期社会发展规划。这对于刚刚取得全国政权、尚缺乏建设经验而又处于世界工业化浪潮中的中国共产党来说,其难度是可想而知的。正因为如此,中共中央高度重视,历时四年,反复论证,数易其稿,终于在当时既没有经验又缺乏资料、人才的困难条件下,编制出一个比较符合当时国情和社会发展要求的五年计划。

国民经济有计划按比例地发展,是新民主主义经济体制的内在规律和要求,而制订社会经济发展的中长期计划,则是国家对社会经济发展实施宏观计划管理的重要环节。早在1950年5月,中财委就曾经提出过《关于制定1951—1955年恢复和发展中华人民共和国人民经济国家计划的意见书》。

1951年2月,中共中央政治局扩大会议根据当时国民经济已经好转和其他方面工作的实际情况,决定自1953年起实施第一个五年计划,并要求政务院立即着手进行编制计划的各项准备工作。经周恩来总理提议,会议决定成立五年计划编制工作领导小组,编制工作领导小组成员为周恩来、陈云、薄一波、李富春、宋劭文,具体工作则由政务院财政经济委员会(简称中财委)计划局负责。于是中财委就根据中共中央提出的"三年准备,十年计划经济建设"的思想,开始试编第一个五年计划。由于当时对全国基本经济状况的了解还很不够,对经济恢复的速度还不是胸有成竹,另外朝鲜战争的局势尚不明朗,因此,这次编制实际带有做准备工作的性质，只是提出了第一个五年计划的初步设想。1951年11月，全国计划工作会议在北京召开，会议向各地布置了编制长期计划的任务。1952年3月7日，中财委将《关于加强计划工作大纲》下发各大区，要求各大区于1952年6月底前分别提出本区五年计划、十年远景的方针任务、主要指标及轮廓计划，并提出对全国长远计划的建议。

1952年下半年，在国民经济恢复任务基本完成、很快就要进入全面建设时期的情况下，中共中央决定加快"一五"计划的编制工作，并准备在同年8月将其拿到苏联，听取苏联方面的意见和争取他们的援助。于是中财委加紧了"一五"计划的编制工作。到7月初，"一五"计划轮廓草案基本完成。7月1日，陈云致信毛泽东，对这次"一五"计划的编制情况进行了说明："这次写的五年计划的主要点是在今后五年中要办些什么新的工厂。因此在这方面花的工夫较多。原有工厂的生产方面，也写进去了，但估计这一方面的生产数字一般是低的，可能超过。将来需要好好再讨论的。所以首先集中力量研究今后五年中新办工厂，是为了七八月间可以向苏联提出一个五年中供我装备的要求。"①

这个轮廓草案提出的五年计划的基本任务是：为国家工业化打下基础，以巩固国防、提高人民的物质文化生活，并保证我国经济向社会主义前进。五年计划的方针是：经济建设的重点是工业，工业建设又以重工业为主、轻工业为辅。五年建设的布局是：要有利于国防和长期建设，并且与目前实际情况相结合，因此要充分利用东北及上海的工业基础，并继续培养与充分利用这些工业基础与技术条件，为建设新厂矿、新基地创造条件。五年计划的主要指标是：工业总产值年平均增长20.4%；农业总产值年平均增长7%；五年货币发行量增长一倍；五年基本建设投资505亿元；军事工业以解决平时100个步兵师、战时300个步兵师所需的装备和弹药为基础。这个草案提到中央后，中央政治局进行了讨论，认为可以将这个计划草案带到苏联征求意见，并作为向苏联提出援助的基本根据。

1952年8月15日，周恩来、陈云、李富春率政府代表团赴苏联，即携带了这个"一五"计划的轮廓草案。这个轮廓草案可以说是在周恩来直接领导和陈云亲自主持下形成的，它包括《关于编制五年计划轮廓的

---

① 转引自孙业礼、熊亮华《共和国经济风云中的陈云》，中央文献出版社1996年版，第116—117页。

方针》《中国经济状况和五年建设的任务（草案）》和《三年来中国国内主要情况及今后五年建设方针的报告提纲》三个文件。这个草案分析了国内的政治经济状况，提出了五年建设的基本任务、指导方针和主要经济指标。尽管时间仓促，经验和数据也不足，但是这个计划还是包括了大量内容，共有25本小册子，主要包括钢铁、有色金属、机器、汽车、船舶、电器、化学、建材、电力、煤矿、石油、纺织、轻工业、交通、邮电等发展计划。草案提出："一五"计划期间经济建设的中心环节是重工业，工农业总产值1957年比1952年增长48.2%，其中工业总产值增长105.71%，农业总产值增长44.75%；财政收入平均每年增长16%左右；农业生产合作社的耕地面积1957年将占总面积的30%—40%。关于五年计划轮廓准确性的估计，草案认为，由于缺乏经验和中国是一个社会经济状况复杂的大国，就总体来说，准确性并不很大，还需要继续大力搜集资料、分析研究、作若干次的修改。

在苏联期间，周恩来、陈云、李富春会见了斯大林。斯大林对上述的轮廓草案提出了一些原则性的意见。他认为，中国《草案》中考虑的五年中工业年平均增长20%的速度是勉强的，建议降至15%或14%。斯大林还强调，计划不能打得太满，必须留有后备力量，以应付意外的困难。周恩来、陈云在苏联逗留了一个多月，在安排好代表团与苏联的谈判议程和方针后，于9月22日先期回国。而李富春则继续留在莫斯科与苏联有关部门广泛接触，征询意见和商谈苏联援助的具体项目①。

周恩来、陈云回国后，向政治局汇报了访苏的情况和斯大林对轮廓草案的建议。为了编好"一五"计划，中共中央于1952年12月发出《中共中央关于编制一九五三年计划及长期计划纲要的指示》，就编制计划中若干应注意的问题作了如下重要指示：（1）考虑到朝鲜战争还在进行，因此，必须按照中央的"边打、边稳、边建"的方针从事建设，抗美援朝和国家建设必须兼顾，这是制订计划的出发点。必须由此来考虑全国工业建设的投资、速度、重点、分布和比例。（2）工业化的速度首先决定于重工业的发展，因此必须以发展重工业为大规模建设的重点，以有限的资金和建设力量首先保证重点工业的基本建设，特别是确保那些对国家起决定作用的、能迅速增强国家工业基础的主要工程的完成。一切次要的可

---

① 参见房维中、金冲及主编《李富春传》，中央文献出版社2001年版，第424—437页。

以推迟的建设必须推迟，一切对国家不起重要作用的工程投资必须削减，盲目铺摊子的现象必须克服。（3）合理利用现有工业基础和现有设备，充分发挥现有企业的潜力，这是制订生产计划的最主要的问题。为此，必须重新审定各种产品的技术经济定额，并以平均的先进的技术经济定额作为制订计划的标准。与保守主义和官僚主义做斗争，是编制正确的生产计划的必要前提。（4）必须以科学的态度从事计划工作，使我们的计划正确反映客观经济发展的规律。因此，具体了解情况，做周密的调查统计，以便熟知国民经济的状况，是正确编制计划的基础。中共中央的上述重要指示，成为继续编制"一五"计划的指导方针和原则，使"一五"计划的编制工作少走了不少弯路。

1953年年初，根据中共中央的上述指示，又鉴于原轮廓草案的资料根据仍有不足，尤其是对各个经济部门和各个年度之间相互配合方面以及五年基本建设投资在各个部门的分配方面，都需要进行调整，中财委会同国家计委、中央各部和各大区，又在大量搜集资料的基础上，对原计划轮廓草案做进一步的修改充实，这次修改充实被称为第三次编制工作。

1953年4月，米高扬正式向李富春通报了苏共中央、苏联国家计委和经济专家对我国"一五"计划轮廓草案的意见。苏联根据自己的建设经验和对中国的了解，主要提出了以下建议：（1）从中国的利益和社会主义阵营的利益考虑，"一五"计划的基础是工业化，首先建设重工业，这个方针任务是正确的；（2）从政治上、舆论上、人民情绪上考虑，五年计划不仅要保证完成，而且一定要超额完成。因此，工业的年平均增长速度调低到14%—15%为宜；（3）要注意培养自己的专家；（4）加强地质勘探等发展经济的基础工作；（5）大力发展手工业和小工业，以补充大工业之不足；（6）要十分注意农业的发展，不仅要大量生产质量好、价格低的农机具和肥料，还要保证工业品对农村的供应，发展城乡物资交流；（7）巩固人民币，扩大购买力，发展商品流通；（8）工业总产值的增长速度要大于职工人数的增长速度，以保证劳动生产率的提高。劳动生产率的提高速度要大于工资的增长速度，以保证国家的积累。技术人员的增长速度要大于工人的增长速度，以保证技术水平的提高。6月，中共中央要求国家计委参考苏联提出的意见，对五年计划纲要再作修改。由于苏联提出的建议基本符合当时中国的实际，因此国家计委又参考这些意见，对年初编制的计划草案再次作了较大的调整。例如把工业年平均增长速度从 20% 下调到 14%—15%，并要求加快发展农业和交通运输业。这次修改被称为第四次编制，这次编制陈云因病在外地休养，未能参加。

由于种种原因，第四次编制的"一五"计划草案仍然不能令中共中央满意，而此时"一五"计划的实施已经开始了近一年。在这种情况下，1954 年年初，中共中央决定成立编制五年计划纲要的 8 人工作小组（陈云、高岗、李富春、邓小平、邓子恢、习仲勋、贾拓夫、陈伯达），由陈云担任组长，开始编制详细具体的"一五"计划草案。由于此时党已经明确提出了过渡时期总路线，苏联援助我国的建设项目已经确定，同时经过 1953 年的大规模经济建设，发现了不少问题，积累了一些经验教训，编制详细具体的"一五"计划草案的条件基本成熟。同时，毛泽东立下时间表：国家计委从 2 月 15 日起，一个月内拿出初稿，然后由陈云领导的小组迅速定稿。国家计委感到时间太紧，请求毛泽东延长一些时间，于是毛泽东又给了 5 天的宽限，要求 3 月 20 日必须拿出初稿。

在上述背景和原有计划草案的基础上，陈云组织各有关方面开展了工作量很大的编制工作。2 月 19 日，陈云召集中央财经、文教各部部长会议，布置编制"一五"计划的工作。陈云在会上传达了毛泽东的指示和期限，要求加紧工作。尽管如此，国家计委编制并经陈云整理的初稿还是在 4 月 15 日才印好送到毛泽东手里。

同年 6 月 30 日，陈云在《关于第一个五年计划的几点说明》中，对编制"一五"计划时各项主要比例关系和增长速度的安排，进行了透彻的分析，并提出了解决问题的办法。8 月，在陈云和李富春的主持下，8 人小组审议国家计委提出的《中华人民共和国发展国民经济的第一个五年计划草案（初稿）》，接连举行了 17 次会议，对草案逐章逐节地进行了讨论和修改。9 月，8 人小组将修改后的草案送毛泽东审阅。毛泽东认真审阅了这个初稿，逐行逐句圈点，做了许多批注，并请刘少奇、周恩来、彭真阅。10 月，毛泽东、刘少奇、周恩来又在广州用一个月的时间共同审核该草案，并由李富春等陪同以备咨询，让朱德、陈云、邓小平在北京主持日常工作。11 月，由陈云主持召开中央政治局会议，用 11 天的时间仔细讨论了"一五"计划的方针任务、发展速度、投资规模、工农业关系、建设重点和地区布局，又提出了许多修改意见和建议。随后，中共中央决定将这个计划草案发给中央各部委党组和各省、直辖市、自治区党委讨论，并要求各省委应特别注意本省的农业发展计划。1955 年 3 月，中国共产党全国代表会议专门讨论并原则通过了这个计划草案，并建议由国务院提请全国人民代表大会审议批准，颁布实施。会后，中共中央又根据会议讨论中提出的意见，做了适当修改，然后于 6 月 10 日将其提交国务院。

1955 年 6 月 18 日，国务院全体会议第十二次会议讨论并一致通过了中共中央提交的"一五"计划草案，决定将这个草案提请第一届全国人民代表大会第二次会议审议决定。7 月 30 日，一届人大二次会议审议通过了国务院提交的中共中央制订的"一五"计划。此时，距离"一五"计划规定的起始时间已经过去了两年半。

从后来毛泽东的言论看，他对"一五"计划编制过程是不满意的。1958 年他批评说：

> 政治设计院究竟在哪里？章伯钧说国务院都是拿成品，他不满意，他要有权参与设计。我们政治局委员可不可以有权参与设计呢？过去这个五年计划实际上是无权参与设计。我是主席，也没有参与设计每年的年度计划，总是请你签字，叫做强迫签字。我有个办法，不看。你强迫我嘛！老是在国务院讨论，总是拿不出来。千呼万唤不出来，为什么不出来呢？说没有搞好，等到梳妆打扮一跑出来的时候，我们说不行，时间迟了！①

二 "一五"计划的主要内容

历时五年、数易其稿的"一五"计划包括绪言和 11 章，共计 11 万余字。各章的标题分别是：①第一个五年计划的任务；②第一个五年计划的投资分配和生产指标；③工业；④农业；⑤运输和邮电；⑥商业；⑦提高劳动生产率和降低成本的计划指标；⑧培养建设干部，加强科学研究工作；⑨提高人民的物质生活和文化生活的水平；⑩地方计划问题；⑪厉行节约，反对浪费。

根据中国共产党提出的过渡时期总路线和"一五"计划的指导方针，第一个五年计划的基本任务是：集中主要力量进行以苏联帮助我国设计的

---

① 转引自孙业礼、熊亮华《陈云的非常之路》，人民出版社 2001 年版，第 147 页。

156个建设项目为中心的、由限额以上的694个建设项目组成的工业建设①，建立我国的社会主义工业化的初步基础；发展部分集体所有制的农业生产合作社，并发展手工业生产合作社，建立对农业和手工业的社会主义改造的初步基础；基本上把资本主义工商业分别纳入各种形式的国家资本主义的轨道，建立对私营工商业的社会主义改造基础。围绕上述基本任务，"一五"计划提出了以下12项具体任务：

（1）建立和扩建电力工业、煤矿工业和石油工业；建立和扩建现代化的钢铁工业、有色金属工业和基本化学工业；建立制造大型金属切削机床、发电设备、冶金设备、采矿设备和汽车、拖拉机、飞机的机器制造工业。

（2）随着重工业的建设，相应建设纺织工业和其他轻工业，建设为农业服务的新的中小型的工业企业，以便适应城乡人民对日用品和农业生产资料日益增长的需要。

（3）在建设新工业的同时，必须充分和合理地利用原有的工业企业，发挥它们的生产力量。在第一个五年计划期间，重工业和轻工业生产任务的完成，主要还是依靠原有的企业。

（4）依靠贫农（包括全部原来是贫农的新中农），巩固地联合中农，采用说服、示范和国家援助的方法，推动农业生产的合作运动，以部分集体所有制的农业生产合作社为主要形式来初步改造小农经济；在这个基础上对农业进行初步技术改良，提高单位面积的产量，同时发挥单干农民潜在的生产力量，并利用一切可能的条件努力开垦荒地，加强国营农场的示范作用，以保证农业生产——特别是粮食生产和棉花生产的进一步发展，逐步克服农业落后于工业的矛盾。

注意兴修水利，植树造林，广泛开展关于保持水土的工作。

---

① 国家为了便于管理和掌握重大的基本建设进度，按照我国的具体情况，规定出各类基本建设单位的投资限额。凡一个建设，不论其为新建、改建或恢复，它的全部投资额大于限额者，即为限额以上的建设，小于限额者，即为限额以下建设。例如，在工业方面，各类工业基本建设的投资限额规定如下：钢铁工业、汽车制造工业、拖拉机制造工业、船舶制造工业、机车车辆制造工业的投资限额为1000万元；有色金属工业、化学工业、水泥工业的投资限额为600万元；电站、输电线路和变电所、煤炭采掘工业、石油开采工业、石油加工工业、除交通以外的机器制造工业、汽车和船舶的修配工业、纺织（包括印染）工业的投资限额为500万元；橡胶工业、造纸工业、制糖工业、卷烟工业、医药工业的投资限额为400万元；陶瓷工业、除制糖以外的食品工业、其他各项轻工业的投资限额为300万元。

促进畜牧业和水产业的发展，增加农业特产品的生产。

（5）随着国民经济的高涨，相应发展运输业和邮电业，主要是铁路的建设，同时发展内河和海上的运输，扩大公路、民用航空和邮电事业的建设。

（6）在国家统筹安排的方针下，按照个体手工业、个体运输业和独立小商业等不同行业的情况，分别用不同的合作形式把它们逐步组织起来，使它们能够有效地为国家和社会的需要服务。

（7）继续巩固和扩大社会主义经济对资本主义经济的领导，正确利用资本主义经济有利于国计民生的积极作用，限制它们不利于国计民生的消极作用，对它们逐步实行社会主义的改造。根据需要和可能，逐步扩展公私合营的企业，加强对私营工业产品的加工、订货和收购的工作，并稳步和分别地使私营商业为国营商业和合作社营商业执行代销、经销等业务。

（8）保证市场的稳定。继续保持财政收支的平衡，增加财政和物资的后备力量；随着工业农业生产的发展，相应发展城乡和内外的物资交流，扩大商品流通；对生产增长赶不上需要增长的某些主要的工业农业产品，在努力增产的基础上逐步实施计划收购和计划供应的政策。

（9）发展文化教育和科学研究事业，提高科学技术水平，积极地培养为国家建设特别是工业建设所必需的人才。

（10）厉行节约，反对浪费，扩大资金积累，保证国家建设。

（11）在发展生产和提高劳动生产率的基础上，逐步改善劳动人民的物质生活和文化生活。

（12）继续加强国内各民族之间的经济和文化的互助和合作，促进各少数民族经济事业和文化事业的发展。

根据上述任务，"一五"计划的主要指标为：

（1）基本建设。基本建设投资总额五年合计为427.4亿元，其中工业部门为248.5亿元，占投资总额的58.2%。在工业基本建设投资中，对制造生产资料工业的投资占88.8%，对制造消费资料工业的投资占11.2%。五年内，工业方面新建和改建的限额以上施工单位共694个，加上农林水利、运输邮电、文教卫生等，全部限额以上施工单位达1600个，此外，还有限额以下施工单位6000多个。

从基本建设投资的区域布局来看，为了改变原有工业布局的畸形状况,"一五"计划做了妥善部署,一方面合理地利用东北、上海和其他沿海城市已有的工业基础,强调东北工业基地的改建,在 694 个限额以上的工业基本建设项目中,有 222 个放在了东北和沿海地区;另一方面,尽可能加强内地工业基础的建设。

(2) 工农业总产值计划由 1952 年的 827.1 亿元增加到 1957 年的 1249.9 亿元,增长 51.1%,平均每年增长 8.6%。

(3) 工业。工业总产值计划由 1952 年的 270.1 亿元增加到 1957 年的 535.6 亿元,平均每年增长 14.7%。其中生产资料的生产平均每年增长 17.8%,消费资料的生产平均每年增长 12.4%。另外,手工业总产值则计划由 1952 年的 73.1 亿元增加到 1957 年的 117.7 亿元,平均每年增长 9.9%。

在工业总产值中,国营工业的发展速度安排较快,平均每年增长 8.1%,国营工业在总产值中所占比重也将由 1952 年的 52.8% 上升到 61.3%;另外,合作社营工业的比重则由 3.2% 上升为 4.4%,公私合营工业的比重由 5% 上升为 22.1%;而私营工业所占的比重则由 39% 下降至 12.2%,其产值将由 1952 年的 105.3 亿元降至 1957 年的 65.6 亿元。

工业增长计划指标在 1951 年以来的编制过程中先后变动 7 次:第一次为 20%,第二次为 18%,第三次为 14.7%,第四次为 16%,第五次为 15.6%,第六次为 15.4%,最后确定为 14.7%。[①]

(4) 农业。农业及副业总产值计划由 1952 年的 483.9 亿元增加到 1957 年的 596.6 亿元,平均每年增长 4.3%。其中粮食平均每年增长 3.3%,棉花平均每年增长 4.6%。五年内,全国将有 1/3 左右的农户加入初级农业生产合作社,其中东北各省、山西、河北、山东、河南和其他老解放区的入社农户可能达到半数左右;在经济作物地区和城市郊区,将努力争取先一步合作化。

农业总产值中最重要的粮食增长指标,即 1957 年比 1952 年增长的幅度,在计划编制的过程中也变动了 6 次:第一次为 4264 亿斤,增长 41.9%;第二次为 4545 亿斤,增长 38.8%;第三次为 4263 亿斤,增长 30%;第四次为 4067 亿斤,增长 24.3%;第五次为 4073 亿斤,增长

---

① 参见李富春《两年来国民经济计划执行情况和几点体会》,1955 年 3 月 22 日,《中央文件汇集》第一分册,1955 年,第 104—105 页。

24.3%，最后则确定为3856亿斤，增长17.6%。①

（5）运输和邮电。五年内国家对运输和邮电部门的投资总额为89.9亿元，占国家经济文教事业支出总额的11.7%，其中基本建设投资为82.1亿元，占国家对各部门基本建设投资总额的19.2%。由于铁路是国家运输的主要力量，在现代运输工具中，铁路负担了80%以上的运输任务，因此基本建设投资计划为56.7亿元，在加强和改造现有铁路的同时，新建铁路干支线约4084公里，使铁路货运量在五年内增长85.9%，货物周转量增长101%，客运量增长51.3%，旅客周转量增长59.5%。五年内，由中央投资公路10000公里以上，新增加通车里程约7000公里。在邮政方面，五年内邮路总长度将增长45.2%。

（6）商业和对外贸易。社会商品流转额1957年将比1952年增长80%左右。从公私比重变化看，国营商业将由1952年的15.8%上升到1957年的20.5%，合作社营商业将由18.2%上升到34.4%，私营商业所占比重将由66%下降至45.1%。

（7）教育方面。五年内将新建高等学校60所，使总数达到208所，1957年高等学校在校学生数将比1952年增长127.4%。但是，中等专业学校的在校学生数1957年仅比1952年增长5.6%。另外，五年内将派遣留学生10100人（其中9400人派往苏联），培养熟练工人92万余人。在科研方面，中国科学院所属的研究人员将由1952年的1200余人增加到4600余人。在普通教育方面，"一五"计划的发展重点是中学，特别是高中。1957年在校高中学生将比1952年增长180%，在校初中学生将增长78.6%，小学在校学生1957年将比1952年增长17.9%。

（8）在人民生活方面。五年内，工人、职员的平均工资增长33%，其中工业部门增长27.1%，农林水利部门增长33.5%，基本建设单位增长19%，国家机关增长65.7%，文教卫生系统增长38.2%。农民的生活也将得到进一步改善，农村购买力1957年将比1952年提高1倍。

第一个五年计划的基本任务和上述各项主要指标实现以后，我国国民经济的面貌将发生较大变化。

三 "一五"计划对几个经济关系的处理

"一五"计划是中共中央编制的第一个也是投入力量最大的我国社会

---

① 参见李富春《两年来国民经济计划执行情况和几点体会》，1955年3月22日，《中央文件汇集》第一分册，1955年，第106—107页。

经济中长期发展计划,在编制过程中由于坚持了实事求是的原则,谨慎从事,反复论证,比较好地解决了我国经济建设中几个较难处理的重大问题。

(一) 经济发展的速度和效益问题

在经济发展速度方面,七届二中全会估计将会很快,国民经济恢复时期的经济发展速度也证明了上述估计。因此在制定"一五"计划草案的初期,就将经济增长指标定得过高,后来经几次压缩,终于使经济增长指标比较符合实际,虽然仍比较紧张,但是可以完成。另外,这个时期党虽然强调发展速度,同时也强调提高经济效益,并制定了不少措施和办法。由于"一五"计划的许多投资要在后期甚至"二五"时期才能发挥作用,因此这一阶段产出的增加主要是靠现有企业和农民提高效益实现的。

(二) 关于经济发展的布局问题

由于旧中国经济发展的极端不平衡,仅有的一点现代工业和交通主要集中在东部沿海地区。据1952年的统计,我国沿海各省的工业产值约占全国工业总产值的70%,其中钢铁的80%在沿海(主要在鞍钢),纺织70%在上海、天津、青岛三市。"一五"计划为了改变旧中国遗留下来的畸形布局和区域之间的极端不平衡,在建设布局上做了明显倾斜。在苏联援助的156个项目共耗资的196.1亿元中,沿海地区工业64.6亿元,占总投资额的32.9%;西部地区39.2亿元,占总投资额的20%。① 从工业增长速度来看,这一时期内地工业也有比较快的增长,平均每年增长20.2%。而沿海工业在这一时期年平均增长为17%。内地工业产值在工业总产值的比重,由1952年的29.2%上升到1957年的32.1%。②

(三) 自力更生与争取外援的关系

"一五"计划期间,虽然我们对苏联的援助期望较大,并且苏联也确实给予我国很大的帮助,但是,"一五"计划的原则仍然是自力更生为主、争取外援为辅。"一五"期间,国家财政收入共1354.9亿元,国外贷款为36.4亿元,外债仅占财政总收入的2.7%。从1955年起,我国就以对苏贸易顺差的办法分年偿还所借外债的本息。在苏联援助我国建设的项目中,仍有相当大部分的工作量和机器设备是由我国自己设计制造的。

---

① 董志凯:《关于"156"项的确立》,《中国经济史研究》1999年第4期。
② 汪海波:《新中国经济史》,山西经济出版社1998年版,第193页。

（四）优先发展重工业与全面安排的关系

"一五"计划中轻工业与重工业的投资比例为 1:7.3，高于苏联的前三个五年计划。"一五"计划之所以采取优先发展重工业的方针，是由于当时的国情和工业经济结构决定的。旧中国遗留下来的现代工业在产业结构上呈现出两个特点：一是缺乏独立性、完整性；二是重工业与轻工业相比过于薄弱，成为各种工业的瓶颈。"一五"计划时，尽管轻工业的利润高、投资回收快，但是它的发展却受到原料和能源不足的制约，如果把公私企业和手工业加在一起，其生产能力是过剩的，它的发展必须依赖于农业和重工业的进一步发展。因此，"一五"计划的投资结构就当时来说，是完全正确的，它不同于后来的过度僵化地优先发展重工业。

第三节 应对经济"紧运行"的综合平衡办法

由于实行了高速度和优先发展重工业的战略方针，从 1953 年开始，中国的国民经济运行就出现了紧张局面，即从总体上讲，总需求大于总供给，供给不足成为约束经济发展的主要因素，并且供给不足开始成为常态。正如当时主管经济工作的陈云所说：中国土地少，人口多，交通不便，资金不足。因此，农业赶不上工业建设的需要，将是一个长期的趋势，不要把它看短了。这是在革命胜利后用突击方法发展工业国家必然要发生的现象。我国工业化与资本主义工业化不同，资本主义工业化是长期的过程，我们是突击；资本主义可以去掠夺殖民地，我们要靠自己；资本主义开始是搞轻工业，我们一开始就搞重工业；资本主义在盲目中依靠自然调节，能够相当地按比例发展，而我们说要按比例发展是从长时间算的，在短时间内，只是力求建设与消费、重工业与轻工业之间不要脱节太远，实质上并不是按比例地发展。

因此，从 1953 年我国转入大规模经济建设之后，如何防止经济"过热"，保持国民经济平稳快速增长就成为党的经济工作的重要内容。

一 1953 年的"小冒进"与稳步前进方针的提出

由于 1953 年是开展大规模经济建设的开端，又是"一五"计划的头一年，从上到下都想多搞点建设，多上些项目，加上当时缺乏经验，对国力和经济发展可能达到的速度了解不够，从而使 1952 年年底制订的 1953

年的经济建设计划把基本建设的盘子定大了。1952年11月3日，中财委下达的1953年工农业生产、交通运输及贸易的计划控制数字为：工业总产值比1952年增长23%，其中生产资料产值增长29.3%，消费资料产值增长18.1%；农业总产值比1952年增长8.3%；基本建设投资比上年增长75%，1953年限额以上的建设单位有492个。上述增长指标的制定，是与中财委1952年8月提交给中央《中国经济状况和五年建设的任务及附表》中的指标有直接关系的（该文件提出"一五"计划期间工业总产值平均每年增长20%，农业总产值平均每年增长8.9%）。1952年11月，中财委下达1953年国民经济计划控制数字，要求1953年工业总产值比1952年增长23%，其中生产资料产值比1952年增长29.3%；农业总产值比1952年增长8.3%。由于中央将经济增长和基本建设的指标定得较高，各部门、各地方的建设热情也高，因此在1953年上半年出现了经济过热、市场紧张的现象，即周恩来所说的"小冒了一下"。"小冒进"主要表现在以下几个方面：

1. 在财政方面，预算收入打得过满，在增加收入时考虑不周

1953年2月12日，中央人民政府委员会通过了薄一波关于1953年国家预算的报告。报告提出：1953年的预算总收入为233.5亿元，比1952年增长23.3%，总支出也是233.5亿元。上述预算收入不仅过满，而且已将1952年的财政结余30亿元列为当年财政收入，并且按照这个收入盘子安排财政支出。但是由于1952年的财政结余已经作为财政金库存款放在中国人民银行，而中国人民银行已经将其作为信贷资金贷放了出去，这就犯了"一女二嫁"的失误，使预算的盘子打大了。到1953年6月，国家财政赤字根据预算收支计算已近30亿元。为了增加财政收入以支持大规模经济建设，财政部于1952年9月决定修正税制，以保证税收增加。1953年1月1日，新税制开始施行。由于新税制加重了国营企业和合作社的负担，加上时逢年关和宣传工作没有跟上，引起市场紧张和部分国营企业的不满。

2. 在基本建设方面，投资摊子铺得过大

由于1952年基本建设工作不够理想，各部门、各地方都想在1953年多搞些基本建设，因此在编制1953年预算时，就将上年的财政结余30多亿元列为当年收入，扩大了基建规模。又看到国营商业部门1952年的库存比1951年增加了24亿元，因此又通过压缩库存、挤出流动资金来安排

基本建设。同时，地方政府为了追求速度和效益，也盲目上一些投资少、见效快的轻工业项目。结果，1953年的基本建设投资总额计划比1952年增长了75.5%，但是实际比上年增长83.7%，职工总数比上年增加了15.8%，工资总额增加了31.8%。而同期重工业产值则比上年增加37%，农业总产值比上年增长3.7%，其中粮食产量仅比上年增长1.8%，棉花产量反而比上年下降9.9%。由于基本建设的增长速度超过了生产资料的增长速度，尤其是大大超过了农副产品的增长速度，结果使得1953年市场供求关系紧张。

3. 在商业和金融方面，为配合基本建设的资金需要，银行和国营商业部门过度压缩了商业库存和流动资金，引起生产和流通的不正常

1952年年底，由于国营商业和供销合作社系统的库存增加，以及对物资储备和平抑物价的作用认识不足，在国家强调经济核算和基本建设资金短缺的情况下，认为商业库存过多（1952年年底，国营商业部门的商品库存比1951年增加72.7%，达到75亿元）。因此，国营商业部门于1953年1月共同决定压缩库存和流动资金（当时称之为"泻肚子"）并估计可以挤出30亿元资金归还银行贷款，支援工业建设；银行则计划收回商业贷款20亿元，动用上年结余支持财政。在这种情况下，各地国营商业部门纷纷压缩库存，一方面对国营工业企业的某些产品和农副产品少购少销或不购不销，另一方面则大力推销库存商品甚至降价销售。这样做的结果，一是引起部分国营企业产品积压或减产，某些商品市场脱销；二是导致市场上出现"公退私进"的局面。

4. 在农业方面，出现为追求高指标而强迫农民的急躁冒进倾向

1952年冬至1953年春，地方政府在编制农业计划时，由于缺乏经验，既将指标定得过高，又将计划变成指令层层布置，下达到农户；同时，为了落实1953年的农业增产指标，基层干部又受宣传的影响，将合作社作为增产的主要措施加以推广，由此造成农村中的命令主义、"五多"现象（即任务多、会议集训多、公文报告表册多、组织多、积极分子兼职多）和不顾条件地大办合作社。这既干扰了农业生产的正常进行，也影响了农民的生产积极性。

对于上述冒进的苗头，1953年6月召开的全国财经工作会议做了系统纠正。会议一方面及时总结了经济建设中的经验教训，批评了基本建设工作中的盲目性和冒进，要求今后提高计划性，强调计划必须建立在可靠

的基础上，财力必须集中使用；提倡节约，反对百废俱兴；另一方面，会议又把前一阶段的修正税制和商业中的"泻肚子"上升到社会主义与资本主义的斗争，将经济工作中的失误与社会主义改造问题联系在一起。在这次会议上，周恩来代表中共中央提出在经济建设工作中应极大注意以下四个问题：（1）发展生产，保证需要，提高计划性，防止盲目性；（2）重点建设，稳步前进。计划必须建立在可靠的基础上，财力必须集中使用，提倡节约，反对百废俱兴；（3）既要加强集中统一，又要发挥地方与群众的积极性；（4）必须坚持党的统一领导。上述经济建设基本方针的提出，对于"一五"计划的编制和前3年的经济建设，都起到了重要的指导作用。

1953年8月28日，中共中央发出《关于增加生产、增加收入、厉行节约、紧缩开支、平衡国家预算》的紧急通知。中共中央的上述指示下达后，全国开展了一场群众性的增产节约运动。国家计委也对1953年的年度计划做了调整，压缩支出，增加收入，经济情况迅速好转。到1953年年底，财政收入经过努力达到222.9亿元，财政总支出为220.1亿元，实现了收支平衡尚有2.8亿元的结余。与此同时，还纠正了税收、商业、银行、农业等方面存在的问题和冒进倾向。

1953年尽管经济建设取得很大成就，工业增长速度很快，但是也造成了财政收支、市场供求、物资供应、银行信贷等方面的全面紧张。在纠正冒进倾向后，中共中央制订的1954年度国民经济计划，则比较稳妥可靠、留有余地了。

二 1956年"冒进"的形成

1956年经济建设中出现的"冒进"，与1953年经济建设中的"小冒进"相比，其形成原因是有所不同的。前者是自发形成的，主要是各部门建设热情过高、计划不周造成的，原因比较单纯，纠正起来也比较容易。

1956年是实施第一个五年计划的第四个年头，也是社会主义改造突飞猛进、迅速提前完成的一年。社会主义改造高潮的兴起，对经济建设工作产生了较大影响。

1955年下半年出现的社会主义改造高潮是在批判右倾保守主义的斗争中形成和发展起来的。随着社会主义改造高潮的产生，党在成绩面前不够谨慎了，特别是1955年10月召开的七届六中全会，在开展了反对农业合作化方面的右倾保守主义之后，还认为在经济建设和文化建设的各个方面，都多少存在右倾保守思想，应该批判和克服这种右倾保守思想。1955年12月5日，中共中央在中南海召开座谈会，由刘少奇向在京中央委员、党政军各部门负责人传达毛泽东关于批判右倾保守思想、争取提前完成过渡时期总任务的指示。毛泽东指示的大意是：经济发展的速度应该快一点，不要出现"两翼"（指"三大改造"）走在前面而"主体"（指工业化）落在后面的现象。毛泽东的这个思想在1956年年初公开出版的《农业社会主义改造高潮》一书的序言中也表现出来，并为全国人民所知。1956年元旦，《人民日报》发表了题为《为全面地提早完成和超额完成五年计划而奋斗》的社论，这篇文章从题目到内容都充满了形势喜人、形势逼人的气息。

上述思想和舆论的变化，反映出党尤其是毛泽东同志在经济建设方面产生的急躁情绪。这种情绪的产生，不完全是社会主义改造高潮和心血来潮的产物，它有着一定的经济背景。

第一，众所周知，1955年的经济发展速度由于受1954年农业自然灾害的影响（工业原料不足），增长速度比前几年大幅度下降，工农业总产值仅增长5%，其中工业总产值仅增长6%。到1955年底，第一个五年计划只剩下两年时间，尽管工业已完成"一五"计划增长额的61%，农业已完成"一五"计划增长额的63%；但是基本建设计划投资额只完成"一五"计划的51%。第二，由于缺乏经验、估计不足，在制订和实施1955年度计划时，曾不适当地削减了某些非生产性建设项目，结果不仅年底财政结余18.1亿元，而且钢材、木材、水泥等物资也有较多剩余，使得1955年计划显得保守了一些。按照1955年经济建设速度，"一五"计划是难以如期完成的。这既是毛泽东掀起农业合作化高潮的重要原因之一（解决农业拖工业后腿问题），也是毛泽东对1955年计划工作不满意，认为存在保守思想的原因。另外，也有不少国营企业和部门的经营管理者为了增加完成任务的保险系数、减轻压力，在制订生产计划和预期利润时，都尽可能地压低指标。当时的财政部部长李先念深有体会地说：一些企业和部门在提高生产和增加利润时是保守的，而在增加投资和建设新项目（即向上要钱、增加投入）时则是冒进的。[①] 这种多数企业在生产上仍

---

① 参见《李先念论财政金融贸易》（上），中国财政经济出版社1992年版，第100页。

有潜力可挖的现象，在反对官僚主义和保守主义时曾不时被揭露出来，毛泽东肯定会有所觉察。第三，1955年农业取得大丰收和当年财政物资的结余，也为1956年的工业和整个国民经济的发展创造了较好的条件，使得1956年国民经济的高速增长有了可能。第四，1956年，苏联援助的许多建设项目将进入施工高峰，为了避免建设任务过多地拖到1957年（即"一五"计划的最后一年）造成被动，基建部门也都希望加快1956年的经济建设速度。

由于上述经济因素的作用，加上政治上反右倾保守以及社会主义改造高潮的推动，1956年1月第三次全国计划会议在编制1956年度国民经济计划草案时，就对经济发展速度考虑较多，而对国家的经济发展潜力、财力、物力等条件研究不够，结果提出1956年工业总产值比1955年增长21.7%，达到"一五"计划规定的1957年的水平；粮食产量比丰收的1955年增长9.2%，棉花增长18.3%，均超过"一五"计划规定的1957年应达到的指标。为了保证上述增长指标的实现，1956年的基本建设投资、职工工资总额和农业贷款三个方面自然要突破原定计划，有较大增加。结果出现"三管齐下"的经济过热现象，主要表现在以下几个方面：

（1）基本建设规模过大。1955年9月，国家计委预定的1956年度基本建设投资额为112.7亿元，而1956年1月的全国计划会议则将其增加到147亿元，结果1956年的计划投资额比1955年增长71%，占"一五"计划基本建设投资额的35%左右。由于要大干快上，1956年2月召开的全国基本建设会议，又将"一五"计划期间的限额以上基建项目由原定的694个追加到745个，铁路建设也由原计划恢复和新建4084公里线路增加到8000公里线路。同年6月，限额以上基建项目又猛增到800多个，从而使1956年继续施工和新开工的建设项目大大超过了"一五"计划的规定。

基本建设规模过大，又造成以下两个问题：第一，基本建设增长速度超过了财政收入增长速度。1956年基本建设投资实际比上年增长62%（经过反冒进压缩后），而同期财政收入只比上年增长7%，从而造成资金供给紧张，财政出现赤字。第二，基本建设投资增长速度超过了生产资料生产的增长速度。1956年基本建设比上年增长62%，而以生产资料为主要产品的重工业产值只增长了40%，结果虽然动用了70万吨库存钢材，但仍然供不应求，其他建材和若干机械设备也供不应求，结果使建设工作中出现不少停工待料和窝工现象。仅1956年4月，因建筑材料和设备供应不足而未能如期开工的项目即占同期应开工项目的1/5。另外，由于基本建设使用的物资增加过多，因此国家在原材料分配时，为保证重点建设的需要，对于一般为市场服务的生产（即主要为生活消费资料）则照顾不够，分配减少，使这类生产受到限制，产品品种和数量不能满足社会需要，造成市场供应紧张。以钢材为例，1955年供给轻工业市场的钢材占当年钢材供应量的23.2%，而1956年则降为18.7%，但是1956年因农业投入和职工工资总额大增，以钢铁为原料的农具和消费品的需求也大增，结果1956年出现手工业者到处抬价抢购废钢铁现象。

(2) 职工总数增长过快。1956年计划增加职工84万人，大干快上的结果是新增加职工230万人，超过计划近2倍，增幅达到37.7%。这一年，因职工人数增加和职工升级调资（职工平均工资比1955年增长14%），全国职工工资总额比1955年增长45.8%，而同期国民收入仅增长11.9%，以生产消费品为主的轻工业，产值只比上年增长不到20%，农副业总产值仅比上年增长4.9%，而农副产品的交售量反而低于1955年。由于职工工资总额的增长超过消费资料的增长，使得1956年出现生活消费品供不应求的紧张局面，造成持币待购，影响了货币回笼。

(3) 信贷突破计划，货币发行增加。从银行信贷情况来看，冒进主要表现在两个方面：第一，1956年的存款增长计划定得过高。1956年财政预算列入动用上年结余10亿元，这意味着财政存款要减少，但是中国人民银行在编制信贷计划时，反而把财政存款定为增加3.5亿元，实际上当年财政存款减少19.7亿元。对其他存款也有估计过高的倾向，例如农村存款原计划增加18亿元，实际仅增加1.9亿元。结果，1956年银行各项存款增减相抵，反而比1955年减少7.6亿元。第二，贷款增长过猛，大大超过原计划。1956年农业贷款计划增加11.2亿元，结果却增加20.3亿元，使得农贷总额比1955年增长数倍，超过前三年的总和。同时，对城市公私合营企业的贷款，原计划1956年比1955年增2.9亿元，但实际增加了9.4亿元，也大大超过原计划。到1956年年底，银行各项贷款余额比上年增加29.7亿元，增长14.5%。由于存款减少，贷款却大量增加，遂导致存贷差额扩大，货币发行增加。1956年年底，市场货币流通量比1955年增加42%，大大超过了工农业总产值和社会商品零售总额的增长速度。

（4）农业生产急于求成，指标定得过高。1956年1月，中共中央政治局提出的《一九五六年到一九六七年全国农业发展纲要（草案）》，这个草案所提出的农业增产目标，按当时世界农业的发展经验来看，即使大量增加投入（水利、化肥、农药、品种改良、机械），也不容易达到。而1956年年初，由于受合作化高潮和批判右倾保守思想的影响，许多地方都主张三至五年实现纲要指标。结果在制订农业生产计划时，指标一再追加，使得1956年粮、棉产量计划指标变动多次。粮食产量指标，1955年9月提出1956年比丰收的1955年增长1.7%，到同年12月则改为8.1%，1956年2月又改为9.2%；棉花产量指标，1955年9月提出1956年比1955年增长1.3%，同年12月则改为增长16.9%，到1956年2月，又改为增长18.3%。不仅如此，各省市制订的计划，则比中央制订的上述计划指标还要高（粮食、棉花的增产指标平均比中央计划指标分别高4.3%和11%）。实际上，我国农业当时还是靠天吃饭，加上1956年农村经济体制剧烈变动和缺乏足够的投资，上述指标是根本不可能实现的。因此，尽管1956年不断追加农业投资，使得农用物资供应紧张，但是由于当年自然灾害严重和合作化过急两个因素的影响，粮食产量仅比1955年增长4.4%，棉花产量反比1955年下降4.8%，其他农副产品产量也远没有达到计划指标。1956年年初农业计划指标定得过高，其影响不仅是农业本身，由于农业为轻工业提供60%以上的原料，农业税在财政收入中占11%（1955年）的份额，因此农业计划指标过高必然影响工业和基本建设提高指标。

由于以上原因，尽管经过"反冒进"的压缩，1956年执行国家预算的结果，仍出现财政赤字18.3亿元，支出超过收入6%，打破了1951年以来收支平衡、略有结余的局面。加上当年多放的贷款，1956年多支出30亿元。财政信贷的多支出引起银行货币投放的增加，市场货币流通量比1955年年底增加17亿元。同时社会购买力比上年增加14%以上，而同期生活消费资料的产量仅比上年增长7%左右，致使国家不得不动用库存物资，1956年商业库存物资比1955年减少17亿余元，但是市场供求关系仍然很紧张。

上述情况表明，1956年国民经济建设中确实存在着急躁冒进倾向，建设规模和发展速度超出了国家经济承受能力。这种经济过热现象如果不及时纠正降温，必将影响国民经济的持续稳定发展，并可能引发市场混乱，同时也会导致经济效益下降，"反冒进"就是在这种情况下提出的。

三 "反冒进"的提出和初步实施

对于经济建设中的冒进倾向，具体抓全面工作的周恩来最先察觉并感到不妥。1956年1月20日，周恩来在中共中央召开的知识分子问题会上就呼吁：不要搞那些不切实际的事情，要"使我们的计划成为切实可行的、实事求是的计划，而不是盲目冒进的计划"，"这一次我们在国务院召集的计划和财政会议，主要解决这个问题。"1月30日，在全国政协第二次会议上，周恩来在《政治报告》中重申了上述观点。2月6日，在与计委主任李富春、财政部部长李先念研究如何在计划会议和财政会议上压缩指标时，周恩来指出：既然已经存在不小心谨慎办事，有冒进急躁现象，计委、财政部就要压一压。后来周恩来曾多次把这两个压指标的会议戏称为"二月促退会议"。

2月8日，周恩来在国务院第二十四次全体会议上又一次指出：现在有点急躁的苗头，需要注意。社会主义积极性不可损害，但超过现实可能和没有根据的事，不要乱提，不要乱加快，否则就很危险。领导者的头脑发热了的，用冷水洗洗，可能会清醒些。各部专业会议提的计划数字都很大，请大家注意实事求是。4月10日，在国务院常务会议上，周恩来又一次提出搞计划必须实事求是。

1956年5月，中共中央开会讨论一届人大三次会议（6月召开）文件起草问题，会议由刘少奇主持，毛泽东参加。会上各地反映基本建设太快、财政增加、人力增加，上得太快了，与会同志认为对此应该控制、压缩，1957年的计划也应该压下来。会议最后决定我国经济发展要反保守、反冒进，坚持在综合平衡中稳步前进的方针。另外，与会同志还一致主张写篇社论，反一下急躁冒进，于是刘少奇要求中宣部代《人民日报》写一篇社论。6月1日，中宣部部长陆定一在部分省市委宣传部长座谈会上讲话时传达了这个精神："反对右倾保守，现在已高唱入云，有必要再提一个反急躁冒进。中央要我们写篇社论，把两个主义反一反。"

中宣部起草的社论，题为《要反对保守主义，也要反对急躁情绪》，经过陆定一、刘少奇、胡乔木三人先后修改，加重了反急躁冒进的分量。尤其是陆定一修改时加以突出的"扫盲"例子和胡乔木修改时加写的"双轮双铧犁"例子，都直接涉及毛泽东亲自主持制定的《一九五六年到一九六七年全国农业发展纲要（草案）》，由于1956年做的这两件事不符合实际,特别是"推个双轮双铧犁"是一个明显的失误,因此,在当时这是比较敏感的两件事。

社论于 6 月 20 日在《人民日报》头版头条刊出。社论虽然题为反对两种倾向,但主要的篇幅和重点是反对急躁冒进,社论还指出:"急躁冒进所以成为严重问题,是因为它不但是存在在下面的干部中,而且首先是存在在上面的领导干部中,下面的急躁冒进有很多就是上面逼出来的。"这篇社论的发表,标志着"反冒进"扩大为在舆论宣传上也公开明确地"反冒进"。

在实际工作中,"反冒进"也取得初步成效。6 月 1 日,周恩来主持召开国务院常务会议,研究再次压缩 1956 年计划指标和编制 1957 年计划问题,周恩来提出:1956 年的基本建设投资额尽管经过"二月会议"由 170 亿元压缩到 147 亿元(仍比 1955 年增长近 68%),但是这么大的数字还是不可能完成,要好好计算一下。经过研究,6 月 5 日会议决定将 1956 年的基本建设投资额再由 147 亿元压缩到 140 亿元。6 月 10 日,中共中央政治局基本通过国务院的上述意见,并在预算报告的草案中明显增加了反对冒进的分量。

由于刘少奇、周恩来以及几位主管经济工作副总理的努力和毛泽东尊重多数人的意见,到 1956 年年中,经济建设中来势较猛的急躁冒进势头基本上被遏制住了。但就全年来看,1956 年的经济建设还是表现出前面所述的冒进和过热。

四 "八大"前后的继续"反冒进"

1956 年 6 月全国人大会议通过 1956 年国家预算之后,周恩来立即把主要精力转入"二五"计划建议的编制工作中,这是为中共"八大"准备的一个重要文件,也成为 1956 年"反冒进"的第二个回合。

1956 年夏,国务院在北戴河召开重要会议,各部委在会上提交了第二个五年计划的指标,国家计委加以汇总后,于 10 月报送党中央和国务院。11 月,毛泽东提出"农业十七条"和随后部署的各方面批判"右倾保守"思想后,各部委不约而同地把北戴河会议上提出的"二五"计划方案否定了,有的重新提出"二五"方案,有的索性把"三五"计划方案改为"二五"计划。例如粮、棉、钢的产量指标,有关部门在北戴河汇报时 1962 年将分别达到 4600 亿斤、4300 万担、1100 万吨;而 1956 年 1 月计委汇总的各部重新拟定的指标则为:粮 6400 亿斤、棉 7000 万担、钢1200万吨。毛泽东对各部重拟的方案是比较满意的，但仍认为钢产量指标还是低，主张1962年"把钢搞到1500万吨"，因此国家计委又将1500万吨钢列入"二五"计划。中央把粮、棉、钢指标定得过高，不仅地方要跟上来，而且其他部门和行业也都要跟上来。到1956年6月，一届人大三次会议批准既反保守又反冒进，坚持在综合平衡中稳步前进的经济发展方针，但是有关部门却迟迟拿不出一个符合这个方针的"二五"计划草案。

7月3—5日，周恩来连续召开国务院常务会议，讨论计委先后报送的两个"二五"计划方案。周恩来指出：第一个方案冒进了，第二个方案也是不可靠的、危险的。周恩来、陈云、薄一波都主张将粮、棉、钢的指标降下来。周恩来强调：现在要精打细算，搞一个比较可行的方案，作为向"八大"的建议。会后，在周恩来的直接指导和帮助下，计委于7月下旬又编出一个新方案。

8月3—16日，周恩来、陈云在北戴河召开国务院常务会议，审查计委新编的"二五"计划方案。会议对部分指标又做了调整。回京后，周恩来又邀集计委有关同志再推敲了一遍，才提交给中共中央。

国务院最后确定提交给中央的"二五"计划方案，将1962年的粮食产量指标定为5000亿斤，棉花产量定为4800万担，钢产量定为1050万吨至1200万吨，比1956年1月计委汇总的指标下降了很多，从而使"二五"计划指标较为可行，即既可能达到，但也非轻易能达到。国务院最后确定的这个方案为中央和毛泽东所采纳。这个降低指标的方案之所以被中央和毛泽东采纳，还有一个原因，那就是在此期间，苏共中央于9月1日复信中共中央，认为我党原拟"二五"计划指标过高，希望考虑实现的可能性，同时表示苏联没有力量按原定"二五"计划方案的要求提前提供有关设备。

1956年9月，上述"二五"计划方案在中国共产党第八次全国代表大会上得以通过，同时大会还肯定了刘少奇、周恩来、陈云等人提出的既反保守又反冒进，在综合平衡中稳步前进的经济建设方针。

"八大"以后，经济建设中的冒进倾向并没有从根本上消除，影响还很大，在制订1957年度经济计划时，"冒进"和"反冒进"又进行了几个回合的交锋。

1956年10月20日至11月9日（党的八届二中全会前夕），周恩来连续召开10次国务院常务会议,检查1956年计划执行情况,研究1957年的主要经济控制指标。在10月24日的会议上,周恩来提出:现在"主要应该批左"。在11月9日的会议上,周恩来又明确提出"必须采取退的方针"。陈云也提出:宁愿慢一点,慢个一年两年。稳当一点,就是说"右倾"一点。"右倾"比"左倾"好一点。①

11月10日,中共中央召开八届二中全会。这次会议的重要议题之一是讨论1957年国民经济计划和财政预算控制数字,为争取1957年度经济稳定发展而进行的"反冒进"就集中在这次会议上。后来也把这次会议看作"反冒进"的"集中表现"。

八届二中全会议程有三项:时局问题;1957年国民经济计划和财政预算控制数字问题;粮食和主要副食品问题。刘少奇在做时局问题报告时,结合波、匈事件教训,提出:我们应遵照毛主席关于"又要重工业,又要人民"的指示,不能把同人民的关系搞得太紧张。我们应该注意把工业建设速度放在稳妥可靠的基础上。他赞同一位同志讲的"慢一点,右一点,还有回旋余地;过了一点,左了一点,回旋余地就很少了"。

周恩来就第二项议程做报告,他也联系波、匈事件的教训,并根据"一五"计划和1956年度计划执行情况,提出1957年应实行"重点发展,适当收缩"的方针。他说:"八大"的建议和农业发展纲要四十条中的有些指标,都是建议性质,在执行中如果跟不上去,不要勉强,可以修改。1956年的生产指标多数已接近"一五"计划所规定的1957年应达到的水平,到1957年,46种工业生产指标,估计有39种一定超过。"一五"计划规定基本建设投资为427亿元,现在提出明年投资131亿元,同前4年的投资加在一起,将达到480亿元,超过计划50亿元。在预算收支、人才培训、劳动工资等方面,都将超过或4年就已经超过五年计划规定的指标。1956年生产建设成绩很大,但有些方面"冒"了,因为今年"冒"了,明年的计划安排就非常困难。"冒"了的就要收缩一下,使整个国民经济协调发展,不然站不稳。

会议在分组讨论中,除一些同志担心"适当收缩"的提法会引起"冒退"和对某些具体指标安排有意见外,一般都统一在1957年实行

---

① 薄一波:《若干重大决策与事件的回顾》(上卷),中共中央党校出版社1991年版,第555页。

"保证重点，适当收缩"的经济建设方针上。华北组认为：1956年各方面都"冒"了，1957年应该收缩。董必武在中南组上说：批评冒进从6月就开始了，但冒进的思想并未得到清除。经济建设是长期的，偶然突击一下可以，但不能经常采取突击的方法。冒进不清除，第二个五年计划还会发生问题。毛泽东在大会上的讲话反映出他对这次会议的"反冒进"是有不同看法的，但当时他没有提出批评和反驳，而且同意1957年实行"保证重点，适当收缩"的方针。

1957年2月8日，中共中央发出《关于一九五七年增产节约运动的指示》，该指示在肯定了1956年经济建设取得巨大成绩的同时，还承认1956年的年度计划有进展过快的缺点，并解释了1957年对经济建设规模和速度作适当调整的必要性。2月22日至3月1日第四次全国计划会议在京召开。会议根据上述方针调整了1957年的计划草案。同年6月，在一届人大四次会议上，薄一波代表国务院做《关于一九五六年国民经济计划执行结果和一九五七年国民经济计划草案的报告》，提出1957年工业总产值比1956年增长4.5%；基本建设投资111亿元，比上年实际完成数减少20.6%。该草案得到这次会议的批准。这样，1957年的经济建设终于抑制住"冒进"的干扰，缓解了1956年因经济增长过快造成的全面紧张局面，为"一五"计划的顺利完成和实现国民经济发展的综合平衡创造了条件。

陈云在编制和实施"一五"计划时曾经高度概括了应对经济紧运行的办法，他指出："我国因为经济落后，要在短时期内赶上去，因此，计划中的平衡是一种紧张的平衡。计划中要有带头的东西。就近期来说，就是工业，尤其是重工业。工业发展了，其他部门就一定得跟上。这样就不能不显得很吃力，很紧张。样样宽裕的平衡是不会有的，齐头并进是进不快的。但紧张决不能搞到平衡破裂的程度。"[①]

---

① 《陈云文选》第二卷，人民出版社1995年版，第242页。

第二章 "一五"时期市场与计划的矛盾及制度变革[①]

国民经济恢复时期,党和政府充分利用市场机制,把搞活流通作为恢复经济的首要措施,通过一系列卓有成效的政策措施,稳定市场,扩大商品流通,活跃城乡经济,取得了显著成效。

"一五"时期,国内商品市场的变化趋势是,随着纳入国家统一管理的产品品种逐步增多,通过市场调节的商品市场在不断缩小,市场机制的作用在不断减弱。商品流通领域经历了从市场调节为主向计划管理加强转变的剧烈制度变革。这一变革的根本原因,是这一时期贯彻过渡时期总路线,实施国家工业化发展战略,加快了计划经济体制的建立步伐。而从经济运行来说,这一制度变革,也是1953年大规模工业化建设开始后,市场机制与计划管理之间的矛盾冲突在实际运行中不可调和的结果。

第一节 "一五"初期的商品市场基础

1953年,进入第一个五年计划时期。在宏观经济运行上,"一五"初期,仍是以市场为主要调节机制,尽管恢复时期已有部分产品纳入计划管理,但绝大多数商品的产销还是通过市场进行调节的。此时国内市场的基本情况,可以从以下几个方面来看。

一 市场结构

(一)市场主体方面,是在国营商业领导下,多种经济成分共存的市场体系

从商业部门来说,有国营商业、供销合作社商业、私营商业及个体商

[①] 本章所述的市场仅指商品市场。

业，在农村还有农民直接贸易，在对私营商业的社会主义改造过程中，还出现了国家资本主义商业（恢复时期主要是对私营批发商的改造，即代理批发）和私商的合作化商业（合作商店）。1952年年底各种商业经营主体的市场结构如表2-1所示。

表2-1　　1952年年底各种商业经营主体的市场结构

	全国商业企业商品批发额		全社会商品零售额		全社会商业企业数（个）	
	商品批发额（亿元）	比重（%）	商品零售额（亿元）	比重（%）	商业企业数（个）	比重（%）
总计	189.7	100	276.8	100	4444084	100
国营商业	114.7	60.5	45.0	16.3	31444	0.7
合作社营商业	5.2	2.7	50.3	18.2	112640	2.5
国家资本主义及合作化商业	1.0	0.5	1.1	0.4	—	
私营商业	68.8	36.3	180.4，其中农民直接零售11.8	65.2	4300000	96.8

资料来源：根据中国社会科学院、中央档案馆合编《中华人民共和国经济档案资料选编（1953—1957）》（商业卷）（中国物价出版社2000年版）第1142、1140、1143页各表数据整理，其中全国商业企业商品批发额中不包括个体商业。

从表2-1可以看出：（1）"一五"计划开始之初，在批发领域中，国营商业占据了主导地位，但在零售领域中，私营商业的比重占近2/3，而全社会商业企业数，私营商业占到了绝大多数。集体经济的供销合作社商业此时还没有发展壮大，商品销售额和企业数量的比重都不大。作为改造方向的国家资本主义商业及合作化商业此时还极其微弱。（2）数据显示，国营商业的商业企业数虽少，但多数是以经营批发为主的较大规模企业，而私营商业中，从其批发、零售和企业数的比例来分析，绝大多数是经营零售业务的零售商，其特点是户数多，总人数多，但规模小。（3）在全社会商品零售额中，除了有固定场所的商户，还包括众多流动小商小贩的经营额。

直到1956年对私商的改造完成前，一直维持着这种多种经济成分的经营主体结构，只是相对比重有所改变，国营与合作社商业逐步占据主导地位。但直到"一五"时期结束,对私商改造已经基本完成,还保留着大量小商小贩。表2-2中的数字表明,到1957年年底,私营商业在批发额中的比重已经微乎其微,在零售额中的比重,加上国家资本主义及合作化商业共约38%,其中还有将近一半是农民直接贸易(未改造的)。

表2-2　　　　　1957年年底各种商业经营主体的市场结构

	全国商业企业商品批发额		全社会商品零售额		全社会商业企业数	
	商品批发额（亿元）	比重（%）	商品零售额（亿元）	比重（%）	商业企业数（个）	比重（%）
总计	323.2	100	474.2	100	2043197	100
国营商业	231.2	71.5	176.3	37.2	139182	6.8
合作社营商业	76.9	23.8	118.0	24.9	284547	13.9
国家资本主义及合作化商业	14.8	4.6	151.4	31.9	187166（公私合营）1018849（合作化）	9.2　49.9
私营商业	0.3	0.1	28.5 其中农民直接零售13.2	6.0	413453	20.2

资料来源:根据中国社会科学院、中央档案馆合编《中华人民共和国经济档案资料选编(1953—1957)》(商业卷)(中国物价出版社2000年版)第1142、1140、1143页各表数据整理。

在"一五"期间的市场运行中,这种多种经济成分的经营主体结构,对于国营商业对市场的领导以及对于国家的计划管理来说,都是很大的麻烦。

(二) 市场客体。国民经济恢复时期,国家通过对工业品实行统购包销、加工订货的方法,对农产品实行预购、统购、统销的方法,陆续对一些重要工业品和农产品实行了统一经营

至"一五"计划实行之初,已经被纳入计划管理的产品,全国性的有:对棉纱实行统购统销,对烟、酒类、盘纸实行专卖,对烟叶、麻、豆饼、肥田粉,出口土产如猪鬃、皮毛、油及油料由中央统一经营、统一调拨,对生铁、钢锭、钢材、木材、煤炭、水泥、杂铜、电解铜、钨、锑、锡、新闻纸12种物资实行中央统一调拨;地区性的有:东北地区对棉花

实行统一收购。凡列入统一收购和统一分配的产品，生产者不能自行销售，收购者必须按照国家规定的价格进行收购和销售。① 也就是说，对这些产品实行计划调节，基本上退出了自由市场。

除上述商品之外，"一五"之初，包括粮、棉、油等主要农产品在内的绝大多数工农业产品还没有纳入集中计划管理。为了活跃经济，国家允许各经营主体对商品实行自由购销，鼓励商品在各地区间的自由流通，同时通过调整商品的价格和相互比价，运用市场机制对供需进行调节。

（三）商品流通渠道

商品流通渠道，是指商品从生产领域到达消费领域所经过的通道，包括商品流通的途径、环节、形式等，也可以说，是由从事商品交换的商品所有者组成的、推动商品流向消费者的组织序列。从这个意义上说，与"一五"之初多种经济成分的市场主体相对应的是，存在着多条商品流通渠道。这些流通渠道主要有：（1）国营商业网，包括国营商业收购组织和销售组织，后者又分为批发商、零售商。（2）供销合作社商业网，包括供给部门和推销部门，供给部门主要是推销并供给生产者及消费者工业品，推销部门主要是组织收购并推销地方土特产品，完成国营商业委托收购的农产品。此外，还有供销合作社设在城市、集镇的居间性商业组织，如贸易货栈。（3）国家资本主义及合作化商业组织，这些组织通过代理批发、代购代销或组成合作商店（小组）等方式，为国营商业推销商品。（4）私营商业网，包括私营批发商和零售商，还包括流动和非流动的个体商贩，在国营商业控制了商品批发环节的条件下，私营商业只能经营批发或零售业务。（5）农村集市，集市一般是指各种农村初级市场的统称，包括定期或不定期的集市、庙会、骡马大会等，集市贸易承担着农民之间互通有无、调剂余缺的职能。广义地说，也包括一些大集镇、县城的农产品集散市场和专业市场，国营商业与供销合作社的基层机构一般设到农村集市，因而，集市也是国营商业与农民直接连接的重要渠道。

在国民经济恢复时期，这种多条流通渠道的流通格局曾经对恢复和发展经济起到了积极促进作用，而在"一五"计划开始实施之后，这种流通格局的存在，却成为管理者的一大难题，其经营越是活跃，就越是对国

---

① 中国社会科学院、中央档案馆编：《中华人民共和国经济档案资料选编（1949—1952）》（商业卷），中国物价出版社1995年版，第55—65页；《陈云文选》（1949—1956），人民出版社1984年版，第159页。

家的计划管理造成不利影响。

二 市场调节机制

在计划调节与市场调节共同存在的情况下,市场上存在着两种价格,即牌价与市价。"一五"之初,以市场调节为主的经济运行,就是通过牌价与市价的相互变动来实现的。

牌价是国营商业执行的、用挂牌方式公布的国家计划价格。牌价是实行计划管理的一个武器,国家通过制定与调整牌价来贯彻一定时期的经济政策,达到一定的计划目标,并通过国营商业的具体执行,来引导市价变动,掌握市场形势,调整各市场主体之间的关系。

市价是自由市场的成交价格,是由市场供求变动形成的。私营商业(包括其他非公营商业)就是通过市价来判断市场动态,并推测国营商业的政策变化趋向,从而决定自己的市场行为。在私营商业仍占有较大市场份额的情况下,市价是左右市场的一个重要力量。与牌价相比,市价对于市场变动的反应更敏锐、更灵活,因而也更能反映市场的实际状况。

决定牌价与市价变动的根本原因是市场供求。供求变动表现在价格上,但两种价格经常脱节,造成牌市价差。市价不论是高于还是低于牌价,都会影响国家计划目标的实现,并造成市场波动。为了更好地发挥牌价的指导作用,国家一方面要制定合理的价格,另一方面必须根据供求变化适时调整牌价,通过牌价变动来引导市价的涨落,从而调节市场供求,稳定物价,以保证生产和建设的顺利进行。

但是,由于存在多种经济成分、多条流通渠道,各个市场主体都为了各自利益,通过各种渠道展开竞争。在大多数商品供不应求的情况下,这种竞争更加剧了市场的紧张形势。尽管国家勉力控制市场,也取得了成效,但市场机制的运行结果与当时的国家计划安排经常相悖。这种矛盾冲突最终导致"一五"时期制度变革的加速进行。

第二节 "一五"期间计划与市场的矛盾日益突出

"一五"期间大规模经济建设引起资源紧张形势,投资的大起大落引起的经济波动,加之以市场调节为主的运行机制,使得国家计划与市场之间的矛盾日益突出,这是导致后来各项国家计划调节措施快速出台的重要原因之一。

一 基本建设投资骤增与两次冒进

"一五"时期,大规模的经济建设首先就是大规模的国家基本建设投资。在此之前的国民经济恢复时期,基本建设投资以恢复、改建旧有企业为主,且投资规模总量要小得多,因而尽管这三年里投资增长速度较快,但物资资源供求的矛盾还不突出。进入"一五"以后,基建投资转变为以新建为主,建设项目都是一些规模巨大的具有先进技术水平的工程。从物资需求角度来说,这就意味着对建筑材料、机械设备、工具器具仪器、原材料以及消费品等需求的增长。

在"一五"计划编制过程中,对于经济增长速度和投资增长速度的安排,原是本着稳步发展的指导思想来制定的。李富春在1953年9月15日全国政协常务扩大会议上所做的《关于编制第一个五年计划应注意的问题》的报告中,总结1953年计划中存在的盲目乐观、要求过急、贪多冒进的情况,提出编制五年计划大纲应注意的两个问题。首先就是要贯彻重点建设、稳步前进的方针。稳步前进,就是既要反对冒进,又要克服保守。其次在确定第一个五年计划的发展速度时,必须建立在客观可靠的基础上;反之,只凭主观愿望,实际办不到的事情硬要去办,就是冒进;不能贪多、贪快,而要克勤克俭,努力向前。

但是,"一五"计划的实施从一开始就出现基本建设投资失控,违背了稳步前进原则。1953年的实际投资比1952年骤增,投资需求大大超过了各项物资的供给能力,而且由于这一年的投资高速增长,为以后几年的计划安排和建设带来一系列问题,1954年、1955两年不得不压缩基本建设投资,降低发展速度,这也为1956年的又一次投资大幅增加提供了"理由"。1953—1957年国家基本建设投资额及环比增长速度见表2-3。

表2-3　　　　　　1953—1957年基本建设投资情况

年份	计划投资		实际投资		实际完成计划(%)
	投资额(亿元)	比上年实际投资额增长(%)	投资额(亿元)	比上年增长(%)	
1952	—	—	43.56	—	—
1953	74.3	70.57	80.01	83.68	107.69

续表

年份	计划投资		实际投资		实际完成计划（%）
	投资额（亿元）	比上年实际投资额增长（%）	投资额（亿元）	比上年增长（%）	
1954	78.3	-2.14	90.62	13.26	115.73
1955	97.9（91.7）	8.03（1.19）	93.02	2.65	95.02（101.44）
1956	147.35（140）	58.41（50.51）	148.02	59.13	100.45
1957	111.0	—25.01	138.29	-6.57	124.59
国民经济恢复时期合计	—	—	78.36	—	—
"一五"时期合计	427.4	—	549.96	—	128.68

注：1955、1956年的计划数字，其中括号中的为年底或年中修改后的数字。

资料来源：中国社会科学院、中央档案馆编：《中华人民共和国经济档案资料选编（1953—1957）》（固定资产投资和建筑业卷），中国物价出版社1998年版，第266页；《当代中国的计划工作》办公室编：《中华人民共和国国民经济和社会发展计划大事辑要（1949—1985）》，红旗出版社1987年版；各年计划、增长速度百分比系根据表中数字计算出来的。

从表2-3可见，基本建设投资规模，五年当中，除了1957年比上年略有缩减外，其他年份都呈上升趋势。"一五"时期的五年比国民经济恢复时期的三年增加了471.6亿元，增长了6.02倍。1953年一年的投资额比恢复时期的三年总计还要多。1953、1956两年的投资规模大幅度增长，均远高于同期工农业总产值（分别为14.4%和16.5%）和国民收入（分别为14%和14.1%）的增长速度。通常把1953年的投资增长称为"小冒进"（投资总额比上年增加36.45亿元），把1956年称为"大冒进"（投资总额比上年增加55亿元），这是从投资的绝对数额来说的，如果从增长速度来看，则1953年要远高于1956年，这一年的增速是新中国成立以后所有年份中最高的一年。

同时，"一五"时期的投资表现出大起大落的特征，在新中国成立以后的历次五年计划执行情况中，是投资增长率波动起伏最大的，除了"二五"计划外，就是"一五"时期。

如上所述，基本建设投资规模的扩大，就是对整个物质资料需求的扩大。"一五"期间，基本建设投资的增长速度超过了工农业生产的增长速度。基本建设投资年平均增长35.2%，而工业生产年平均增长18%，农业生产年平均增长4.5%。主要工业部门总产值的年平均增长速度为：冶金工业29.2%，电力工业20.5%，煤炭工业17.1%，石油工业32.7%，化学工业31.3%，机械工业29.7%，建材工业20.0%，森林工业13.7%，食品工业13.2%，纺织工业8.6%，造纸工业19.1%。① 在物质资料的生产赶不上投资需求的情况下，资源紧缺状况很快凸显出来。而投资的大起大落，对于国民经济的计划安排造成盲目性和不确定性，也加剧了本来就紧缺的市场的动荡和不稳定。

造成"一五"时期物质资料供应紧张的原因是多方面的，除了基本建设投资规模扩大、投资增速超过生产增速的因素之外，还有经济建设全面展开导致职工人数增加过多、城市劳动力和人口增加过快、农业生产增长缓慢、自然灾害造成农业减产、进出口增加以及计划工作和商业工作中的失误等，但基本建设投资的迅速扩大、增速过快，应是其主要原因。

二 流通领域中出现的新情况

从1953年起，物质资源供应紧张状况开始出现，建筑材料、原材料、燃料、日用工业品、农副产品全面紧缺，是这个时期流通领域中的新情况、新特点。

（一）物质资源供求不平衡

1. 生产资料供应不足

国家直接掌握分配的物资不足，供应紧张。在物资供不应求的情况下，会压缩对商品市场的生产资料供应量，造成市场上生产资料供应紧张。

首先，工业生产和基本建设所需的生产资料市场供应不足。1956年第1季度，在上海五金机械市场中，工农业生产所需要的各项五金器材大大增加，许多商品供应不足，出现了大量商品脱销和供不应求情况，个别工厂由于原料、钢板供应不上，已发生了停工现象。又据商业部报告，1956年国家分配给市场供应的钢材仅占市场需要量的20.84%，生铁仅占市场需要量的3.75%。商业部把几年积蓄下来的库存全部拿出来支持市场供应，加上多方设法组织的一部分资源，也只能满足钢材市场需要量的

---

① 国家统计局编：《中国固定资产投资统计资料（1950—1985）》，中国统计出版社1987年版，第12页；国家统计局编：《中国统计年鉴（1983）》，中国统计出版社1983年版，第19、219页。

82.48%，生铁市场需要量的72.56%。由于商品货源不足，造成人民生活必需品的生产原料和手工业原料严重缺乏，钢铁材料市场供应情况极度混乱。人民生活必需的许多钢铁制品，如取暖用具、炊事用具、铅丝、铁钉等经常脱销，严重影响了人民生活的稳定，同时黑市价格猛涨，投机商人获得暴利。①

由于需求增大，主要物资由国家直接分配的比重逐步扩大，这几年里，每年分配给商业部门供应市场的数量和比重呈逐年降低趋势（见表2－4）。

表2－4　1953—1956年分配给商业部门的物资占当年总分配量的比重　单位：%

类别＼年份	1953	1954	1955	1956
煤炭	43.5	42.6	43.9	40.9
木材	13.8	31.1	32.8	31.0
水泥	13.2	13.1	9.6	8.6
生铁	7.7	8.4	1.6	0.2
钢材	28.6	24.5	9.7	2.8
有色金属	9.0	5.3	4.5	0.8
烧碱	32.4	27.4	6.7	0.4
纯碱	42.2	38.0	32.0	16.4
柴油机	45.4	30.6	6.8	0.8
发电机	4.8	28.9	0.7	2.3
机床	17.4	16.9	1.6	0.1
变压器	13.3	2.8	0.2	0.5

资料来源：国家统计局：《历年国家统一分配物资分配概况》，1957年5月21日，见中国社会科学院、中央档案馆编《中华人民共和国经济档案资料选编（1953—1957）》（综合卷），中国物价出版社2000年版，第1088页。

---

① 中国社会科学院、中央档案馆编：《中华人民共和国经济档案资料选编（1953—1957）》（商业卷），中国物价出版社2000年版，第972—973、952—953页。

表2-4内各项物资中，煤炭的比重变化较小，木材从1954年到1956年是在增加，这是由于当时城镇人口增加从而供应民用的数量在增加。其他各项都在下降，有的已经基本不能满足市场需要。物资的供需缺口很大。而一些基建单位和生产单位，由于国家按计划供应的物资不足，也转向市场争购本是供应民用、农用、轻工业用和手工业用的物资，从而加剧了市场供应的紧张局势。

其次，农业生产资料市场供应不足。尽管这几年农业生产资料的供应量是在增长，但随着农业合作化的进展和农业生产的发展，中小农具、零配件、铁管、钢丝、化肥、农药及药械等，在数量和品种等方面都远远不能满足需要。如上海五金机械公司供应站1956年1月库存打稻机用轴承共4万只，而仅四川省就订购23万只。①

2. 生活消费品供应不足

由于基本建设快速、全面展开，城市劳动力和人口增加过快，1953—1957年城乡购买力有了显著增长，表现出购买力增长速度超过消费品生产增长速度。1957年与1952年比较，城镇人口增加了2786万人，增长38.9%；全国职工人数（包括全民所有制单位和城镇集体所有制单位）增加1498万人，增长93.4%；全民所有制单位职工工资总额增加88亿元，增长129.4%，职工平均工资增长42.8%；全国居民年平均消费水平增长22.9%，其中非农业居民平均消费水平增长26.3%。而五年中，工农业总产值增长67.8%，其中农业总产值增长24.8%，工业总产值增长128.6%，在工业总产值中，轻工业增长83.2%，重工业增长210.7%。②

居民购买力增长超过生产增长速度的市场表现，就是迅速出现了许多消费品供不应求的状况。从1953年上半年开始，日用百货、棉布、粮食、食油、食糖、副食品、煤油等商品脱销或供不应求的情况逐步严重，各地纷纷告急。由于货源不足，国营商业与供销合作社的收购更加困难。市场供应紧张使商品物价上涨，特别是油、肉、蛋、菜等副食品价格上涨幅度较大，直接影响了人民生活。1953年8月（粮油统购统销前），全国十大城市工人生活费用指数如表2-5所示。

---

① 中国五金机械公司通报：《农业合作化运动中农村五金市场的新情况》，1956年1月7日。

② 国家统计局编：《中国统计年鉴（1983）》，中国统计出版社1983年版，第103、104、123、489、490、484、17页。

表 2-5　　　　　1953 年 8 月全国十大城市工人生活费用指数　　　　单位:%

	天津	北京	太原	上海	青岛	武汉	广州	重庆	西安	沈阳
与 1952 年 12 月比较	105.4	106.1	103.6	107.0	108.5	105.9	109.9	104.0	104.0	103.5
与上月比较	101.7	101.4	99.4	105.4	104.3	101.3	102.7	102.7	100.5	101.4

资料来源:《国内物价》1953 年第 8 期。

其中,与 1952 年 12 月比较的 8 个月的物价上涨幅度,最低的是沈阳,为 3.5%,最高的是广州,为 9.9%;与上个月比较的物价上涨幅度,最低的是太原,为 -0.6%,最高的是上海,为 5.4%。就当时来说,首先,人民的收入和生活水平本来就很低,这种上涨幅度已经超出了当时人民实际购买力的承受能力;其次,国家和人民刚刚从新中国成立初期的物价飞涨状况下稳定下来,物价的重新上涨,如果持续下去,势必引起恐慌心理,影响社会稳定,甚至产生政治影响。

这种消费品供不应求的局面由于 1956 年的冒进而进一步加剧。1956 年商品供求关系的突出特点是商业部门销大于购,库存逐季下降。当年国营商业与供销合作社商品购进总额相当于销售总额的 68.8%,由于购少销多,商业部门不得不挖库存,国营商业、供销合作社商业库存由年初的 249.2 亿元下降至年底的 218.0 亿元,减少 31.2 亿元。国营商业供应市场的 70 种主要商品,年底库存量较年初库存量减少的有 48 种,其中突出的有圆钉,年底库存量仅为年初库存量的 16.7%,玻璃为 24.5%,自行车为 30.1%,缝纫机为 33.4%,水泥为 46.7%。17 种主要商品的年末库存可供量,不足供应 1 个月的有猪肉、鲜蛋、水泥、自行车、圆钉,不足供应 2 个月的有卷烟、酒、缝纫机、钢笔、玻璃,不足供应 1 个季度的有棉布、收音机,可供 1 个季度以上的有衬衣、胶鞋、暖水瓶、呢绒、木材。[①] 据 1957 年 1 月的一个调查材料,上海市工业原料和市场物资缺乏颇为严重,已到了"五空"的程度,"五空"即工厂库存空、工业部门供销机构的存货空、商业部门库存空、社会存货空、成品空。春节前有 5 万名工人陷于停工半停工状态。铁锅、铝锅、草纸、马桶等日用品,市场上全都买不到[②]。

[①] 国家统计局:《国民经济统计报告》,1957 年 3 月 21 日。
[②] 中国社会科学院、中央档案馆编:《中华人民共和国经济档案资料选编 (1953—1957)》(综合卷),中国物价出版社 2000 年版,第 1168 页。

对于物资供不应求形势的认识，商业部副部长姚依林在1954年6月第五次全国物价工作预备会议上的报告中指出，这种供不应求的特点，是从1953年国家开始大规模有计划的经济建设以来，在市场上突出表现的新情况。这种趋势将是长期的，并且在一定时期内，社会购买力与可供应商品之间的差额还会继续扩大。

陈云在1957年3月政协全国委员会第二届三次会议上对1956年物资供应的紧张状况解释说，供应紧张的这些物资不是因为产量下降，相反绝大多数都是增长的，这些物资的供应紧张是由于基本建设投资、工资总额和农业贷款三项支出增加过多，这些支出绝大部分是必要的和用得适当的，但也有一小部分是可以少支出或者不支出的。

（二）商品市场竞争加剧

尽管随着对私营商业社会主义改造的进展，国营商业、供销合作社以及国家资本主义性质的商业在逐步扩大，其他类型的商业逐步缩小，但从市场运行的角度讲，各种类型的商业都是合法的市场主体，都是通过市场活动来实现各自的利益。多种经济成分即多元化的市场主体共同在市场上活动，而归根结底是公、私之间的竞争。

1. 农产品市场

以粮棉油统购统销前的粮棉油市场为例，1952年秋冬的收获季节，江西省吉安市上市的稻谷全被私商买走。1953年青黄不接之时，浙江、湖北一些地方的私商预购"青苗谷""禾花谷"，控制粮源。[①] 这年春季，河北、山西、山东、安徽、陕西部分地区受灾，农民在市场上争购粮食，小麦、小米、玉米、红粮等市价猛升，高于牌价20%—100%，一些地方出现粮价乡村高于城市的现象。有的私营粮商到国营公司抢购粮食，然后贩运到乡下出售，牟取暴利。西安粮商每百斤小麦可赚4万元（旧币，下同）。当年小麦上市季节，私营厂商到各产麦区，以委托包收、抬价、预购、拦截等各种方式争购，市价高于国营公司收购价，农民自然选择把粮食卖给私商。1953年5月，私商汇集到芜湖市的收购资金达到百亿元[②]。

同年8月，新黄豆上市后，浙江省衢县粮商云集产区，降质抬价抢

---

① 薄一波：《若干重大决策与事件的回顾》（上卷），中共中央党校出版社1991年版，第257、258页。

② 《国内物价》1953年第29、32期。

购。国营公司的收购价为980元，而私商则出价1150元，致使国营公司无收购货源。温州地区平阳县，由于各地私商深入产区到处收购，国营公司的收购比重仅占上市量的20%。其他主产区也是这种情况①。

私商利用农产品出售的季节性，在粮食、油料、棉花等农产品之间肆意倒腾。趁新棉上市棉农急需出卖棉花的时候，低价收买棉花；到棉花价高、麦子价低的时候，又卖了棉花囤积麦子；秋粮下来以后，麦子价高豆子价低的时候，又卖麦子囤积豆子。1953年实行粮油统购统销以后，不能私贩粮食了，又转而囤积棉花和布匹②。私商在棉花主产区到处抬价抢购，其收购价普遍高于国营公司牌价，致使国家的棉花收购计划不能完成。

2. 工业品市场

在工业物资方面，尽管国家逐步控制了大部分货源，但私营厂商却能见缝插针，争夺货源，违规贩运，抬高市价，甚而黑市流通。如化工、五金等产品，1954年，青岛市生产自行车的钢珠，国营公司没有货源，供应不足，而私营厂商则将存货高价卖给摊商，摊商再转手加价卖给国营自行车厂，几经转手，价格高于国营公司牌价175%。1957年，上海市3号生铁牌价每吨205元，黑市每吨500元；废钢铁国家调拨价每吨100多元，黑市达到800多元；圆钢牌价每吨600元，黑市从1200元到1400元，甚至1600元。

由于物资紧张，各地方、各单位到处乱挖乱抓，抓来就囤起来，作为交换资本。以物易物和"自带粮票"的做法很盛行。如南京市工业局以市第二机器厂生产的汽车配件向交电公司换来漆包线和黄蜡布给电机厂，再以电机厂生产的电动机换取钢材维持机器厂的生产。南京市五金公司卖一个台秤要买主自带1吨生铁（即"自带粮票"），而生产厂只要买主带200公斤生铁即卖，五金公司本想借此搞点生铁，而生产厂却要自行交易，不把台秤卖给五金公司，结果厂里有货，而市场上却脱销。1957年江苏省决定中央部门和外地来的修配协作任务一律"自带粮票"③。

与此同时，捐客、黄牛等中间人又发展起来，进行投机交易。茶楼、

---

① 《国内物价》1953年第8期。
② 《保证实现国家的棉花统购计划》，《人民日报》1954年9月20日。
③ 《国内物价》1954年第8期；中国社会科学院、中央档案馆编：《中华人民共和国经济档案资料选编（1953—1957）》（综合卷），中国物价出版社2000年版，第1051—1052页。

旅舍变成了交易市场，有些已回乡的中间人又回到城市，有些已改造的中间人白天是国营公司职工，晚上当掮客。上海有一批掮客控制了土纱市场，压价收购，高价出卖。①

三 市场竞争对计划安排的冲击

以上问题归根结底，是这一时期资源配置上市场的自发性与国家计划安排的矛盾日益突出。在原本已经物资紧缺、供不应求情况下，由于私营商业的强势竞争，严重影响了国家计划的顺利执行。

（一）国家收购计划完成困难，销售计划突破指标

1953年年初，国营公司的粮食征购情况是购少销多，差额很大。第1季度以后，粮食购销形势更加严峻。夏收、秋收都没有改变销售量大于收购量的趋势。7—9月粮食购进超过原定计划7亿斤，而销售超过原定计划19亿斤。10月是粮食大量上市季节，但收购只完成月计划的72%，而销售却完成月计划的120%，10月底全国粮食库存比上年12月减少39%。②

1953年，食油供应也日趋紧张，特别是在城市。食油紧张的根本原因是产销不平衡。新中国成立以后，油料作物生产恢复的速度慢，产量只达到战前的76%，而内销、外销增长的速度快，市场竞争加剧了紧张形势。1954年国内市场缺油15万吨左右，如不及时解决，其后果就是城市、工矿区得不到必要的供应，外销计划也难以保证。③

1954年9月，棉布统购统销以前，手工棉布市场还有私商参与收购，国营花纱布公司的收购计划完成情况一直起伏较大。这一年1—7月收购计划完成情况分别为109.31%、68.93%、137.28%、96.47%、81.36%、80.47%、75.37%。④ 第二季度以后收购计划完成百分比一路下滑。

1956年下半年开放农村小土产自由市场后，一些农副产品的价格开始上涨。特别是一些由国营公司或委托供销合作社统一收购的物资，由于市价上涨过多，农业社和个体农民为争取高价，都不愿把产品卖给国家，

---

① 中国社会科学院、中央档案馆编：《中华人民共和国经济档案资料选编（1953—1957）》（商业卷），中国物价出版社2000年版，第767页。
② 国家统计局关于10月及1至10月粮食购销情况的报告，1953年11月20日。
③ 中国社会科学院、中央档案馆编：《中华人民共和国经济档案资料选编（1953—1957）》（商业卷），中国物价出版社2000年版，第213—214页。
④ 萧步才：《江苏省江阴县手工织布业调查资料（下）》，《学术月刊》1958年第3期。

已经订立的预购、派购合同也不愿履行,以致许多重要工业原料和出口物资流入高价争购的厂商和私营商业之手,国家收购计划难以完成,影响了工业原料和出口物资的供应。①

(二) 与人民生活有关的一些轻工业生产下降,工厂开工不足

轻工业生产原料很多是农产品,原料供应不足有农业歉收的因素,1954年的农业歉收影响了下一年的轻工业生产,而与此同时,在农产品收购市场上国营与合作社商业的实力不足,私营商业高价收购,囤积倒卖,更加剧了原料供给的紧张形势。

一些生产单位由于原材料供应不足,生产下降,生产能力闲置,设备利用率低,甚至停工停产。全国轻工业生产情况,1954年的设备利用率,油脂工业约为40%,面粉约为54%,卷烟约为30%,火柴约为25%,皮革约为60%。1955年上半年,由于原料不足,棉纱、棉布、麻袋、卷烟、食油等产量都比上年减少。许多工厂开工不足,1955年纺织工业生产比1954年每周减少三班左右,单独织布厂每月需停工七八天,印染厂每季约需停工1个月。一些产品生产下降,棉纱1955年比1954年少产60万件,棉布少产2500余万匹,麻袋少产1800余万条,卷烟少产30余万箱,榨油比原计划少产18万吨。②

又据1957年1月对上海、江苏、山东等地工厂生产情况的调查,由于国家分配材料不足,吃不饱的现象很严重。江苏省机械工业1957年的工时安排比1956年的实有工时富余875万个,占1956年全部工时的23.6%,平均有3—4个月的不同程度的停工。部分产品1957年的任务安排占实际生产能力的百分比:柴油机和煤气机为65.8%,车床为40%,电动机为60%,水泵为21%,空气压缩机为16.7%,中耕机为8.5%。山东省40种主要轻重工业产品中,任务满足现有生产能力的只有2种,满足生产能力20%以下的有2种,满足20%—50%的有5种。③

(三) 消费品市场供应计划被打乱,价格上涨

消费品市场也出现了黑市和抢购等混乱现象。在日用工业品方面,国

---

① 中国社会科学院、中央档案馆编:《中华人民共和国经济档案资料选编(1953—1957)》(综合卷),中国物价出版社2000年版,第1073页。

② 中共中央文献研究室编:《建国以来重要文献选编》第7册,中央文献出版社1993年版,第91—92页。

③ 中国社会科学院、中央档案馆编:《中华人民共和国经济档案资料选编(1953—1957)》(综合卷),中国物价出版社2000年版,第1054—1055页。

营商业部门、公私合营商店、私营零售商以及小商贩，无计划地到各地（主要是大城市）采购、套购计划商品与非计划商品，如毛线、针织品、布鞋、胶鞋等，打乱了原定的分配计划，影响人民生活，加重了市场紧张状态。①

主要生活消费品价格上涨。尽管国营商业已经掌握了关系国计民生产品的批发业务，稳定了批发物价，但在零售领域，私商所占比重较大，有的商品国营商业经营的少，或没有经营，因而零售物价有所上涨，特别是副食品、燃料等的价格逐年上涨。主要消费品价格的不稳定，对人民生活影响很大。② 表2-6为1953—1955年八大城市物价情况。

表2-6　　1953—1955年八大城市物价情况（以1952年为基期）

年份	总指数	粮食	副食品	燃料	衣着	日用品	文教用品	医药	烟酒茶类
1953	103.7	104.7	112.9	103.0	100.0	100.7	90.4	67.4	99.8
1954	104.1	105.1	116.2	104.8	99.8	99.7	84.4	68.5	106.0
1955	105.5	105.2	118.7	106.2	101.5	100.5	84.2	68.9	110.3

注：八大城市为上海、天津、武汉、西安、广州、沈阳、重庆、北京。

资料来源：中国社会科学院、中央档案馆编：《中华人民共和国经济档案资料选编（1953—1957）》（综合卷），中国物价出版社2000年版，第667页。

第三节　"一五"时期的制度变革

建立社会主义计划经济体制，对重要物资逐步转由国家控制、统一经营，流通领域中由国营和供销合作社商业为主导，这些本是社会主义建设的预期中之事，但物资和消费品全面紧缺的客观情况，加上实际运行中市场机制的无计划性与市场管理的高成本，导致物价上涨，社会经济生活的不稳定，物资控制上的混乱无序，加速了经济体制从市场向计划的变革过

---

① 中国社会科学院、中央档案馆编：《中华人民共和国经济档案资料选编（1953—1957）》（商业卷），中国物价出版社2000年版，第770页。

② 《李先念关于财贸工作的汇报提要》，1956年4月1日，参见中国社会科学院、中央档案馆编《中华人民共和国经济档案资料选编（1953—1957）》（综合卷），中国物价出版社2000年版，第666—667页。

程，把原本要通过"一个相当长的时期"（过渡时期的总路线）和缓、稳步实行的进程大为加快并提前了。

快速地从市场向计划过渡，主要体现在以下几个方面。

一 对农业、手工业和资本主义工商业的社会主义改造速度加快

1954年6月，国家计委在《关于1953年度国民经济计划执行的基本情况及1954年度国民经济计划中的几个问题向中央的报告》中，从计划安排的角度，对于计划工作与多种经济成分的关系，提出：与生产赶不上需要问题相联系的，我们在编制1954年计划草案的过程中，又感到对国民经济中非社会主义经济成分的改造有更大的迫切性和重要性。因为国营工业的生产不能满足社会需要，而私营工业企业还有很大潜力，如果能够很好地利用私营工业企业，对满足社会需要是有很大好处的；如果利用、限制、改造得不好，则不仅不能发挥其生产潜力，而且会影响国家计划的实施。国家计委在报告中提出，1954年对私营工业的社会主义改造工作，特别是对私营工业的公私合营工作应适当地更前进一步。由于农产品不足，分散的小农经济又难于控制，而合作化既可以大大发挥生产潜力，又可将小农经济初步纳入计划的轨道。因此，在1954年必须进一步推动互助合作运动的发展，特别是农业生产合作社应有较大的发展，继续贯彻粮食、油料等农产品计划收购与计划供应工作，同时进一步推进手工业合作化的发展。[①]

1955年4月12日，中共中央在《关于第二次全国省市计划会议总结报告的批示》中进一步指出：国民经济计划应该是一个全面计划，既要包括经济和文化的各个部门（如工业、农业、商业、交通、文教等），又要包括各种经济成分（如社会主义的、半社会主义的、国家资本主义的、资本主义的、个体的经济），既要包括大型的、集中的、现代化的经济，也要包括小型的、分散的、落后的经济。这是为了把各种经济逐步纳入计划轨道，加以安排，并经过改造，把非社会主义经济逐步转变为社会主义经济。因此，计划中有直接计划的部分（如国营经济），有间接计划部分（如私营工业经济），以至有带估算性的间接计划（如个体经济）。只管直接计划不管间接计划，是错误的，由于对私营工业扩大了加工订货和统购

---

① 中国社会科学院、中央档案馆编：《中华人民共和国经济档案资料选编（1953—1957）》（综合卷），中国物价出版社2000年版，第499页。

包销，因此，已经逐渐增加了对这部分间接计划实行计划管理的可能。我们应该在巩固和提高国营经济直接计划的基础上，采取多种多样的方式，把其他各种经济逐步纳入计划。①

1955年4月25日，国家计委在《关于1954年国民经济计划执行基本情况和1955年国民经济计划中几个问题的报告》中，就1954年计划执行中所出现问题的原因指出，除了客观原因外，主要在于对各种经济类型和各部门、各地区计划的全面综合平衡不够，对经济发展情况的预见性较差。国家计委提出，为保证1955年计划的完成，要求国家工作人员、国营企业部门以及合作社营和公私合营企业，都要如同对待法律一样来执行国家计划。这就意味着要把多种类型的经济成分都纳入国家的计划管理。②

将各种类型的经济都纳入直接计划和间接计划的管理，是1955年国民经济计划的一个新特点。在这种背景下，到1956年年底，在全国大部分地区，提前完成了三大改造的任务，并超指标完成了"一五"计划对三大改造进度的规定。

按照"一五"计划的规定，到1957年年底，参加初级形式农业生产合作社的农户将占全国农户总数的1/3左右；在全国工业总产值中，国营、合作社营（不包括手工业合作社）和公私合营企业的工业产值所占比重将上升为87.8%，私营工业产值所占的比重将下降至12.2%；在社会商品零售总额中，国营商业和合作社营商业将占54.9%，各种国家资本主义形式的商业和合作形式的小商业将占24%，私营商业将占21.1%。实际结果，1955年年底已基本实现初级形式的农业合作社，在此基础上，很快又转为高级形式的农业生产合作社，到1956年年底，参加高级社的农户数占到农户总数的87.8%，全国参加互助合作组织的农户已占农户总数的96.3%；1957年，国营、合作社营和公私合营工业企业的产值已占全部工业产值的99.9%；1957年，在全社会商品零售额中，国营商业、合作社营商业和各种国家资本主义形式的商业已经占到94%。③ "一五"

---

① 中国社会科学院、中央档案馆编：《中华人民共和国经济档案资料选编（1953—1957）》（综合卷），中国物价出版社2000年版，第374页。

② 《当代中国的计划工作》办公室编：《中华人民共和国国民经济和社会发展计划大事辑要（1949—1985）》，红旗出版社1987年版，第69页。

③ 中国社会科学院、中央档案馆编：《中华人民共和国经济档案资料选编（1953—1957）》，（综合卷）第1148页；（工业卷）第799页；（商业卷）第1140页。

期间，我国基本完成了三大改造的任务。

二 迅速控制工农业产品大部分货源，对主要物资的计划管理加强

对主要物资实行计划收购和计划供应，加强计划管理，是这一时期物资购销与流通领域发生的重大变化。周恩来在1954年9月全国人大一届一次会议上的政府工作报告中提到实行计划收购和计划供应与市场竞争的关系时说，对于重要消费品的计划供应，在消费品生产没有充分发展的一个重要时期内，不但需要继续执行，而且品种和范围还可能扩大；对于重要生产品的计划收购，更将随社会主义经济的发展而发展……但是，如果我们希望不再受奸商投机倒把所形成的物价飞涨和生产停顿的痛苦，希望用合理保证供应全国人民需要的社会主义商业来代替资本主义的投机商业，那么，我们就会承认，计划收购和计划供应是国家所必须采取的办法了。①

李富春在1955年7月关于"一五"计划的报告中也提到，保证市场的稳定，是完成第一个五年计划的必要条件；为继续保持市场的稳定，除努力增加生产外，国家必须根据主要商品生产的不同情况，逐步推行计划收购和计划供应的政策，以便有计划地掌握货源和组织供应，严厉地同投机商作斗争，不让私商有操纵市场的可能。②

对工业品，扩大了加工订货和收购包销的比例，掌握了大部分工业品的货源。到1955年，钢材、烧碱、水泥、胶鞋、棉纱、棉布、火柴、卷烟、面粉、热水瓶等主要建设材料和人民生活的重要日用品已经全部为国家所掌握，其他如纸、生铁、电动机、金属切削机床等也控制了私营工业全部销售量的百分之七八十。与此同时，私营工业使用的煤、铁、钢材、铜、硫酸、烧碱、橡胶、棉纱等主要原料也完全由国家供应了。③

对农产品，1953年11月，对粮食、油料实行统购统销。1954年9月，对棉花、棉布实行统购统销。同时，扩大了对其他重要农副产品的国家收购、预购、派购范围。粮、棉、油统购统销以后，主要农产品大部分退出了自由市场。国家对市场实行严格管理，禁止私商经营统购统销物资，对原来经营粮、油、棉布的批发商和零售商进行转业安排。到1954年年底，私营商业基本被排除出了这些市场。

---

① 《周恩来选集》（下卷），人民出版社1984年版，第139—140页。
② 《建国以来重要文献选编》，中央文献出版社1993年版，第339页。
③ 中国社会科学院、中央档案馆编：《中华人民共和国经济档案资料选编（1953—1957）》（工业卷），中国物价出版社1998年版，第333—334页。

粮食、棉花、油料本是市场上的大宗商品，1953年以后，随着粮、棉、油的统购统销，主要农产品退出了自由市场流通，农产品市场的商品量与商品结构都发生了巨大变化。

据估计，统购后农民手中粮食可上市部分约占10%，全年40亿—60亿斤。① 1953年粮食总产量3337亿斤，这部分可上市的粮食占总产量的1.2%—1.8%。也就是说，统购统销后农村市场上的粮食上市率至多为粮食产量的1%—2%。② 油料、棉花实行统购后，全部商品棉、油由国家收购。在完成国家统购任务后，农民自己留用的油料、棉花允许在国家领导的市场上出售。国家对油料、棉花的统购量占产量的比重一般在70%—90%以上，因此，除了农民自用自食的部分，基本没有剩余可供上市了。

1955年2月的全国财经会议决定对生猪实行派养派购，由收购部门同养猪户订立派养派购合同，农民在完成派购任务以后多余的生猪可以自行处理，增养不增购。1956年，鉴于派养派购中存在的诸多问题，决定以后采用以现金预购、饲料预购或饲料换购的办法收购生猪。③ 不论是派养派购，还是预购，都是国家掌握生猪资源的一种方式，每年派购或预购的这部分生猪由国家收购，也就退出了自由市场的流通。

这个时期，国家又陆续对一些重要农产品、土副产品实行了统购和统一收购。从1956年、1957年国家对自由市场管理的规定中可知，实行统购和统一收购的农副产品有烤烟、黄洋麻、苎麻、大麻、甘蔗、茶叶、家蚕茧（包括土丝）、生猪、羊毛（包括羊绒）、牛皮及其他重要皮张、土糖、土纸、桐油、楠竹、棕片、生漆、核桃仁、杏仁、黑瓜子、白瓜子、栗子、集中产区的重要木材、38种重要中药材、供应出口的苹果、柑橘、若干水产品、废铜、废锡、废铅、废钢等。④ 这些农副产品都必须由国营商业或委托供销合作社统一收购，凡属供不应求的物资，除少数品种外，一般的都不开放自由市场。能够不受限制地进入自由市场的只是农村中供求正常或供过于求的那部分小土产，如鸡鸭鹅等禽类、调味品、鲜蛋、干

---

① 1954年7月中财委二办粮食组报告。

② 根据后来的一些资料，这部分可上市粮食的绝对数看来变化不大，但粮食总产量有所增加，即粮食上市率是在降低。

③ 中国社会科学院、中央档案馆编：《中华人民共和国经济档案资料选编（1953—1957）》（商业卷），中国物价出版社2000年版，第291—330页。

④ 同上书，第757—763页。

菜，不属于国家收购的水产品、中药材、水果、干果等。这部分小土产的商品值1956年约40亿元，约占该年农村商品零售额234亿元的17.1%，占该年农副产品收购额192.2亿元的20.8%。①

据国家统计局估算，1953年全国自由市场规模在150亿元左右，1956年为100亿元左右。②总之，这一时期，国内商品市场上，生产者能够自产自销、自由上市的产品越来越少，也就意味着，随着计划管理的加强，市场机制的调节作用越来越小。

三 生产资料由国家统一分配的种类和范围增加速度加快，计划分配逐步制度化

为了做到商品和物资的供需平衡，做到有计划供应和生产，在总结恢复时期的经验基础上，中财委物资分配局在1953年3月第二次全国物资分配会议上，将平衡与分配的物资分为三类：（1）国家统一分配的物资，如原煤、汽油、生铁、钢、钢材、铜、机械设备、水泥、炸药等，由中央计划委员会掌握，在全国范围内统一调拨分配；（2）中央各部平衡分配的物资，由各部平衡分配后报政务院财经委备案；（3）地方性的物资，由地方财委平衡分配。"一五"期间，由国家统一分配的物资种类逐年增加（见表2-7）。

表2-7　　　　　　1953—1957年统配、部管物资种类数

年份	统配（个）	部管（个）	合计（个）
1953	112	115	227
1954	121	140	261
1955	162	139	301
1956	234	151	385
1957	231	301	532

资料来源：《当代中国的经济管理》，中国社会科学出版社1984年版，第291页。

主要物资由国家直接分配的范围逐步扩大，1954年仅限于财经、文教各部、各大区、省（市）和重点省辖市所属企业和事业单位，1955年

---

① 《陈云文选（1956—1985）》，人民出版社1986年版，第11页。
② 中国社会科学院、中央档案馆编：《中华人民共和国经济档案资料选编（1953—1957）》（商业卷），中国物价出版社2000年版，第783页。

以后，除包括中央各部门外，地方单位扩大到专县所属企业。据不完全统计，1956年计划申请单位比1954年增加了8600个单位①。

四 部分消费品实行计划分配，开始按票证供应

首先是食用植物油，与粮食、油料实行统购统销的同时，1954年在大中小城市、工矿区、铁路沿线车站和重要河流沿岸码头对食用油实行定额供应制，在实行定额供应制的地方，取消食油的自由市场。其次是棉布，1954年9月，与棉花统购统销的同时，在全国范围内实行棉布的统购统销，使棉布按照国家的计划进行生产和分配。所有生产厂商不得自行出售，所有列入计划供应范围的棉布及棉布复制品，一律实行计划供应。在对棉布实行计划供应和分配的同时，对手工业生产的机纱棉布和机纱手纺纱交织棉布，也一律由国营花纱布公司统购统销，不得自行出售。

五 对自由市场的管理逐步加强

严格市场管理，收缩城乡自由市场。在1953年对粮、棉、油等农产品实行统购统销后，为了活跃市场，便利农民之间交换有无、调剂余缺以及促进城乡之间的商品交流，曾于1954年试办国家粮食市场，允许农民将完成征购任务以外的余粮进入市场交易。1955年7月16日，国务院批转商业部、中华全国供销合作总社、中央工商行政管理局《关于改进初级市场管理工作的报告》指出，目前初级市场存在的管理过严过死的偏向，必须迅速予以纠正，但同时也要防止因此而产生束手束脚不敢管理的现象。1956年9月，中共八大也提出，要改变过去为限制资本主义商业而采取的过严过紧的政策，在统一的社会主义市场的一定范围内，允许国家领导下的自由市场的存在和一定程度的发展，作为国家市场的补充。从1956年下半年到1957年上半年，各地自由市场开放较多，允许一部分农副土特产品自由贩运，农产品上市量有所增加。但是很快，问题也产生并突出出来：在物资紧缺的情况下，不可避免地出现各方高价争购、国家对物资掌握失控的情况。许多属于国家统一收购的农产品和其他物资在国家收购任务完成之前，就无限制地进入了自由市场，从而影响了国家对重要农产品和其他物资的计划收购。在采取了一些管理办法而效果不明显的情况下，国家不得不又加强了对城乡自由市场的管理。1957年商业部做出

---

① 中国社会科学院、中央档案馆编：《中华人民共和国经济档案资料选编（1953—1957）》（综合卷），中国物价出版社2000年版，第1088页。

由国家计划收购和统一收购的农产品和其他物资不准进入自由市场的规定，同时完全关闭了粮、棉、油自由市场。对不属于计划收购和统一收购的物资，允许进入国家领导的自由市场，但必须按照国家规定的价格进行交易，同时要求当地人民政府对市场实行必要的管理。

自由市场的开放适应了市场和经济需要，但在发展过程中产生了诸多问题，在当时与国家计划发生冲突矛盾。在观念上和管理上，当时也是把它们看成"地下工厂""黑户"，缺乏必要引导和适当的组织管理。在问题面前，采取了严厉的行政措施，最终关闭了自由市场。

六 物价管理权限集中到中央

新中国成立初期，市场物价是在政务院领导下，委托中央商业部统一管理。1953年4月，商业部第四次全国物价工作会议确定了大行政区机构变更后物价工作的分工和制度。关于中央与地方掌握的市场和商品范围划分的基本精神是：中央商业部及中国专业公司，掌握全国各主要产销市场有关国计民生的大宗主要商品与进口主要商品的价格；除上述商品和市场外，省级商业行政部门和专业公司，应在管辖区内选择比较重要的商品和市场加以掌握。

1954年，在对私营商业进行全面改造时，为了便于改造和安排私商，实行城乡分管，规定由商业部和供销合作社分别管理城乡市场，同时也分别管理城乡市场物价。

1956年以后，由于商业部门的机构变化（原商业部划分为6个部）以及国营商业下伸到农村市场，由商业部和供销合作社分别管理城乡市场物价有很多不便和困难。特别是在1955年国家有计划地调整几种主要农产品和工业品的购销价格后，各地发生了一些自发提高农副产品、手工业品和工业品价格的现象，在物价管理上发生一些混乱。

为了加强和统一领导市场物价工作，国务院于1957年7月17日设立了全国物价委员会。同年8月6日，国务院发出通知，要求各省、自治区、直辖市和省辖市、县及相当于县的镇，都要设立物价委员会，物价委员会在党委和人民委员会领导下，由省长或副省长、市长或副市长、县长或副县长直接领导，同时从工商业务部门抽调干部，设立办事机构，处理具体工作。

各级物价委员会成立后，关于物价管理和审批工作的分工，规定：（1）农副产品中统购和统一收购物资的收购价格和销售价格的审批由中央管理。（2）农副产品中小土产的价格，由各省、自治区、直辖市根据地方具体情况加以掌握。国务院对全国小土产的价格水平，每年规定一次。（3）工业品和手工业品中若干种主要商品和主要市场的销售价格，由中央掌握；其他市场以及次要商品的销售价格，由各省、自治区、直辖市根据中央有关规定加以掌握。这样，主要产品的价格掌握权限就都集中到了中央，由全国物价委员会负责管理和审批。

建立社会主义计划经济体制，本是中国社会主义建设的既定目标。但是，"一五"时期市场的快速被取消，计划管理的迅速加强，与这个时期市场运行与计划管理的矛盾冲突日益尖锐有着必然联系，也可以说是直接联系。而新中国成立初期发生了几次市场与物价波动，为了平抑物价和稳定社会秩序所进行的艰难斗争，在决策者心中还记忆犹新。这种记忆也增强了他们实行计划管理的决心，加快了国家控制的步伐。

第三章　微观经济运行中的矛盾和解决办法

中华人民共和国成立之初，中国的工业化道路选择面临着一系列约束。从经济投入要素方面来看，资金短缺、原材料短缺、市场（商品）短缺。同时，加之意识形态因素和国际形势的影响，中国共产党及其领导下的中国政府，在新中国成立之初主动选择了优先发展重工业的赶超战略来加速实现中国的工业化。从工业化的推进过程来看，在手段上，面临着市场调节与计划经济的矛盾；在目标上，面临着是实行赶超还是发挥比较优势的矛盾；在实现动力上，面临着是实行市场手段（利益刺激）还是思想斗争（群众运动）的矛盾。中共及其领导下的中国政府对此问题的回答和处理，不仅决定了当时中国经济的运行，同时，也深刻影响了以后乃至改革开放以后中国经济的走向。

第一节　农业小生产与高积累的矛盾

优先发展重工业，需要很高的积累率。但随着大规模经济建设的开始，农业拖工业后腿问题日益凸显，农产品供给不足成为严重问题。这不仅体现在工业所需的粮食量大增，而且轻工业的农业原料需要量和出口创汇的农副产品需要量皆有增无减。农业能否快速发展，农业能否完成计划，直接关系到第一个五年计划能否顺利完成。

一　新民主主义制度下的农业生产情况

（一）生产投入极度缺乏

中华人民共和国脱胎于人口众多的落后农业国，又经过长期的战争破坏，经济凋敝，工业化所需资金严重不足。早在新中国成立以前，一些经济学家就讨论过中国工业化的资金问题。1944年谷春帆在设计中国战后的第一个五年建设计划时,就估计中国最多在五年内能够自筹建设资金93.75亿元(战前法币),折合美元31.25亿元;而他拟订的五年计划所需资金,不包括私人自行举办企业、不包括水利以外的农业改良用资本,为51亿美元,即每年平均需要自筹10亿美元,其中资金缺口近20亿美元,只能依靠外资。吴景超在1948年提出,在最近的将来,如要实行工业化,每年至少需要资金23亿美元;而据他估计,即使政府通过改良税制、发展生产和提高国民储蓄率,每年也只能拿出18亿美元。对于吴景超的估计,刘大中不同意,他认为对于总产值仅有85亿美元的中国来说,无论如何每年是拿不出23亿美元用于经济建设的,即使拿得出来,其中所需要的外汇(即进口必需的设备)也无法解决。他们都认为,中国工业化需要大量利用外资。① 新中国成立以后,尽管3年就使国民经济恢复甚至超过了战前水平,但是积累率仍然非常低。据吴景超估计,战前中国每年用于经济建设的款项仅有5亿美元。而按照"一五"计划的设想,五年内政府的基本建设投资为427.4亿元,按照1952年的汇价折合美元为163.3亿美元,即平均每年需拿出32.66亿美元,才能达到预期工业化目标。新中国政府如何在国内筹集这样大量的资金确实存在不少困难。在利用外国资金方面,朝鲜战争爆发后以美国为首的西方资本主义国家对中国实行经济封锁,而苏联自己也因资金短缺而拿不出更多的援助。

  同时,伴随着经济落后事实上还有文化教育落后的因素。从农村看,1954年春,中央农村工作部部长邓子恢即指出:"区一级干部,不只是质量弱而且数量少。现在好多地方,一个区只有三五人可以办合作社,每人管三四十个,确实抓不起来","合作社是改造小农经济,比之土改要更复杂,更艰苦的多,没有专职干部,确实难以办好。"② 另据1955年7月召开的全国农业生产合作社财务会计工作会议反映,尽管一年来共培训了55.4万名会计,但财会工作仍然是合作化运动的薄弱环节,全国农业合作社尚有10%的会计没有训练,在经过培训的55.4万名会计中,只有40%能独立工作。现有合作社真正做到账目清楚、财务制度健全、社员满意的,在一般地区只占总社数的20%—30%,多数社存在或多或少的问

---

  ① 参见吴景超《〈中国工业化资本问题〉及其讨论》,《新路》第1卷第7期,1948年9月。

  ② 国家农委办公厅:《农业集体化重要文件汇编》(上),人民出版社1984年版,第307页。

题，有 20%—30% 的社混乱比较严重，约有 5% 的社还没有账。① 这种劳动力文化素质普遍较低的不利因素，短期内是无法克服的，它必然会对社会主义改造和经济建设带来不利影响。

（二）靠天吃饭的现实

新中国成立初期，中国农业还面临着靠天吃饭的窘境。从产业结构来看，1952 年年底农业产值占工农业总产值的 56.9%，1957 年农业产值占工农业总产值的 43%，由于统计方法中工业产值重复计算大大高于农业，因此据当时国家统计局估计，1957 年农业产值实际上仍然占 2/3。不仅如此，由于工业落后，1952 年轻工业产值占整个工业总产值的 64.4%，而其中以农产品为原料的产值又占轻工业产值的 87.5%，1957 年这个比重仍达 81.6%。另外，出口换汇的大部分产品也是农副产品及其加工品（1952 年占出口总额的 82.1%，1957 年占出口总额的 71.6%）。尽管农业在当时的经济发展中占有如此重要的地位，但是由于缺乏资金和技术改造，农业没有改变靠天吃饭的状况，劳动生产率很低（1952 年平均每个农业劳动力创造的净产值为 419 元，1957 年为 452 元），尽管 1952 年农业人口占总人口的 85.6%，1957 年仍然占 83.6%，但是 1952 年全国人均农产品为：粮食 576 斤、棉花 4.6 斤、油料 14.7 斤、肥猪 0.12 头，1957 年则分别为 612 斤、5.2 斤、13.2 斤、0.11 头。农业靠天吃饭和剩余有限，自然不利于工业经济的增长速度和稳步发展。

同时，由于"一五"计划时期正处于百年社会动乱结束后的人口增长高峰期，人口自然增长率达到 21‰ 以上，五年内我国净增人口 7171 万。由于人口多，增长快，而且因过去生活水平太低，随着经济的恢复发展，人民的生活消费需求也大大增加。因此积累与消费的关系一直比较紧张。陈云在 1954 年说，只要全国每一个人一年多穿一件衣服，一年就要多消费 3000 万到 4000 万匹布（当年的年产量为 1.569 亿匹）；多吃一斤肉，一年就要多消费 600 万到 700 万头猪（当年肉猪出栏头数为 7415 万头）；几万万人的消费水平提高，会使增产了的消费品供不应求。

（三）农村出现的贫富分化现象

怎样发展农业，如何才能实现农业的迅速发展，在 1953 年成为全党关注的严重问题。1953 年中国实施第一个五年计划，开始大规模经济建设后，

---

① 参见《人民日报》1955 年 7 月 4 日。

由于国家投资增长过快，积累与消费、市场与计划（实质上是个体农民与国家）、农业与工业的矛盾突然以农副产品供应短缺的形式表现出来。

土地改革后，中国大陆结束了延续数千年之久的封建地主土地所有制，真正实现了"耕者有其田"，也为新生的共产党政权赢得了空前强大的统治合法性。但是，在中国农村很快出现了新的变化。新中农和新富农逐渐成为农村生产生活的重要力量，土地买卖、雇工、租佃、借贷等"自发资本主义倾向"和以富为荣的现象重新抬头。这一现象的出现，不仅引起了当时地方干部的思想震动，而且还引起了党内高层的争论。

究竟是在小农经济基础上还是在集体化基础上发展农业，哪种生产方式更有效？1953年的农副产品短缺、农民惜售和市场波动，似乎再次验证了列宁关于小生产者每日每时自发产生资本主义的论断，验证了斯大林关于社会主义工业化与小农经济矛盾的论断，于是从理论上和社会主义工业化的要求来看，改造分散落后的小农经济就成为当时不容置疑的迫切任务，成为保证工业化任务顺利实现的前提。毛泽东亲自修改审定的总路线《宣传提纲》认为，小农经济与社会主义工业化存在不可调和的矛盾，进而认为小农经济不是社会主义的基础。

二 计划制度下的农业生产剩余与分配

在新中国成立初国民经济恢复的时期，农业由于受自然条件和科技条件的制约，增产幅度非常有限。在既定的盘子下面，如何实现保证建设的需要，同时还要保证人民生活的需要的目标，确实是一个两难的选择。这也确定了中国的经济运行是相当紧张的，这已为历史的发展所证实。

（一）计划经济的"紧运行"与出路选择

由于1953年是开展大规模经济建设的开端，又是"一五"计划的第一年，从上到下都想多搞点建设，多上些项目，加上当时缺乏经验，对国力和经济发展可能达到的速度了解不够，从而使1952年年底制订1953年的经济建设计划时，把基本建设的盘子定大了。由于中央将经济增长和基本建设的指标定得较高，各部门、各地方的建设热情也高，因此在1953年上半年出现了经济过热、市场紧张的现象。

在农业方面，出现了为追求高指标而强迫农民的急躁冒进倾向。1952年冬至1953年春，地方政府在编制农业计划时，由于缺乏经验，既将指标定得过高，又将计划变成指令层层布置，下达到农户；同时，为了落实1953年的农业增产指标，基层干部又受宣传的影响，将合作社作为增产的主要措施加以推广，由此造成农村中的命令主义、"五多"现象（即任务多、会议集训多、公文报告表册多、组织多、积极分子兼职多）和不顾条件地大办合作社。这既干扰了农业生产的正常进行，也影响了农民的生产积极性。

1953 年的国家计划，是按照前三年恢复时期的农业增长速度来安排工业发展和基本建设投资的，结果计划的盘子打得过大了。1953 年的基本建设投资比 1952 年增长 75%，工业总产值比 1952 年增长 30%（其中重工业增长 37%，轻工业增长 27%），对外贸易总额比 1952 年增长 25.2%。工业和基本建设增长过快，必然带动城市人口和工资总额的较快增长，1953 年城市人口比 1952 年增加 663 万，增长 9.3%，非农业居民的消费水平比 1952 年增长 15%。另外，工业的快速增长，要求农业中的工业原料作物种植面积也相应扩大，导致国家在农村的粮食返销量大幅度增加，1953 年比 1952 年增加 1.3 倍。此外，经过几年的经济恢复，农民的粮食消费量也增加了，不仅要求吃饱，还希望家有余粮。因此，1953 年我国的粮食市场需求量比 1952 年有很大增长，但是粮食的商品率并没有相应提高。本来，按照 1953 年的年度计划，与工业发展速度相匹配，农业总产值应比 1952 年增长 6.4%，其中粮食产量增长 7.2%。但是由于农业尚未摆脱靠天吃饭和投入不足，上述计划并没有把握实现，实际上，1950 年至 1952 年期间的农业超常增长，是带有恢复性质的，20 世纪 50 年代世界各国的农业正常年均增长一般都没有超过 5%。结果，1953 年我国农业总产值仅比 1952 年增长 3.1%，其中粮食仅比 1952 年增长 1.8%。

面对经济"紧运行"的客观实际，要保证国家建设的正常进行，国家要掌握粮食和其他农产品，只有两条路可走。其一是通过市场机制的作用，实现供求平衡；其二则是国家统一掌握，统一分配。除此以外，别无他法。

虽然通过市场调节不失为一个好的办法，但市场失灵与市场调节成本过高的窘境可能导致调节无效。第二种办法是政府调节，即政府通过行政手段来分配短缺产品，在价格变化不大的情况下，抑制需求，实现供求平衡。这种办法对于那些短期内不能扩大供给并不能降低需求的产品来说，政府的调节是利大于弊的。新中国成立初期的短缺，如农副产品、布匹、部分生产资料、信贷资金、技术人员等，大都是属于后一种情况，这就为政府排斥市场机制、实行计划经济提供了客观要求。

（二）农业产品的刚性需求与市场失灵

如前所述，到 1952 年，虽然我国农村经济迅速恢复，主要农产品总产量达到了历史最高水平，但是帝国主义、封建主义和官僚资本主义的剥削和长期战争破坏所造成的生产资料严重缺乏问题不可能很快就解决。财富是逐渐积累起来的，土地改革只是一种"存量"分配，总量上并不能增加农村的生产资料；更何况新中国成立以后国内战争刚刚结束，就爆发了朝鲜战争，农民的负担并没有减轻。在中国历史上的传统农业社会里，一个新朝代农业的恢复，往往需要几十年的时间。

新中国成立以后，一方面，中国在粮食方面停止了进口，并出口粮食换取设备和工业原料；另一方面，土地改革消灭了地主富农，使农村变成了清一色的小规模自耕农，而长期从战乱和贫困中进入和平年代，随着经济恢复和发展，作为生产者的农民，首先是要改善自己的生活，解决温饱问题。就当时农民的生活水平来说，农民改善生活、增加自己的消费，是无可非议的，也是合理的，更能够促进农业的发展。但是就粮食总产量来说，农民消费的增加，就意味着其所提供的农产品商品率和绝对量在短时期内不会有较大幅度的增加。即不能满足国家快速工业化对资金和农产品的需求。

在 1950—1952 年间，尽管中国大陆停止从国外进口粮食，朝鲜战争爆发后因西方封锁也停止了棉花进口，但是到 1952 年国内的农产品供求关系还是基本平衡的。但是，这种平衡只是非常低水平的平衡，它是建立在恢复时期中国没有进行大规模基本建设投资和人民生活消费水平很低的基础之上的，人民还没有完全解决温饱问题。这可以从当时农民的恩格尔系数高达 75% 以上得到证明。

由于当时国家对粮食的供求关系是通过市场来调节的，粮食的供给者是非常分散的上亿个农户，而购买者则是国营公司、合作社和私商。在粮食统购统销前，粮食市场实行由国营公司控制粮价的牌价办法，即国营公司利用雄厚的资金，根据社会需求和经济政策制定出一个市场牌价，当粮食市场价格高于牌价时，国营公司就大量抛售；当市场价格低于牌价时，国营公司就大量收购，以此来平衡粮食价格，使其不致有过大波动。但是，这种办法必须以市场供求基本平衡为前提。当 1953 年粮食市场需求明显大于供给时，一方面农民出于惜售心理（粮价看涨），国家无法按合理价格收购到足够的粮食（因此也就无粮可抛）；另一方面，由于市价高于牌价较多（当时湖南、江西、山东、河北等主要产粮区市价高出牌价

30%—50%），不仅私商见有利可图，参与抢购、囤积，而且大量农民也进入粮食流通领域，参与贩卖（因农村中有大量剩余劳动力，农民兼业者或准备兼业者人数很多）。另外，部分吃商品粮的城乡居民，看到粮食供应紧张和粮价看涨，自然也要增加储存，上述三个因素放大了粮食的需求，使得粮食的市场需求大大超过了实际的消费需求。这就是1953年夏收以后，尽管国营公司的粮食销售量远远高于收购量，甚至动用了大量库存仍然供不应求的真正原因。

由于粮食是关系到国计民生和社会安定的重要商品，如果任粮食市场供不应求的紧张状态发展下去，就会出现某些地区供销严重脱节和价格大幅度上涨局面，并有可能带动物价全面上涨，使几年来国家努力实现的物价稳定成果付之东流。正是在这种背景下，中共中央和中央政府经过反复思考，最后选择了农产品统购统销这条路。

三　农业社会主义改造的历史分析

农业在中国古代和近代的经济发展中，占有绝对主导的地位。中共执政后，在既定条件下要推行优先发展重工业的赶超战略，必须要解决好农业的发展问题。一是农业是国民经济的基础，是积累工业化资金的重要来源。二是农业涉及面非常广泛，事关经济全局。正因为如此，中共领导的社会主义改造首先从农业入手，借助农业改造之威势，一举推进了个体手工业和资本主义工商业的社会主义改造。

（一）农业生产要素的投入与可行选择

一国经济发展的快慢，从经济方面来说，与其社会剩余的多少和积累率（又称储蓄率）的高低有很大关系。新中国成立初期，由于一百多年来帝国主义、封建主义、官僚资本主义的压迫掠夺和战争的破坏，无论国家还是人民手中的财富都消耗殆尽。新中国成立以后，由于我国的经济太落后，社会剩余量很少，积累很有限。

1950年，全国人均国民收入仅为77元，1956年，则为142元；1950年全国财政收入（包括债务收入）仅为65.19亿元；1956年为287.43亿元，1949年10月至1957年年底，政府用于经济建设的财政支出仅为796.51亿元，平均每年近100亿元[①]。在这样低收入的水平上，要维持每年15%以上的经济增长率，资金供给是很紧张的。再从农村看，据1954

---

① 《中国财政统计（1950—1985）》，中国财政经济出版社1987年版。

年全国农户抽样调查，尽管经过4年的恢复发展，到1954年年末，农民拥有的农业生产资料仍然相当少，平均每个农户拥有耕地15.8亩、耕畜0.92头、犁0.62部、水车0.11部。由于农业落后，1954年平均每户的农业收入为420.6元（占农户当年总收入的60.7%），尚不足以抵偿生活费用的支出（平均每户为453.8元），必须靠副业及其他收入来弥补。再从农民的消费来看，1954年平均每个农户的生活消费支出占其总支出的68%，尽管比重很高，但是生活水平却很低，人均消费粮食373斤、肉类9.2斤、食油2.5斤、食糖0.8斤、蔬菜141斤。① 这种低水平的消费说明，新中国成立初期的农业剩余（农业税和出卖的农副产品）只是相对剩余，随着农业的发展和农民收入的增加，农民的食品消费也会相应增加，农副产品的供求关系在相当长的时间里都会是紧张的。另外，由于个体经济和小型私营经济在国民经济中占有很大比重，其剩余不仅少，而且非常分散，特别是农民，在当时温饱还没有解决的情况下，靠市场调节并不能提高其产品的商品率。因此，要压低消费，提高积累率，为"一五"计划的实现提供足够的资金，高度集中的计划管理体制则不失为一个有效的办法。

总之，当时的经济发展水平（剩余）和人均资源以及国际环境（及引进外资）都不具备经济起飞的条件，如果按照自由市场机制调控，将是一个缓慢的、长期的、动荡的发展过程。而"一五"计划所体现的优先发展重工业、国防工业和经济增长高指标，则必须将资源配置权集中于国家（甚至集中于中央），通过强制性制度变迁，即通过劳动力组织的变化和生产制度的供给来替代资金和土地等农业生产要素的不足，从而保证既定工业化目标的实现。

（二）其他因素的分析与改造的提前完成

1. 新民主主义经济政策与发展战略的抵牾

新中国成立后，中共领导下的国民经济得到了快速恢复，但是在恢复过程中也暴露出一些问题。首先，由于中国经济落后、底子薄和人口众多，实施优先发展重工业战略将导致供求关系的紧张，因而需要加强资源配置的计划管理，这就使得以市场调节为主的私营和个体经济与政府要求的资源配置集中化、计划化不相适应，这种不适应集中表现在1952年的私营金融业社会主义改造和1953年的粮食统购统销上。

---

① 《1954年我国农家收支调查报告》，中国统计出版社1957年版。

其次，由于当时的城市私营和个体经济积弊严重，存在的问题较多，加上缺乏完善的法制和市场机制制约，偷漏税、行贿、伪劣产品、牟取暴利等行为较多，从而使人产生其"利少弊多"的印象；从农村看，虽然土地改革使农民获得了土地，但是旧中国帝国主义、封建主义、官僚资本主义的剥削和长期战争的破坏，使得农村一时难以摆脱极端贫困状态，生产资料严重不足，农业剩余相当少，就大多数农民来看，家庭经营确实困难不少，加上国家投资有限，农业增长受到较大限制。

这说明，以多种经济成分并存和"四面八方"政策为基础的新民主主义经济体制似乎与优先快速发展重工业的发展战略不相适应，这种经济政策与发展战略相抵牾的局面早晚要打破。

2. 强大政府职能与体制渗透的影响

中共在全国范围内执政后，迅速采取了"两没收一保护"的新民主主义经济政策，将在华的帝国主义企业、官僚资本主义性质的企业收归新民主主义国家所有，从而掌握了国家的经济命脉。同时，中共建立起一个强大的政府组织，从而将政府行为边界拓展到生产与生活的各个角落。从1950年统一财政起，政府就开始对国营经济实行直接的计划管理，同时将公私合营企业的生产和供销也纳入国家计划经济的轨道；对供销合作社、手工业合作社，经过清理整顿和重新登记，按照系统，逐步实行由上至下的直接计划管理。

在新中国成立初期土地改革结束时，平均每个农户只有0.6头耕畜，就大多数农户来说，从事独立的家庭经营有困难。因此，有着历史传统的"插犋""换工"等生产互助形式，在党和国家的积极提倡下，就很快发展起来，而且对于农业生产的恢复发展起了很大的作用。同时，由于共产党积累了在解放区的实践经验，运用起来得心应手，因此，各级基层干部对互助合作还是持赞成态度的。

总之，与上述所有制结构变化相对应，随着公有制经济比重逐渐增大，计划经济与市场调节的关系亦呈现出此进彼退、此起彼伏的变化，市场机制在经济运行中的作用越来越小，随着最终社会主义改造的完成，市场逐步退出了中国的经济生活。

3. 列宁和斯大林的论述与意识形态的影响

世界上第一个社会主义国家的缔造者列宁认为："小生产每日每时地、自发地、大批地产生着资本主义和资产阶级。""公社、劳动组合耕种制农民协作社，这就是摆脱小农经济的弊病出路，这就是振兴农业，改进农业，节省人力同富家、寄生虫和剥削者作斗争的手段。"同时，斯大林也认为社会主义工业化与小农经济是矛盾的。上述这些看法不可避免地从理论上影响了中国共产党领袖的理论分析，加之中国共产党的革命纲领也是废除私有制，目标既然明确了，是早是晚实现，则是中国共产党根据革命实际的需要和自己的探索来加以决定。经济建设的铺开和快节奏，给中国共产党领袖破除私有制以很大的合法性支持。毛泽东在亲自修改审定的总路线《宣传提纲》中认为：小农经济与社会主义工业化存在不可调和的矛盾，小农经济不是社会主义的基础。《宣传提纲》引用斯大林的话"可以在多长久的时期内，把苏维埃政权和社会主义事业建筑在两个不同的基础上，建筑在最巨大集中的社会主义工业基础上和最散漫落后的小商品农民经济基础上么？当然是不可以的。长此以往，整个国民经济都会有完全瓦解的一日。出路何在呢？出路就在于使这个农业成为巨大的农业，使它成为能够实行积累，能够实现扩大再生产的农业，并依此而改造国民经济的农业基础。可是，怎样才能使它成为巨大的农业呢？为要达到这一步，只有两条道路可走。一条是资本主义的道路，……另外一条是社会主义的道路"。"同样，社会主义的道路也是我国农业唯一的出路。"[①]

第二节 私营经济与发展战略的矛盾

自执政之初，中国共产党就采用了计划的手段，这突出表现在对国民经济的宏观调控和管理方面。从1953年起，国家逐步加强了计划管理的力度，缩小了市场调节的范围。随着国家对金融、劳动力和粮食及农产品等重要生产要素的控制，个体手工业和私营工商业的生存空间逐步受到挤压，市场因素的影响日益式微。于是中国共产党因势利导，采用水到渠成的办法顺利地完成了对手工业和资本主义工商业的社会主义改造。

一 过渡时期的多种经济成分

（一）新民主主义经济成分与经济政策

中华人民共和国成立后，由于中国共产党三大经济纲领的胜利实施，

[①] 中共中央文献研究室编：《建国以来重要文献选编》第四册，中央文献出版社1995年版，第714—715页。

新民主主义的经济结构逐步在解放区和全国建立起来。当时的经济成分，正如毛泽东在中共七届二中全会上的报告中指出的那样，包括了国营、合作社、国家资本主义、私人资本主义、个体共五种经济成分。其中，国营经济主要是通过没收官僚资本建立起来，是社会主义性质的经济和整个国民经济的领导力量，也是新民主主义政权的主要物质基础，代表着新民主主义经济发展的方向，国营经济必将得到全面发展。合作社经济是半社会主义性质的经济。私人资本主义经济是以资本家生产资料个人所有制为基础、以追求利润为目的的私营经济，主要是民族工商业经济。私人资本主义经济具有两面性，既有有利于国计民生的积极的一面，又有不利于社会主义、剥削工人的消极的一面。个体经济是指分散的个体农业和个体手工业经济，占国民经济总量的90%以上。最后一种就是国家资本主义经济，它是一种国家经济和私人资本合作的具有社会主义性质的经济成分，其前途是很快地向社会主义国营经济发展。

中国共产党七届二中全会后，中国共产党制定和实行了"公私兼顾、劳资两利、城乡互助、内外交流"的新民主主义的经济政策，简称"四面八方"政策。"新民主主义经济形态"说确认社会主义国营经济领导下多种经济成分的并存，"四面八方"政策则是处理各种经济成分之间关系及其他关系的准则。它们符合中国历史和中国革命所形成的社会现实，有利于发挥各种经济成分的优势，使社会经济得到快速发展，因而是完全正确的经济理论与政策。

（二）各类所有制企业的经济效益分析

1. 国营企业

新中国成立后，中国政府通过接管外国资本主义企业，没收官僚资本主义企业，建立了国营企业。1949年年底，国营工业占全部工业总产值（包括手工业）的比重为26.7%，占全国大型工业企业总产值的比重达41.3%，拥有全国发电量的58%，原煤产量的68%，生铁产量的92%，钢产量的97%，水泥产量的68%，面纱产量的53%[1]。可以说，国营企业已经掌握了国民经济的命脉。

在第一个五年计划时期，随着大规模工业建设的展开，国营企业的技

---

[1] 柳随年、吴群敢主编：《恢复时期的国民经济（1949—1952）》，黑龙江人民出版社1984年版，第74页。

术水平和管理水平大幅度提升。这里,我们以炼铁工业为例,来分析一下国营企业的经济技术活动水平。按照"一五"计划的预想,1955年生铁产量为328万吨,而1955年实际生铁产量已达到348万吨,超过原定计划6.1%。在10个炼铁企业中,有8个企业完成和超额完成了1955年的生产计划。1955年全国生铁产量与1954年相比较,增长25%。[1]

从技术水平来看,冶金企业的高炉设备能力1955年比1954年提高了很多。1955年的高炉利用系数已由1954年的0.902降低至0.859。1955年34座高炉中,高炉设备能力全年平均达到及超过1954年最高月水平的有9座(9座高炉容积占全部高炉容积50%);达到或超过1954年平均先进水平,但不及最高月水平的有6座(6座高炉容积占全部高炉容积14%)。此外,在34座高炉中超过1954年全年水平,但不及1954年平均先进水平的有11座(11座高炉容积占全部高炉容积22%);低于1954年全年水平的只有7座(7座高炉容积占全部高炉容积14%)。

1955年高炉利用系数达到或超过1954年良好月水平的情况如表3-1所示。

表3-1　　　　　　　　1955年高炉利用系数情况

	炉号	1954年良好月水平	1955年全年平均水平	%
鞍 钢	2#	0.902	0.859	105.0
	6#	0.855	0.828	103.3
	7#	0.847	0.829	102.3
	8#	0.859	0.844	101.8
石景山	2#	0.853	0.820	104.0
	10#	1.101	0.993	110.9
阳 泉	1#	0.914	0.900	101.6
马鞍山	1#	0.899	0.802	110.8
	2#	0.831	0.774	107.4

从成本指标来看,冶金企业每吨铸造生铁消耗焦炭也已从1954年的1.040吨减少到0.965吨(见表3-2)。因此,1955年节约焦炭6.6万吨。

---

[1] 《重工业部关于经济技术活动分析的报告:1955年重工业部炼铁的经济技术活动分析简报》,1956年4月29日。选自中国社会科学院、中央档案馆编《中华人民共和国经济档案资料选编(1953—1957)》(工业卷),中国物资出版社1998年版。

表 3-2　　　　　　　　　　冶金行业焦炭消耗情况

	每吨铸造生铁消耗焦炭（吨）	
	1954 年	1955 年
重工业部	1.040	0.965
鞍　　钢	0.990	0.910
钢 铁 局	1.086	1.047

"一五"时期的国营企业，非常注重掌握和推广先进经验，无论是苏联既成做法的引入，还是中国本土企业先进经验的总结，都被中国企业管理层所吸收和借鉴。如在1955年的高炉生产中，鞍钢、石景山、本溪三个企业采用了加湿鼓风这一苏联先进经验，收到较大成效，增产生铁15万吨。由于采用加湿鼓风，使风温提高，降低了焦炭消耗定额，进一步提高了生铁产量。鞍钢1955年下半年采用加湿鼓风比上半年风温提高100℃—150℃；石景山钢铁厂采用加湿鼓风后，全年没有发生结瘤事故，炉况稳定，该厂1号高炉下半年风温已由上半年650℃增至830℃。

尽管"一五"时期，我国国营企业管理制度基本确立，但并非没有缺点。一是由于人才短缺和管理水平的限制，对于先进经验的模仿有些走样；二是设备事故频繁。同样还是以冶金工业为例，由于受各种主客观条件的限制，我国冶金工业企业的休风率居高不下，致使高炉休风时间增加（见表3-3）。

表 3-3　　　　　　　　　中国冶金工业企业的休风率

	休风率（％）	
	1954 年	1955 年
重工业部	1.02	1.23
鞍　　钢	2.08	2.00
钢 铁 局	0.76	1.02

在同一时期，根据当时的材料，苏联国营工业企业的经济技术指标比我们的企业好很多。如苏联亚速钢铁厂休风率可低至0.3％，库兹涅茨克钢铁公司可低至0.7％（这是苏联最先进的钢铁厂，其他的厂休风率则高于它），而我国高炉休风率却高达1.23％。

从以上的例子可以看出，一方面，从纵向维度而言，我国国营企业的经济技术水平获得了长足的进展。另一方面，从横向的视角来看，与苏联等工业先进国家相比，我国国营企业的技术和管理水平仍有很大的提升空间。

2. 私营企业

"一五"计划初期，私营企业在我国企业总量中占有重要地位，生产经营状况也较好。据1954年11月中央工商行政管理局《关于对私营企业一九五三年度盈余分配情况的报告》，京、津、沪、汉、穗、西安、重庆、沈阳8个城市的22万户私营企业，盈余户占96.9%，盈余占营业额的12.33%（1951年为15.4%，1952年为10.51%）。而据1954年6月中央工商行政管理局对904户公私合营企业的调查，1953年盈余户为716户，其中50%以上的户数利润率在30%以上。① 随着社会主义经济建设大规模展开，国家对于各种生产原材料的控制日益趋紧，私营企业的生存空间越来越小，生产经营状况日益困难。

当时，私营企业一个重要特点是经营规模较小，机械化水平较低。据统计，1954年，我国共有私营工业企业133962户，平均每个企业有职工13.40人，产值7.72万元；但是，在上述私营工厂中，职工在10人以上的企业只占总数的31.3%，职工在50人以上的企业只占企业总数的3.74%。即使在这些10人以上的工厂中，仍有60%的企业使用手工工具，至于那些10人以下的小型工厂，绝大多数更是没有现代动力设备的手工业作坊，产品不能定型和按标准化大批量生产。相比较而言，国营和公私合营工业企业不仅在技术和生产规模上优于私营工业，而且在资金供给、原料供应、产品销售等方面也优于私营工业，使得私营工业所具有的灵活性难以发挥作用，在竞争中处于更不利的地位。据1955年上半年上海市对私营工业困难户的调查分析，因产品不合要求的占28%，因原料不足的占22%，因过去盲目发展而产品过剩的占20%，因主要行业发生困难而相应发生困难的占18%，因销路不畅发生困难的占12%。②

由于私营企业的发展同我国经济发展战略相冲突，其内部张力不可调和，所以，在大势所趋的压力下，个别企业公私合营乃至全行业公私合营

---

① 《中国资本主义工商业的社会主义改造（中央卷）》（下），中共党史出版社1992年版，第1331页。

② 国家统计局：《一九五五年上半年私营工业生产情况报告》，1955年8月27日。

成为私营企业的最终出路。

3. 公私合营企业

"一五"时期的企业公私合营,在全行业公私合营前,即1955年之前,呈现出以下的情况和特点。

(1) 公股在合营企业中占有较大的比重,国家比较重视采用注入资金、控制股权的经济手段改组企业,扩充企业实力(见表3-4)。

表3-4　　　　　公私合营企业资本构成①　　　　　单位:百万元

年份	1949	1952	1953	1954	1955
资本总额	130	537	693	1400	1875
其中:公股	87	282	402	634	761
私股	36	182	210	640	930

(2) 实行公私合营的私营企业基本上都是大型的、有发展前途的企业。

从企业规模来看,合营企业一般都是规模较大、条件较好、有发展前途(即产品为国家和社会需要并短缺)的企业。表3-5是1955年全行业公私合营前的合营企业规模和行业情况。

表3-5　　　1950—1954年平均每个公私合营企业的职工和资本②

年份	1949	1950	1951	1952	1953	1954
企业数量(家)	193	294	706	997	1036	1746
职工人数(千人)	105.37	130.89	166.33	247.76	270.11	533.27
平均每家企业职工数(人)	545.9	445.2	235.6	248.5	260.7	305.4
总产值(亿元)	2.20	4.14	8.06	13.67	20.13	51.10
平均每家企业职工数(万元)	113	140	114	137	194	292
资产净值(亿元)	2.01	3.07	4.75	8.27	10.92	20.78
平均每家企业资产净值(万元)	104	104	67	83	105	119
固定资产(亿元)	1.37	2.37	3.44	4.53	6.81	12.84
平均每家企业固定资产(万元)	71	80.6	48.7	45.4	65.7	73.5

---

① 国家统计局:《社会主义建设统计资料汇编》,1956年10月。
② 同上。

从表3-5可以看出，从参加合营的企业职工人数来看，合营企业都是规模比较大的私营企业，因为1953年私营工业中拥有100人以上职工的企业只有2048户，占总户数的1.36%，1954年拥有职工100人以上的企业只有1646户，占总户数的1.23%；另外从资产净值来看，公私合营企业也远远高于同期的职工在100人以上的私营大型企业（1953年为77万元，1954年为46万元）。同时，还可看出，公私合营发展较快的行业，一是有前途或对加速工业化作用较大的行业，如钢铁冶炼、机器制造、化工；二是原料短缺而又有关国计民生的行业，如纺织、食品（主要是粮食、油料加工）。①

（3）公私合营企业效益高于其他经济成分的企业。

由于公私合营企业基本上都是大型、有发展前途的企业，并且原有企业也有一班有经验的经营管理人员，因此当实行公私合营，即国家注入资金并将供销纳入国家计划（供销有了保障）后，其经济效益立刻提高许多，不仅超过合营前和同期的私营企业，甚至超过了国营企业（见表3-6）。

表3-6　　　　1949—1954年全国工业企业工人劳动生产率② 单位：元/人/年

年　份	1949	1950	1951	1952	1953	1954
总　计	4839	6037	7087	8049	9016	10372
国　营	4933	6218	7118	7919	8894	10218
合作社营	6436	7003	7671	8415	8557	9165
公私合营	3515	4257	6553	9297	10880	13401
私　营	—	4357	5928	6801	7848	7222

从表3-6我们可以看出，公私合营企业的劳动生产率在1951年以前低于国营和合作社营企业，这是因为当时的合营企业主要由没收官僚资本和汉奸反革命的企业组成，原有基础差，企业改造任务重。但是在1952年国家整理公私合营企业、完善其管理制度后，其劳动生产率即有了较大幅度的提高，并超过了国营和合作社营企业，1952年以后新合营的企业

---

① 《中国资本主义工商业的社会主义改造（中央卷）》（下），中共党史出版社1992年版，第754页。

② 同上书，第1332、1335页；国家统计局：《中华人民共和国七年来公私合营工业及私营工业生产情况基本统计资料》，1956年8月。

则基本上不存在这个问题。当公私合营企业一旦消除了企业内部的劳资矛盾并在原料、信贷、市场方面享受到与国营、合作社企业的同等待遇后，再加上国家注入资金，其产权明晰、管理人员经验丰富以及报酬与效益挂钩的特点，即发挥出国营企业和合作社企业所没有的优势。

总之，1955 年以前的公私合营企业，国家通过注入资金、改善企业制度等方式，使企业提高了效益。另外，从表 3-6 还可看出，尽管在新中国成立初期，国营企业由于破坏严重和管理体制尚未走上正轨，其劳动生产率低于合作社，但是到 1953 年恢复工作基本完成和加强计划管理后，其规模效益很快就体现出来。

二 走向公私合营的私营工商业

（一）朝鲜战争对资本主义工商业的影响

新中国成立之初，出于稳定物价的需要，国家首先对私营工商业开展了限制与反限制的斗争。1950 年春，由于社会虚假购买力等现象的消失，工商业一度处于凋敝状态，为了恢复经济、实现财政好转，6 月，国家开始合理调整工商业。正当工商业在调整中出现好转之时，抗美援朝运动开始，调整进程中断。1950 年 10 月，中国人民志愿军入朝，军费急剧增加。这种情况下，国家财政方针发生巨大变化。人民政府确立的新的财政方针为"国防第一、稳定物价第二、其他第三"。三项方针的实施，都是建立在广开财源、扩大收入上。为此，中央用了"挤牛奶"的办法，除向农民求援外，主要是增加城市税收。因此，抗美援朝运动开展后，以抗美援朝为中心，充分利用工商业发展生产、增加收入以支援战争成为国家对工商业政策的重心。

在扩大生产上，国家通过战争引起的物资需求，加大对私营企业加工订货力度，一方面扶持工商业发展，另一方面使工商业为国家急需物品的生产与流通做出贡献。

由于公私关系、劳资关系和产销关系的调整以及抗美援朝战争的需要，国家向私营工商界加工订货的不断增大，工商业在 1951 年出现了空前的繁荣。

在抗美援朝运动中，工商阶层通过订立爱国公约、积极改善经营、废除行业陋规、集体缴纳税款等活动，受到了爱国主义教育，增强了对新政权的认知，大大激发了爱国热情。

总之，抗美援朝运动期间，国家不仅成功地利用工商业的发展为抗美援朝做出了贡献，也通过国家加工订货、劳资两利等政策的执行，逐渐把工商业纳入国家轨道；与此同时，通过爱国主义的教育，工商阶层逐渐得到改造、爱国热情大大高涨，从而为私营工商业社会主义改造积累了经验，并打下了坚实的基础。

同时，也有一些不法奸商利用国家在抗美援朝期间需要大量物资的机会，采取行贿、偷税漏税、偷工减料、盗窃国家资材和国家经济情报等"五毒"手段牟取非法利润。战争中急需的救治伤员的医疗器械、外伤包扎用纱布绷带药棉等用品，国内一些不法奸商以次充好，用卑鄙手段生产一些不合格的医用品。志愿军战士没有牺牲在美军的枪口下，却死在黑心资本家之手，这些资本家被冠以"不拿枪的敌人"，尽管涉案人员是少数，但在国内仍然掀起了尽快改造资本阶层的舆论热潮，进而对于资本主义工商业的发展前途产生了重大影响。

（二）私营工商业的发展与分化

从1949年至1952年末的国民经济恢复时期，中共及其领导下的中国政府基本上是根据《共同纲领》提出的"公私兼顾，劳资两利"方针和在国营经济领导下"分工合作，各得其所"原则，对私营工商业实行"利用、限制、改造"的政策，即利用其有利于国计民生和恢复发展经济的积极作用，限制其不利于国计民生的消极作用，改造其从旧社会带来的不符合新民主主义社会要求的弊病。伴随着社会主义性质的国营经济力量不断壮大的同时，私营工商业的行业和阶层本身也不断地发生着分化。

1953年由于上半年投资规模过大引起的市场紧张和农副产品供不应求，一方面使国家采取了对主要农产品"统购统销"的政策，另一方面也使党和政府认为私营批发商业不利于国家的计划管理，应首先予以改造。于是以1953年年底实行粮油统购统销的政策为契机，国家首先对粮油私营批发商进行了令其转业或淘汰的改造。进入1954年后，国家又通过对重要生产资料和工业原料实行国营商业控制的计划供应、禁止私商自营一般商品的进出口业务，又迫使一批私营大批发商转业或停业。私营大批发商被基本消灭后，从1954年下半年起，国家着手改造剩下的经营次要商品的较小批发商，根据不同情况，对这些批发商采取"留、转、包"等不同的改造步骤和方式。"留"，就是继续保留一部分私营批发商，但是其业务则转变为受国营商业和供销合作社委托而代其批发；"转"，就是对有转业条件的批发商，引导它们把资金和人员转入其他行业；"包"，就是国家将无法继续经营而又不能转业的批发商及职工包下来,逐步安排工作。经过上述改造,到1954年年底,私营批发商的改造工作基本完成,继续存在的私营批发商虽然户数还不少,但是除经营零星商品的小户外,一般都成为国营和合作社商业的代理机构。

1954年,我国农业因严重自然灾害未能完成预定计划,从而使得1955年上半年工业因原料不足而不能完成计划。在农产品短缺而供给又掌握在国家手中的情况下,因为国家首先要保证国营企业和公私合营企业的资金和原料供给,因此,私营工业,特别是那些规模小、技术落后的企业,遇到较大困难。

1954年年底以后,私营企业面临的困难主要有以下四个:

一是原料缺乏。1955年除了农产品原料短缺外,工业产品原料因经济紧运行和国家加强计划供应,私营工业也得不到充分供应。

二是资金不足。1952年年底国家完成对私营金融业的社会主义改造后,短期资金市场即完全控制在国家手中,国家对私营工商业的贷款实行了"以存定贷"的方针,即贷款额不得超过私营企业的存款。但是由于国家经济建设(特别是地方政府)资金严重不足,实际上很难顾上私营工业了。

三是原有供销渠道被打乱。由于大多数私营工厂生产规模很小,没有承担国家的加工订货任务,其原料在过去基本上都是从市场购买,产品也是靠私营商业渠道销售。1954年国家加强了私营商业改造,私营批发商大部分被改造后,商业渠道变化大,私营工业企业一下子失去了原有的供销渠道,而国营商业和供销合作社因这些小企业的产品标准化程度低、批量少,交易成本高,不愿意收购或推销其产品,因此,1954年大多数私营工厂产品销售渠道不畅。

四是经过两年的"吃苹果"(即对单个企业实行公私合营),剩下的私营工业企业多是规模很小、技术落后或效益差的企业。这些企业绝大多数更是没有现代动力设备的手工业作坊,产品不能定型和按标准化大批量生产。国营和公私合营工业企业不仅在技术和生产规模上优于私营工业,而且在资金供给、原料供应、产品销售等方面也优于私营工业,使得私营工业所具有的灵活性难以发挥作用,在竞争中处于更不利的地位。

据1955年上半年上海市对私营工业困难户的调查分析,因产品不合要求的占28%,因原料不足的占22%,因过去盲目发展而产品过剩的占20%,因主要行业发生困难而相应发生困难的占18%,因销路不畅发生困难的占 12%①。

尽管 1955 年上半年中央要求各地统筹兼顾、适当照顾私营工商业，但是由于尚未合营的私营企业规模小、设备落后、产品标准化程度低和批量小，在原料缺乏、资金紧张的情况下，无论是地方政府还是国营商业机构，从经济的观点出发，都不会将原料和资金投向这些技术落后、产品标准化程度低、监督成本高的企业。由于私营企业没有摆脱困境，而公私合营则可得到国家在原料、资金和销路方面的支持，因此对于中小企业来说，在如此困难的情况下，工人不用说了，即使企业主，也愿意合营，以求解脱。

面对上述局面的出现，中共领导层顺水推舟，于 1955 年 4 月批转了《关于扩展公私合营工业计划会议和关于召开私营工商业问题座谈会的报告》。该报告提出对资改造应实行"统筹兼顾，全面安排"的方针。从此吹响了全行业公私合营的号角。

私营工商业正是在上述经营困难的背景下，当 1955 年下半年社会主义改造高潮到来时，出于早合营早占据有利地位的考虑，出现积极踊跃全行业公私合营要求，反过来倒逼政府在准备不足的情况下急忙同意实行全行业公私合营（原来准备在两年内分期分批实现全行业公私合营）。正如陈云当时所说："他们要求的很厉害，天天敲锣鼓，迎接公私合营，就只好倒个头，先承认公私合营，再来进行清产核资、生产安排、企业改组、人事安排。"② 这种情形与当时的农业合作化形成鲜明的对照。从 1955 年年底开始的私营工商业的社会主义改造，对于大多数私营企业主来说，是先陷入经营困境，后接受合营改造的。

三 私营工商业被改造的原因分析

在国民经济恢复时期，随着国营经济主体地位的确立，私营工商业的生存环境逐渐发生了变化。特别是自 1952 年"五反"以后，私营工商业企业生产经营活动存在较大困难，以致 1954 年年底上海市政府不得不对 1700 多户工商业者发放过年救济金。另外，公私合营企业效益较好，其经济效益甚至超过了国营企业，确实体现出比合营前的私营企业有优越性。

在"一五"计划时期，私营工商业的困难主要表现在两个方面：一是在企业内部存在着较尖锐的劳资矛盾，即工人不听从资本家的管理，不

---

① 国家统计局：《一九五五年上半年私营工业生产情况报告》，1955 年 8 月 27 日。
② 转引自李维汉《会议与研究》（下），中共党史资料出版社 1986 年版。第 766—767 页。

愿意为资本家好好干（按当时的话就是生产积极性不高）；二是企业外部的生存环境严峻，原料、资金短缺，开工不足。私营企业遇到的上述困难，从表面上看，可以说是生产关系的问题，因为国营、合作社营、公私合营企业都不存在上述两个问题。但是如果深入分析上述问题产生的原因，就会发现所谓的其与社会经济发展要求不相适应，阻碍了生产的进一步发展，实际上是与党制定的传统的社会主义社会经济发展目标模式不相适应，给政府推行快速优先发展重工业战略增添了麻烦，阻碍了单一计划经济管理的实现。可以说，私营工商企业当时遇到的困难，固然有其产业结构过于轻型化、生产布局畸形（过分集中于沿海城市和内地大城市）以及大部分企业规模小、技术落后等原因，但是主要原因是与党的过渡时期总路线所规定的社会经济发展战略之间存在矛盾。

我们知道，经济发展战略固然是客观经济发展要求的反映，是经济发展要求的一部分（因为经济发展本身就是人的经济活动，体现人的经济要求），但是它毕竟是人们的思维产物，即主观的东西，因受到人的认识能力限制，它与客观经济发展运行规律总是有差距的。过渡时期总路线和"一五"计划固然反映了新中国成立以后中国经济发展的客观要求和人民的愿望，是符合当时那种国际环境的，但是它在具体实施方案和步骤上，受经验和认识能力所限，有明显急于求成和简单化的倾向，与客观经济发展运行规律存在差别。例如，计划管理是必要的，因为在资源短缺、资金匮乏的条件下，要维持经济高速增长和社会安定，没有政府对国民经济的计划管理是不行的，但是由此完全排斥市场调节，并将其视为坏东西，则是主观认识水平所致；又如，社会主义改造在当时是必要的，旧中国遗留下来的落后经济及其制度不适应经济高速发展，但是将改造私营和个体经济的这种客观要求夸大到在很短的时间内（甚至在工业化前）完全消灭私有制，实行单一的公有制，则既不符合客观经济发展规律，也违背了马克思主义基本原理。是否可以说，1955年社会主义改造高潮的兴起及顺利完成，与其说符合后一种客观经济发展要求，不如说更符合前一种主观的经济发展要求，更符合当时党和广大人民群众（包括大部分私营工商业者）的主观愿望和认识水平。

从私营企业内部的劳资关系来看，劳资矛盾始终存在着，1952年以后矛盾之所以尖锐化，主要有三个原因。一是"五反"后资本家基本上失去了解雇工人的权力，工人工资的多少也不再取决于资本家，因此，工人不听从资本家及其代理人的话,不努力生产,他们也没有什么办法;二是"五反"后工人在企业中的地位提高(监督生产),并实际上得到政府的支持,资本家对工人管不了,对企业的"三权"(生产、人事、财务)不落实,很难抓好企业的经营管理;三是"五反"以后,特别是过渡时期总路线公布以后,工人和资本家都对私营企业的前途失去信心,无心努力搞好企业,企业凝聚力消失。由此可见,私营企业内部的问题,主要是政府对私营企业长期存在发展估计不足,因而引导调节不适当造成的,严格地说,并不是企业中的雇佣关系(即剥削与被剥削关系)造成的。

从私营企业外部的生存环境来看,市场波动或供求不平衡都是难免的。但是从1953年开始的政府对重要产品的控制,实际上割断了私营企业与市场的联系。农业社会主义改造兴起后,国家又控制了农业、农村和农民,进一步割断了私营企业同原材料和劳动力的结合,从而从生产原料和销售市场两方面夹击私营企业,使得私营企业的生存空间不断地被挤压,最终迫使私营工商业者主动走上全行业公私合营的社会主义改造之路。

第三节 国营经济经营管理中的矛盾

中国共产党虽有在根据地和解放区领导国营企业的经验,但那时的企业规模与新中国成立后的规模不可同日而语。由于斗争形势的恶劣和企业规模的弱小,在中华人民共和国成立之前,中国共产党领导的企业多采取一元化领导,即厂长负责制。但这种体制伴随着"一五"计划的实施,遇到了新的问题和矛盾。

一 "一长制"与党委领导制的争论

1953年,我国转入大规模经济建设,并开始执行第一个五年计划。为了适应"一五"计划的要求,党和政府逐步加强了中央集权和经济部门的"条条"管理,同时在企业管理方面,也更加强调责任制和规范化。在这种背景下,中央按照原来的设想及其当时的客观需要,开始在全国范围推行"一长制"。

1953年,在试点的基础上,经过中共中央批准,以全国总工会的名义,在全国范围内推广东北"五三"工厂贯彻"一长制"、正确处理党政关系的经验。1954年4月,华北局发出《关于在国营厂矿企业中实行厂长负责制的决定》，提出为了消除企业内无人负责与职责不明的混乱现象，建立工矿企业中正常的工作秩序，决定取消党委领导下的厂长负责制，实行厂长负责制。在实行厂长负责制后，企业中党组织的任务是："对政治思想领导负有完全的责任；对生产行政工作负有监督、保证的责任；对工会、青年团等群众组织负有领导的责任。"

1954年5月，中共中央批转华北局《关于在国营厂矿企业中实行厂长负责制的决定》，认为随着国家进入有计划的经济建设和中央各部及各地区日益加强了国营厂矿的领导，"有必要也有可能在全国各国营厂、矿（包括地方国营厂矿）中实行厂长负责制，以便进一步地提高工业企业的领导水平，更好地完成国家计划"①。并希望各地区各部门将实行厂长负责制中所发生的问题和经验，随时上报中共中央，以便积累全国的经验。

但是，在国营企业领导体制问题上，党内并没有达成共识。特别是"高、饶事件"和七届四中全会后对个人主义的批判，又加剧了认识上的分歧。

1955年1月21日，中共中央批转了中纪委钱英同志《关于东北地区工矿中党的组织和干部的思想情况和存在的问题以及解决这些问题的意见》（1954年10月26日）。《意见》说，东北受高岗的个人主义、夸大个人作用的错误思想影响，接受了高岗的"党、政、工、团统一于行政"的错误口号，许多企业都或多或少存在着忽视党的政治思想领导的倾向。这种倾向主要表现在：（1）在执行"一长制"当中，放松党的政治思想领导，甚至使党委处于行政的从属地位。（2）在干部配备上，厂长的级别通常比党委书记高二、三级，有的高得更多，不少党委书记是由厂长培养和提拔起来的，或者是其老下级，党委书记与厂长相比，普遍很弱。因此，书记往往成了厂长的"尾巴"；有些企业将较好的党群干部调去搞行政工作，而把毛病较多的干部调去搞党群工作，因而就流传着"有才有德搞行政，无才无德搞党群"的谬论。（3）由于党的工作干部太弱，党在群众中的威信也就很低，许多党群干部长期不安心工作。另外，这种倾向也表现在有些党委或党委书记热衷于抓行政事务而忽视了党的工作。《意见》提出必须正确解决"一长制"与党委的关系问题，必须在工矿企业中建立起坚强的党委和配备坚强的党委书记。目前东北工矿企业中的党

---

① 全国总工会政策研究室编：《中国企业领导制度的历史文献》，经济管理出版社1986年版，第198页。

委书记一般都太弱,必须有计划地加以调整,使党委书记和成员在政治能力上、资历上一般不弱于厂长、副厂长。2月11日,中共中央发出《关于调整国营厂矿党委、行政干部的通知》,并同时批转《东北局关于调整和加强国营厂矿企业党务工作干部问题的请示报告》。《报告》说,忽视党的思想政治领导、取消党组织对企业行政工作监督的倾向,实质上是资产阶级思想在我们党内的反映,如不迅速有效地加以克服,就要给社会主义建设带来极大的危害。《报告》责成各省(市)委对本地区国营厂矿企业的党委书记和厂长配备情况进行一次调查,并根据二者条件大体相当的原则,对不合适的党委书记进行调整。

  1955年4月,为了总结一年来推行厂长负责制的经验,完善企业领导制度,中央书记处第三办公室邀请了出席全国党代表会议的24位代表召开了"工矿企业的领导问题座谈会"。会议对于国营企业的党政关系形成了三种意见。第一种意见是主张实行党委领导下的"一长制",这主要是湖北省委同志的意见。这种意见认为,在工厂中领导核心必须是党组织,而不能是厂长个人。党委集体领导制是党的基本原则,工矿党组织自然不能违背这个原则。这种意见以军队中实行党委领导下分工负责制的经验来证明厂矿中同样可以实行党委领导下的厂长负责制。第二种意见不同意实行党委领导下的"一长制",主张实行厂长负责制,即企业的生产管理工作由厂长对国家负完全责任,党组织只负监督保证责任。这主要是河北、山西、北京和东北部分同志的意见。这种意见认为党委领导制有多头领导、无人负责、生产秩序混乱、政治工作薄弱等缺点。他们认为,计划经济和工业生产要求集中统一的特点,决定了工业管理机关必须自上而下都实行个人专责制,而不能实行集体负责制。第三种意见既不主张实行党委领导下的"一长制",也不完全赞同第二种意见,这主要是沈阳、鞍山等地的意见。他们认为,"一长制"和党委制是不同组织的两种制度,生产管理工作中应实行"一长制",党内则是实行民主集中制,企业党组织对生产管理工作应是监督保证,而不是统一领导。党组织的监督工作应是全面的,不能把监督缩小到只有建议权,也不能说对某些问题无权做决定。经过党组织决定的问题,厂长作为党员必须服从和执行,如果厂长有不同意见时,只能一面执行党组织的决议,一面将自己的意见报请上级解决。

  经过讨论,大多数同志不同意在工矿企业中实行党委领导下的"一长制",但对于党组织监督的范围和党组织在生产管理方面的决定厂长是否必须服从的问题上,与会同志还未取得一致意见。至于各地现行的不同领导制度,不宜草率改变,厂矿企业中厂长负责制及其他责任制度建立不好的地方应继续建立与加强,党的政治思想工作薄弱的地方要迅速加以改善。与会同志对此意见始终是一致的。

1955年5月,薄一波、黄敬等在苏联访问(参加了全苏工业工作者会议),曾专门就"一长制"问题请教苏联主管经济工作的领导人,苏方介绍了苏联实行"一长制"的历史经过,并指出"一长制"对干部的素质要求比较高。

同年6月4日、6日、13日,中共中央第三办公室分别邀请了50个厂的党委书记和厂长举行了三次座谈会。到会干部普遍反映:一是目前工厂中的领导制度相当混乱;二是自1953年下半年各地推行"一长制"(东北是1951年开始推行)以来,虽然已近两年,但真正贯彻了"一长制"管理原则的工厂并不多,许多厂长不熟悉业务,不敢大胆负责,遇事都要找党委商量;三是党的政治思想工作薄弱,对经济工作的监督保证软弱无力。1955年10月24日,中共中央批转《中共中央第三办公室关于厂矿领导问题座谈会的报告》,要求"企业中的党组织必须认真帮助确立和巩固企业管理反冒进的'一长制',并教育一切工作人员严格遵守企业行政纪律和秩序。党组织必须把确立'一长制'作为自己的一个基本的政治任务。因为在企业中只有建立了严格的'一长制',才能确立有效的经济秩序和工作秩序,这种秩序正是办好一个企业所必需的,而无人负责是一种最可怕的不良现象"。①

1955年12月26日,中共中央书记处第二办公室《关于济南、青岛在工厂推行"一长制"的情况、问题和意见的报告》反映了山东推行"一长制"的情况。《报告》列举了实行厂长负责制后的好处和存在的问题。好处是各级职能部门和人员的职责明确了,拖延不决、无人负责、多头领导等现象减少了;各级干部和职能人员的责任心强了,学习研究业务的积极性提高了;生产均衡了(扭转了过去生产"前松后紧",月底年底赶任务的现象);党组织能专心于自己的事务了。存在的问题则是:命令主义有所发展;党政关系不协调(过去就存在,现在更明显);政治思想

---

① 全国总工会政策研究室编:《中国企业领导制度的历史文献》,经济管理出版社1986年版,第202页。

工作不知如何开展；厂长的管理、技术水平低。

尽管当时"一长制"比党委领导制更能体现责任到人，减少多头领导、推诿、扯皮等现象，但是它本身存在的如下缺陷，却造成其难以达到预期的效果。

第一，"一长制"无法有效协调企业内部的党、政、工、团、妇等组织的关系和工作。这个问题在新中国成立初期就已经提出来。由于我国国营企业并不仅仅是一个生产单位，它还是一个社会生活的基层单位。企业中除了生产经营活动归行政部门领导外，还有党、工会、共青团、妇联等组织的活动。这些活动都超出了厂长职权管理和协调范围。特别是直接影响经营而又由党出面领导的政治运动和肃反审干等，更不可能由厂长统一指挥、统筹安排。此外，厂长如果是党员，其作为厂长的权力与作为党员的权利义务如何统一则是一个难题（即企业党组织所作的决议如果与他个人意见不一致是否执行）。

第二，国营企业实行"一长制"与全国及上级领导机关实行的党委领导制不易衔接。新中国成立以后，我国实行的是以共产党为领导核心的人民民主专政政体，从中央到省、市、县的各级政权中，实际上是实行党委领导制，政府的经济管理部门不仅受同级党组织领导，而且重要的方针政策几乎都是由党制定并首先由党组织系统下达的。而国营企业的"一长制"则中断了这种一元化的领导体系，使党组织处于权力中心之外，仅起着监督保证作用，这在当时党处于社会神经中枢的条件下，必然要影响到党有关方针政策命令的施行。"一长制"实行后的企业普遍反映党的领导和作用削弱，即说明"一长制"与党在整个社会生活中的一元化领导地位是不相适应的。

第三，"一长制"与党长期追求的企业管理民主化目标有一定的矛盾，不利于广大职工参加管理和调动其积极性。由于"一长制"比较强调厂长的权威和自上而下的层层领导，其他组织实际处于附属地位。这虽然有助于加强企业内部的责任制和决策效率，但是在企业缺乏外部有效制约机制的情况下，"一长制"也更容易滋生官僚主义和命令主义；同时，"一长制"对厂长的素质要求也较高，按照当时的话，就是"又红又专"才行。另外，在传统计划经济体制下，"一长制"所表现出来的自上而下的专职负责制，实际上与自下而上的职工参与管理是有矛盾的，因为各级都是对上负责，职工缺乏企业的主人感。

此外，当时，由于中国共产党刚从战争和农村中走上执政地位，国营企业的发展很快，国家不仅非常缺乏"又红又专"的企业管理干部，而且国营企业的经营管理制度也很不健全。因此，许多地方反映推行"一长制"后，或者是厂长因不懂业务而不敢大胆负责，或者是能力不够，造成工作失误。因此，中共"八大"后，国营企业中的党委领导制逐步取代了"一长制"。

二 国营企业运行中的效率分析

中国共产党从建立新中国的第一天起，就对社会主义性质的国营企业寄予厚望。一是认为国营企业在向社会主义过渡过程中具有决定性的意义；二是认为国营经济在中国的工业化过程中具有不可替代的优越性；三是国营经济与私营经济相比，不仅企业效率高，而且更加公平。因此，确保国营经济在过渡时期的领导地位、大力发展国营经济就成为党和政府始终确定不移的政策。但是，由于国营经济的宏观经济环境和微观经营管理上始终存在着"一管就死，一放就乱"弊病，缺乏有效约束、监督和激励机制，在整个计划经济时期，就始终没有建立起一整套既符合中国国情，又能够实现社会主义优越性的国有经济经营管理体制。

（一）信息不对称

为数众多的国营企业的建立，虽然保证了高积累、低消费的快速优先发展重工业战略实施，但是由于取消了市场调节和私人投资，就使得国营经济缺乏外部的竞争和制约；同时，在内部，由于国营经济不能够解决国家与企业的经济关系和信息不对称问题，形成企业吃国家的"大锅饭"，职工吃企业的"大锅饭"，尤其是属于地方政府的地方国营企业，呈现出效率低、浪费大的特点。

（二）产销脱节

由于国家集中了生产经营的权力，国营企业处于无权地位，成为各级行政机构的附属物，缺乏主动性，不能发挥积极作用。企业的相对独立性被否定，企业不能按社会经济的变化及时调整自己的活动，不能根据实际情况，调整和完善企业内部结构和机能。企业在人、财、物、产、供、销上都缺乏应有的权力，对亏损也谈不上什么责任。于是就变成了一个消极的个体，丧失了内在的活力和动力。

（三）预算软约束

国民经济恢复时期和第一个五年计划时期建立的国营企业，普遍承担着两方面的政策性负担，即传统赶超战略下的战略性政策负担和企业办社会的社会性政策负担。

在经济紧运行的社会经济背景下，各级政府对企业的政策性负担所造成的亏损负有责无旁贷的责任，政府为了让这些承担着政策性负担的国有企业继续生存，就必须对国有企业进行事前的保护或者补贴，但是由于信息不对称问题的存在，政府无法确知政策性负担给企业带来的亏损是多少，也很难分清楚一个企业的亏损是政策性负担造成的，还是由于企业自身的管理不当或是企业负责人的道德风险造成的。在激励不相容的情况下，国营企业的各种亏损，包括政策性负担形成的亏损和道德风险、管理不当等造成的亏损都归咎于政策性负担，在政府无法分清楚这两种亏损的差别，而又不能推脱对政策性负担造成亏损的责任时，就只好把企业所有亏损的责任都负担起来，在企业的亏损形成后又给予事后的补贴，因此形成了企业的预算软约束。

三 企业运行中的激励不足问题

在国营企业的运行中，还涉及收入分配的问题。国营企业的干部、职工对企业没有所有权，只有不完全的经营权。因此，为了防止侵蚀国家利益的机会主义行为，国家对企业职工的利益分配采取了平均主义的低工资，并辅之以思想激励，来弥补物质激励的不足。

（一）"大锅饭"下的低工资

新中国收入分配制度和政策是在改革旧中国极不合理的分配制度基础上形成的。1949年9月中国人民政治协商会议通过的、具有临时宪法作用的《共同纲领》以及相关法规规定：在农村废除封建土地所有制和高利贷，但是允许雇工和借贷自由；在城市，除社会主义性质的国营企业外，对私营企业实行"公私兼顾、劳资两利"政策，保护工人的合法权益（如厂方不得随意解雇工人、克扣工资），工人的工资应由劳资双方协商解决。

1952年8月政务院批准的《关于处理失业工人办法》中就规定："所有公私企业，因采取先进生产方法，提高了劳动生产率，因而多余出来的劳动力，应采取包下来的政策。实行轮流调剂，发给原工资。"虽然这项规定在私营企业难以完全贯彻，但是私营企业解雇工人也确实受到工会和政府有关部门的严格限制。到1956年年底私营工商业社会主义改造完成以后，1957年3月，国务院在批转劳动部的文件中规定："企业、事业、机关编余的人员，应该想法在企业、事业、机关内部或部门之间调剂安排工作或组织他们学习，不得任意辞退。"至此，城市职工端国家"铁饭碗"的制度基本形成。

在工资制度方面，20世纪50年代进行了两次重大改革，基本确立了以技术、职务、行业、地区四个基本因素为参照标准的按劳分配制度，同时对一些便于实行计件工资的部门实行计件工资，对企业及职工实行与效益挂钩的奖励制度（奖金）。

总之，从1953年开始，由于受当时国内外环境和党对社会主义认识水平所制约，我国选择了传统的社会主义发展模式，仅仅用了不到一个五年计划的时间就基本完成了生产资料的社会主义改造。到1956年年底，我国所有制结构已从过渡时期的多种经济成分并存转变为几乎单一的公有制经济，按劳分配也成为我国收入分配的主要甚至唯一的方式。1956年社会主义改造基本完成后进行的第一次全国工资改革，对企业、事业和国家机关的工资制度进行了统一改革，直接以货币规定工资标准，取消了以前的工资分级制度和物价津贴制度。实现了多种工资形式向单一工资制度的转变，使全国工作人员的工资形式趋向统一。在机关和事业单位建立了职务等级工资制，工资标准分30个等级。在企业统一了工人工资等级制度，企业工人分8个技术等级，一般实行八级工资制；工程技术人员的工资标准分18个等级。同时，根据各地区物价和生活水平，规定了11个地区类别。也就是说，只是根据各地的物价和生活水平不同稍有差别外，全国的城市居民工资标准几乎是一样的。此后，从1956年至1978年，只对工资进行过数次微调（据不完全统计为七次，其中四次为工资升级，另三次为降低工资标准），之所以称为微调，说明是局部的和程度低的。

1957年以后，由于党，特别是毛泽东同志对社会主义的认识产生了偏差，过分强调阶级斗争和资本主义复辟的危险性，因此在收入分配领域，也将必要的物质刺激和多种形式的按劳分配，如计件工资和奖金视为修正主义现象，而加以否定。甚至将按劳分配的主要内容视为"资产阶级法权"加以批判，按劳分配制度和政策遭到严重扭曲。直到"文化大革命"结束，特别是党的十一届三中全会以后，从理论上和实践上进行拨乱反正，才重新确定了社会主义按劳分配原则①。

---

① 《当代中国的职工工资福利和社会保险》，中国社会科学出版社1987年版，第85—86页。

除了受"平均主义"思想和政策影响之外，建立在单一公有制基础上的按劳分配制度本身也存在问题。第一，分配形式过于单一化，除了按劳分配形式外，几乎没有其他分配形式。第二，分配结构和水平固定化。第三，分配水平平均化。

（二）精神激励的有限作用

根据传统社会主义经济理论对其生产关系的定义，在单一的公有制经济中（尽管划分为国有和集体所有），人与人的关系是同志式的、平等的、互助的关系；人们只有分工的不同，没有高低贵贱之分，人们实行"各尽所能，按劳分配"；人们的目标是一致的，即尽可能地发展生产，以满足人们不断增长的物质和文化需要。正是在这种基本的逻辑和理论下，预设了社会主义的道德规范。

综观那个时期中国共产党和政府大力宣传与推行的所谓社会主义道德规范，针对不同的人群有不同的标准。

对国家干部来说（特别是党员干部），是根据"党章"和"人民政府"的性质，要求全心全意为人民服务，不谋私利，不消极怠工，不脱离群众，主动地、不计较报酬地为党和国家工作。吃苦在前，享受在后。这方面的要求和规定可以从当时的党政文件中大量看到。

对于国营企业的职工，则从他们是"国家的主人翁"和"企业的主人"出发，按照工人阶级应该具有的道德标准来要求。工人阶级是最先进的阶级，作为领导阶级，它最有远见，最有纪律，最大公无私，最富有牺牲精神，能够为国家和全民族的利益而牺牲自己的眼前利益，1950年2月7日的《人民日报》社论《学会管理企业》是较早明确系统提出这些要求的文献。

但是现实给人们开了一个玩笑。实际上，在不仅1952年的"三反"运动中暴露出国家机关和国营企业中普遍存在着与社会主义道德不一致的观念和行为，就是在社会主义改造过程中，国营企业，尤其是国营农场仍然存在着效率不高问题，特别是在贯彻"统购统销"等一系列社会主义政策过程中，基层干部的"强迫命令"更是滋长蔓延。社会主义"三大改造"完成以后，生产关系的问题不是解决了，而是更严重了。1957年初的农民"退社"风潮，1957年"整风"中反映出的"不满"，1961年调整时期所暴露出来的"大跃进"的原因和后果，农村"四清"和城市"五反"运动所暴露出来的问题，都说明上述道德规范只是一种美好的愿望，离实际相差太远了。

在企业，由于既缺乏有效的激励机制，也缺乏严格有效的监督、考核、惩罚等管理机制，无论干部还是工人，并没有表现出原来预期的道德水平，即所谓的社会主义生产关系（平等互助和共同利益）下的工人阶级优秀品质，干部中官僚主义盛行，决策随意性大，"跟风跑"，并不关心国家财产的保值增值；而工人则在收入已定的前提下，尽可能地少支付劳动，以降低自己的成本，即出现所谓的吃"大锅饭"思想。而这些都是与建立公有制时所预设的道德标准相差甚远，因此即使不考虑其他因素，所谓的社会主义优越性也因此落空。

(三) 群众运动的经常化

在推行"一长制"经验、初步建立起我国国营企业管理体制的基础上，国家就如何发挥思想政治工作的效应、弥补企业激励机制的不足的问题，从而最大限度地避免企业职工和社会成员出现怠工、偷懒等搭便车的现象，进行了广泛的探索。

1958年人民公社化以后，大一统在所有制和国家控制管理方面已经走到头，完全依靠所有制向"共产主义"过渡来解决管理效率和人民群众的积极性问题，"大跃进"的失败和灾难性的后果证明这条路根本走不通。因此，在资本积累和消费产品一时难以满足生产和生活的条件下，唯有从意识形态着手，来制止上述行为的发生，并用一系列精神运动来替代物质激励。这就出现了在计划经济的生产生活中，每个产业都有自己学习的榜样，如"农业学大寨""工业学大庆"，乃至"全国人民学解放军"等；每个行业都有自己的典型；不同职业和年龄段的成员，也都有相应的精神榜样。这一时期，出现了工人孟泰、战士雷锋、农民陈永贵、铁人王进喜等英模人物，也出现了"五三"经验、鞍钢宪法等先进典型。此外，政府还通过工、青、妇、侨等各种社会组织，将政府职能延伸到社会生活的各个方面。政府职能同意识形态的力量整合在一起，形成不计物质利益、无私奉献、艰苦奋斗的非正式制度因素，共同为计划经济体制下的赶超战略服务。

这种先进典型的学习推广形式通常以群众运动作为载体，以人多势大、快速推进为典型特点。在新中国成立初期的一段时期，通过群众运动，我国的经济建设取得了巨大的成绩，但与此同时，也难以避免一些负面效应。如同"农业学大寨""全国人民学解放军"一样，城市经济中的"工业学大庆"运动最后也走向了极端的一面。当中国计划经济体制所蕴含的活力释放殆尽的时候，群众运动也必然退出企业管理体制的舞台。

第四章 传统农业向现代农业的转变

第一节 分散的小农经济与高积累的矛盾

随着大规模经济建设的开始，农业拖工业后腿问题日益凸显，农产品供给不足成为严重问题。这不仅体现在工业所需的粮食量大增，而且轻工业的农业原料需要量和出口创汇的农副产品需要量皆有增无减。农业能否快速发展，农业能否完成计划，直接关系到第一个五年计划能否顺利完成。

一 新民主主义制度下的农业生产情况

（一）靠天吃饭的现实

新中国成立初期，中国农业仍面临着靠天吃饭的窘境。从产业结构来看，1952年年底，农业产值占工农业总产值的56.9%，1957年农业产值占工农业总产值的43%，由于在统计方法中工业产值重复计算大大高于农业，因此，据当时国家统计局估计，1957年农业产值实际上仍然占2/3。不仅如此，由于工业落后，1952年轻工业产值占整个工业总产值的64.4%，其中，以农产品为原料的产值又占轻工业产值的87.5%，1957年这个比重仍达81.6%。另外，出口换汇的大部分产品也是农副产品及其加工品（1952年占出口总额的82.1%，1957年占出口总额的71.6%）。尽管农业在当时的经济发展中占有如此重要的地位，但是由于缺乏资金和技术改造，农业没有改变靠天吃饭的状况，并且劳动生产率很低（1952年平均每个农业劳动力创造的净产值为419元，1957年为452元），尽管1952年农业人口占总人口的85.6%，1957年仍占83.6%，但是1952年全国人均农产品为：粮食576斤、棉花4.6斤、油料14.7斤、肥猪0.12头，1957年则分别为612斤、5.2斤、13.2斤、0.11头。农业靠天吃饭和剩余有限，自然不利于工业经济的增长和稳步发展。

同时，由于"一五"计划时期正处于百年社会动乱结束后的人口增长高峰期，人口自然增长率达到 21‰ 以上，五年内我国净增人口 7171 万。由于人口多，增长快，而且因过去生活水平太低，随着经济的恢复发展，人民的生活消费需求也大大增加。因此积累与消费的关系一直比较紧张。陈云在 1954 年说，只要全国每一个人一年多穿一件衣服，一年就要多消费 3000 万—4000 万匹布（当年产量为 1.569 亿匹）；多吃一斤肉，一年就要多消费 600 万—700 万头猪（当年肉猪出栏头数为 7415 万头）；几万万人的消费水平提高，就会使增产了的消费品供不应求。

(二) 农业劳动力文化素质不高

劳动力的数量虽然充沛但文化素质不高。从农村看，1954 年春，中央农村工作部部长邓子恢即指出："区一级干部，不只是质量弱而且数量也少。现在好多地方，一个区只有三五人可以办合作社，每人管三四十个，确实抓不起来"，"合作社是改造小农经济，比之土改要更复杂，更艰苦得多，没有专职干部，确实难以办好。"[①] 另据 1955 年 7 月召开的全国农业生产合作社财务会计工作会议反映，尽管一年来共培训了 55.4 万名会计，但财会工作仍然是合作化运动的薄弱环节，全国农业合作社尚有 10% 的会计没有训练，在经过培训的 55.4 万名会计中，只有 40% 的人能独立工作。鲜有合作社真正做到账目清楚、财务制度健全、社员满意的，在一般地区只占总社数的 20%—30%，多数社存在或多或少的问题，有 20%—30% 的社混乱比较严重，约有 5% 的社还没有账。[②] 这种劳动力文化素质普遍较低的不利因素，短期内是无法克服的，它必然会对社会主义改造和经济建设带来不利影响。

(三) 农村出现的贫富分化现象

怎样发展农业，如何才能实现农业的迅速发展，在 1953 年成为全党关注的严重问题。1953 年中国实施第一个五年计划，开始大规模经济建设后，由于国家投资增长过快，积累与消费、市场与计划（实质上是个体农民与国家）、农业与工业的矛盾突然以农副产品供应短缺的形式表现出来。

土地改革后，中国大陆结束了延续数千年之久的封建地主土地所有制，真正实现了"耕者有其田"，也为新生的共产党政权赢得了空前强大

---

① 国家农委办公厅：《农业集体化重要文件汇编》（上），人民出版社 1984 年版，第 307 页。

② 参见《人民日报》1955 年 7 月 4 日。

的统治合法性。但是,在中国农村很快出现了新的变化。新中农和新富农逐渐成为农村生产生活的重要力量,土地买卖、雇工、租佃、借贷等"自发资本主义倾向"和以富为荣的现象重新抬头。这一现象的出现,不仅引起了当时地方干部的思想震动,而且还引起了党内高层的争论。

究竟是在小农经济基础上还是在集体化基础上发展农业?哪种生产方式更有效?1953年的农副产品短缺、农民惜售和市场波动,似乎再次验证了列宁关于小生产者每日每时自发产生资本主义的论断,验证了斯大林关于社会主义工业化与小农经济矛盾的论断,于是从理论上和社会主义工业化的要求来看,改造分散落后的小农经济就成为当时不容置疑的迫切任务,成为保证工业化任务顺利实现的前提。毛泽东亲自修改审定的总路线《宣传提纲》认为,小农经济与社会主义工业化存在不可调和的矛盾,小农经济不是社会主义的基础。

二 小农经济与国家高积累的矛盾

新中国成立以后,尽管3年就使国民经济恢复甚至超过了战前水平,但是在仍然较低的经济水平下,积累率仍然无法满足高速工业化的需要。据吴景超估计,战前中国每年用于经济建设的款项仅有5亿美元。而按照"一五"计划的设想,五年内政府的基本建设投资为427.4亿元,按照1952年的汇价折合163.3亿美元,即平均每年需拿出32.66亿美元,才能达到预期工业化目标。新中国政府如何在国内筹集这样大量的资金确实存在不少困难。在利用外国资金方面,朝鲜战争爆发后以美国为首的西方资本主义世界对中国实行经济封锁,而苏联由于自己的战略重点在欧洲,其主要援助对象是东欧社会主义国家;另外,苏联是社会主义经济体制,也属于短缺经济,本身也不可能拿出很多的资金援助中国。

由于1953年是开展大规模经济建设的开端,又是"一五"计划的头一年,从上到下都想多搞点建设,多上些项目,加上当时缺乏经验,对国力和经济发展可能达到的速度了解不够,从而使1952年年底制订1953年的经济建设计划时,把基本建设的盘子定大了。由于中央将经济增长和基本建设的指标定得较高,各部门、各地方的建设热情也高,因此在1953年上半年出现了经济过热、市场紧张的现象。

在农业方面,出现了为追求高指标而强迫农民的急躁冒进倾向。1952年冬至1953年春,地方政府在编制农业计划时,由于缺乏经验,既将指标定得过高,又将计划变成指令层层布置,下达到农户;同时,为了落实

1953年的农业增产指标，基层干部又受宣传的影响，将合作社作为增产的主要措施加以推广，由此造成农村中的命令主义、"五多"现象（即任务多、会议集训多、公文报告表册多、组织多、积极分子兼职多）和不顾条件地大办合作社。这既干扰了农业生产的正常进行，也影响了农民的生产积极性。

1953年的国家计划，是按照前三年恢复时期的农业增长速度来安排工业发展和基本建设投资的，结果计划的盘子打得过大了。1953年的基本建设投资比1952年增长75%，工业总产值比1952年增长30%（其中重工业增长37%，轻工业增长27%），对外贸易总额比1952年增长25.2%。工业和基本建设增长过快，必然带动城市人口和工资总额的较快增长，1953年城市人口比1952年增加663万，增长9.3%，非农业居民的消费水平比1952年增长15%。另外，工业的快速增长，要求农业中的工业原料作物种植面积也相应扩大，导致国家在农村的粮食返销量大幅度增加，1953年比1952年增加1.3倍。此外，经过几年的经济恢复，农民的粮食消费量也增加了，不仅要求吃饱，还希望家有余粮。因此，1953年我国的粮食市场需求量比1952年有很大增长，但是粮食的商品率并没有相应提高。本来，按照1953年的年度计划，与工业发展速度相匹配，农业总产值应比1952年增长6.4%，其中粮食产量增长7.2%。但是，由于农业尚未摆脱靠天吃饭和投入不足，上述计划并没有把握实现，实际上，1950—1952年期间的农业超常增长，是带有恢复性质的，20世纪50年代世界各国的农业正常年均增长一般都没有超过5%。结果，1953年农业总产值仅比1952年增长3.1%，其中粮食仅比1952年增长1.8%。

如前所述，到1952年，虽然我国农村经济迅速恢复，主要农产品总产量达到了历史最高水平，但是帝国主义、封建主义和官僚资本主义的剥削和长期战争破坏所造成的生产资料严重缺乏问题不可能很快就解决。财富是逐渐积累起来的，土地改革只是一种"存量"分配，总量上并不能增加农村的生产资料；更何况新中国成立以后国内战争刚刚结束，就爆发了朝鲜战争，农民的负担并没有减轻。在中国历史上的传统农业社会里，一个新朝代农业的恢复，往往要几十年的时间。

新中国成立以后，一方面，中国在粮食方面停止了进口，并出口粮食换取设备和工业原料；另一方面，土地改革消灭了地主富农，使农村变成了清一色的小规模自耕农，而长期从战乱和贫困中进入和平年代，随着经济恢复和发展，作为生产者的农民，首先是要改善自己的生活，解决温饱问题，就当时农民的生活水平来说，农民改善生活、增加自己的消费，是无可非议的，也是合理的，更能够促进农业的发展。但是就粮食总产量来说，农民消费的增加，就意味着其所提供的农产品商品率和绝对量在短时期内不会有较大幅度的增加，即不能满足国家快速工业化对资金和农产品的要求。

在1950—1952年间，尽管中国大陆停止从国外进口粮食，朝鲜战争爆发后因西方封锁也停止了棉花进口，但是，到1952年，国内的农产品供求关系还是基本平衡的。这种平衡只是非常低水平的平衡，它是建立在恢复时期中国没有进行大规模基本建设投资和人民生活消费水平很低的基础之上的，人民还没有完全解决温饱问题。这可以从当时农民的恩格尔系数高达75%以上得到证明。

由于当时国家对粮食的供求关系是通过市场来调节的，粮食的供给者是非常分散的上亿农户，而购买者则是国营公司、合作社和私商。在粮食统购统销前，粮食市场实行由国营公司控制粮价的牌价办法，即国营公司利用雄厚的资力，根据社会需求和经济政策制定出一个市场牌价，当粮食市场价格高于牌价时，国营公司就大量抛售；当市场价格低于牌价时，国营公司就大量收购，以此来平衡粮食价格，使其不致有过大波动。但是，这种办法必须以市场供求基本平衡为前提。当1953年粮食市场需求明显大于供给时，一方面，农民出于惜售心理（粮价看涨），国家无法按合理价格收购到足够的粮食（因此也就无粮可抛）；另一方面，由于市价高于牌价较多（当时湖南、江西、山东、河北等主要产粮区市价高出牌价30%—50%），不仅私商见有利可图，参与抢购、囤积，而且大量农民也进入粮食流通领域，参与贩卖（因农村中有大量剩余劳动力，农民兼业者或准备兼业者人数很多）。另外，部分吃商品粮的城乡居民，看到粮食供应紧张和粮价看涨，自然也要增加储存，上述三个因素放大了粮食的需求，使得粮食的市场需求大大超过了实际的消费需求。这就是1953年夏收以后，尽管国营公司的粮食销售量远远高于收购量，甚至动用了大量库存仍然供不应求的真正原因。

由于粮食是关系到国计民生和社会安定的重要商品，如果任由粮食市场供不应求的紧张状态发展下去，就会出现某些地区供销严重脱节和价格大幅度上涨局面，并有可能带动物价全面上涨，使几年来国家努力实现的物价稳定成果付之东流。正是在这种背景下,中共中央和政府经过反复思考,最后选择了农产品统购统销这条路。

第二节 国家的农业发展计划、政策和投资

一 国家的农业发展计划和措施

"一五"计划时期,国家农业发展计划1957年农业总产值达到596.6亿元(按1952年不变价格计算),比1952年增长23.3%,平均每年递增4.3%;粮食总产量19282万吨,比1952年增长17.6%;棉花总产量163.5万吨,比1952年增长25.4%;大牲畜年末数达到9787万头,猪年末头数达到13834万头,分别比1952年增长28%和54%;水产品总产量达到280.7万吨,增长68.5%;造林五年累计达到6293万公顷,防护林1562万公顷。为完成上述指标,国家采取以下措施,以加快农业发展。

(一)在实行主要农产品统购统销政策的同时,提高农副产品的收购价格

1953年提高粮食收购价格13.6%。1956年随着铁路交通的发展,又提高了一些新建铁路沿线的粮食收购价格,并对交通不便的边远地区实行粮食保护价,每斤粮食不低于4—5分。油料收购价格1953年提高12%;1957年提高油菜籽收购价格29.86%,芝麻油、油菜价格提高25%,桐油价格提高31%。1952年棉花生产大丰收,1953年收购价格曾有所下降,1954年又调整了粮棉比价,适当提高了棉花收购价格。生猪收购价格1953年提高13.1%,1957年又提高13.8%。1957年与1952年相比,粮食类价格提高17%;经济作物类价格提高13.2%;畜禽产品类价格提高39.3%;其他农副产品价格提高38.1%。综合计算,全国农产品采购价格指数历年变动如表4-1所示。

表4-1 全国农产品采购价格指数 单位:%

1953年	1954年	1955年	1956年	1957年
110.1	103.4	99	103.0	105.0

资料来源:国家统计局:《我国的物价政策》(1958年),载中国社会科学院、中央档案馆编《中华人民共和国经济档案资料选编(1953—1957)》(商业卷),中国物价出版社2000年版,第869页。

(二) 实行稳定的农业税收政策

政务院《关于1953年的农业税工作的指示》中规定："坚决执行'种多少田地，应产多少粮食，依率计征，依法减免，增产不增税'的公平合理、鼓励增产的负担政策。"对因善于经营、勤劳耕作、改良技术，而超过常年产量的，其超过部分不增加公粮负担；对因兴修水利而提高产量的，三五年内也不增加公粮负担。[①]

1955年，国务院规定：利用宅旁隙地种植的农林特产，一律免征农业税；对开垦荒山、荒地培植的经济林木，如桑、茶、油、桐、果树等，免征农业税三到五年。对山地种植的农林特产，征收的农业税要轻于在平原种植的农林特产。1956年11月20日，国务院规定，凡是新开辟、新垦复和新栽培的桑园、茶园、果园以及其他经济林木，在没有收益时，一律免征农业税。在有收益的最初几年，根据不同情况分别给予减税或免税的优待[②]。五年间全国开荒面积达7000多万亩，由于享受税法优待而免征的农业税额估计在20亿斤细粮以上[③]。1955年12月17日，国务院发布了《关于保护幼畜的指示》，统一规定，对一般农业区饲养幼畜的农场、农业生产合作社和农户给予减征农业税的优待[④]。

在农业合作化过程中，对农业生产合作社实行优惠的税收政策。据1955年15个省（自治区、直辖市）的210个高级农业合作社的调查统计，24240户社员，农业收入1675.3万元，负担农业税118.1万元，占农业收入的7.05%；根据27个省（自治区、直辖市）的26599个初级农业生产合作社调查统计，829148户社员，农业收入31387.2万元，负担农业税2956.7万元，占农业收入的9.42%。1955年全国农业税的实际负担率为11.6%。高级农业生产合作社、初级农业生产合作社的农业税负担

---

① 政务院：《关于1953年农业税工作的指示》（1953年6月5日），载中国社会科学院、中央档案馆编《中华人民共和国经济档案资料选编（1953—1957）》（农业卷），中国物价出版社1998年版，第51、52页。

② 《国务院关于新辟和移植桑园、果园、茶园和其他经济林木减免农业税的规定》（1956年11月20日），载中国社会科学院、中央档案馆编《中华人民共和国经济档案资料选编（1953—1957）》（农业卷），中国物价出版社1998年版，第67页。

③ 《中国农民负担史》第四卷，中国财政经济出版社1994年版，第206页。

④ 国务院《关于保护幼畜的指示》（1955年12月17日），载中国社会科学院、中央档案馆编《中华人民共和国经济档案资料选编（1953—1957）》（农业卷），中国物价出版社1998年版，第929—931页。

都低于全国平均实际负担水平。①

"一五"时期，农业税稳定在1952年的水平上。1957年全国农业税额为29.67亿元，占当年农业总产值的5.5%，比1952年的5.9%减少0.4个百分点。"一五"时期，以粮食为计量单位的全国农业税负担情况如表4-2所示。

表4-2　　　　　　"一五"时期全国农业税负担情况　　　　单位：亿斤

年份	1952	1953	1954	1955	1956	1957
农业实际产量	2324.2	2891.6	2987.9	3297.3	3408.8	3449.8
计税产量	2374.2	2357.9	2401.3	2404.8	2403.1	2397.1
农业税实征额	257.8	349.5	371.5	3840	366.7	400.1
其中正税	352.0	328.0	343.0	351.0	319.0	355.0
农业税占计征产量（%）	15.1	14.6	15.5	16.0	15.3	16.7
农业税占实际产量（%）	12.2	11.9	12.4	11.6	10.8	11.6

资料来源：《中国农民负担史》第四卷，中国财政经济出版社1994年版，第181页。

国家农业税正税除1957年比1952年有所增加外，其余年份均比1952年有所减少；加上地方附加合计实征数额与1952年比较，除1953年有所减少外，其余年份均有所增加，这主要是地方附加征收额增加的结果。五年间，全国农业实际产量增加1414亿斤，农业税正税和附税增加84亿斤，占产量增加数额的5.8%。农民农业税负担水平相对有所减轻。五年间，农业税实际负担率除1954年比1952年有所增加外，其余年份均有所下降。五年平均农业税实际负担率为11.67%，比1952年下降0.53个百分点。

为减轻农民负担，1956年财政部、税务总局制定了《关于农村工商税收的暂行规定》，规定农业社自产的农、林、牧、渔产品，凡是在社内公用或分配给社员，或在本社社员间相互调剂部分，一律免纳商品流通税、货物税、营业税、所得税。农业社社员和个体农民自己生产的农、林、牧、渔产品，自用部分都不纳税。② 由于农业合作化过程中，国家对农业合作社发展工副业实行减免的优待政策，农村工商税收是减少的。随着农业合作化的发展，农村土地买卖逐年减少，农民负担的土地买卖契税也逐年减少，以至消失。1953年为1211万元，1956年只有150万元，

---

① 《中国农民负担史》第四卷，中国财政经济出版社1994年版，第165页。
② 财政部、税务总局：《关于农村工商税收的暂行规定》（1956年12月17日），载中国社会科学院、中央档案馆编《中华人民共和国经济档案资料选编（1953—1957）》（财政卷），中国物价出版社2000年版，第731—733页。

1957年完全消失。农村中的各种摊派，随着农业合作社的兴办，一部分转为集体开支，因而逐年减少，1953年摊派款达8318万元，1957年减为1500万元，减少了82%。①

（三）发展供销合作和信用合作，促进农业生产发展

在农业生产合作化的同时，农村供销合作社和信用合作社也得到了迅速的发展。1953年12月，中共中央在《关于发展农业生产合作社的决议》中指出："农业生产互助合作、农村供销合作和信用合作是农村合作化的三种形式。这三种合作互相分工而又互相联系和互相促进，从而逐步地把农村经济活动与国家经济建设计划联结起来，逐步地在生产合作的基础上改造小农经济。"供销合作社发展迅速（见表4-3）。

表4-3　　　　　　　　全国基层供销合作社发展情况

年份	社数（个）	社员数（万人）	股金（万元）
1952	35096	14796	24368
1957	19402	15745	33152

资料来源：《中国供销合作社统计资料（1949—1988）》（统计出版社1989年版），载中国社会科学院、中央档案馆编《中华人民共和国经济档案资料选编（1953—1957）》（商业卷），中国物价出版社2000年版，第1152页。

农村信用合作社也有较快的发展，1955年全国有信用合作社15.3万多个，共有社员6800余万户，占全国农户总数的60%左右，共集股金1.72亿元。当年农村信用合作社存款总额23.31亿元，余额6.08亿元，相当于国家银行同期农村储蓄存款余额的4.6倍；当年农村信用合作社放款8.36亿元，余额3.01亿元，约相当于国家银行同期放款的1/3。农村信用合作社还向国家提供了大量信贷资金。1956年共有信用社10万多个，社员近1亿农户，股金2.8亿元，经常性存款6亿元，到旺季接近11亿元，放款最高额达到12.1亿元，其中社员个人生产、生活贷款占58.3%，农业生产合作社贷款占41.7%。农村信用合作社的发展，从根本上改变了农村借贷关系的面貌。高利贷剥削基本上已消失，为农民生产服务的新信贷关系已经普遍建立起来，为解决农业生产资金提供了有利条件。②

---

① 《中国农民负担史》第四卷，中国财政经济出版社1994年版，第185—186页。
② 中国人民银行党组：《关于信用合作工作会议的报告》（1957年3月30日），载中国社会科学院、中央档案馆编《中华人民共和国经济档案资料选编（1953—1957）》（金融卷），中国物价出版社2000年版，第477页。

（四）加快农田水利建设和水土保持

1953—1957年第一个五年计划期间，农田水利建设的重点由以恢复整顿原有灌溉排水工程为主，转变为按国家经济发展的要求有计划、有步骤地兴修新的工程设施，以提高和扩大抗御水旱灾害的能力，更有效地发挥水资源的效益，扩大农田灌溉面积。在重点治理大江大河的同时，组织农民兴修水利、保持水土、增加农田灌溉面积（见表4-4）。

表4-4　　五年间全国耕地面积中水田面积和水浇地面积情况

年份	1952	1953	1954	1955	1956	1957
耕地面积（万亩）	161878	162793	164032	165235	167737	167745
水田面积（万亩）	38780	38932	39402	39811	41109	41299
增长率（%）	—	0.39	1.6	2.66	6.0	6.49
水浇地（万亩）	7334	7529	7985	8275	15312	16027
增长率（%）	—	2.66	8.88	12.83	108.78	118.53
水田占比（%）	24	23.9	24	24.1	24.5	24.6
水浇地占比（%）	4.5	4.6	4.9	5.0	9.1	9.6

资料来源：国家统计局：《建国三十年全国农业统计资料（1949—1979）》，中国统计出版社1980年版，第10页。

五年间，新增灌溉面积738万公顷，增长36.98%。[①]

由于长期战争破坏，新中国成立初期全国水土流失面积约150万平方公里，占国土面积的15.6%，严重危害农业生产的发展。水土保持是保护和合理利用水土资源、建立良好生态环境、保障农业生产发展的一项根本措施。1952年12月，政务院在《关于发动群众继续防旱抗旱运动、大力推行水土保持工作的指示》中指出："由于各河治本和山区生产的需要，水土保持工作，目前已经刻不容缓。"1953年初，由水利部和黄河水利委员会领导，中国科学院、农业部、林业部等部门参加，组织农业、林业、牧业、水利、土壤、地理、植物、农业经济等专家和科技人员约500人的勘察队，分赴黄河的20多条支流开展了大规模的水土保持勘察。同年4—7月，有关部门的领导和专家36人，组成西北水土保持考察团，赴

---

① 农业部计划司：《第一个五年计划期间农业统计资料汇编》（1959年4月），载中国社会科学院、中央档案馆编《中华人民共和国经济档案资料选编（1953—1957）》（农业卷），中国物价出版社1998年版，第683页。

西北水土流失严重的陕西省榆林、绥德和甘肃省庆阳、平凉、兰州、天水等地进行实地考察。在两次考察的基础上，黄河水利委员会水土保持组编制了黄河中游约60万平方公里的水土保持规划。①

1955年10月，农业部、林业部、水利部、中国科学院在北京联合召开了第一次全国水土保持工作会议，提出了因地制宜大力蓄水保土、全面发展农林牧业生产的意见。此后，各地掀起了以植树造林和蓄水保土为主要内容的水土保持新高潮。1956年3月，共产主义青年团中央、林业部、黄河水利委员会在陕西省延安召开五省（自治区）青年造林大会。会议通过了《关于绿化黄土高原和全面开展水土保持工作的决议》，号召五省青年为绿化黄土高原开展造林活动做贡献。② 1957年5月，国务院决定设立全国水土保持委员会，负责领导全国水土保持工作。同年7月，颁布《中华人民共和国水土保持暂行纲要》，对水土保持机构的设置、主要措施和奖惩政策等做了明确的规定，推动了水土保持工作的开展。1957年12月，全国水土保持委员会召开第二次全国水土保持工作会议，总结交流水土保持工作经验，群众性的水土保持工作取得了显著的效果。尤其在水土流失严重的陕西、山西、甘肃、宁夏等省和自治区，通过在黄土丘陵打坝护坡，在高原沟壑修建梯田，在平原地区平整地埂，在山区植树造林，对防止水土流失起了重大的作用。到1957年年底，全国有19.6万平方公里的水土流失面积得到了控制，占水土流失面积的13%。③

（五）开展爱国增产竞赛运动，制定《全国农业发展纲要》

1954年1月15日，农业部向全国劳动模范任国栋、李顺达、郭玉恩、吴春安颁发爱国丰产金星奖章。1954年4月，农业部发布《关于开展爱国增产竞赛和奖励增产模范的指示》，根据各地自然区划，分别制定不同地区、不同作物的不同奖励标准，实行中央、省、县三级奖励制。1955年12月，农业部重新制定了《关于奖励农业增产模范的暂行规定》，进一步扩大了奖励范围，对科技人员、国营农场职工和劳动农民在增产技术上有改进和创造发明的以及在推广先进增产技术有显著成效的都给予奖

---

① 《当代中国农业》，当代中国出版社1992年版，第451—452页。
② 五省（自治区）青年造林大会：《关于绿化黄土高原和全面开展水土保持工作的决议》（1956年3月10日），载中国社会科学院、中央档案馆编《中华人民共和国经济档案资料选编（1953—1957）》（农业卷），中国物价出版社1998年版，第909页。
③ 《当代中国农业》，当代中国出版社1992年版，第453页。

励；突出奖励大面积增产和提高科学技术对增产作用的奖励标准，并强调奖励增产模范同农业合作化运动相结合。1956年9月，农业部颁布1955年农业增产模范第一批奖励名单67名。1957年2月，在北京召开全国农业劳动模范代表大会，有950名先进代表和劳动模范出席会议。五年内，涌现出大批大面积增产的典型，推动了农业生产的发展。1955年湖南省出现了三个粮食亩产千斤县、105个千斤区、6997个千斤社。广东省潮安县30多万亩水稻平均亩产1002斤，澄海县16万亩双季稻平均亩产1079斤。浙江省52亩棉花平均亩产皮棉85斤。新疆维吾尔自治区玛纳斯河流域垦区8万多亩棉花平均亩产皮棉113斤。上述丰产典型推动了农业科学技术的推广。1957年全国共有64个县、市粮食生产达到全国农业发展纲要所规划的1967年要求亩产400斤、500斤、800斤的标准。①

1955年11月，毛泽东在杭州和天津分别与15个省、直辖市、自治区的党委书记共同商定起草了农业发展的十七条意见，12月中共中央将农业发展十七条发到各省、直辖市、自治区征询意见。1956年1月，毛泽东在同各省、直辖市、自治区党委负责人商量之后将十七条扩充为四十条，拟出了《全国农业发展纲要（草案）》的初稿。中共中央邀请在京科学家、各民主党派、文化界、教育界人士共1375人，分组讨论初稿，做了补充、修改。最后经中共中央政治局讨论通过，形成了《1956年到1967年全国农业发展纲要（草案）》。

1. 迅速、大量地提高农作物产量

要求在12年内粮食产量在黄河、秦岭、白龙江以北地区，由1955年的150斤增加到400斤；黄河以南、淮河以北地区，由1955年的208斤增加到500斤；淮河、秦岭、白龙江以南地区由1955年的400斤增加到800斤。棉花（皮棉）由1955年全国平均亩产35斤，各地分别增加到60斤、80斤和100斤。各地在保证完成国家所规定的粮食、棉花、大豆、花生、油菜籽、芝麻、麻类、烤烟、丝、茶、甘蔗、甜菜、果类、油茶、油桐等农作物指标的条件下积极发展一切有销路的经济作物。华南各省有条件的地区，应当积极发展热带作物。

2. 发展畜牧业

保护和繁殖牛、马、驴、骡、骆驼、猪、羊和种家禽，特别注意保护

---

① 中国社会科学院、中央档案馆编：《中华人民共和国经济档案资料选编（1953—1957）》（农业卷），中国物价出版社1998年版，第1141页。

母畜和幼畜，改良畜种，发展国营牧场。分别在7—12年内，在一切可能的地方基本上消灭危害牲畜最严重的病疫。从1956年起在7年内，农业区的县和牧业区的区都应该建立畜牧兽医工作站，加强兽医工作，合作社应当有初级的防治兽医人员。

3. 发展林业和绿化荒地荒山

从1956年开始，在12年内绿化一切可能绿化的荒地荒山。在一切宅旁、村旁、路旁、水旁，只要有可能，都要有计划地种起树来。除了种用材林（包括竹林）以外，应当尽量发展桑、柞、茶、漆、果木、油料等经济林木。

4. 积极发展海洋水产品生产和淡水养殖业

在海洋渔业中加强生产的安全措施，向深海发展。在淡水养殖业中，加强培育优良鱼种和防治鱼瘟。

《纲要》指出，采取增产措施和推广先进经验，是增加农作物产量的两个基本条件。增产措施的项目主要是：(1) 兴修水利，保持水土。(2) 推广新式农具，逐步实行机械化。(3) 积极利用一切可能的条件开辟肥料来源，改进施肥方法。(4) 推广优良品种。(5) 改良土壤。(6) 扩大复种面积。(7) 多种高产作物。(8) 改进耕作方法。(9) 消灭虫害和病害。(10) 开垦荒地，扩大耕地面积。另外，还对发展国营农场，提高劳动力利用率和劳动生产率，实行勤俭办社，改善居住条件，加强农业科学研究与技术指导以及发展农村商业、运输、文化、教育、卫生、福利等，都提出了具体的要求。

1956年9月，中国共产党召开第八次全国代表大会，会议规定了"二五"计划的基本任务，在农业方面，要求1962年农业总产值比1957年增长35%左右，粮食产量达到2.5亿吨左右，棉花产量达到240万吨左右。1957年9至10月，中共中央召开了八届三中全会扩大会议，通过了《全国农业发展纲要（修正草案）》。10月26日公布了《1956年到1967年全国农业发展纲要（修正草案）》。1957年全国粮食每亩年平均产量达到400斤、500斤、800斤的县、市66个，比1956年增长1倍，其中有29个县、市连续2年达标。

（六）开展多种经营，增加农民收入

1956年6月14日，中共中央发出《关于农业生产合作社要注意多种经营给各省市自治区党委的通知》，指出："有必要号召各农业生产合作社立即注意开展多种经营,才能使百分之九十以上的社员每年增加个人的收入,否则就是一个很大的偏差,甚至要犯严重错误。河北省的粮食产值只占该省全部农业产值的百分之二十八多一点,而粮食以外的农作物则占百分之七十一多一点,这是一个非常值得注意的数字。河北省产棉花较多,产粮食较少,其他各省情形与此有些不同,但是粮食产值似乎不会超过百分之五十,而粮食以外作物及副业的产值至少占百分之五十,或者在百分之五十以上。我们如果不立即注意这个问题,不论在社员的收入方面,合作社的积累方面,国家的积累方面,势必都要大受影响。因此请你们自己,并且通知专、县、区、乡直到合作社,都对这个问题作一调查,加以分析,算出一笔粮食与非粮食产值比例的账,借以教育干部和群众。"[1]

二 国家对农业的投资

(一) 国家逐年增加对农业的投资

根据中华人民共和国发展国民经济的第一个五年计划(1955年7月30日公布),五年内国家对经济事业和文化教育事业的支出为766.4亿元,其中,农业、水利和林业部门为61亿元,占支出总额的8%;各部门的基本建设投资为427.4亿元,其中农业、水利和林业部门为32.6亿元,占7.6%。[2] 实际执行结果,据财政部基本建设财务司编《基建财务拨款统计资料》的数据,五年间国家投资于农业基本建设(包括农业、林业、水利和气象)的资金总额如表4-5所示。

表4-5　　　　　"一五"期间农业基本建设投资情况　　　　　单位:亿元

年份	1952	1953	1954	1955	1956	1957	合计
金额	6.46	7.85	4.13	6.19	12.11	12.71	49.45
占投资总额比例(%)	14.8	9.8	4.6	6.7	8.2	9.2	7.8

资料来源:中国社会科学院、中央档案馆编:《中华人民共和国经济档案资料选编(1953—1957)》(固定资产投资和建筑业卷),中国物价出版社1998年版,第279—280页。

与此同时,国家财政支援农业的资金也有所增加,五年总计金额99.58亿元,平均每年19.92亿元,占同期财政支出总额的7.4%。其中,

---

[1] 中央文献研究室编:《毛泽东年谱(1949—1976)》(第二卷),中央文献出版社2013年版,第585—586页。

[2] 中国社会科学院、中央档案馆编:《中华人民共和国经济档案资料选编(1953—1957)》(固定资产投资和建筑业卷),中国物价出版社1998年版,第267—268页。

1956年财政支农资金最高达29.14亿元,占财政支出总额的9.5%。根据财政部各年度国家总决算提供的数据,五年间国家总决算有关农业支出统计如表4-10所示。

表4-6　　　　　"一五"期间国家总决算中农业支出情况　　　单位:亿元

年份	1953	1954	1955	1956	1957
农业支出	0.3344259	3.306905	5.35121	6.80156	3.41955
林业支出	0.433312	3.810438	2.57360	1.80588	1.50991
水利支出	0.414088	6.430467	6.83501	11.4141	10.59152
气象支出		0.203031	0.21643	0.27436	0.31303
农垦支出				1.45553	3.13325
合计	1.1818259	13.750841	14.97625	21.75143	18.96726

资料来源:财政部:《中华人民共和国1953年度国家总决算》(1954年8月5日),载中国社会科学院、中央档案馆编《中华人民共和国经济档案资料选编(1953—1957)》(农业卷),中国物价出版社1998年版,第79—83页。

据财政部发表的历年国家决算报告记载:"1954年的农业、林业、水利、气象的拨款共达137508万元,其中包括防汛、抢险、堵口和复堤的费用24384万元。农业的拨款对于全国农业生产的改进、改良农具和农药农械的推广、农业病虫害的防治、水土的利用、畜牧兽医的发展都起了重要作用。此外,1954年国家支出的以救灾为主的农村救济费37394万元,国家发放的农业贷款最高数达到93278万元,国家向农民收购的工业原料、土产、特产、副产总值达到60亿元以上,这些也都使农民得到不小的利益。"[①] "1955年国家决算在农业、林业、水利等方面支出1497616000元,为预算的114.13%。""此外,1955年政府还支出农村救济费2亿余元,发放农业贷款10亿余元。"[②] 1956年,"农业、林业、水利等支出2284422000元,为预算的105.36%","1956年遭受了严重的自然灾害,

---

① 李先念:《关于1954年国家决算和1955年国家预算的报告》(1955年7月6日),载中国社会科学院、中央档案馆编《中华人民共和国经济档案资料选编(1953—1957)》(财政卷),中国物价出版社2000年版,第276页。

② 李先念:《关于1955年国家决算和1956年国家预算的报告》(1956年6月15日),载中国社会科学院、中央档案馆编《中华人民共和国经济档案资料选编(1953—1957)》(财政卷),中国物价出版社2000年版,第285—286页。

国家在有关防汛、排水、堵口、复堤、救济和修复等方面增加了开支"。
"1956年,国家和农民进行了空前规模的农田水利建设,全国增加灌溉面积一亿多亩,这个数字相当于解放以前我国原有全部灌溉面积的三分之一以上。"① 1957年,"农、林、水利、气象支出 2115159 千元,超过预算 40763 千元","农、林、水利、气象支出中,主要是水利支出超过预算 103.608 千元,超过预算的主要原因是:(1)1957年部分地区如黑龙江、山东、河南、吉林等省发生水灾,增加了防汛、复堤、堵口经费约 73220 千元;(2)1957年冬季全国各地掀起的兴修水利运动也增加了一些水利投资约 20900 千元。农垦支出超过预算 10472 千元,主要是因为增加密山农场投资 15000 千元"。②

(二) 国家银行增加对农业生产建设的贷款

五年间银行农业贷款数额如表 4-7 所示。

表 4-7   "一五"期间银行农业贷款情况   单位:亿元

年份	1952	1953	1954	1955	1956	1957
年底余额	4.2	6.6	7.6	10.0	30.2	27.7
比上年增减	1.4	2.4	1.0	2.4	20.2	-2.5
国营农业贷款	1.0	0.8	0.7	0.8	1.7	1.9
比上年增减		-0.2	-0.1	0.1	0.9	0.2
农村社队贷款	3.2	5.8	6.9	9.2	28.5	25.8
比上年增减		2.6	1.1	2.3	19.3	-2.7

资料来源:财政部:《国家财政支持农业资金统计资料》(1950—1975),载中国社会科学院、中央档案馆合编《中华人民共和国经济档案资料选编(1953—1957)》(金融卷),中国物价出版社 2000 年版,第 421 页。

国家银行对农业的贷款增加幅度较大,1956 年年底贷款余额达到 30.2 亿元,相当于 1952 年的 7.19 倍。1957 年有所降低,贷款余额 27.7 亿元,仍相当于 1952 年的 6.6 倍。

---

① 李先念:《关于1956年国家决算和1957年国家预算草案的报告》(1957年6月29日),载中国社会科学院、中央档案馆编《中华人民共和国经济档案资料选编(1953—1957)》(财政卷),中国物价出版社 2000 年版,第 393—395 页。
② 财政部:《1957年国家决算简要说明》(1958年12月1日),载中国社会科学院、中央档案馆编《中华人民共和国经济档案资料选编(1953—1957)》(财政卷),中国物价出版社 2000 年版,第 306 页。

第三节 农业技术的进步

五年内，在农业生产技术方面，加强了新的农业生产技术的推广和应用。农业部在全国各地普遍建立了农业技术推广站，从1952年的232个，增加到1955年的7997个。还建立了牲畜配种站、兽医防治站、农业拖拉机站等技术推广和服务机构。上述机构在总结农业劳动模范增产经验后，再以这些经验，指导农业生产技术改良。在农作物品种改良和推广、病虫害防治、耕作技术和栽培技术的改良、土壤改良等方面，都取得了一定的成效，促进了农业生产的发展。

一 农作物品种改良和良种推广

到1956年，全国共建立良种示范繁殖农场2000余处，拥有耕地13.3万公顷，年繁殖推广优良品种7.5万吨，农业生产合作社普遍建立了种子田。1956年，黑龙江、吉林、广东、山东、福建等省已有70%以上的农业生产合作社建立了种子田，面积达到46万公顷，繁殖自留自用良种10万吨。群众性的选种运动，选出一批优良的农家品种："一五"时期普遍推广的"碧玛一号"小麦良种，在陕西关中等地，亩产可增加10—100斤，1953年全国种植面积300多万亩，1956年扩大到5500多万亩。南特号早稻良种在苏北等地，每亩增产80—250斤。胜利油菜良种在四川等地每亩增产50—200斤，1956年以胜利油菜良种为基础，西南农业科学研究所选育出322和325一批中国的甘蓝型早熟油菜新品种，增产效果更为显著。在选育、繁殖农家优良品种的同时，引进外来优良品种，经过试验、示范，逐步推广。1953—1956年间，从苏联引进早熟陆地棉良种、中熟陆地棉良种、海岛棉良种等20多个品种在新疆试种并择优繁殖推广。[1] 1957年从日本引进世界稻（经过鉴定定名为农垦58），推广后种植面积迅速增加，促进了长江流域双季稻的发展，增产作用很大。[2] 到1957年，全国良种种植面积达到8133.3万公顷，占农作物播种面积的52%。粮食优良品种的播种面积所占的比重从1952年的4.7%，提高到55.2%。

---

[1]《当代中国》编辑部：《当代中国的农作物业》，中国社会科学出版社1988年版，第211页。

[2] 同上书，第86页。

其中，小麦良种普及率达到69%，水稻良种普及率达到63%。棉花优良品种播种面积所占比重从1952年的50.2%，提高到93.9%①；油料作物和其他作物的良种播种面积也有所增加。

二　农作物病虫害的防治和牲畜疫病的防治

农作物病虫害防治重点开展了蝗虫、螟虫、锈病、赤霉病、枯黄病等的防治。1953—1957年间，全国累计防治面积达1亿公顷，大大减轻了病虫害的危害。②五年间对历史上危害最大蝗虫的防治取得了重大的成效。在1952全国治蝗座谈会提出的由以人力为主改为以药剂为主的方针下，在全国建立了23个防治站，培训了5万多名农民侦查员、机械手。1955年蝗虫发生面积117.3万公顷，用药防治面积86.5万公顷，在新疆、河北、天津等地用飞机治蝗6.7万公顷，使千年蝗害得到了有效的控制。对水稻螟虫的防治，从1954年开始实行四季治理，在南方主要稻区建立稻螟观察区，在螟虫发生区建立治螟示范区。1957年又推广农业防治与药物相结合的方法，"栽培避螟"和药物防治并重，当年防治面积达1200万公顷，螟害率由过去的10%—20%下降到5%—10%。对小麦锈病采取组织育种、栽培和植保多学科联合攻关，培育出抗锈品种，控制了锈病的蔓延和危害。为消灭病虫害，减少农作物产量损失，各地结合秋耕、冬耕，轮作换茬，消除杂草，选用抗病虫的品种等措施，推行药剂防治，努力扩大农作物防治面积。五年间，由1953年全国农作物病虫害防治面积16000万亩，扩大到1957年的71000万亩，增长了3.4倍。其中药剂防治面积由1953年的4800万亩，扩大到1957年的50000万亩，即增长了9倍多。五年累计防治面积达15亿亩。③

在牲畜疫病防治方面，对耕牛危害最大的牛瘟到1955年就已经消灭，1957年已遏止牛炭疽病蔓延，猪瘟和猪丹毒也有了有效的防治方法。

三　农作物耕作技术和栽培技术的改革

五年间，对各种农作物精耕细作的传统经验进行系统总结，同现代科

---

① 《当代中国》编辑部：《当代中国的农作物业》，中国社会科学出版社1988年版，第459页。

② 同上书，第21页。

③ 农业部粮食作物生产局：《我国第一个五年计划期间的粮食生产》（1958年1月），载中国社会科学院、中央档案馆编《中华人民共和国经济档案资料选编（1953—1957）》（农业卷），中国物价出版社1998年版，第767页。

学技术密切结合，因地制宜加以推广。各地在改革中主要根据自然条件，提高土地的利用率，以增加农作物的总量。从1953年开始，大力推广北方秋耕、南方冬耕、一熟冬麦区伏耕，并加深耕作层（6—10厘米）。在淮河、秦岭以南和长江以北地区通过推广秋耕、深耕、适时播种、合理密植、保墒防旱、培育壮秧等栽培技术，扩大冬小麦、油菜，增加稻麦、稻油（菜）两熟面积。在华北平原地区发展玉米与小麦、玉米与马铃薯的间作套种，增加玉米播种面积，促进了玉米生产的发展。1956年全国玉米种植面积扩大到1766.2万公顷，比1952年增长40.6%，总产量达到2305万吨，比1952年增长36.8%。农作物复种指数如表4-8所示。

表4-8　　　　　　　　"一五"期间农作物复种指数

年份	1952	1953	1954	1955	1956	1957
复种指数	130.9	132.7	135.3	137.2	142.3	140.6
增长指数	100	101.37	103.36	104.81	108.7	107.41

几种主要农作物耕作栽培制度的改革分述如下：

（一）水稻耕作栽培制度的改革

在广东省，间作稻改连作稻每公顷增产稻谷1200—3375公斤。在南方稻区耕作栽培制度，进行了单季稻改为双季稻、间作稻改连作稻、籼稻改粳稻的改革。农业部在总结农民群众对水田进行单季稻改双季稻、间作稻改连作稻、籼稻改粳稻的"三改"经验之后，在1954—1956年间，基本上把间作稻改成了连作稻，不少地方还将一季稻改成了双季稻。1956年南方双季稻晚稻种植面积扩大到773.3万公顷。湖南、江西两省，1954年双季稻播种面积仅占稻谷总播种面积的22.9%，1956年增加到52.3%。福建、广东、广西三省双季稻也由1954年的57.8%上升到1956年的69.8%。与此同时还进行了籼稻改粳稻，因为粳稻产量较高、品质好、抗倒伏适于丰产栽培。浙江绍兴、余杭等地改中籼稻为晚粳稻，每公顷增产1000多公斤。江苏省盐城、兴化等地改种粳稻，增产50%以上。1955年长江流域各省籼稻改粳稻只有9.8万公顷，1956年增加到73.3万公顷。在这方面，既有成功的经验也有失败的教训。1956年湖南、湖北、四川三省未经过试验，引种东北早粳青森5号稻种，发生早抽穗，致严重减产。1957年2月，农业部在湖北武昌召开水稻改制技术经验交流会，总结了1956年改制的经验和教训，具体研究了发展双季稻和粳稻的增产关键和栽培技术①，为以后的推广改制创造了条件。

（二）小麦耕作栽培制度的改革

1952年农业部公布《冬小麦丰产技术试行纲要》，提出以合理密植为中心的丰产栽培方案，在北方冬小麦区扩大间、套、复种面积。1954年和1955年，在北方冬小麦区总结推广了陕西省武功县以轮作倒茬、条播密植、加深耕层为主要内容的增产经验。该县1954年29万亩小麦，平均亩产298斤。在南方冬麦区发展稻麦两熟或三熟制。总结推广了江苏省南部水稻—小麦两熟区深沟宽畦、匀播密植、增施肥料的增产经验。大大缩小了冬闲田，扩大了冬小麦种植面积。从1955年起，江苏、安徽等省，在治理淮河的同时，把大量冬沤田（一年一熟），改为稻麦两熟，提高了粮食产量。② 1957年10月，陕西关中平原和渭北高原地区小麦专业会议总结了小麦增产经验：扩大复种面积，提高回茬麦产量；改进播种技术，提高播种质量。③

（三）棉花

1953年4月，农业部分别制定了《北方棉区棉花丰产技术指导纲要》和《南方棉区细绒棉（洋棉）丰产技术指导纲要》，对两个棉区耕作栽培技术的改革提出了不同的要求。④ 1954年提出扩大秋耕面积，逐步加深耕层，保苗、匀苗、适当密植、抗旱抗涝；实施整枝、中耕以提早成熟，增加产量。⑤ 与此同时，新疆军垦农场引进苏联先进的植棉技术，1955年种植8万亩棉花，平均亩产籽棉400斤。当年10月，农业部组织考察组总结了丰产经验，并向全国推广。⑥ 在1957年11月召开的全国棉产工作会

---

① 《当代中国》编辑部：《当代中国农作物业》，中国社会科学出版社1988年版，第82页。

② 同上书，第104、113页。

③ 庄星书：《积极改进技术，提高小麦单位面积产量》（1957年10月），载中国社会科学院、中央档案馆编《中华人民共和国经济档案资料选编（1953—1957）》（农业卷），中国物价出版社1998年版，第412页。

④ 中国社会科学院、中央档案馆编：《中华人民共和国经济档案资料选编（1953—1957）》（农业卷），中国物价出版社1998年版，第419页。

⑤ 农业部党组：《关于棉产工作会议的报告》（1954年1月23日），载中国社会科学院、中央档案馆编《中华人民共和国经济档案资料选编（1953—1957）》（农业卷），中国物价出版社1998年版，第779—780页。

⑥ 《当代中国》编辑部：《当代中国的农作物业》，中国社会科学出版社1988年版，第220页。

议上，总结了 5 个亩产 100 斤皮棉县（浙江慈溪，河北石家庄，湖北麻城、广济，甘肃敦煌）丰产经验，对改革棉花耕作栽培技术起了推动作用。①

四 改良旧式农具和推广新式农具

1953 年全国 24 个省、直辖市、自治区推广新式畜力农具双轮双铧犁、圆盘耙、播种机、镇压器、收割机、割草机、脱粒机等 69 万多件。在新式农具的推广中，曾一度出现农具质量差、价格高、技术传授和修理配件跟不上的问题，导致积压浪费。1954 年 7 月，农业部、第一机械工业部、全国供销合作总社联合召开全国新式畜力工作会议，研究新式畜力农具的制造、供应和推广；会议确定充实鉴定机构，加强测试鉴定，统一标定农具图纸，实行定厂制造，严格质量检查，加强技术传授和修理服务，增加零配件供应。同年 9 月，发布《关于新式农具降低价格问题的联合通知》，规定降低 13 种主要新式农具价格 15%—40%②；同时，颁布《新式农具统一管理办法》，改进推广工作，加强对农具手的技术培训。广泛建立新式农具推广站，1957 年全国建立推广站 591 处，加快了推广速度。到 1957 年年底，全国共推广新式畜力农具 13 种，468 万件。其中双轮双（单）铧犁 162.2 万多件，新式步犁、水田犁、山地犁 197.3 多万件；圆盘耙和丁齿耙 7.6 万件；收割机 2 万多件，脱粒机 31.8 万多件，加工农具 25 万多件。1957 年全国推广各种新式犁 359 万多部，耕地面积约达 2 亿亩，如以每亩增产粮食 10 斤计算，即可增产粮食 20 亿斤。③

在推广新式农具的同时，农业拖拉机站也有重点地得到发展，现代农业机具逐年增加。从 1953 年开始试办农业机器拖拉机站，建站 11 个，拖

---

① 农业部：《关于 1957 年全国棉产工作会议的报告》（1957 年 11 月 5 日），载中国社会科学院、中央档案馆编《中华人民共和国经济档案资料选编（1953—1957）》（农业卷），中国物价出版社 1998 年版，第 791—798 页。

② 《国务院批转关于新式畜力农具问题及降价问题的报告》（1955 年 9 月 6 日），载中国社会科学院、中央档案馆编《中华人民共和国经济档案资料选编（1953—1957）》（农业卷），中国物价出版社 1998 年版，第 517 页。

③ 李菁玉：《目前农业机械工作的主要情况及今后意见》（1957 年 12 月），载中国社会科学院、中央档案馆编《中华人民共和国经济档案资料选编（1953—1957）》（农业卷），中国物价出版社 1998 年版，第 525—526 页。

拉机113台，服务农田面积91000亩。① 到1957年，全国已建立了352个拖拉机站，共有11000（标准）台拖拉机，机耕面积2600多万亩。② 五年间主要农业机械年末拥有量如表4-9所示。

表4-9　　　　　"一五"期间全国主要机械拥有情况

年份	1952	1953	1954	1955	1956	1957
拖拉机（台）	1307	1582	2945	4767	11267	14674
联合收割机（台）	284	429	591	943	1451	1789
排灌动力机械（马力）	128000	141000	164000	208000	385000	564000

资料来源：国家统计局：《建国三十年全国农业统计资料》，中国统计出版社1980年版，第251—253页。

1957年全国农业机械总动力达到165万马力，排灌动力机械4万台，56.4万马力；农用载重汽车4084辆，渔业机动船1485艘，103000马力。

五　土壤改良和增施肥料

五年间，对盐渍耕地进行普查，先后在山东、吉林、河南、甘肃、山西、河北、新疆、内蒙古、青海、辽宁等省（区）建立了盐渍土改良试验站点20处，并结合水利建设，采取生物技术和水利工程相结合的措施，对部分盐渍耕地进行初步的改良。农业部、水利部和中国科学院开展了对红壤土的考察和研究，为大面积开发利用和改良提供了条件。江西、浙江、贵州等省开垦了大片红壤荒地，建立了一批垦殖场。如江西省红壤占耕地的60%，采取增施有机肥、发展绿肥、平整土地、兴修水利、开沟排渍、绿化荒山、水土保持等综合措施改造红壤低产田，取得了明显的成效，使该省成为重要的商品粮基地之一。海南岛、雷州半岛、西双版纳等地区开发利用红壤，为发展橡胶和其他热带作物做出了贡献。

在实行土壤改良的同时，逐年增施肥料。贯彻"农家肥为主，商品肥为辅"的方针，广泛开展群众性的养猪积肥、积攒人畜粪尿、割山青、

---

① 农业部农业机械管理总局：《1955年拖拉机站的工作情况》（1956年3月30日），载中国社会科学院、中央档案馆编《中华人民共和国经济档案资料选编（1953—1957）》（农业卷），中国物价出版社1998年版，第531页。

② 李菁玉：《目前农业机械工作的主要情况及今后意见》（1957年12月），载中国社会科学院、中央档案馆编《中华人民共和国经济档案资料选编（1953—1957）》（农业卷），中国物价出版社1998年版，第525页。

打湖草、挖塘泥、运垃圾、积厩肥和做堆肥等运动。五年间，江苏、浙江、湖南、四川、湖北、安徽等12省绿肥面积都有扩大。全国积肥总量及化肥推广数量如表4-10所示。

表4-10 "一五"期间全国积肥总量及化肥推广数量

年份	1952	1953	1954	1955	1956	1957
积肥总量（亿市担）	243	262	297	330	403	336
亩施肥（斤）	1500	1600	1801	2000	2500	2000
化肥（市担）	5901760	11104180	16156660	23498320	32360600	35879060
其中硫酸铵（市担）	5802600	10025960	13352760	17422440	21473480	—
绿肥面积（万亩）	3445.5	4210.2	4637.5	4272.5	4566.1	5129.7

五年间，全国每亩耕地平均农家肥施肥量由1952年的1500斤，提高到1956年的2500斤和1957年的2000斤，化肥施用量增长五倍多，施用绿肥面积由1952年的3445.5万亩，扩大到1957年的5129.7万亩，五年增长48.8%。

第四节 农业合作化的迅速实现

"一五"时期，农业经济体制的变化，主要是实现了农民个体所有制向农业集体所有制的农业合作化。1953—1957年间，我国农业经济体制通过农业互助合作，实现了由农民土地私有制向农业合作社集体所有制的历史性变革。这一变化经历了稳步发展、加快进程、提前实现和体制调整四个阶段。

一 农业合作化的稳步发展

（一）互助合作是土地改革以后贫苦农民的新要求

1952年冬，新解放区完成了土地改革，农民摆脱了封建土地制度的剥削，成了土地的主人，发展生产的积极性空前高涨。中农以上的农民具备发展生产的条件，个体发家致富积极性很高。但是，由于受地主的剥削和长期战争的破坏，许多尚未摆脱贫困的农民还缺乏耕畜、农具和生产资金。据对23个省（自治区）15432户农民的调查，土地改革结束时，贫雇农平均每户耕地 12.46 亩，耕畜 0.47 头，犁 0.41 部，水车 0.07 部；中农平均每户耕地 19.01 亩，耕畜 0.91 头，犁 0.74 部，水车 0.13 部①；一些农户耕畜和农具严重不足。陕西省长安县高家湾村，167 户农民，土地改革后，8 户雇农全无牲畜；107 户贫农中 36 户有牲畜，71 户没有牲畜；56 户中农有 5 户缺少牲畜。② 由于战争的破坏，农田水利失修，农民抵御自然灾害的能力很弱，一家一户无力兴修农田水利基本建设，一遇自然灾害（水、旱、病、虫灾）就要减产。据各地调查，大约有近半数的农户在发展生产上存在着各种困难，国家又没有力量提供更多的援助。为了克服生产中的困难，增强抵御自然灾害的能力，许多农民要求组织起来，互帮互助，共同克服困难，发展生产。中国共产党在长期领导革命根据地经济建设中，曾引导农民开展农业互助合作，促进了农业生产的恢复和发展，积累了丰富的经验。在三年恢复时期运用这些经验，在老区发展农村的互助合作，促进了农业生产的发展。到 1952 年年底，农业生产互助组发展到 802.6 万个，参加农户 4536.4 万户，其中常年互助组 175.6 万个，初级农业生产合作社 1600 多个，参加农户 57000 户。③

1953 年我国进入"一五"计划时期，开始进行大规模的工业化建设。工业化建设对农产品的需求增大，要靠农业提供劳动力、资金和市场，要求加快农业生产的发展速度。与此同时，中共中央提出了"过渡时期总路线"，"党在过渡时期的总路线和总任务，是要在一个相当长的时期内，逐步实现国家的社会主义工业化，并逐步实现国家对农业、手工业和资本主义工商业的社会主义改造"。1953 年 2 月，中共中央成立中央农村工作部，任命邓子恢为部长，负责领导农业社会主义改造即农业合作化的工作。

（二）从小农经济现状出发，积极、稳步地引向互助合作

中国共产党根据土地改革以后，农民在发展生产上的两种积极性，即个体经济的积极性和劳动互助的积极性，于 1951 年 9 月召开第一次农业互助合作会议，做出了《关于农业生产互助合作的决议（草案）》。1953 年 2 月 15 日，中共中央发出通知，将其作为正式决议。决议重点是强调

---

① 《当代中国的经济体制改革》，中国社会科学出版社 1984 年版，第 251 页。
② 习仲勋：《关于西北地区农业互助合作运动》，1952 年 6 月 6 日。
③ 《中华人民共和国经济档案资料选编（1949—1952）》（农村经济体制卷），社会科学文献出版社 1992 年版，第 593 页。

从小农经济的现状出发，农民个体经济在一个相当长时期内将是大量的，不能忽视和粗暴地挫伤农民个体经济的积极性，要坚持巩固联合中农的政策。同时认为，要克服农民在分散经营中的困难，使贫苦农民增加生产，走向丰衣足食的道路，要使国家得到更多的粮食和工业原料，就必须"组织起来"，开展互助合作。按照积极发展，稳步前进的方针和自愿互利的原则，采取典型示范、逐步推广的方法，推动农业互助合作的发展。引导农民走上互助合作道路有三种形式，即临时互助组、常年互助组、以土地入股为特征的初级农业生产合作社。临时互助组由几户农民组成，各户独立经营，各负盈亏，仅在农忙季节实行换工互助。常年互助组是常年换工互助，有的实行农业和副业的互助结合，劳动互助和提高技术相结合，确定生产计划和技术分工；有的还从互助生产的收入中逐步添置公有农具和牲畜，积累了公有财产。初级农业生产合作社实行土地入股，统一经营，产品统一分配，社员除按劳动工分得到报酬外，入股的土地和交社使用的耕畜和农具等均得到报酬。决议强调"在农村中压倒一切的工作是农业生产工作，其他工作都是围绕农业生产而为它服务的。任何妨碍农业生产的工作任务和工作，必须避免"。"党中央的方针就是根据生产发展的需要与可能的条件而稳步前进的方针。"[1]

（三）对急躁冒进倾向的纠正

1953年年初，一些地区在互助合作运动中曾发生急躁冒进的倾向，3月16日中共中央在《关于春耕生产给各级党委的指示》中提出："必须切实纠正互助合作运动中正在滋长着的急躁冒进倾向。"[2] 同年4月，中共中央农村工作部召开第一次全国农村工作会议，邓子恢在会上论述了农业互助合作运动必须采取稳步前进的方针，及时纠正了各地刚刚发生急躁冒进偏向。中共中央农村工作部在指导农业互助合作中，特别强调在农村中压倒一切的工作是农业生产，其他工作都是围绕农业生产而为它服务的，并特别注意以下几个问题：第一，坚持遵守自愿互利和循序渐进的方针，坚持从临时互助组到常年互助组再到初级农业生产合作社的过渡形式。通过典型示范使农民亲自看到和体验到农业生产互助合作给自己带来的好处，自觉自愿地加入到互助合作组织中来，并制定一系列具体政策和

---

[1] 《中华人民共和国经济档案资料选编（1953—1957）》（农业卷），中国物价出版社1998年版，第125—135页。

[2] 同上书，第25—26页。

办法。例如，正确规定土地入股分红的比例；正确规定耕畜、农具、大车等折价入社的价格及价款偿还办法。第二，正确对待个体农民。尊重和保护个体农民的合法地位和权益，保护和鼓励他们发展农业和副业生产的积极性。第三，重视农业生产合作社的内部建设，建立和健全各项规章制度，逐渐总结出一套内部建设的经验。例如，实行分级管理，明确划分社、队、组的职责和权限；农业社对队、组实行包工、包产、包财务的"三包"制度；实行"包工包产到组"和"田间零活包到户"等生产责任制。第四，重视农业生产技术改造。上述方针政策的实施，使农业互助组和合作社在农业生产中增产的作用比个体农户更大，吸引农民加入到互助合作中来。

二 农业合作化进程的加快

（一）过渡时期总路线的公布和粮食统购政策的实施促进了互助合作运动的发展

1953年6月15日，毛泽东在中央政治局会议上讲话，提出："党在过渡时期的总路线和总任务，是要在十年到十五年或者更多一些时间内，基本完成国家工业化和对农业、手工业、资本主义工商业的社会主义改造。这条总路线是照耀我们各项工作的灯塔。"同年10月16日，中共中央做出了《关于粮食计划收购与计划供应的决议》。决议指出实行粮食统购统销，不但可以妥善解决粮食供求矛盾，而且"是把分散的小农经济纳入国家计划建设的轨道之内，引导农民走向互助合作的社会主义道路和对农业实行社会主义改造所必须采取的一个重要步骤，是党在过渡时期总路线的一个不可缺少的组成部分"。11月19日，《人民日报》发表社论《必须大张旗鼓地向农民宣传过渡时期的总路线》。在宣传中各地创造和运用了许多启发农民自己教育自己的生动活泼的方式，如"帮农民算三笔账（新中国成立以来党、国家和工人对农民的好处）"；"引农民想三种苦"（帝国主义、地主和国民党反动派给农民的苦，奸商和高利贷给农民的苦，小农经济使农民不能摆脱贫困的苦）；算账、回忆、对比"三笔账""三种苦"，"教农民做三件事"（卖余粮给国家，增加生产，参加互助合作），"领农民走一条路"（社会主义道路）。在粮食统购工作中促进了互助合作的发展，一是有些地区干部在粮食统购工作实践中，觉得面对互助组和合作社比面对分散的个体农户要容易得多，因而把工作重心转移到加快互助合作运动的发展上来；二是在执行粮食统购政策时，实行强迫命令，使一些中农为摆脱粮食统购时过多交售粮食、留粮不足的处境，而加入到互助组或合作社中来。

（二）互助合作的重心由互助组转到农业生产合作社

1953年10月26日至11月5日，中共中央召开了全国第三次互助合作会议。会前，10月15日，毛泽东在与农村工作部两位副部长谈话时提出："办好农业生产合作社，即可带动合作社的大发展。""在新区，无论大中小县，要在今冬明春，经过充分准备，办好一个到两个合作社，至少一个，一般一个到两个，至多三个，根据工作好坏而定。要分摊数字，摊派多了冒进，少了右倾。""个体所有制必须过渡到集体所有制，过渡到社会主义。合作社有低的，土地入股；有高的，土地归公，归合作社之公。""总路线也可以说就是解决所有制的问题。"这次会议主要议程是讨论和修改《关于发展农业生产合作社的决议（草案）》。会上，毛泽东于11月4日又同中央农村工作部负责同志谈话指出："要搞社会主义，'确保私有'是资产阶级观念。'群居终日，言不及义，好行小惠，难矣哉。''言不及义'就是言不及社会主义，不搞社会主义。""发展农业生产合作社，现在是既需要，又可能，潜在力很大。如果不去发掘，那就是稳步而不前进。"[1] 1953年12月16日，中共中央讨论通过了《关于发展农业生产合作社的决议》。决议指出："一般说来，互助运动是为农业生产合作社准备了群众经验和骨干的条件，互助组的发展是农业生产合作社发展的重要基础。另一方面，办好农业生产合作社又可成为带动互助组大发展的力量。"此后，互助合作运动的重心由互助组转到农业生产合作社。到1953年年底全国农业生产合作社由1952年年底的3600多个，增加到14000多个。到1954年春季，农业生产合作社更迅速增加到10万多个。

（三）农村工作中心的转变：从以生产为中心转到以合作化为中心

在《关于发展农业生产合作社的决议》中，首次提出："发展互助合作运动以提高农业生产力是今后领导农村工作的中心。""都必须把工作的重点逐步转移到这个方面来。"1954年5月10日，中央农村工作部在给中央的报告中说："从保证农业增产的具体办法看，不外两条：一条办法是发展国营农场。移民垦荒（个体移民、合作移民和国营移民），扩大耕地面积。""但根据第一个五年计划财政预算中投资的分配，到1957

---

[1] 《毛泽东选集》第五卷，人民出版社1977年版，第116—120页。

年，只能由国家投资垦种约 1500 万亩，加上群众零星开荒，合共 2500 万亩左右，生产粮食不过几十亿斤到一百亿斤，约等于增产数的十分之一；所以，扩大耕地面积不能作为目前农业增产的主要出路。另一条办法是提高现有耕地的单位面积产量。""是目前农业增产的主要出路。但要发挥这种增产潜在力，靠小农经济是有限的，靠在农村中大规模的机械化是工业发展以后的远景，在最近几年之内必须依靠大力发展农业合作化，在合作化的基础上适当地进行各种可能的技术改革。据各地材料，现有的农业生产合作社在其初建的一二年，一般可增加 20% 至 30%，往后还可每年保持一定的增产比例，比互助组，比小农经济的增产率更高出很多。""所以，合作化运动，不仅应当作农村工作的中心，也应当作生产运动的中心。"①

农村工作中心转移到合作化运动以后，改变了原来以农业生产为中心稳步前进的方针，农业合作化进程加快。1954 年秋收以前，短短几个月内新建农业生产合作社 12 万个，加上原来的 10 万个，达到 22 万个。当年 10 月召开的全国第四次互助合作会议上，又将农业合作化发展速度进一步加快，计划在 1955 年春耕以前发展到 60 万个。中央农村工作部认为，如果这 60 万个社办好了，那就可以有把握地做到：在 1957 年组织 50% 以上的农户加入合作社。② 中共中央向全国各级党委批发了这个报告，促进了各地兴办农业合作社的热潮。1954 年秋收后到年底，又新办了 26 万个农业生产合作社，使总数达到 48 万个。

（四）实行"停、缩、发"方针，整顿和巩固农业生产合作社

在农业合作化高速发展中，滋长了盲目乐观、简单从事、不严格按政策办事的偏向，许多农业生产合作社建社缺乏必要的准备，不少合作社缺乏管理干部，干部文化水平低，缺乏经验，管理制度很不健全，在社员耕畜入社作价、评定社员劳动报酬、土地分红比例等方面很难做到公平合理；农业生产合作社在安排生产和组织劳动方面也往往顾此失彼。有些新建社违反自愿互利的原则，在土地评产、确定土地报酬、耕畜农具作价等方面侵犯了中农利益。这些都引起社员的不满，挫伤了社员的生产积极性。由于 1954 年遭受严重水灾，粮食减产，粮食收购却比原计划多购了

---

① 《中华人民共和国经济档案资料选编（1953—1957）》（农业卷），中国物价出版社 1998 年版，第 162—165 页。

② 同上书，第 173 页。

100亿斤。粮食统购工作中实行强迫命令，引起农民特别是中农的不安，许多地方"闹粮荒"，一些地方出现非正常杀猪、宰牛、砍树，不热心积肥和准备春耕等现象，有的地方甚至出现社员退社，新建农业生产合作社散伙垮台。中共中央于1955年1月10日发出《关于整顿和巩固农业生产合作社的通知》指出：在许多地方陆续有新建社垮台散伙和社员退社现象发生，整顿和巩固已有的40万个社已成为十分迫切的任务。应"转入控制发展，着重巩固的阶段"。① 由于急于求成的指导思想没有改变，整顿农业生产合作社没有也不可能从根本上扭转急躁冒进的局面，各地建立农业生产合作社的热潮仍持续发展，最突出的是浙江省。1954年春，浙江全省入社农户占农户总数的0.6%，秋天也只占1.9%，1955年春，突然增加到28%。在整顿中，两个月全国新建农业生产合作社19万个，使农业生产合作社总数达到67万个。加上1954年因长江中游、淮河流域、华北平原遭受特大洪水灾害，农业减产，为以丰补歉，向丰收地区多统购了70亿斤粮食，引起农民不满，生产积极性下降。1955年3月3日，中共中央和国务院发出《关于迅速布置粮食购销工作 安定农民生产情绪的紧急指示》，减少粮食统购数，实行"定产、定购、定销"的办法，消除农民的不满情绪。3月中旬，毛泽东约邓子恢等人谈话。毛泽东说："生产关系要适应生产力发展的要求，否则生产力会起来暴动，当前农民杀猪宰牛就是生产力起来暴动。"他提出，现在有些地方要停下来整顿，如华北、东北，有些地方要收缩，如浙江、河北等，有些地方要发展，如新区。"一曰停、二曰缩、三曰发。"② 中央农村工作部于4月下旬至5月初召开全国农村工作会议，传达了中共中央提出的"停止发展、全力巩固、适当收缩"的方针。经过整顿，收缩了一部分农业生产合作社，侵犯中农利益的现象有所纠正，农村形势趋于稳定。如浙江省农业生产合作社由53000多个减少到37000多个。到1955年6月，全国共减少2万多个农业生产合作社，由原来的67万个减少到65万个，参加农户1700万户，占全国农户总数的14.2%。

---

① 《中华人民共和国经济档案资料选编（1953—1957）》（农业卷），中国物价出版社1998年版，第183页。

② 引自《关于为邓子恢同志平反问题的请示报告》，载《三中全会以来重要文献汇编》，第955页。

（五）初级农业生产合作社（土地入股分红）优越性的显示

1953年秋季以前，14000多个农业生产合作社绝大多数是经过互助组、常年互助组发展起来的。据各地调查，农业生产合作社头一年劳动效率比互助组提高15%—20%，耕畜使用效率比互助组提高20%—25%，已办社二三年以上的，一般比单干时增产30%—50%。据《山西省1953年农业生产合作社的基本总结》，1953年秋后统计，98%的社的单位面积产量超过了当地互助组；超过或相当于1952年收入的社员有50181户，占社员总户数52822户的95%，5%稍低于1952年。增产增收的合作社对周围农民影响较大。1953年12月，30个县统计，已有近2万户农民（其中包括1500个互助组）积极要求加入农业生产合作社或成立新的农业生产合作社。① 据黑龙江省1953年年底调查，全省886个农业生产合作社绝大多数办得好。据779个农业生产合作社统计，产量与当地最好的互助组比，超过的社占68.3%，相等的占24.3%，不如的占7.4%。据4个县57个社1259个社员户统计，社员收入与社外同等条件产量最高的互助组的组员对比，超过的占70.2%，相等的25.7%，低于的占4.1%。许多互助组和个体农户，经过与合作社竞赛，由怀疑转到佩服了。白城县岭下村单干农户黄广顺说："我家3个劳力，种6垧地，有1马1驴，跟社竞赛，我脚打后脑勺子忙，到秋后一算，农业社每一个劳力一年净分19石粮，我家一个劳力才净分7石粮。社员王殿珍1个劳力，没马，病了1个多月，还净分17石粮，农业社的确比单干强！"据绥化等17个县统计，互助组要求转社的有245个，单干农民要求入社的有3196户。② 据中南局农村工作部办公室调查，湖北、湖南、江西省的10个乡，1953年单干户平均每人收入折合1183斤稻谷，其中贫农平均每人为955斤，下中农平均每人为1214斤，富裕中农平均每人为1634斤；临时互助组平均每人收入折合稻谷1329斤，比单干农民平均高12.34%；常年互助组每人收入折合稻谷1455斤，比单干农民平均高23%；农业生产合作社平均每人收入折合稻谷1562斤，比单干农民平均高32%，贫农社员平均每人收入比贫农单干户高46.7%，下中农社员平均每人收入比下中农单干户高21.16%，富裕中农社员平均每人收入比富裕中农单干户高6.79%。③ 初

---

① 《山西农业合作史》（经营管理卷），山西人民出版社1991年版，第38—39页。
② 《黑龙江农业合作史》，中共党史出版社1990年版，第123页。
③ 《农村经济调查选集》，湖北人民出版社1956年版，第5—6页。

级农业合作社增产的优越性与政府对合作社实行各种优惠政策密切相关，如农业贷款、农业资料供应、先进的农业生产技术帮助以及帮助改善经营管理，等等。正如中央农村工作部关于全国第四次互助合作会议的报告中所指出的：1954年春，"原建的10万个社百分之九十以上有不同程度的增产，合作经济的优越性已为群众所公认"。① 邓子恢1955年3月21日在中国共产党全国代表会议上的发言中说："从1953年秋前的14000多个社，1954年春发展到10万多个社，这一段的运动是比较健康的。"② 实践证明，初级农业生产合作社当时是促进了农业生产力发展的。

三 农业合作化提前完成

（一）围绕农业合作化发展速度的争论

1955年夏季，农业合作化运动发展到一个关键时刻。65万个农业生产合作社，经过整顿，80%以上在夏收中增加了农作物产量，局部地区在春季出现的紧张情况得到了缓解。就在这时，中共中央领导内部对下一步农业合作化发展速度的估计和规划产生了不同的看法。毛泽东与邓子恢之间对1955年春季以来农村经济形势的判断和如何解决，存在着不同的思路和主张。当时农村出现的紧张情况，主要原因：一是粮食征购过多；二是农业合作化步子过快。对如何解决，毛泽东的主张是，在粮食问题上向农民让步，减少征购数量，以缓和同农民的紧张关系，以便在农业合作化方面加快步伐，增加农业生产，从根本上解决粮食问题。用毛泽东的话说，以减少粮食征购换来社会主义。他认为，只有实现农业合作化，才能增加农业生产。邓子恢则主张在合作化问题上向农民让步，以发挥农民的生产积极性，增加生产，解决粮食问题。他认为，造成农村的紧张局面，当前最突出的因素是粮食问题，但最根本的因素还是合作化运动中的问题，出乱子主要是在合作化方面。③ 因此，他主张稳步发展，理由是农业合作化运动的进展应当与国家工业化的进度相适应。在农业还是以手工劳动为主的情况下，要使农业生产合作社的生产有显著增长，超过当地富裕

---

① 《中华人民共和国经济档案资料选编（1953—1957）》（农业卷），中国物价出版社1998年版，第173页。

② 邓子恢：《合作化运动的曲折与经验》（1955年3月21日），载《邓子恢文集》，人民出版社1996年版，第390页。

③ 《目前合作化运动情况的分析与今后的方针政策》（1955年5月6日），载《邓子恢文集》，人民出版社1996年版，第402—413页。

中农的水平，就必须把经营管理工作做好。建社初期条件很差，过多过猛发展，是不能奏效的。发展过快难以巩固。只有先打好基础，才能再前进。他认为要坚持毛泽东历来教导的工作方法，由点到面积极稳步地分批分期地展开。从当前具体环节来看，似乎缓慢了一些，但从整个合作化的过程来看，会更快一些，更好一些。① 5月17日，毛泽东主持召开有华东、中南、华北15省市委书记参加的会议，讨论粮食统购统销和农业合作化问题。省市委书记们汇报了各省市农业合作化情况和计划。毛泽东提议江苏要和浙江比赛，湖南、湖北、广东、广西都要放手发展。有些省委书记在发言中，埋怨中央农村工作部压抑了下面办社的积极性。② 毛泽东说："合作社问题，也是乱子不少，大体是好的。不强调大体好，那就会犯错误。在合作化的问题上，有种消极情绪，我看必须改变。再不改变就会犯大错误。对于合作化，'一曰停，二曰缩，三曰发'。缩有全缩，有半缩，有多缩，有少缩。社员一定要退社，那有什么办法。缩必须按实际情况。片面地缩，势必损伤干部和群众的积极性。后解放区就是要发，不是停，不是缩，基本是发；有的地方也要停，但一般是发。"毛泽东根据会上的一些发言，认为农村粮食问题和合作化问题，并不像一些人所说的那么严重，所以他批评中央农村工作部"发谣风"。③

邓子恢力图将农业合作化运动纳入稳步前进的轨道。根据当时还有15%—20%的农业生产合作社未能增产，甚至减产的事实，认为整顿农业生产合作社的任务相当繁重，应适当控制农业合作化的发展速度，提出从1955年春的65万个，到1956年秋收前增加到100万个。这个计划在6月14日，由刘少奇主持的中共中央政治局会议批准。这时，毛泽东在南方考察。6月下旬，毛泽东从南方考察回京，对农村粮食形势和农业合作化发展做出了新的判断，主张修改计划，加快发展。提出在65万个农业生产合作社的基础上翻一番，到1956年秋收前发展到130万个的新建议。邓子恢坚持按原政治局批准的计划，即到1956年秋收前发展到100万个。他认为，农业生产合作社由11万个一下子发展到60多万个，已经发生了冒进，还需要做大量工作才能巩固；下年发展到100万个，都要巩固下

---

① 中共国家农委党组：《关于为邓子恢同志平反问题的请示报告》附件《关于邓子恢同志在农业集体化运动中几个历史问题的调查报告》，1980年12月8日。
② 转引自《毛泽东传》（1949—1976）（上卷），中央文献出版社2003年版，第376页。
③ 同上书，第378页。

来，更不容易。如果发展到130万个，那就超出了现有办社条件许可的程度。在工作方针上，毛泽东主张"边巩固、边发展"，基本否定了原来的"停止发展、全力巩固、适当收缩"的方针。毛泽东认为邓子恢犯了"右倾机会主义"错误，于是在党内连续发动对"右倾机会主义"的批判。

7月31日，毛泽东在中央召开的各省、直辖市、自治区党委书记会议上做了《关于农业合作化问题》的报告，认为目前农村中农业合作化社会改革的高潮，有些地方已经到来，全国也即将到来。某些同志却像一个小脚女人，东摇西摆地在那里走路，过多的评头品足，不适当的埋怨，无穷的忧虑，数不清的清规戒律，看不见运动的主流，是一种错误的指导方针。在10月中共中央召开的七届六中全会扩大会议上，毛泽东进一步批判了对农业合作化实行"坚决收缩"的方针。会议批准了毛泽东《关于农业合作化问题》的报告，做出了《关于农业合作化问题的决议》。在"反右倾"的空气中，许多省委向中央写报告，检查右倾思想，不切实际地强调"反右倾"的结果，形成了一种政治压力，助长了本来已经存在的贪多求快、急于抢先的"左"倾思想的发展。这样就使农业合作化运动形成了超高速猛烈发展的浪潮。

（二）农业合作化运动高潮的出现

1955年9—12月间，毛泽东主持选编了《怎样办农业生产合作社》一书（后改名为《中国农村社会主义高潮》），在序言和按语中继续批判"右倾机会主义错误"，对农业社会主义改造和建设的速度提出了更快的设想。他说："在中国农村中，两条道路斗争的一个重要方面，是通过贫农和下中农同富裕中农实行和平竞赛表现出来的。""在合作社这面站着共产党"，"在富裕中农后面站着地主和富农"。他认为，"只需要1956年一个年头，就可以基本完成农业方面的半社会主义的合作化，再有三年到四年，即到1959年或者1960年，就可以基本上完成合作社由半社会主义到全社会主义的转变"[①]。上述序言和按语传达以后，引起了强烈的反响，使农业合作化运动发展速度急剧加快。到1955年10月底，初级农业生产合作社增加到127.7万个，入社农户3813.3万户，占总农户的32%；11月底，又上升到158.3万个，入社农户4939.6万户，占农户总数的41.4%；到年底，再上升到190.5万个，入社农户7545.2万户，占农户

[①] 《建国以来毛泽东文稿》（第五册），中央文献出版社1991年版，第485页。

总数的 63.3%。半年间，农业生产合作社（初级社）增加了 1 倍，入社农户增加了 3.44 倍。

应当指出的是，1955 年农业合作化高潮的出现，除了上述的"反右倾"以外，与当年农业生产年景比较好、取得了丰收也有着密切的关系。这一年全国农业总产值比上年增长 7.6%，粮食产量增长 8.5%，棉花产量增长 42.6%。① 尤其是当年春耕时的 65 万个农业生产合作社，经过整顿，绝大部分增加了生产，增加了收入，显示了农业生产合作社的优越性。据全国 62 万个农业合作社 1955 年主要农作物单位面积产量与个体农户比较，稻谷超过 10.2%，小麦超过 7.4%，大豆超过 19%，棉花超过 25.9%。② 在农业合作化的高潮中，多数农民是抱着农业生产合作社能够增加生产、增加收入的希望，加入农业生产合作社的。

（三）初级农业生产合作社升级为高级农业生产合作社高潮的出现

1956 年 1 月，在中共中央政治局提出的《一九五六年到一九六七年全国农业发展纲要（草案）》中，要求合作化基础较好的地区，在 1957 年基本上完成高级形式的农业合作化，其余则要求在 1958 年基本上完成高级形式的农业合作化。1956 年春，各地农村掀起大力兴办高级农业生产合作社的高潮。办高级社从一开始就急于求成，你追我赶，争先恐后。许多刚刚建立不久的初级农业生产合作社，立足未稳，就合并升级为高级农业生产合作社，成为空前高涨的运动。许多地区根本就没有"试办"阶段，就一步登天，直接办高级农业生产合作社。到 1956 年 3 月底，全国高级农业生产合作社数量由 1955 年 6 月的 500 个猛增到 26.3 万个，入社农户由 4 万户猛增到 6577.6 万户，参加高级农业生产合作社的农户占总农户的比重由不到 1‰猛增到 54.9%。由于发展迅猛，没有遵守自愿互利的原则，许多合作社对入社的生产资料作价偏低，有的甚至是无偿归合作社公有。个别地区将私有的家畜、家禽、零星林木、果树收归合作社公有，实际上存在着侵犯中农利益的平均主义和无偿调拨。

1956 年 3 月在基本实现初级农业合作化后，高级农业生产合作社迅速发展。同年 6 月，全国农村高级农业生产合作社达到 31.2 万个，入社农户占农户总数的 63.2%。到年底，高级农业生产合作社增加到 54 万

---

① 根据国家统计局农业统计司编《1949—1984 年中国农业的光辉成就》，中国统计出版社 1984 年版，第 38、44、50 页。

② 《我国的国民经济建设和人民生活》，中国统计出版社 1958 年版，第 194—198 页。

个，入社农户总计10742.2万户，占农户总数比重上升到87.8%，基本实现了高级形式的农业生产合作化。这样原来预计15年完成的农业合作化，仅仅用了4年时间，提前11年完成了。1957年年底，全国高级农业生产合作社总数达到75.3万个，入社农户11945万户，平均每个社158.6户，占总农户的比重达到96%以上。

农业合作化实现了土地私有制向土地公有制的历史性变革，消灭了私人垄断的绝对地租和部分级差地租，为消灭利用土地剥削劳动者创造了条件，从而为消灭农业成本中的绝对地租而降低农业成本，从长远看有利于提高农产品商品率。同时也为有计划合理地开发和利用土地资源、进行农田基本建设、提高土地的利用率和产出率奠定了基础。农村土地集体所有制的建立，对我国农业和农村经济的发展具有深远而巨大的历史意义，农业社会主义改造的迅速完成，对加速私营工商业改造和手工业改造起了推动作用。正如中共中央《关于建国以来若干历史问题的决议》中所指出的："在1955年夏季以后，农业合作化及对手工业和个体商业的改造要求过急，工作过粗，改变过快，形式过于简单划一，以致在长期间遗留了一些问题。""但整个来说，在一个几亿人口的大国中比较顺利地实现了如此复杂、困难和深刻的社会变革，促进了工农业和整个国民经济的发展，这的确是伟大的历史性胜利。"①

在农业合作化过程中，农业生产水平得到提高。农业合作化有力地推动了农田水利基本建设的快速发展。1957年农田水利灌溉面积从1952年的31737万亩，迅速增加到51541万亩，增长62.4%。五年间，农业总产值年均增长4.5%，粮食年均递增3.5%，棉花年均递增4.7%，猪、牛、羊肉产量年均增长3.31%。农业合作化的实现，促进了农业的技术改造，1957年农业大中型拖拉机拥有量比1952年增加10倍以上；同一时期农业排灌动力机械拥有量增加4.5倍。

（四）过急过快地实现农业合作化带来的困扰

由于农业合作化是在不断"反右倾"所形成的超高速发展的猛烈浪潮中实现的，"要求过急、工作过粗、改变过快、形式过于简单划一"，以致在以后较长时期内，遗留下许多困扰农业生产、农村经济发展的问题。

---

① 《三中全会以来重要文献选编》（下），人民出版社1982年版，第750页。

（1）高级农业合作化中多数高级农业社条件尚不成熟。在合作化高潮中许多农民没有经过互助组和初级农业生产合作社，直接组成高级农业生产合作社。绝大多数没有经过"试办"阶段，是在初级农业生产合作化的高潮中，立足未稳直接升级为高级农业生产合作社的。高级社规模过大，与当时的生产力水平不相适应，经营管理混乱，农民对集体生产的关心程度和主动性降低，干部在领导生产中指挥失灵。生产秩序混乱，财务账目不清，引起社员不安或不满。由于取消了土地报酬，社员的土地归农业合作社公有；耕畜、大型农具作价入社，实行统一经营、统一分配。许多高级社是由原初级社合并升级组成的，各个初级社由于自然条件和经济条件不同，生产水平和收入水平有高有低，共组一个高级社后，使原各个初级社之间的收入差距拉平，致使原来比较富裕的初级社社员收入下降，产生了不稳定的因素。

（2）由于并社升级过急过快，许多初级农业社立足未稳就升级为高级农业社，取消了土地报酬，违背了原定随着生产发展逐步降低土地报酬的规定，使土地较多的中农社员和劳动力较少的贫农社员因取消土地报酬而降低收入，从而违背了原来规定的转高级农业生产合作社后使90%以上的社员都能增加收入的基本条件。由于过快取消了土地报酬，使一部分土地多、劳动力少、人口多的社员减少了收入，而他们所得到的劳动报酬不足以支付口粮款。为使他们维持生活，只好允许他们超支欠农业社的债。由于农业社刚建立，超支户欠了农业社的债，就无法付给劳动力多、出勤多的社员的劳动报酬，使他们成为空分户，按劳分配原则不能兑现，因而挫伤了社员的劳动积极性。超支户、空分户与农业社之间的三角债，是以后长期困扰农业集体经济巩固和农业生产发展的大问题。

（3）农业合作化高潮中，社员的耕畜、大型农具折价入社时，普遍折价偏低，因为折价要参照市价，而农业合作化高潮时，有的农民怕吃亏，入社前在市场上出卖耕畜、农具，引起牲畜价、农具价下跌。同时，许多农业社还没有积累，或积累少，不能按原定期限支付社员的耕畜、农具折价款，又损害了这一部分社员的利益，引起他们的不满。

（4）由于并社升级过快，一部分非农业户入社后收入减少；一些原来经营鱼塘、苇田、果园、桑园、茶园等的农户，入社后收入明显下降。

（5）高级农业生产合作社，在生产管理上集中过多，统得过死，直接组织生产的生产队、作业组没有必要的权限，或权限不清。生产责任制不健全，许多社、队天天临时派工，片面强调集体劳动，"一窝蜂"现象普遍存在，同时助长了社干部的"瞎指挥"。农业社评记社员出勤的劳动工分，多采用死分死记、死分活评的办法，很难真正体现按劳分配原则，平均主义倾向十分突出。

总之，正如邓小平在总结这段历史经验时所说的："农业合作化一两年一个高潮，一种组织形式还没有来得及巩固，很快又变了。从初级合作社到普遍办高级社就是如此。如果稳步前进，巩固一段时间再发展，就可能搞得更好些。"[①] 尤其应指出的是，过急过快实现的农业合作化，造成一种错觉，似乎生产关系的变革可以脱离生产力发展的基础，同时也过高估计了农民的社会主义积极性。这些又成为1958年发动"大跃进"和"人民公社化"运动的理论根据，而人民公社化又导致了1959—1961年农业生产连年下降的严重后果。

四　高级农业生产合作社体制的调整及其中断

高级农业生产合作社的体制是适应以单一公有制为基础的计划经济体制的要求而建立起来的，其目的是为了保证大规模工业化建设对粮食、棉花、油料等主要农产品日益增长的需求，便于国家对主要农产品实行统购统销制度，并把农业生产纳入国家计划调节的轨道。实践证明，实行国家计划调节、抑制、排斥和取代市场对农业生产的调节作用，不利于调动农民的生产积极性，不利于农业生产发展。在当时人们没有也不可能认识到这一点。在农业合作化实现以后所暴露出的一些矛盾，主要是因为农业合作化初期体制尚不完善，为此采取了许多措施进行调整。1956年4月6日，邓子恢在全国农村工作部长会议上提出整顿和巩固农业生产合作社问题。对农业合作社体制的调整主要在以下四个方面。

（一）勤俭办社、发展多种经营

农业合作化以后，出现副业生产收入下降，多种经营萎缩。多种经营萎缩的根本原因是高级农业合作社的体制限制了农民生产积极性的发挥。农村中多种经营项目很多，只适宜分散经营，农业社过分强调集中经营，挤掉了一些传统的经营项目，更不利于开辟新的经营项目。这一问题的根本原因在于高度集中的计划经济管理体制不利于农村经济按照经济规律运行。当时片面强调整体利益和集体利益，过分批判本位主义和个人主义，

---

① 《邓小平文选（1975—1982）》，人民出版社1983年版，第276页。

不利于多种经营发展。一是当时的粮食高指标、高征购的压力,限制了农业社经营粮食以外的经营项目。二是农副产品统购、派购品种的扩大、任务增加。1956年以后派购由麻类、生猪逐步扩大到烤烟、甘蔗、蚕茧、羊毛、牛皮、毛竹、水产品以及黄花、木耳、中药材、苹果、柑橘等几十个品种,农产品加工业集中于国营工业和供销合作系统。如农业合作生产的棉花除交纳农业税和必要的自用部分以外,全部按国家规定的价格卖给国家,棉花的轧花、剥绒、榨油等加工逐步由供销社经营。三是国家对农业合作社的经营有较多的限制。如对食用肉牛,作为耕牛禁止宰杀;经营旅店、餐馆、运输等行业被批判为弃农经商加以禁止。1956年4月,中共中央和国务院在《关于勤俭办社的联合指示》中指出:"开辟生产门路,发展副业生产,经营多种经济,是勤俭办社方针的重要内容之一。"①1956年下半年,农业社的多种经营有所发展。1957年农业社副业收入普遍增加,特别是养猪业发展很快。为了发展农户家庭多种经营,1957年6月25日,全国人民代表大会常委会做出了《关于增加农业生产合作社社员自留地的决定》,"农业生产合作社可以根据需要和当地条件,抽出一定数量的土地分配给社员种植猪饲料"。②

(二)缩小社队规模和改进生产管理

1956年9月12日,中共中央、国务院在《关于加强农业生产合作社的生产领导和组织建设的指示》中指出:"目前合作社的规模,山区以100户左右,丘陵区200户左右,平原区300户左右为适宜,超过300户的大村也可以一村一社。现有的大社,凡能办好的应该努力办好,凡不利于生产、多数社员要求分开的,应该适当分开。""有些地方的生产队、生产组也过大,应该根据现时的生产技术条件和田间作业的需要加以调整,一般地区队以平均二三十户至三四十户、组以七八户为适宜。"1957年9月14日,中共中央在《关于做好农业生产合作社生产管理工作的指示》中强调:"合作社必须在有利于巩固统一领导、发展生产的前提下,建立'统一经营,分级管理'的制度。""必须普遍推行'包工、包产、包财务'的'三包制度',并实行超产提成奖励、减产扣分的办法。""必须切实建立集体的和个人的生产责任制,按照各地具体条件,可以分别推

---

① 《中华人民共和国经济档案资料选编(1953—1957)》(农业卷),中国物价出版社1998年版,第257—262页。

② 同上书,第296页。

行'包工到组','田间零活包到户'的办法。"①

（三）实行民主办社，整顿干部作风

高级农业生产合作社化以后，由于农村经济权力和政治权力高度集中，民主办社重要性日益突出。中共中央 1957 年 3 月 15 日发出的《关于民主办社几个事项的通知》中，提出"应该注意三个主要事项：第一，农业合作社要按时公开财政开支。第二，社和队决定的问题要同群众商量……第三，干部要参加生产"。1957 年 8 月，邓子恢在《论正确处理农村人民内部矛盾和正确处理矛盾的方针办法》中，提出"要在干部中进行整风，把主观主义、官僚主义、宗派主义整掉"。"实行生产民主化，分配民主化，财务民主化，建立三大民主制度。社干部要争取大部分时间下田劳动，这不仅便于干部深入群众，及时了解问题、解决问题、克服官僚主义、搞好生产，同时干部参加生产，挣得工分，也可以减少工分补贴，减少群众负担，增加社员收入，改善干群关系。"②

1957 年 12 月 21 日，国务院专门发布了《关于正确对待个体农民的指示》，指出："在我国农村中，除了部分还没有进行土地改革的少数民族地区以外，还有 3% 左右的个体农户。""对生活困难的个体农户，农业合作社、信用合作社、银行和乡镇人民委员会，应该使他们在贷款和救济方面得到适当的照顾。""对于散居在深山远林的个体农户，附近的农业合作社在吸收他们入社以后，可以允许他们在经济上自负盈亏，而在生产上给予指导和扶助。"③

（四）"包产到户"制度的出现及其被批判

各地在推行生产责任制的实践中创造了"包产到户"的办法。湖北麻城县梁家畈民主农业社 1956 年实行包工、包产、包财务的"三包"制度。通过"四到田"即作物产量到田、肥料规划到田、技术措施到田、工分定额到田，田间管理和一般零活包到户的办法，使"社员管理生产的责任心大大加强了，生产质量有了保障，劳动利用率和劳动效率大大提

---

① 《中华人民共和国经济档案资料选编（1953—1957）》（农业卷），中国物价出版社 1998 年版，第 299—301 页。

② 《邓子恢文集》，人民出版社 1996 年版，第 487—488 页。

③ 《国务院关于正确对待个体农户的指示》（1957 年 12 月 21 日），载《中华人民共和国经济档案资料选编（1953—1957）》（农业卷），中国物价出版社 1998 年版，第 224—226 页。

高了"。① 据中共四川省委农村工作部 1956 年 3 月统计:"全省 20.7 万个社,除了 4000 多个社以外,已经全部推行了包工包产制度。""据典型调查:社员的劳动出勤率和劳动生产率比过去一般提高 20% 左右。"② 1956 年 4 月 29 日《人民日报》发表了作者何成写的题为《生产组和社员都应该"包工包产"》的文章,介绍了安徽省芜湖地区一些农业社包工包产到组,四川省江津地区一些农业社包工包产到户的做法③,推动了各地包工包产到户制度的发展。

1956 年春,浙江省永嘉县县委农村工作部在泮桥农业生产合作社试行"个人专管地段责任制"即"产包到队,责任到户,定额到人,统一经营",以后又在燎原社试验"包产到户"制度。"包产到户"后,全社面貌一新。户户责任分明,人人干活主动,生产进度迅速,学习技术积极,农活质量提高,庄稼长势喜人,干群和睦团结,人人精神振奋。永嘉县委认为试验是成功的,决定扩大试验范围,全县有 255 个社实行包产到户。温州地区有 1000 多个社、17.8 万农户实行了包产到户,占农户总数的 15%。这引起了社会震动,有些干部认为包产到户就是单干,向温州地委告状。《浙南日报》11 月 19 日发表了评论员文章《不能采取倒退做法》批评包产到户。永嘉县县委书记李桂茂、副书记李云河针对评论员的文章,写了《专管制和包产到户是解决社内主要矛盾的好办法》报告,在 1957 年 1 月 27 日《浙江日报》发表。报告认为,"'包产到户'推行后的效果是良好的,主要表现在社员干活主动,生产进度迅速,社员干活细致,户户增强了责任心等方面。经社员讨论总结,有'六好''六高''八多''五少'和'两省'。'六好'是责任清楚好、劳动质量好、大家动脑筋好、增产可靠好、干群关系好、记工方便好,'六高'是农活质量高、粮食产量高、学习技术热情高、劳动模范威信高、最后生活水平一定会提高,'八多'是增积土肥多、养猪养的多、学技术的人多、千斤田会增多、生产能手会增多、勤劳的人会多、关心生产的人会多、和睦团结

---

① 中共湖北麻城县委:《产量、肥料、措施、工分"四到田"田间管理分到户》(1957 年 12 月),载《中华人民共和国经济档案资料选编(1953—1957)》(农业卷),中国物价出版社 1998 年版,第 319—324 页。

② 李朝:《四川省推行包工包产制度的经验》(1956 年 4 月 20 日),载《中华人民共和国经济档案资料选编(1953—1957)》(农业卷),中国物价出版社 1998 年版,第 312—313 页。

③ 何成:《生产组和社员都应该"包工包产"》(1956 年 4 月 29 日),载《中华人民共和国经济档案资料选编(1953—1957)》(农业卷),中国物价出版社 1998 年版,第 317—319 页。

多、勤往田头的人多了。'五少'是偷工减料的少了、懒的少了、装病的少了、放掉农业去找副业的少了"。① 1956年夏季，广西壮族自治区环江县推行离社远的生产队自负盈亏，居住分散的社"三包到户"（包产量、包工、包成本）。1957年春，全县有208个生产队实行了"三包到户"。

实践证明，实行"包产到户"责任制是对高级农业生产合作社体制的一种改革，有利于促进农业生产的发展。这一改革如果在当时坚持下来，必将更进一步地促进农业生产的发展和农村经济的繁荣。但是，在1957年夏季开展"反右派"运动以后，"包产到户"被判定为方向错误。7月3日，《浙南大众》发表专论《打倒"包产到户"保卫合作社!》。8月以后，浙江全省公开批判永嘉县的包产到户。10月9日《人民日报》发表新华社记者写的《温州专区纠正"包产到户"的错误做法》："浙江省温州专区纠正农业社实行'包产到户'这个离开社会主义道路的原则性路线的错误。"② 1957年9—10月，中共八届三中全会改变了中共八大一次会议关于中国社会主要矛盾的判断，认为当前中国社会的主要矛盾仍然是无产阶级和资产阶级、社会主义道路和资本主义道路的矛盾。在随后的农村社会主义教育运动中，实行"包产到户"制度的地方，都受到批判和纠正。

第五节 1953—1957年农业发展情况

"一五"时期农业生产的发展速度是较快的。1957年全国农业总产值536.7亿元（1957年不变价格），比1952年的417亿元，增长24.8%，平均每年递增4.5%。占农业总产值80%以上的农作物业产值从1952年的346.6亿元，增长到1957年的432.6亿元，增长24.8%，平均每年递增4.5%。农作物业、畜牧业、林业、渔业均发展较快。在农业生产发展的基础上，农民收入增加，生活水平提高。

一 农作物业的发展

五年间，农作物业产值从1952年的（按1957年不变价格计算）

---

① 《中华人民共和国经济档案资料选编（1953—1957）》（农业卷），中国物价出版社1998年版，第328—330页。

② 同上书，第337页。

346.6亿元增加到1957年的432.6亿元,增长24.8%。各种农作物发展情况如下:

(一)粮食生产发展

五年间粮食生产增长如表4-11所示。

表4-11　　　　　"一五"期间中国粮食生产情况　单位:万亩、斤、亿斤

年份	1952	1953	1954	1955	1956	1957
粮食播种面积	185968	189955	193492	194759	204509	200450
其中:稻谷	42573	42482	43083	43760	49968	48362
小麦	37170	38454	40451	40109	40908	41313
玉米	18843	19701	19756	21958	26493	22415
粮食亩产量	176	176	175	189	188	195
其中:稻谷	322	336	329	357	330	359
小麦	98	95	115	115	121	114
玉米	179	169	174	185	174	191
粮食总产量	3278.3	3336.6	3390.3	3678.7	3854.9	3900.7
其中:稻谷	1368.5	1425.4	1417.0	1560.5	1649.6	1735.5
小麦	362.5	365.6	466.7	459.3	496.0	472.8
玉米	337.0	333.7	342.8	406.3	461.0	428.8

资料来源:中国社会科学院、中央档案馆编:《中华人民共和国经济档案资料选编(1953—1957)》(农业卷),中国物价出版社1998年版,第773页。

(二)棉花生产发展

五年间棉花生产发展如表4-12所示。

表4-12　　　　　"一五"期间中国棉花生产情况

年份	1952	1953	1954	1955	1956	1957
播种面积(万亩)	8364	7770	8193	8659	9383	8663
亩产量(斤)	31	30	26	35	31	38
总产量(万担)	2607.4	2349.5	2129.8	3036.9	2890.3	3280.9

资料来源:中国社会科学院、中央档案馆编:《中华人民共和国经济档案资料选编(1953—1957)》(农业卷),中国物价出版社1998年版,第798页。

（三）油料生产发展

1952—1957 年油料作物生产统计如表 4-13 所示。

表 4-13　　"一五"期间中国油料作物生产情况　　单位：万担

年份	1952	1953	1954	1955	1956	1957
花生	4631.5	4254.4	5534.2	5851.9	6672.1	5141.6
油菜籽	1864.9	1757.3	1756.0	1938.8	1845.2	1775.0
芝麻	961.1	1041.7	457.8	927.0	593.8	624.6
合计	8386.3	7711.0	8616.0	9653.0	10171.0	8391.9

资料来源：中国社会科学院、中央档案馆编：《中华人民共和国经济档案资料选编（1953—1957）》（农业卷），中国物价出版社 1998 年版，第 813 页。

（四）其他种植业的发展

麻、糖、茶叶、蚕茧叶、烤烟、水果生产统计如表 4-14 所示。

表 4-14　　"一五"期间中国其他种植业发展情况

单位：万亩、万吨、万担

	年份	1952	1953	1954	1955	1956	1957
麻类作物	播种面积	237	119	108	174	206	214
	产量	30.6	13.8	13.7	25.7	25.8	30.1
糖类作物	甘蔗面积	274	289	328	306	332	400
	甘蔗产量	711.6	720.9	859.2	811.0	865.5	1039.2
	甜菜面积	53	73	110	172	224	239
	甜菜产量	47.9	50.5	98.9	159.6	164.6	150.1
茶叶生产	茶园面积	336	365	397	433	487	494
	总产量	164.8	169.4	184.2	215.9	240.9	223.2
蚕茧生产	桑园面积	301.6	301.0	304.0	312.0	350.0	467.2
	桑蚕产量	124.5	118.5	130.2	134.1	144.8	135.7
	柞蚕产量	122.1	24.6	51.4	127.6	123.5	88.9
烤烟生产	种植面积	279	287	327	378	578	533
	总产量	22.2	21.3	23.2	29.5	39.9	25.6
水果生产	水果产量	224.3	296.9	297.8	255	310.5	324.7

资料来源：1. 国家统计局：《中国统计年鉴（1984）》，中国统计出版社 1984 年版，第 139、143、144 页。

2. 中国社会科学院、中央档案馆编：《中华人民共和国经济档案资料选编（1953—1957）》（农业卷），中国物价出版社 1998 年版，第 834、847 页。

二 畜牧业的发展

在农作物业发展的同时,畜牧业得到全面增长。畜牧业总产值从1952年的47.9亿元,增加到1957年的69亿元,增长44%。全国大牲畜生产发展情况如表4-15所示。

表4-15　　　　"一五"期间中国大牲畜生产情况　　　　单位:万头

年份		1952	1953	1954	1955	1956	1957
总头数		7646	8076	8530	8775	8773	8382
其中	役畜	5142	5479	5724	5571	5474	5368
	牛	5660	6008.3	6362.3	6595.1	6660.1	6361.2
其中	黄牛	4496	4792.3	5117.6	5348.1	5399.2	5048.5
	乳牛	1164	1216	1244.7	1247	1260.9	1312.7
	马	613	651.2	693.9	731.2	737.2	730.2
	驴	1180.6	1221.5	1270	1240.2	1168.6	1686.4
	骆驼	28.5	30.1	32	35.7	36.3	36.5

资料来源:中国社会科学院、中央档案馆合编:《中华人民共和国经济档案资料选编(1953—1957)》(农业卷),中国物价出版社1998年版,第1024页。

全国猪、羊生产情况如表4-16所示。

表4-16　　　　"一五"期间中国猪羊生产情况

年份		1952	1953	1954	1955	1956	1957
猪(万头)		8977	9613	10172	8792	8403	14590
羊(万只)		6178	7207	8130	8422	9165	9858
其中	山羊	2490	2920	3315	3401	3855	4515
	绵羊	3688	4282	4815	5021	5310	5343

资料来源:中国社会科学院、中央档案馆合编:《中华人民共和国经济档案资料选编(1953—1957)》(农业卷),中国物价出版社1998年版,第1024页。

三 林业的发展

五年间林业也得到了全面发展,1957年林业总产值9.3亿元,比

1952年的2.9亿元增长2.2倍,全国造林成绩显著。造林面积如表4-17所示。

表4-17　　　　　"一五"期间中国造林情况　　　　　单位:万亩

年 份		1952	1953	1954	1955	1956	1957
造林面积		1628.0	1669.4	1749.3	2565.8	8584.9	6532.6
其中	用材林	750.5	670.6	953.9	1420.9	3681.2	2602.4
	经济林	—	19.8	51.6	431.4	2142.4	2625.0
	防护林	814.7	625.2	508.0	589.8	2027.3	1491.5

资料来源:中国社会科学院、中央档案馆合编:《1953—1957中华人民共和国经济档案资料选编.农业卷》,中国物价出版社1998年版,第924页。

从表4-17可以看出,1953—1957年间造林总面积达到21102万亩。1957年全国木材产量2786.9万立方米,比1952年的1233.2万立方米增长125.89%。

五年间主要林产品产量如表4-18所示。

表4-18　　　　　"一五"期间中国主要林产品产量情况　　　　　单位:万吨

年份	1952	1953	1954	1955	1956	1957
橡胶		0.01	0.01	0.01	0.01	0.02
生漆		0.15	0.12	0.14	015	0.17
油桐籽	43.5	40.9	45.9	47.1	49.3	51.8
油茶籽	24.9	23.1	38.3	32.6	34.7	49.4
核桃				5.7	11.4	10.3

资料来源:国家统计局:《中国统计年鉴1984》,中国统计出版社1984年版,第158页。

四　渔业生产的发展

五年间渔业生产发展较快,1957年渔业总产值2.9亿元,比1952年的1.3亿元增长123%。全国水产品产量增长如表4-19所示。

表 4-19　　"一五"期间中国水产品产量　　　　单位：万吨

年份		1952	1953	1954	1955	1956	1957
总产量		166.6	190.0	229.4	251.8	264.8	311.6
海水产品		106.6	121.8	139.3	165.6	170.6	193.7
其中	养殖	6.0	7.0	8.8	10.7	6.4	12.2
	捕捞	100.0	114.8	130.5	154.9	164.2	181.5
淡水产品		60.6	68.2	90.1	86.2	94.2	117.9
其中	养殖	13.6	18.2	27.8	31.9	33.9	56.5
	捕捞	47.0	50.0	62.3	54.3	60.3	61.4

资料来源：中国社会科学院、中央档案馆合编：《中华人民共和国经济档案资料选编（1953—1957）》（农业卷），中国物价出版社 1998 年版，第 1111 页。

此外，农村副业生产也有所发展。1957 年副业产值 22.9 亿元，比 1952 年的 18.3 亿元增长 25.1%[①]。

五　农业发展速度及对国民经济发展的贡献

（一）关于农业发展速度

1953—1957 年间农业生产发展速度（按 1952 年不变价格计算）如表 4-20 所示。

表 4-20　　"一五"期间中国农业生产发展速度

年份	1952	1953	1954	1955	1956	1957
农业总产值（亿元）	484	499	516	555	583	604
比上年增长（%）		3.1	3.4	7.6	5.0	3.6

资料来源：中国社会科学院、中央档案馆合编：《中华人民共和国经济档案资料选编（1953—1957）》（农业卷），中国物价出版社 1998 年版，第 1142 页。

五年间，全国农业总产值构成变化如表 4-21 所示。

[①] 中国社会科学院、中央档案馆合编：《中华人民共和国经济档案资料选编（1953—1957）》（农业卷），中国物价出版社 1998 年版，第 1142 页。

表 4-21　　　　"一五"期间中国农业总产值构成　　　　单位:%

年份	1952	1953	1954	1955	1956	1957
农业总产值	100	100	100	100	100	100
其中:农业	83.1	81.8	81.5	83.4	82.7	80.6
林业	0.7	0.7	0.8	1.0	1.7	1.7
牧业	11.5	12.6	12.9	10.8	10.8	12.9
副业	4.4	4.6	4.5	4.4	4.5	4.3
渔业	0.3	0.3	0.3	0.4	0.3	0.5

资料来源:中国社会科学院、中央档案馆合编:《1953—1957中华人民共和国经济档案资料选编.农业卷》,中国物价出版社1998年版,第1142页。

"一五"时期,全国主要农产品环比增长速度如表4-22所示。

表 4-22　　　"一五"期间中国主要农产品环比增长速度　　　单位:%

年份	1953	1954	1955	1956	1957
粮食	1.8	1.6	8.5	4.8	1.2
棉花	-9.9	-9.9	42.5	-4.8	13.5
油料	-5.4	9.9	12.5	4.5	-17.2
甘蔗	1.3	19.1	-6.7	6.7	20.0
甜菜	5.5	95.8	61.3	3.1	-8.7
黄红麻	-54.9	-1.1	88.2	0.1	16.8
烤烟	-4.1	9.1	28.4	33.8	-35.9
猪	7.1	5.8	13.5	-4.4	73.6
大牲畜	5.6	5.6	2.8	-1.1	-4.5
水产品	13.7	37.1	10.0	5.1	17.7

资料来源:中国社会科学院、中央档案馆合编:《中华人民共和国经济档案资料选编(1953—1957)》(农业卷),中国物价出版社1998年版,第1143页。

随着农业生产的发展,大多数农产品的人均占有量和商品量都有所增加。1953—1957年按人口平均粮、棉、油、猪、肉类、水产品产量如表4-23所示。

表4-23　　"一五"期间中国主要农产品的人均产量

年份	1953	1954	1955	1956	1957
粮食（斤）	568	563	599	614	603
棉花（斤）	4	3.5	4.9	4.6	5.1
花生、油菜籽、芝麻三种油料（斤）	12	12.9	14.2	14.5	11.7
生猪（头）	0.16	0.17	0.14	0.13	0.23
猪、牛、羊肉（斤）					12.3
水产品（斤）	6.5	7.6	8.2	8.4	9.7

资料来源：中国社会科学院、中央档案馆编：《中华人民共和国经济档案资料选编（1953—1957）》（农业卷），中国物价出版社1998年版，第1144页。

1957年全国社会农副产品收购量中，粮食4579万吨，棉花141.2万吨，食用植物油133.8万吨，分别比1952年增长17.8%、29.9%和36.5%；肥猪收购量4050万头，水产品收购量171.7万吨，分别比1952年增长8.2%和87%。

（二）农业生产在国民经济中的地位

1953—1957年间农业在国民经济中所处的地位如表4-24所示。

表4-24　　"一五"期间我国农业在国民经济中的地位　　单位：%

年份	1953	1954	1955	1956	1957
农业劳动者占全社会社会劳动者的比例	83.1	83.1	83.3	80.6	81.2
农业总产值占工农业总产值的比例	53.1	50.9	51.8	48.7	43.3
农业净产值占工农业净产值的比例	70.6	69.0	70.0	67.4	62.3
农业净产值占国民收入的比例	52.8	51.9	52.9	49.8	46.8
农业利税占国家财政收入的比例	16.7	16.8	15.1	13.9	12.8
以农产品为原料产值占轻工产值的比例					81.6
农村零售额占社会商品零售总额的比例	51.7	53.1	53.3	50.8	49.7
农产品及加工品出口占总出口的比例	81.6	76.0	74.5	73.9	71.6

资料来源：中国社会科学院、中央档案馆编：《中华人民共和国经济档案资料选编（1953—1957）》（农业卷），中国物价出版社1998年版，第1143页。

农产品中工业原料作物生产的发展，促进了以农产品为原料的轻工业的发展。1957年以农产品为原料的轻工业产值为330.1亿元，比1952年增长70.6%；平均每年递增11.3%。农业生产的发展还为国家工业化建设提供了大量的资金。五年间，农民通过缴纳农业税累计向国家提供资金达150.68亿元，超过同期国家财政支援农业资金总额的51.3%。1957年农副产品及其加工品出口额达到11.4亿美元，比1952年增长70.3%，平均每年递增11.2%。五年内净出口粮食997万吨，为国家换回了大量的工业建设设备。五年间农产品出口贸易统计如表4-25所示。

表4-25　　　　"一五"期间中国农产品出口情况　　　　单位：亿元

年份	1952	1953	1954	1955	1956	1957	"一五"合计
农副产品（亿元）	16.08	19.39	19.33	22.44	23.71	21.85	106.72
占出口比重（%）	59.24	55.68	48.31	46.08	42.58	40.06	45.65
加工品（亿元）	6.20	9.02	11.08	13.83	17.44	17.19	68.56
占出口比重（%）	22.84	25.9	27.69	28.40	31.32	31.51	29.33

资料来源：《进出口贸易总额计划完成情况》，载中国社会科学院、中央档案馆编《中华人民共和国经济档案资料选编（1953—1957）》（商业卷），中国物价出版社2000年版，第1135页。

五年合计，农产品出口额和农产品加工出口额占我国贸易总出口额的74.98%。

（三）随着农业生产的发展，农民生活水平也有所提高

五年间，农民货币收入、购买力增长如表4-26所示。

表4-26　　　　"一五"期间中国农民货币收入、购买力增长情况

年份	1952	1953	1954	1955	1956	1957
农民净货币收入（亿元）	129.7	153.2	167.7	168.9	194.8	190.3
人均收入（元）	26.8	31.5	33.9	33.4	38.3	36.8
农民消费品购买力（亿元）	117.5	137.8	157.6	160.2	179.4	181.4
人均消费品购买力（元）	24.6	28.4	31.8	31.7	35.3	35.0

资料来源：中国社会科学院、中央档案馆编：《中华人民共和国经济档案资料选编（1953—1957）》（农业卷），中国物价出版社1998年版，第1164页。

以上是农村人口的货币收入与消费，加上实物消费，1957年全国农业人口平均每人消费额76.2元，比1952年增长17.8%，平均每年增长3.3%。实物消费以粮食为例，五年间农民粮食消费如表4-27所示。

表4-27　　　　　"一五"期间中国粮食消费情况　　　　单位：亿斤、斤

年份		1952	1953	1954	1955	1956	1957
农村粮食消费量		2850.3	2836.4	2773.9	2991.2	3232.3	3312.7
其中	农民留用	2286.3	2319.5	2269.5	2497.5	2738.4	2822.3
	生产用粮	367.0	384.5	385.8	420.9	488.8	533.8
	种子饲料	351.0	358.5	359.8	393.9	461.2	514.4
	生活用粮	2474.3	2451.9	2388.1	2570.3	2743.5	2778.9
农村人均生活消费		496.0	486.4	466.0	491.2	516.5	515.3

资料来源：中国社会科学院、中央档案馆合编：《中华人民共和国经济档案资料选编（1953—1957）》（农业卷），中国物价出版社1998年版，第1165页。

以上粮食统计数据为未经加工的原粮，按商品粮计算，1957年平均每人消费粮食410斤，比1952年增长6.8%。1957年农村人均消费食用植物油1.2公斤、食糖1.1公斤、棉布6米，分别比1952年增长11.8%、79%和28.8%。农村居民平均每人猪肉消费量比1952年下降20%。1957年农村社会商品零售总额235.8亿元，比1952年增长56%；其中消费品零售总额203.2亿元，比1952年增长48.2%。

综上所述，由于实行了促进农业生产发展的政策，增加了对农业的投资，农业新技术得到较快推广，农田水利建设有较快发展，促进了农、林、牧、渔各业全面增长；对国家工业建设和对外贸易做出了巨大的贡献；农民收入增加，农民生活水平也得到相应提高。

第五章 以工业为核心的基本建设推进

根据中国共产党提出的过渡时期总路线和制订"一五"计划的指导方针，第一个五年计划的首要基本任务是：集中主要力量进行以苏联帮助我国设计的 156 个建设项目为中心的、由限额以上的 694 个建设项目组成的工业建设①，建立我国的社会主义工业化的初步基础。这就使基本建设投资的资金来源、投资结构、投资项目、项目布局、建设程序等决策与实施在这一时期具有举足轻重的重要意义。

第一节 基本建设投资结构与基本建设体制的关系

"一五"时期基本建设的投资体制是统一集中管理的经济体制、统收统支的财政体制、一切信用集中于银行的金融体制的集中体现，其与优先发展重工业的基本建设投资结构相适应。这一体制产生并受制于当时的经济结构和国内外环境，取得了预期的效果，也导致了一系列新问题。

一 新中国的投资结构取决于旧中国的经济遗产

第一个五年计划所确定的工业化战略是优先发展重工业，建立国家工

---

① 国家为了便于管理和掌握重大的基本建设单位，按照我国的具体情况，规定出各类基本建设单位的投资限额。凡一个建设单位，不论其为新建、改建或恢复，它的全部投资额大于限额者，即为限额以上的建设单位，小于限额者，即为限额以下建设单位。例如，在工业方面，各类工业基本建设单位的投资限额规定如下：钢铁工业、汽车制造工业、拖拉机制造工业、船舶制造工业、机车车辆制造工业的投资限额为 1000 万元；有色金属工业、化学工业、水泥工业的投资限额为 600 万元；电站、输电线路和变电所、煤炭采掘工业、石油开采工业、石油加工工业、除交通以外的机器制造工业、汽车和船舶的修配工业、纺织（包括印染）工业的投资限额为 500 万元；橡胶工业、造纸工业、制糖工业、卷烟工业、医药工业的投资限额为 400 万元；陶瓷工业、除制糖行业以外的食品工业、其他各项轻工业的投资限额为 300 万元。

业化和国防现代化的基础；相应地培养技术人才，发展交通运输业、轻工业、农业和扩大商业。这一选择立足于一百年来中国追求近代化、现代化的历史和国民经济恢复时期结束时的中国国情。

19世纪中叶，西方资本主义以炮舰打开了中国的大门。此后，中国于19世纪后半期创建新式工业。当时，西方拼命向中国推销纺织品和鸦片，而中国人向西方寻求的却是如当时洋务派所说的"机船矿路"。"机"主要指兵器，"船"主要指战船，"矿"主要指煤矿，"路"指铁路。为了制造"机""船"，修筑铁路，钢铁的生产凸显出来。这些基础产业和基础设施都是追赶时代的。可以说，洋务运动的倡导者——从封建统治集团分化出来的开明派部分地捕捉到时代脉搏，认识到这些基础产业和设施对中国"求强""求富"的重要意义。然而，它们是一些投资高的产业，其中除了铁路以外，大部分是资本主义国家商品输出的项目。因此外国资本不肯在中国设置机械制造、钢铁冶炼等企业；中国的私人资本则功力不足；官办企业又管理混乱，风气腐败，不能正常生产；及至20世纪初叶，中国的"机船矿路"建设归于失败。正是由于基础工业和基础设施在国家近现代化过程中十分紧要，而发展起来又屡遭挫折、备感艰难，以至无数志士奋斗不息，矢志在新的社会条件下攻克这一难题。民主革命的先驱孙中山立志修5万公里铁路，新民主主义革命的领袖毛泽东、周恩来等决心建设独立完整的工业体系，都是其中的典型代表。中华人民共和国的成立，为中国的经济建设提供了新的契机。1949年9月29日，中国人民政治协商会议通过的《共同纲领》规定：应以有计划有步骤地恢复和发展重工业为重点，例如矿业、钢铁工业、动力工业、机械制造业、电器工业和主要化学工业等，以创立国家工业化的基础。同时，应恢复和增加纺织业及其他有利于国计民生的轻工业的生产，以供应人民日常消费的需要。必须迅速恢复并逐步增建铁路和公路，疏浚河流，推广水运，改善并发展邮政和电信事业，有计划有步骤地建造各种交通工具和创办民运航空。在这个曾经起过临时宪法作用的纲领性文件中，把变农业国为工业国作为奋斗目标，把恢复和发展重工业、发展交通等基础设施作为建设重点。而当时所谓重工业，主要为机械、能源、原材料等基础产业。这与近百年前的"机船矿路"何其相似。今日看来，这种选择来自对国情和对中国高速工业化途径的一种共识，其中有继承也有发展。

经历了 1949—1952 年国民经济恢复时期，新中国实现了国家财政收入根本好转的目标。1952 年，工农业总产值 810 亿元，比 1949 年增长 77.5%，比新中国成立前最高水平的 1936 年增长 20%，3 年平均递增率为 21.1%，主要工农业产品的产量已超过新中国成立前最高年产量。

但是由于中国的经济基础过于薄弱，所以尽管经济恢复和发展的速度很快，同世界经济强国比较，差距仍然是巨大的，能源、原材料等重要工业产品产量差距尤其突出。1952 年中国煤炭产量低于日本和印度，只相当于美国的 7.3%，英国的 14.6%，苏联的 18.9%；发电量只相当于美国的 1.6%，苏联的 6.2%，加拿大的 11%，英国的 9.7%，法国的 17.9%，日本的 14.1%；钢产量只相当于美国的 1.59%，苏联的 3.9%，英国的 8.1%，西德的 8.5%，日本的 19.3%。若按人均水平比较，工业水平低得惊人。1952 年，中国的人均钢产量只有 2.4 公斤，为美国的 0.5%，苏联的 1.3%，英国的 0.7%，日本的 2.9%；人均发电量只为美国的 0.4%，苏联的 2.2%，英国的 8.4%，日本的 20%。①

由于以能源、原材料、机械工业为代表的重工业基础过于薄弱，重工业已成为轻工业、农业等国民经济各业发展的"瓶颈"。当时，轻工业受到能源、原材料的制约，生产能力相对过剩。情况表明，中国在经济恢复到历史最高水平、经济增长取得较高速度的同时，国民收入总额和人均国民收入额绝对值与世界的差距还在加大。"落后挨打"的历史教训与朝鲜战争的严酷考验时刻鞭策着中国加速缩小这一差距，实现国家的工业化。为了尽可能迅速地缩小中国与发达国家尚存 100 年以上的差距，实现工业化，使中国富强起来，于是中国借鉴苏联的经验，遵循生产资料优先发展的经济理论，制定和实施了优先发展重工业，以建设"156 项"为核心的第一个五年计划。

对于这种历史的延续或继承，我国学术界在很长时间认识不足。20 世纪 50 年代学习和宣传斯大林的《苏联社会主义经济问题》一文时，学术界在论证政府的"优先发展重工业的积极的工业化方针"的过程中，曾用斯大林的一些片面观点解释我国的经济方针，归结为"只有通过内

---

① 董志凯：《中国经济分析（1949—1952）》，中国社会科学出版社 1996 年版，第 369—370 页。

部积累优先发展重工业才是社会主义工业化道路"① 等,在实践中还出现了某些更加片面的做法。相反,到了20世纪70年代末80年代初,当人们痛定思痛,反思历史经验教训时,又曾把50年代前期优先发展重工业的方针等一概笼统归咎于"照搬苏联模式",忽略了其中一些做法的历史内在联系,以致把一些本来在当时具有客观必然趋势的做法也斥之"照搬"而加以否定。事实上,一个国家工业化不是重复先前工业化国家的足迹,而要适应它所处时代环境,走自己的道路。20世纪50年代我国在优先发展重工业的指针下基本成功地奠定了工业化的初步基础,是由于经济建设投资的方针基本适应了当时的国际国内环境。

二 优先发展重工业的利弊得失

"一五"计划的工业投资中,重工业与轻工业投资的比重分别为88.8%和11.2%。这个比例比优先发展重工业的苏联的"一五"计划还要偏重于重工业。同时,在重工业内部,以机械制造业特别是国防工业带动整个工业的发展。由于"一五"计划开始时,朝鲜战争尚未结束(朝鲜停战协定于1953年7月27日签字),社会主义和资本主义两大阵营对峙的国际局势能否缓和,一时还难以估计。所以,当时中共中央认为我国的形势比苏联1928年开始建设时的形势还要严峻,迫使我们必须加快发展国防工业。在"一五"计划中,国防工业和国防科学研究系统所占投资比重是历史上较高的。在156个重点项目中,军工项目数占全部项目数的28.6%,军工投资额占全部投资额的20%,军工产品所需原材料种类多,加工度深,因而军工企业的发展对一大批重工业产业有很大的带动作用。

第一个五年计划的完成,使我国新增固定资产492亿元。工业能力大幅度提高,产业结构发生了明显变化,中国开始有了过去没有的现代化工业的骨干部门,如飞机、汽车、发电设备、重型机械、新式机床、精密仪表、电解铝、无缝钢管、合金钢、无线电和有线电的制造工厂等。基本建设投资的巨大成就,显著地改变了旧中国国民经济的技术面貌和部门结构,使中国工业化的物质技术基础得以初步建立。

优先发展重工业的战略方针在短期内所需要的大量资金、设备、技术、人才是依靠集中统一的经济管理体制实现的,它体现在计划、工业、

---

① 李学曾:《历史的思考和思考的历史》,中国社会科学出版社1990年版,第7页。

财政、基本建设、物资、劳动工资、商业物价、外贸等各方面管理体制中。1956年以前，由于有资本主义工商业、个体经济等多种经济成分的存在，在加强集中统一管理的同时，经济管理体制有一定的灵活性。例如，实行直接计划和间接计划相结合、指令性计划与指导性计划相结合，对国营经济实行直接计划（指令性计划），对其他经济成分实行间接计划（指导性计划）；重视运用各种经济手段，发挥价格、信贷、税收等经济杠杆的作用等。但随着社会主义改造任务的完成，直接计划的范围逐步扩大，忽视间接计划和经济手段，排斥市场机制的作用，主要依靠行政手段来实现产业调整和产业发展的目标。

在优先发展重工业的同时，对于其他部门和行业存在挤压和投资不足的问题，如化肥、农药、农机等支农工业的投资仅占总投资的2.9%。

三 资金筹集与投资体制变迁

"一五"时期的建设资金主要是通过内部积累取得的。1949年至1957年国家财政收入共计1736.93亿元，国外贷款仅占财政收入的3%，内部公债的比重也很小。在国家财政收入中，与农业有关的收入大约占45%[1]；直接来自轻工业部门（其中大部分与农业有关）的占21.3%—26.8%；来自商业部门（其中大部分也与农业有关）的占16.4%—23.5%；来自重工业部门的占8.4%—22.4%。财政收入中直接来自农业部门的占总收入的39.2%—12.8%，比重逐年下降，总计约298.18亿元。[2] 此外，偿还国外贷款主要靠出口农副产品。由此可见，传统产业与工业化的密切依存关系。同期国家财政和银行信贷用于农业的各项资金总额为123.1亿元，其中中央财政支出为99.6亿元，如加上地方各级政府对农业的各项投资、拨款，大体相当于从农业直接征收的财政收入。[3] 由于这个时期农业对城市提供的积累与国家对农业的投入相对合理，在优先发展重工业的同时，农业、轻工业都相应有所发展。1953—1957年，城市工业通过税收和价格"剪刀差"从农民那里提取的资金约占农业国民收入的18%，同期农民人均纯收入增长28%，农民生活消费年增长率为

---

① 《陈云文选（1956—1985）》，第47页。
② 财政部综合计划司编：《中国财政统计（1950—1985）》，中国财政经济出版社1987年版，第38、35页。
③ 《陈云文选（1949—1956）》，第365页；并参见《中国经济史研究》1988年第4期；崔晓黎：《统购统销与工业积累》，载《中国经济史研究》1994年第2期。

5.1%，工业的年增长率达28%。① 此外，原有工业初步恢复投产以后也为国家工业发展提供了资金、技术和劳动力。以东北工业为例，1950年国家从东北地区国营工业得到的利润和折旧费，约占东北地区国营企业收入的一半，到1951年，东北地区工业内部积累的资金，就相当于国家对东北的投资数。②

在资金、技术、物力、人力全面短缺的背景下，为了发展建设周期长、投入额度高的重工业企业，只有通过中央政府集中财力物力才可能进行。这样，在第一个五年计划时期，投资决策与投资管理均集权于中央。中央政府不仅就投资规模、投资结构、投资布局等做出宏观决策，而且担负着项目建设的微观决策和施工管理。1953—1957年，中央政府预算内基本建设投资531.18亿元，占基本建设投资总额的90.3%。为了适应这种决策和管理方式，新中国在计划经济体制的基础上，建立了以政府投资为主的基本建设投资体制。其中包括建立相关国家职能部门、金融机构，针对不同领域，建立基本建设投资拨款的管理和监督方式，处理中央与地方政府投资的关系等。

在这种体制下，新建、改建、扩建企业的固定资产投资项目和投资额度由国家统一计划，所需资金由国家财政无偿拨款，建设和生产用的物资由国家（通过物资供销部门）统一调拨，施工队伍由国家统一安排，劳动力由国家统一培养和分配，企业产品由国家统购包销，企业盈利全部上缴，企业亏损由国家财政补贴；中央对有限的投资实行集中统一管理：①中央支配财力约占75%，地方财力约占25%。②投资项目以中央各部门为主进行决策管理，全国年度投资总规模，各部门、各地区投资和项目，都由国务院和中央有关部门集中审批、统一安排。地方主要进行一些农林、城市公用设施、文教卫生等方面的建设，但项目仍然需由中央各部门指定，设计任务由国家下达。③计划管理的范围几乎包括了所有的项目，并且绝大多数基建投资资金由中央直接掌握。基本建设投资资金以及技术措施费、新产品试制费和零星固定资产购置费都由中央拨款解决。④限额以上建设项目和大部分限额以下的项目，都由国家拨款进行建设，形成了中央投资主体集权的格局。

---

① 许经勇：《论我国资金原始积累》，《新华文摘》1992年第3期。
② 汤黎之：《现有工业对国家工业化的作用》，中国工人出版社1955年版。

在"一五"计划的制订和实施过程中，如何调动地方财政的积极性，始终是一个值得探索的问题。早在1953年11月5日朱德在第二次全国民政工作会议上讲话：要发挥乡政权在各种建设中的积极性与主动性，要给基层政权以必要的财政物质基础。并强调"要进一步贯彻在中央统一领导下的财政分级管理的方针"。12月2日，朱德在听取中共中央书记处第一办公室财经组负责人邓力群汇报发展国民经济的第一个五年计划草案的说明时，指出：地方计划、地方财政、乡政权和乡计划等等，应该好好抓一下。要发挥地方的积极性，就必须从乡做起。[1] 1955年，朱德和正在北京的中共黑龙江省委第一书记欧阳钦、中共吉林省委第一书记吴德等谈话：要逐步建立中央、省、县、乡四级财政，各有独立性，这样才便于发挥地方的积极性和创造性。[2] 他认为：省一级是搞全盘规划的，但县区乡也需要有规划，同时各方面都要规划，基层必须由乡规划，因各乡情况有所不同，所谓"隔地不同天"。由下而上的预算，由上边统一综合，这样才有基础。[3] 1956年，毛泽东在《论十大关系》中也将中央和地方的关系置于第五大关系。中共八大政治报告决议中指出："在中央和地方的关系上，既须发挥中央各经济部门的积极性，又须发挥地方的积极性；既须纠正地方经济事业中盲目发展的偏向，又须纠正对地方经济事业注意不够和限制过多的偏向。"[4] 1957年11月15日，国务院公布《关于改进财政管理体制的规定》，主要内容是要扩大地方的财权，调动地方的积极性，首先是改变了原来中央对地方预算收支关系确定的原则。由"以支定收，一年一变"改为"以收定支，三年不变"。规定地方预算在执行过程中，收入超过支出，地方可以自行安排使用，年终结余，全部留给地方在下年度使用。其次提出了加强权力下放后中央全国平衡工作，建立健全的制度等。

---

[1] 朱德在全国财政厅局长会议上的讲话，1954年11月6日：《朱德年谱》（新编本）下，中央文献出版社2006年版，第1487页。
[2] 《朱德年谱》（新编本）下，中央文献出版社2006年版，第1513—1514页。
[3] 同上书，第1515页。
[4] 《中国共产党第八次全国代表大会文献》，人民出版社1957年版，第813页。

第二节 工业基本建设的结构与布局辨析

1953—1957年基本建设投资结构的特点为：①在优先发展重工业的方针下，重工业投资比重加大。1953—1955年农业、轻工业和重工业的投资占基本建设投资的比重分别为6.24%、5.86%和31.97%；1956—1957年分别为7.95%、6.86%和40.2%。重工业投资占工业总投资的比重由1951年的50%左右上升到第一个五年计划时期的85%。其中后两年进一步达到85.43%①。重工业建设的重点是冶金工业、机械工业、能源工业等基础工业。这种结构既与我国基础工业薄弱有关，也源于朝鲜战争爆发以后，国防工业建设的突出地位。尽管1956年随着国际形势的缓和，压缩了5亿多元国防建设投资用于加强基础工业，五年内中国国防工业实际完成的基本建设投资仍占重工业投资的14%。②突出铁路交通、地质资源勘探和建筑业的投资。这3个方面都是大规模建设的先行行业，五年中这3个方面基建投资121.27亿元，相当于同期工业基建投资的1/2，占同期全部基建投资588.47亿元的20.6%，是各个经济建设时期中比重最高的。其中铁路基本建设投资额为59.16亿元，新建铁路33条，比1952年通车里程增加22%，公路通车里程增加1倍，基本上适应了大规模基本建设的需要。③调整沿海与内地的关系，在内地建成一批新的工业基地。

一 重点建设项目确立的指导思想

对于第二次世界大战后中国经济如何发展，毛泽东于1944年在同美军观察组成员谢韦思的多次谈话中，曾经设想中美两国经济合作。他认为，在中国，工业化只能通过自由企业和在外国资本帮助之下才能做到；中国可以为美国提供"投资场所"和重工业产品的"出口市场"，并以工业原料和农产品作为美国投资和贸易的"补偿"②。但是战后国内外形势的发展使得中国共产党于1949年确立了向苏联"一边倒"的外交方针，

---

① 周道炯：《当代中国的固定资产投资》，中国社会科学出版社1989年版，第79、80页；《1950—1985年中国固定资产投资统计资料》，中国统计出版社1987年版，第79、97页。

② 参见董志凯等《延安时期毛泽东的经济思想》，陕西人民教育出版社1993年版，第114—115页。

相应形成了从苏联引进资金和技术的经济建设方针。

156项建设是新中国首次通过利用国外资金、技术和设备开展的大规模工业建设。在工业基础极端薄弱、建设经验近乎空白的条件下，党和国家领导人以高度认真负责的态度开展了建设项目的立项工作。在立项所用的5年左右时间中，我国一方面突破了西方资本主义国家的经济封锁，与苏联、东欧等友好国家建立了贸易往来，通过平等互利的贸易协议获得建设所需的资金、技术和设备；另一方面在利用苏方资金、技术和设备的过程中，强调从中国的实际情况出发，要在中国进行设计，要加快消化吸收，尽快培养中国自己的设计技术人才。为了提高建设效益，国家有关部门从1950—1955年进行了大量调查、勘察勘测、综合配套、反复比较等研究工作；经过多次调整修订，最后落实项目方案；在实施的过程中，又多次根据变化了的情况，及时加以调整，从而为项目的高效建设与投产奠定了基础。

苏联对中国的"无私援助"，是在资本主义封锁的严峻环境中，苏联的援助使中国突破了封锁，获得了当时即使在苏联国内也是相当先进的技术和设备；苏联的低息贷款使资金极端短缺的新中国减少了利息负担；在项目确立与实施的过程中，中苏双方相互尊重与体谅，配合默契、高效，取得了良好的效果。不过，这种援助并非单向的，也不是无偿的，而是通过贸易方式在平等互利、等价交换原则下实现的。中国也为苏联提供了其稀缺廉价的农产品、稀有矿产资源和国际通用货币等。特别是新中国经济的恢复和发展、新中国政权的巩固，有力地改变了世界的政治、经济格局，壮大了以苏联为首的社会主义阵营。

二 轻重工业投资比重与农轻重的关系

中国是农业大国，农业的情况关系到80%以上人口的命运问题。因此，投资中最大的矛盾是农业与工业的投资比例问题。"一五"计划的征求意见稿发出不久，农村工作部的一位副部长就于1954年2月23日给邓子恢[①]写信反映这个问题。[②] 这些意见不能说不是忠心耿耿的肺腑之言，增加对农业的投资是十分合理的要求，但是资金有限，发展重工业的项目也已经一压再压，如没有基本的资金保障，建立中国自己的工业体系

---

① 邓子恢（1896—1972），当时任中共中央农村工作部部长。
② 详见董志凯、吴江《新中国工业的奠基石——156项建设研究》，广东经济出版社2004年版，第116—119页。

则有可能全盘落空。面对这个难题，陈云等制订五年计划的领导人颇费心思，为了在大量投资于重工业时，又能够避免苏联的教训，使农业不仅不减产，还要增产，陈云提出农业增产有三个办法：开荒、修水利、合作化。这些办法都要采用，但见效最快的，在目前，还是合作化。五年内对农业（包括林业和水利）投资为49亿元，占经济建设支出的9.5%。这里应指出，五年内直接或间接对农业的投资还有下列各项：地方农业水利投资5亿元，军垦费用5亿元，农村救济费15亿元，治理黄河5亿元，银行长期农贷10亿元，以上共计40亿元。如果这些费用加上原计划中对农业的投资，就不是仅占经济建设总支出的9.5%，而是在15%以上，并不算低。对农业，可以准备几个后备计划，争取在年度中增加投资。①

五年计划规定，轻工业投资与重工业投资比例分别为12%和88%。但当时轻工业的增产，主要还不是增加投资的问题，而是原料问题。轻工业的原料，一方面来自农业，如棉花、油料、甜菜、甘蔗等；另一方面来自重工业，如薄钢板、铝、化学产品等。在这些原料还不能大量增产以前，增加轻工业的投资是没有多大用处的。轻工业当时的生产设备利用率很低，只要稍加调整，就可以增产很多。不仅就生产能力来说轻工业有很大的潜力，而且就资金来说，也有很大后备力量。因为除去国家预算拨款外，可以投资于轻工业的还有公私合营及私营企业的公积金，有地方工业的投资，还有社会游资可吸收。如果迫切感到轻工业产品需要时，建立工厂也较容易。从1953—1957年，五年累计实际完成的重工业基本建设投资为212.79亿元，占同期全部基本建设投资总额588.47亿元的36.1%，占工业基本建设投资250.26亿元的85%。重工业中，冶金、机械、国防工业以及相应的能源工业等部门实际完成的投资占重工业投资的90%多。轻工业的投资亦逐年增长，以1952年为基期，年均增长30%，只有1955年的投资额较1954年下降了1/4，主要是因为1954年棉花减产而削减了纺织工业的建设项目。

对于轻重工业投资的比例，"八大"前后中共中央曾经有许多反思与创新的思想。1956年4月24日、25日下午，毛泽东在中南海勤政殿主持

---

① 货币单位为旧币，10000元相当于1955年币制改革后的新币1元。参见陈云《关于第一个五年计划的几点说明》，1954年6月30日，载《陈云文选》第二卷，人民出版社1988年版，第237—239页。

召开有各省市自治区党委书记参加的中共中央政治局扩大会议上，发表《论十大关系》的讲话。他以苏联的经验过鉴戒，提出了调动一切积极因素，为社会主义事业服务的基本方针，论述了社会主义革命和建设中的十大关系。其中第一条即重工业和轻工业、农业的关系。他指出，重工业是我国建设的重点，但是决不可以因此忽视生活资料尤其是粮食的生产。我们现在发展重工业可以有两种办法，但是决不可以因此忽视生活资料尤其是粮食的生产。我们现在发展重工业可以有两种办法，一种是少发展一些农业、轻工业，一种是多发展一些农业、轻工业。从长远观点来看，前一种办法会使重工业发展得少些和慢些；后一种办法会使重工业发展得多些和快些，而且由于保障了人民生活的需要，会使它发展的基础更加稳固。① 这是一个富有哲理的长期发展方针。此后于1957年1月18日，毛泽东主持省市自治区党委书记会议，在陈云做关于财政经济问题的报告间曾多次插话，提出要重工业又要人民的议题。他说：各部门之间的比例究竟怎样平衡才恰当？重工业各个部门之间的比例，轻工业各个部门之间的比例怎样平衡才恰当？这个比例再搞五六年是不是能搞得出来？我希望缩短这个时间。建设这个过程，我希望缩短时间，并且不要付那样大的代价。苏联是付了很大代价的，竭泽而渔，搞二十一年，钢从四百万吨只增加到一千八百万吨。我们是不是可以也在同样的时间，不采取那个竭泽而渔的办法，把我们的重工业建设得比它还多一点呢？苏联付出的代价相当大，有了重工业，丧失了人民。我们是不是可以又有重工业，又得了人民？这个问题没有解决，要靠以后找出一条道路来。现在脑筋里想的是主观安排，有很多东西可以断定是不合实际的。保证必要的民生，无非是使轻工业发展起来，这是增加积累的道路。重工业、轻工业投资的比例问题，要重新研究，现在可不可以七比一？苏联是重工业九、轻工业一；我们是重工业八、轻工业一，准备七比一。就是说，在轻工业方面要多投点资，这样恐怕有利。适当地（不是太多地）增加轻工业方面的投资、农业方面的投资，从长远来看（五年、十年），既可以搞积累，又满足了人民的需要，反而对于重工业的发展的利。这样一来，就跟苏联走的那条路有点区别，不完全抄它那条路。但是不能光讲，要在具体实行时，比如在

---

① 中共中央文献研究室编：《毛泽东年谱（1949—1976）》第2卷，中央文献出版社2013年版，第566—567页。

物资分配和材料分配时，哪方面为第一，哪方面为第二，搞出一个界限来。现在，陈云同志搞出了一个界限。他说是先满足轻工业、农业最低限度的需要，第二才满足基本建设。没有这一条就没有个界限。十二年以后，农业要有大发展，要由古代农业转为近代农业。农业大量增产，生活是一定会改善的，是有希望的，社会主度是一定会有优越性的。第一个五年计划，是以工业、交通为主。所谓工业，就是重工业。至于轻工业、农业，是"行有余力，则以学文"。这是制订第一个五年计划以及后头实行的基本办法。现在要采用你讲的第二种方法，是先搞轻工业、农业，行有余力再搞重工业。轻工业、农业当然是最低限度的，必要的，业在投资里头总是居最大多数。即使搞到六比一，重工业、交通也是要占六，轻工业和农业占一。国防工业的投资和非国防工业的投资的比例，要重新考虑。国防工业是消费性的，你建立那么多，民用工业没有搞起来，将来真正打起仗来就不能打了。因为你没有经济基础，基本工业投资少，滑建立起来。经济基础行了，普遍民用工业投资用的数字大了，即使国防工业用得少，打起仗来也有办法。它一变、一转，就是了。中国民用工业没有基础，三个五年计划恐怕是不够的，可能要四个五年计划，就是说要二十年，至少十五年。二十年以后，我们的国防就有一点底子。那时要打仗，我有了十五年至二十年的工业基础，要造什么武器就容易。①

周恩来关于发展国民经济的第二个五年计划的建议的报告也指出：经验证明，以重工业为中心的工业建设，是不能够也不应该孤立地进行的，它必须有各个方面的配合，特别是农业的配合。农业是工业发展以至整个国民经济发展必不可少的条件。延缓农业的发展，不仅直接地影响轻工业的发展和人民生活的改善，而且也将极大地影响重工业以至整个国民经济的发展，影响工农联盟的巩固。因此，在第二个五年计划期间，我们应该继续努力发展农业，求得农业和工业的发展互相配合。②

三 沿海与内地布局的变化因素

1953—1957年第一个五年计划时期，顾及可能发生的战争威胁，并且为了改变西部地区工业的落后面貌，国家实施了"在沿海地区的工业

---

① 中共中央文献研究室编：《毛泽东年谱（1949—1976）》第2卷，中央文献出版社2013年版，第565—566页。

② 《周恩来关于发展国民经济的第二个五年计划的建议的报告（一九五六年九月十六日）》，载《中共中央文件选集》第24卷，人民出版社2013年版，第189页。

一般不扩建、新建"的方针，这一时期沿海新建企业少，投资比重下降，增长速度缓慢；内地新建企业多，投资比重上升，增长速度较快。"156项工程"主要分布在哈尔滨、齐齐哈尔、吉林、长春、沈阳、抚顺、包头、西安、洛阳、太原、兰州、成都、武汉、株洲等城市。106个民用工业企业中，有50个设在东北，32个设在中部；44个国防企业有35个布置在中、西部地区，其中21个安排在川陕两省。当时的布局主要出于以下考虑：第一，就近资源。冶金化工企业安排在矿产资源和能源充足的地区；机械工业安排在能源、原材料产地附近。第二，有利于改善落后地区经济面貌。第三，国防安全。①

情况表明，这一时期区域投资部署的原则为均衡发展战略。

在第一个五年计划沿海与内地投资比例分别为46.7%和53.3%的基础上，1958、1959年内地投资比重增加的趋势进一步扩大，内地投资平均超过了60%，其中1958年内地投资的比重为50.76%，1959年投资的比重为63.81%。

按照计划安排投资、实际完成投资以及"一五"时期完成投资的排序基本上是一致的，辽宁省是这三方面投资最多的省份，所占比重分别为22.7%、25.9%和33.0%；其次投资比较多的省份是黑龙江、陕西、河南、内蒙古、湖北、吉林、甘肃和山西，这8省的计划安排投资达1381287万元，占68.4%，实际完成投资1278524万元，占65.0%；"一五"时期完成投资为627821万元，占58.6%。

通过"156项工程"以及为其配套项目的建设，我国工业布局迅速展开。由于一个重点项目可以带动所在地区的工业、交通运输、商业、服务业的全面发展，有利于城市建设，也便于城镇人口就业，因而，"156项工程"在各省的布局，极大地促进了该省经济的发展。随着工业建设的迅速发展，在中国大陆辽阔的国土上，特别是在大规模建设工业企业的京广路沿线及京广路以西地区，出现了许多新工业城市、新的工业区和工业镇。许多过去工业基础较为薄弱的城市，已逐步成为新兴的工业城市，如哈尔滨、长春、包头、兰州、西安、太原、郑州、洛阳、武汉、湘潭、株州、重庆、成都、乌鲁木齐等。全国共新建了6个城市，大规模扩建了

---

① 比如，当时审查厂址时，要把厂址标在地图上，并用直线标出它与中国台湾、南朝鲜、日本等地美军基地的距离，说明美国的什么型号的飞机可以攻击到它。参见薄一波《若干重大决策与事件的回顾》（上卷），中共中央党校出版社1991年版，第299页。

20个城市，一般扩建了74个城市。①

这样的布局，一方面导致在相对较短的时间内，极大地促进了内地工业经济的发展，改善了全国的工业布局；另一方面也造成沿海地区投资不足的问题。1956年，毛泽东感觉到对内地建设的过多关注势必影响沿海工业的巩固和发展，使其原有的优势得不到很好的发挥，于是指出："过去朝鲜还在打仗，国际局势还很紧张，不能不影响我们对沿海工业的看法，现在新的侵华战争和新的世界大战，估计短时期内打不起来，可能有十年或者更长一点的和平时期。这样如果不充分利用沿海工业的设备能力和技术力量那就不对了。"② 在"论十大关系"时，他强调了"沿海的工业基地必须充分利用"，好好地利用沿海和发展沿海的工业老底子。③ 20世纪50年代后期，中国的工业布局注意了投入产出问题，国家的投资兼顾了见效快、效益高的东南沿海省区。

第三节 工业基本建设决策的实践

以"156"项为核心的"一五"时期的大规模工业基本建设，从1950年第一个项目开始建设，到1969年最后一个项目竣工投产，"156项"中实际实施的150项，历时19年全部建成。与1953年签订协议时的计划比较，整整推迟了10年。其中的原因，既有制订计划时对困难估计不足的因素，也有计划实施过程中政策与体制失误的耽搁，还有国际环境与中外关系变化造成的冲击。实践表明，在20世纪后半叶国内外动荡的环境中，能够争取到数十年的和平建设环境，能够渡过中国工业化的初级阶段是多么不易。

一 "外援"与"引进"的利用

在"156项"重点工程的建设中，苏联政府和人民曾给予了我国巨大的帮助，不仅提供了必要的资金和设备，而且从勘察地质、选择厂址、搜

---

① 详见董志凯《论20世纪后半叶中国大陆的城市化建设》，载《中国经济史研究》1998年第3期。
② 《毛泽东选集》第五卷，人民出版社1977年版，第270页。
③ 中共中央文献研究室编：《毛泽东年谱（1949—1976）》第2卷，中央文献出版社2013年版，第567页。

集设计基础资料、施工设计、指导建筑安装、开工运转、供应新产品技术资料等方面都给予了全面系统的援助,另外有 3000 多名苏联顾问和专家还直接参与了工程建设工作。对此,陈云曾经说过:"第一个五年计划中的一百五十六项,那确实是援助,表现了苏联工人阶级和苏联人民对我们的情谊。"① 斯大林去世后,赫鲁晓夫把中苏两党之间的思想分歧扩大到国家关系方面。1960 年 7 月 16 日,苏联政府背信弃义,突然照会中国政府,单方面撕毁了对中援助合同,并决定自 1960 年 7 月 28 日到 9 月 1 日,撤走全部在华苏联专家。苏联撤走专家使"156 项"进入自主建设阶段。在苏联突然停止专家、技术援助的情况下,我国人民发扬"独立自主、自力更生"的精神,攻克了建设过程中碰到的一个个技术难关,成功完成了剩余项目的建设工作。在"独立自主、自力更生"精神鼓舞下,我国先后完成了"两弹一星"的研制工作。由于吸取了以往的经验教训,正确处理了学习外国先进技术与独立自主、自力更生的关系,我国方能取得经济建设的巨大胜利。

(一)"封闭"不可能工业化

如前所述,对于第二次世界大战后中国经济如何发展,毛泽东早在 1944 年就指出,在中国,工业化只能通过自由企业和在外国资本帮助之下才能做到;中国可以为美国提供"投资场所"和重工业产品的"出口市场",并以工业原料和农产品作为美国投资和贸易的"补偿"。

1950 年 1 月初,毛泽东在莫斯科向斯大林提出,希望苏联有关部门速派水电站方面的专家前往东北松花江小丰满水电站,现场调查那里堤坝遭到破坏的情况,并采取必要的措施。1 月 10 日凌晨,周恩来率领由李富春、叶季壮、欧阳钦、吕东、张化东、伍修权、赖亚力等组成的中国政府代表团乘火车赴莫斯科,与毛泽东一起同苏联政府谈判。1 月 22 日,在与斯大林的第三次会谈中,毛泽东提出,在中苏两国将要签订的条约中,最重要的问题是经济合作。2 月 14 日,中苏两国正式签订了《中华人民共和国中央人民政府和苏维埃社会主义共和国联合政府关于贷款给中华人民共和国的协定》。其中规定,苏联按年利 1% 贷款给中国 3 亿美元,用以偿付为恢复和发展中华人民共和国经济而由苏联交付的机器设备与器材,中华人民共和国政府以钨、锑、锡、铅等工业原料以及农

---

① 《陈云文选》第三卷,第 286 页。

产品、美元现金等分10年付还贷款及利息。1950年9月30日,两国互换协议批准书。①

1950—1959年年底,我国共向苏联、东欧国家及资本主义国家订购成套设备415项,个别项目和设备158项,约值人民币191.97亿元。1957年年底以前支付了43.75亿元。其中向苏联订购成套设备304项,个别项目和设备65个,约值人民币158.97亿元,1957年年底以前已支付34.4亿元。东欧国家成套项目108个,个别项目和设备83个,约值人民币32.51亿元,1957年以前已支付8.21亿元。并从西方国家(瑞士、瑞典、比利时、丹麦、英国)引进3个成套项目,10个个别项目和设备订货,约值人民币0.49亿元,1957年以前已支付0.13亿元。

这个时期从苏联引进的"156项"工业工程,包括地质勘探、选厂址、供应设备、建筑安装和开工运转的全过程,都得到了苏联的巨大帮助,同时还从苏联聘请了大批专家和引进了建设资金。

(二)"外援""引进"必须消化吸收

"一五"时期不仅重视引进技术设备,并且在科研、设计、施工、管理等环节重视学习和培训技术人员和技术工人,使得科学技术水平在引进技术设备的过程中能够同步提高,较快地提高了使用能力、消化能力和创新能力。

中国通过购置成套设备、工艺资料和其他技术资料,从苏联得到了重型机器设备、机床、量具刃具、动力设备、发电设备、矿山机械、采油设备、炼油设备、汽车、履带式拖拉机、仪表、轴承、开关、整流器、胶片、重型火炮、坦克、坦克发动机、米格喷气式战斗机、飞机发动机、火箭等产品的设计及其制造技术,以及合金钢、石油产品等加工技术。另外,还通过科学技术合作和其他渠道向中国提供了机床、汽车、拖拉机、动力机械、铁路机车、电工器材、兵器等产品的设计或制造工艺资料。其中,大多数产品是中国过去没有的类型与规格,或者即使有,也很落后。"一五"时期,中国机械工业在引进苏联技术和测绘仿制的基础上发展了4000多项新产品。"156项"工程所需设备,由国内机器制造厂分交供货

---

① 中国社会科学院、中央档案馆编:《中华人民共和国经济档案资料选编(1949—1952)》(基本建设投资和建筑业卷),第87—88页。

的比重，按重量计算是 52.3%，按金额计算为 45.9%。① 由国内制造的设备中，大部分由苏联供给产品图纸。而如果没有消化吸收，没有掌握技术、机床、制造设备的人才，即便买回图纸，我们也制造不出来。中国成功地引进苏联技术的关键之一，是技术人才和技术管理人才的成长。在中国和苏联的学校、科研院所、设计机构、企业等部门，一些青年技术人员得到了培养锻炼。② 然而，高级技术人才还是满足不了实际需要。同时，工业企业的基层管理干部仍然很弱。③

中国技术人员通过消化苏联的产品设计和相关资料，分析和揣摩苏联的设计思想和方法，以此为基础仿制出一些新产品。同样，中国技术人员也模仿了已经引进的产品制造工艺，将其用于制造类似的产品。如南京汽车制造厂仿制苏联嘎斯 51 型 2.5 吨载货汽车；洪都机械厂仿造苏联 50 年代初生产的 IVl72 型摩托车。通过技术实践和消化苏联提供的技术资料等，中国的企业和设计机构形成了重要产品的设计能力。到 1957 年，哈尔滨电机厂设计了 10000 千瓦的水电设备，上海三大动力设备厂在捷克斯洛伐克图纸基础上设计了 2500 千瓦、6000 千瓦、12000 千瓦汽轮发电机组，大连机车车辆厂设计了大型货运机车等。

二 地质勘测与设计业的成长

地质勘探工作是大规模工业建设的基础，勘察工作是正确设计、良好施工的基础。"一五"时期，地质勘探、测绘、勘察设计业发展较快，为新中国工业化所需能源、原材料的开发利用奠定了基础。

（一）地质勘探、普查和测绘的发展

中国原有的地质工作基础薄弱，从开始有专业地质工作的 1907 年起

---

① 按照 1955 年的另一粗略统计，苏联设计和援建"156 项"工程所需设备的 30%—50% 是由国内制造的。参见《建国以来重要文献选编》第 5 册，中央文献出版社 1993 年版，第 453 页。薄一波在 1958 年 2 月宣布，"156 项"工程建设所需设备中，由国内制造的部分将由 1957 年的 42% 左右，提高到 1958 年的 60% 左右，参见《建国以来重要文献选编》第 11 册，中央文献出版社 1995 年版，第 119 页。

② 自 1951 年 9 月至 1958 年年底，中国共派出实习生 7154 名（不包括二机部）。其中 1951—1952 年为 156 人，1953 年为 202 人，1954 年为 1208 人，1955 年为 2652 人，1956 年为 2162 人，1957 年为 401 人。

③ 如西安的两个航空附件厂，1957 年各有职工 5000 名左右，装备有现代化的设备，而两个厂的厂长虽然经过多年战争的锻炼，但都只是小学毕业，工作上感到吃力，工厂党委书记一般比厂长还要弱一些，参见《建国以来重要文献选编》第 10 册，中央文献出版社 1994 年版，第 279 页。

到1949年，累计钻探进尺不到15万米，全部地质技术人员不到200人，没有做过严格系统的勘探工作，远远不能适应"一五"时期工业建设的需要。

"一五"计划规定地质工作的任务是：第一，保证五年内开始新建企业设计所必需的矿产储量。第二，加强对某些从前没有发现或者很少发现的和目前特别缺乏的资源（例如石油）和地区分布上不平衡的资源的普查工作和勘探工作。第三，有计划地展开全国矿产的普查工作，进行部分区域地质调查等工作，保证第二个五年计划所需的矿产储量，并为第三个五年计划所需的矿产储量准备资源条件。第四，加强水利资源和综合流域开发的地质勘查工作，保证"一五"计划期间重要水利工程和水力发电工程所需的地质资料，并为第二个五年计划所需的水利资源开发做好准备工作。

1952—1957年，地质勘探费平均每年递增117%，钻探进尺平均每年递增125%。到1957年，地质勘探技术力量发展到1.9万多人，共完成地质钻探1272万公尺，相当于地球的直径；完成地质测量172万平方公里，等于我国国土面积的17.5%。1957年全国地质勘探工作总量比1952年增加了12倍，其中地质普查工作增加了18.5倍。仅煤炭地质勘探方面就培养了包括测量、地质、钻探、地球物理勘探、水文地质、工程地质、煤质化验等各工种的职工5万多人，拥有钻机662台和各种物探设备。这支队伍先后勘探了72个煤田，基本探明了多数老矿区的地质全貌，为建设开滦范各庄、吕家坨等新矿井提交了可靠的地质资料；还发现了一批储量丰富、开发条件好的新煤田，如淮北的宿蒙，山东的肥城、济宁、滕县等，从而为新区建设做了开路先锋。

到1957年年底，全国已探明铁矿石储量55.8亿吨；发现了新疆克拉玛依、四川中部及青海等地的油田，还探明了用于化学肥料生产的3.6亿吨磷矿。"一五"计划原本要求对19种矿产进行勘察，取得进行工业设计所需要的储量。结果是对74种矿产进行了勘察，有63种取得了可供工业设计使用的储量。与1949年前对这些矿产储量估计数字相比较，一般都为原来估计储量的4—5倍，铜的储量较1949年前估计数字大14倍，钼的储量增加50倍。在"一五"计划期间查明的石油储量虽还不能满足国家的要求，但和1949年前所知的石油储量相比较，增长32.5倍，而且还开始了面积共达200万平方公里，包括新疆、柴达木、华北平原、松辽平原、四川盆地、鄂尔多斯、广西、贵州等地的石油地质普查。几年来的勘探结果初步改变了以往认为中国贫油、贫矿的看法。

"一五"计划期间，还在华北、松嫩、关中等平原，内蒙古、河西走廊、四川、新疆等地，开展了综合性的区域水文地质调查工作，为实现农田水利化提供了一部分必要的资料。同时进行了北京等15个城市的地下水供水勘察工作，建立了一批地下水长期观测站，提供了工业与居民用水的地下水资源；还提供了对矿区用水和井下排水所需的水文地质资料，为矿山的安全生产创造了条件。在工程地质方面，进行了长江、淮河、黑龙江等流域的规划工作；进行了长江三峡、黄河三门峡、汉水丹江口等200多个大中型水库工程地质勘察工作；完成了宝成、集二等8条铁路和武汉长江大桥桥基工程地质勘查工作等。

通过重点勘探工作锻炼了队伍，学会了包括地质、钻探、地球物理勘察、地球化学勘察、地形测量、化验测试等多工种的联合作战，能够按照工业利用的观点来评价矿床，用经济合理的步骤与方法安排工作。1956年，新建了成都地质学院，连同北京、长春两院，地质学院已达3所，地质学校也增为10所，还建立了一批技工学校。除中国科学院的地质科研机构外，地质部已先后建立了地质矿产、矿物原料、水文地质、地球物理探矿、勘探技术5个研究所和地质力学研究室。绝大部分省、自治区地质局也已设立，为更大规模的勘探和普查工作打下了良好的基础。

面对国土西部基本上无地形图可用的尖锐矛盾，地质部于1954年成立测绘局，由李廷赞任局长，迅速组建和发展测绘力量。1955年到1957年三年内陆续组建起3个大地测量队、3个地形测量队以及航摄队、大地计算队、航测队、制图（包括印图）队各1个，测绘人员迅速扩大到3300人，其中专业技术人员1200多人。同一时期对柴达木、祁连山、西宁、鄂尔多斯等地质普查区共43万平方公里，按总参测绘局制定的作业规范细则布测了一、二等大地网，用航测方法进行了1∶10万比例尺测图，揭开了在中国西部地区开展基本测绘的序幕。水利部的测绘队伍也随着各大江大河的规划和大型水利工程建设的开展逐步壮大。1955年水利部黄河水利委员会（以下简称黄委）根据黄河水利规划的需要，扩建测量总队，在黄河流域中游8万多平方公里的地区内开展了一、二等大地网布测和1∶5万比例尺地形图施测工作。水利部长江水利委员会和珠江水利委员会也分别组建了测量队伍，进行了各自管辖流域范围内的精密水准测量和地形测图工作。铁道部积极研究采用航测技术进行选线,在兰新铁路的修建工程中取得了新的突破。

(二) 勘察设计业的发展

为了迎接从1953年开始的建设高潮,中国政府决定积极发展自己的勘察设计与施工力量。1952年10月,陈云在中央财政经济委员会召开的会议上要求迅速建立和充实设计机构与施工机构。至1952年年末,全国勘察设计职工达到2.3万人。1952年建筑工程部成立,1953年成立中央设计院,院内成立勘测室。1954年勘测室改为勘察公司,在此基础上,于1956年成立建工部综合勘察院,全国各省、自治区、直辖市的建筑行业也先后建立了不同规模的勘察队伍。在有关大专院校及中等专科技术学校里,相继开设了工程地质、水文地质、工程测量、工程物探等与工程勘察有关的专业。高等院校与科研单位开始招收勘察设计研究生。1954年,中国已经形成了一支较正规的勘察队伍。

"一五"时期建设的"156项"工程中,中国的勘察设计人员在苏联专家指导下工作,担负提供勘察资料、配合工艺设计、参加部分施工图设计的任务。"一五"计划工业建设一半左右的设计任务由中国设计人员担负,铁道、交通、邮电、水利以及民用建筑等基本建设已全部由中国人设计。为了弥补勘察设计力量的不足,1956年上半年全国基本建设会议以后,标准设计和重复使用图纸的利用率提高。1956年上半年各部对标准设计和重复使用图纸的利用率,工业设计平均约达40%,民用建筑设计平均达70%。重复利用图纸和采用标准设计所节省的工日约达600万个。在设计思想上,批判和扭转了设计工作不重视经济、适用,单纯追求美观的复古主义和形式主义思想,降低了非生产性建设的设计标准。

"一五"时期,勘察设计工作有了很大的发展,但是直至"一五"计划后期,设计工作仍然是落后的,这表现在以下几个方面:第一,勘察设计远不能满足国家建设的需要。一方面,还不会设计技术复杂的工程;另一方面,能够进行的设计进度较慢,质量不高。第二,各方面的协作配合不够。主要表现为地质资料供应不及时,且错误较多,因而影响设计进度,造成返工。第三,设计力量不足。1955年比1953年工作量增长165.4%,设计人员仅增长83.4%,大部分是刚刚毕业的学生。第四,生产管理落后。

1956年2月,国家建委召开了全国基本建设工作会议。会上讨论了

《关于加强设计工作的决定（草稿）》。同年5月8日，国务院常务会议通过并发布了这个决定。针对当时勘察设计队伍力量不足、技术水平和管理水平低等问题，《决定》提出了有计划地培养、补充设计技术干部，按照专业化原则调整设计机构，加速编制和广泛采用标准设计等措施，要求全国的勘察设计力量在5年时间内能独立担负各行业的勘察设计任务。

到1957年年末，全国独立的勘察设计机构已发展到198个，职工总数达15万人，比1952年增加5倍多，初步建立起了集中、统一的勘察设计机构。国务院主要部门都建立了自己的勘察设计队伍。冶金、水电、建筑、铁道等部门的勘察设计力量都达到1万多人；机械、煤炭、石油、化工、纺织、轻工、交通、邮电和林业部门的勘察设计力量分别达到2000多人。全国勘察设计队伍按行政区分布，其中华北区5.1万人，东北区2.2万人，华东区1.7万人，中南区2.9万人，西南区1.8万人，西北区1.5万人。铁道部下属4个千人以上的大设计院，分布在西北、西南、华北和中南4个大区。建筑工程部下属6个工业建筑设计院，每个大区有1个。勘察设计队伍的技术水平也有了提高，技术人员虚心好学、刻苦钻研、边干边学，较快地掌握了各主要工业项目的设计技术。"一五"计划后期，中国自行设计的大冶特殊钢厂、寿王坟铜矿、淮南谢家集二号矿井等项目，都已经接近和达到"156项"工程的技术水平。

三 "条条"与"块块"的协作配合

在资金、技术、物力、人力全面短缺的背景下，为了发展建设周期长、投入额度高的重工业企业，只有通过中央政府集中财力物力，才可能进行。这样，在第一个五年计划时期，投资决策与投资管理均集权于中央。中央政府不仅就投资规模、投资结构、投资布局等做出宏观决策，而且担负着项目建设的微观决策和施工管理。1953—1957年，中央政府预算内基本建设投资531.18亿元，占基本建设投资总额的90.3%。

在这一体制下，新建、改建、扩建企业的固定资产投资项目和投资额度由国家统一计划；所需资金由国家财政无偿拨款；建设和生产用的物资由国家（通过物资供销部门）统一调拨；施工队伍由国家统一安排；劳动力由国家统一培养和分配；企业产品由国家统购包销；企业盈利全部上缴，企业亏损由国家财政补贴；中央对有限的投资实行集中统一管理。(1) 中央支配财力约占75%，地方财力约占25%；(2) 投资项目以中央各部门为主进行决策管理，全国年度投资总规模，各部门、各地区投资和项目，都由国务院和中央有关部门集中审批，统一安排。地方主要进行一些农林、城市公用设施、文教卫生等方面的建设，但项目仍然需由中央各部门指定，设计任务由国家下达；（3）计划管理的范围几乎包括所有的项目，并且绝大多数基建投资资金由中央直接掌握。基本建设投资资金以及技术措施费、新产品试制费和零星固定资产购置费都由中央拨款解决；（4）限额以上建设项目和大部分限额以下的项目，都由国家拨款进行建设，形成了中央投资主体集权的格局。

为了适应这种决策和管理方式，新中国建立了以政府投资为主的基本建设投资体制。其中包括建立相关国家职能部门、金融机构，针对不同领域，建立基本建设投资拨款的管理和监督方式，处理中央与地方政府投资的关系等。

（一）各级计划机构的建立与基本建设管理职能的确立

1949—1952年的国民经济恢复时期，中央人民政府管理基本建设的职能部门很少，只有政务院财政经济委员会计划局的基建处，主管全国基本建设、城市建设和地质勘探工作。为了迎接大规模的经济建设，1952年，中央人民政府成立了国家计划委员会，管理全国基本建设年度计划和中期规划。

一年以后，随着大规模经济建设的展开，仅有国家一级计委已难以管理大量基建工作。1954年2月1日，中共中央发出了关于建立与充实各级计划机构的指示，要求国家各职能部及所属专业局、省（市）和省属市以上的部门机构，于1954年6月底以前建立和健全计划机构，各基层企业单位不得迟于1954年年底，建立和健全计划机构及县（旗）计划机构。于是国家各部门、各级政府直至企业着手建立计划机构。

各部门的计划机构负责编制年度和长期的基本建设计划，检查和报告计划执行情况；各地方计划机构，在制订本地区基本建设计划的同时，制订各种必要的措施和计划，以尽可能按国家计划保证供应直属中央各部的企业所需的原材料和劳动力，并将本地区的各项建设与中央各部在本地区建设的企业联系起来，协助这些企业完成国家批准的建设计划。

（二）国家建委和地方建委的设置

1953年以后，基本建设项目普遍上马，为了加强对基本建设的管理，根据1954年9月第一届全国人民代表大会第一次会议通过的《中华人民共和国国务院组织法》的规定，1954年11月，中央人民政府成立了国家建设委员会（简称国家建委）。

根据苏联经验和我国建设的需要，国家建委的主要任务为：按照中共中央和国务院规定的方针政策，国家批准的计划，从政治上、组织上、经济上、技术上采取措施，保证国家基本建设重点工程的进度和质量，并力求节省。

国家建委的具体任务为：（1）审核基本建设工程的设计和预算文件，审核、推广工业和民用建筑的标准设计；（2）审核厂址和城市规划；（3）检查基本建设进度，组织基本建设的重大协作；（4）检查工程质量，受国务院的委托组织重大工程的验收；（5）研究建筑经济问题，拟定降低工程造价的措施；（6）研究改善建筑事业和建筑艺术；（7）研究改善设计机构、施工机构、城市建设机构和建筑科学研究机构的组织与工作；（8）研究和推广苏联基本建设的经验和科学技术成就；（9）制定有关基本建设的规章、办法和条例；（10）编制有关设计、施工和城市建设方面的定额、标准和规范；（11）研究并提出有关基本建设技术政策方面的问题；（12）检查国家颁布的设计、施工方面的指示、决定的执行情况。为了执行上述任务，成立了有关基本建设的专业和综合机构：重工业局、燃料工业局、机械工业局、交通水利局、建筑企业局、标准定额局、城市建设设计局、设计组织局、建设技术经济研究室、编译室、办公厅；并准备陆续增设第二机械工业局、轻工纺织局、农林水利局、新技术和科学研究局、标准设计局、民用住宅建筑局、出版社，等等。

国家建委对于中央和地方建设项目的设计和施工做了如下分工：中央各部门的设计和施工任务，一般由中央各部门承担；地方的设计和施工任务，一般由地方承担。中央各部门的设计机构在保证完成中央规定任务的情况下，对于地方无力承担的设计任务尽力予以承担。地方确实无力承担的城市建设任务，经国务院批准，由城市建设部负责在全国范围内进行平衡调剂解决。

国家建委的设置和基本任务的规定借鉴了苏联的经验，因此其上述任务和苏联国家建设委员会基本一致，只有两点区别：第一，我国建委在检查工业建设进度、组织各方面协作、研究设计与施工组织情况等微观管理方面的工作分量较苏联多，苏联建委对建设进度不负责任。第二，苏联建委的成员，大多数是设计方面或建筑方面很有经验的专家，因此在技术上具有很高的权威，而中国建委当时做不到这一点，只能多做一些组织工作。

1953年5月,中苏两国签订协议确定了141个苏联援助的重点建设项目,1955年第一个五年计划正式颁布,基本建设普遍展开。为了加强地方政府对基本建设工作的领导,1956年召开的全国体制会议提出,在省、自治区、直辖市人民委员会下成立建设委员会。9月29日,中共中央、国务院决定在各省、自治区、直辖市成立建设委员会,其具体任务根据各地不同情况规定。为了提高工作效率,全国体制会议还规定了下放基本建设设计的审批权限:凡基本建设项目在计划限额以上的重大工程的初步设计和概算(扩大初步设计和预算),由国务院每年按审核项目表审批;凡不列在审核项目表的限额以上的和全部限额以下的设计、预算文件,分别由中央各部门和省、自治区、直辖市人民委员会审批。① 基本建设任务和设计的审批权限的这种规定,加重了地方政府的责任。中央各部门在地方的设计和施工机构,在基建任务和材料、机械方面发生不平衡、不协调现象的时候,省、自治区、直辖市可以在各厂矿之间协调借用材料、机械,并保证按期归还。

为了保证物资的调配和供应,国家计委和各国家职能部还相应建立了物资计划分配和供应机构。1953年5月,中财委的物资分配局划归国家计委领导,负责统配物资的平衡和计划分配。1954年下半年,国家计委物资计划分配局分为物资综合、重工产品、燃料电力、机电制度四个计划分配局。部管物资的平衡分配工作,由国务院各工业部的销售局(供销局)负责。

各级计委、建委的成立,有助于人民政府集中建设所必需的财力、物力和人力。

首先,集中财力。"一五"计划期间,中国虽然和苏联政府签订了几项贷款协定,但数额很小,五年内总用款额折合人民币为36.4亿元左右,仅占五年财政收入总和的2.7%,建设资金主要依靠国内解决。五年中,国家财政收入总计1354.9亿元,占同期国民收入的1/3左右。用于基本

---

① 当时规定,国务院各部门和各省、直辖市、自治区管理的种类基本建设项目在500万—3000万元之间的,需经国家建设委员会审核,国务院批准;60万—500万元之间的基本建设项目,需经国务院各部或各省、直辖市、自治区人民委员会审核批准;60万元以下的基本建设项目,其审核批准程序,分别由国务院各部和各省、直辖市、自治区人民委员会自行规定。

建设的拨款506.4亿元，占同期财政支出的40%。[①] 当时，中国工业还不发达，建设资金的筹措在很大程度上依靠农业。财政收入中直接间接来自农业的部分（如农业税、以农业为原料的轻工业提供的收入、工农业产品交换价值的剪刀差等）占有重要的地位。在开始大规模建设时期，农民为工业建设做出重大贡献。此外，国家还通过发行公债筹集建设资金。从1954年到1957年，先后发行4次国家经济建设公债，实际发行额27.5亿元。在集中有限的财力用于重点建设的同时，中共中央和国务院反复强调了节约使用，反对浪费；批评了"宽打窄用""建设经验不足浪费点不可避免""浪费是小事"等错误思想。

其次，集中物力。项目要建成，不仅取决于资金，更重要的是取决于材料设备的供应。钢材、水泥、木材、设备等基建物资是工程建设的物质基础，它们的价值一般要占建筑安装工程成本的60%。156项的全套设备虽然主要由国外供应，但配套设备和其他一些中小型项目的设备制造由国内承担。针对这种情况，"一五"计划期间，优先上了一批急需的机械制造项目，使机器设备的自给能力由1949年的20%左右提高到60%左右。同时，加强了对设备、物资的集中管理，实行对重要生产资料在全国范围内的统一平衡分配制度。按照生产资料在国民经济中的重要程度，划分为国家统一分配物资（简称统配物资），如钢材、铜、铝、铅、锌等黑色和有色金属材料以及木材、水泥、煤炭、汽车、金属切削机床、工业锅炉等；国务院各部门统一分配物资（简称部管物资）和地方管理物资（也称三类物资）实行分类管理。中央和省、市管理的国营企业、公私合营企业等生产的产品，凡属统配和部管物资，均纳入国家物资分配计划。对于企业生产和建设需要的统配、部管物资，基本上是按企业的隶属关系进行分配。1953年，统配和部管物资共227种，其中统配物资112种，部管物资115种。以后这两部分的物资分配目录逐年扩大。1957年增加到532种，其中统配物资231种，部管物资301种。五年中，基本建设总共消耗钢材560万吨、木材39400万立方米、水泥1989万吨，分别占五年内国内生产总量和总消耗量的44.3%、38%、36%、37.8%、75.8%和86.3%。五年中，国家通过上述种种措施集中掌握的统配和部管物资，占

[①] 财政部综合计划司编：《中国财政统计（1950—1985）》，中国财政经济出版社1987年版，第19、50页。

这些物资总资源的比重，逐步达到70%—90%。①

（三）建筑主管部门的建立和设计力量的调整

为了集中建筑施工力量，保证重点工程质量，1952年8月7日，中央人民政府委员会通过决议：成立中央人民政府建筑工程部（简称建工部）。建工部以中财委基建处为基础组成，先后任命陈正人为部长，万里、周荣鑫、宋裕和为副部长。9月8日，中共中央关于中央建筑工程部工作的决定指出："建筑工程部的基本任务应当是工业建筑"，"为着保证工业建设任务的实现，中央认为在国家集中统一的计划指导下，各级党委共同努力建设一支具有良好政治素质与高度技术的工业建筑队伍，并逐步使之机械化"。②至1952年年底，建筑业的职工队伍已初步聚集起来。东北、华北、西北、中南、华东、西南等各大行政区，多以军队的营房管理部和修建队伍为基础，组建了大区建筑工程部（或建筑工业部），后改为建筑工程管理局。1953年年底，原第一机械工业部、第二机械工业部的建筑力量移交给建筑工程部，初步改变了多部门发展建筑业的状况，开始了建筑工程由自营方式到承包方式的转变。

1954年，中央人民政府为了进一步加强集中统一领导，撤销全国六大行政区，原属各大区建筑工程部（或建筑工程局）的建筑施工和勘察设计力量，均移交建筑工程部直接领导，建筑业形成了一支强大的产业队伍。同时，建筑工程部与各省、自治区、直辖市的建筑主管机构建立了归口指导关系，在全国范围内初步形成了建筑产业体系。到1957年年底，建工部系统的建筑企业达307个，职工69.6万人；直属设计院3个，职工10103人。全国国营建筑企业增加到649个，职工总数达223.7万人；勘察设计单位职工达到15.2万人。1956年，当时负责国家建设方面工作的陈云组建了国务院建筑技术局，主要研究原子能工程建设方面技术问题。国务院建筑技术局是二机部（即核工业部）的前身，该局的大部分干部和技术人员后来都成为国家新组建的核工业部的领导和技术骨干，为中国核工业第一个发展期培养了队伍，输送了人才，奠定了基础。

工厂设计是工业建筑的灵魂。由于当时中国工业设计专家稀缺，1953

---

① 中国物资经济学会编：《中国社会主义物资管理体制史略》，中国物资出版社1983年版，第5页。

② 《中华人民共和国经济档案资料选编（1949—1952）》（基本建设投资和建筑业卷），中国城市经济社会出版社1989年版，第410页。

年 11 月，我国接受了苏联总顾问的建议，在建筑工程部下设置设计总局和 5 个设计院，占苏联来华 200 名专家总数约 1/10 的工业建筑设计专家到设计总局工作。1955 年，国家建委内设置设计组织局，组织编制有关设计和规章条例，研究设计机构的组织和设计，局内设置预算、设计组织处。

第四节　工业基本建设对后发国家工业化的意义

在中国这样比较落后的东方大国里开展大规模的国家工业化建设，必然会遇到许多极为复杂的问题，任务非常艰巨。只有建设完整的工业体系，才能保持国民经济体系的健全与完整，从而保证国家的独立性。国家工业体系的主要内容包括工业门类齐备，产业结构完善；工业布局合理；建设国防工业，发展现代科学技术；农业机械化、现代化。要实现以上目的，工业基本建设起着举足轻重的作用。

一　基础工业与基础设施的价值

基础工业与基础设施投资在我国经济发展中起着引擎作用。一个国家自主的高端制造业、高新技术、能源产业是一个国家工业体系的基础，是国家实现工业、农业、国防、科技现代化最重要的技术保障，离开这些基础和保障，国家的经济命脉和产业命脉只能控制在别国手中，国家的产业结构只能按照其他国家为你设计的结构形式进行布置和发展，成为别国的加工厂、别国的财富来源地，最终沦为别国的经济殖民地。

20 世纪 50 年代，中国工业化的背景是：能源、机械、原材料等基础工业薄弱，遭受西方国家封锁禁运，经济体制和决策受苏联计划经济的影响，朝鲜战争进一步提高了对国防建设的需求。在这样的背景下，中国决定建立完善的工业体系，优先发展重工业；而建设重工业所需的大量资金主要来自内部积累。

1953—1957 年的第一个五年计划时期，国有经济固定资产投资总计 611.58 亿元，其中国家投资 543.48 亿元，占全部投资的 88.9%；地方和企业自筹及其他投资 68.10 亿元，占全部投资的 11.1%。同期的基本建设投资合计 588.47 亿元，其中国家投资 531.18 亿元，占 90.3%，自筹资金57.29亿元，占9.7%。① 至1956年，已经扩建了东北钢铁工业基地，开始了内蒙古、华中两个新的钢铁工业基地的建设，新建和扩建了一系列的电站、煤矿、油井，一系列的有色金属厂矿、化学工厂、建筑材料工厂。在过去几年内，我们已经扩建了东北钢铁工业基地，开始了内蒙古、华中两新的钢铁工业基地的建设，新建和扩建了一系列的电站、煤矿、油井，一系列的有色金属厂矿、化学工厂、建筑材料工厂，一系列的机器制造厂，一系列的轻工业工厂。第一个五年计划规定限额以上的工业建设项目，施工694个，完工455个。实际上，施工的项目达到800个左右，而可以完工的项目则接近500个。在计划规定的五年基本建设投资总额427亿元中，前三年所完成的和今年计划完成的已经达到355亿元，占计划数83%。②

对于以上形势，陈云于1954年5月10日出席全国各大区财委副主任会议时做了关于市场问题的报告，他指出，社会主义成败的标志有三个：第一，看141项工程能不能搞起来，只有把它们搞起来，中国才能工业化；第二，看对非社会主义成分的改造能否成功；第三，看市场能不能稳定。目前情况是生产赶不上消费，供不应求，所以不得不采取计划收购和计划供应的办法。由此又产生了一连串的问题，集中表现为私商发生困难，需要作出安排。办法有两条，一是走1952年调整商业的老路；二是走国家资本主义的道路。前一条路是走不通的，大体上要走后一条路。中国土地少，人口多，交通不便，资金不足。因此，农业生产赶不上工业建设的需要，将是一个长期的趋势，不要把它看短了。这是在革命胜利后用突击方法发展工业的国家必然要发生的现象。我国工业化与资本主义工业化不同，资本主义工业化是长期的过程，我们是突击；资本主义可以去掠夺殖民地，我们要靠自己；资本主义开始是搞轻工业，我们一开始就搞重工业；资本主义在盲目中依靠自然调节，能够相当地按比例发展，而我们说要按比例发展是从长时间算的，在短时间内，只是力求建设与消费、重工业与轻工业之间不要脱节太远，实质上并不是按比例的发展。吃的穿的

---

① 国家统计局固定资产投资统计司编：《中国固定资产投资统计数典（1950—2000）》，中国统计出版社2002年版，第27页。

② 刘少奇在中国共产党第八次全国代表大会上的政治报告（一九五六年九月十五日），载《中共中央文件选集》第24册，人民出版社2013年版，第73页。

供不应求，实质上是工农业矛盾的反映。①

随着工农业生产的发展，基本建设规模的扩大，内地和边远地区的开发和建设，都需要大大地增加运输和通信的能力，要求我们必须以铁路为重点，相应地进行全国运输网和通信网的建设。这就向运输和邮电等基础设施建设提出了巨大的要求。②

二 能源、原材料的作用

能源原材料类产业是各个产业的基础，该产业通过自身的经济增长能力以及向其他产业的渗透能力达到拉动经济增长的目的。现代能源原材料产业的稀缺性和金融性使其自身对经济增长做出贡献，变革性则是能源促使其他产业发展与升级的动力。新中国成立之初，能源原材料产业虽未展现其金融性一面，但其他功能共同促使国家将能源产业当作战略产业加以发展。

旧中国的能源生产远远不能满足经济发展的需求。中国是世界上发现、利用、开采煤炭最早的国家，煤炭储量极为丰富，但近代中国煤矿具有明显的殖民地性和落后性，煤矿的生产发展很缓慢。电力工业自开辟以来70年间，由于社会制度、政治经济落后及战乱不断等原因，电力工业与其能源领域一样，发展很缓慢。供电区域仅限于大中城市或一部分外资兴办的厂矿与少数较大的民族工业，发电单机容量较小，技术水平落后。中国是发现和利用石油、天然气最早的国家之一，但中国近代石油工业是在半殖民地半封建社会条件下诞生的。从1878年台湾苗栗油矿使用近代顿钻钻井算起，到1948年，经过70年的漫长岁月，进展极为缓慢。据石油工业部的统计资料，1907—1948年，全国（不包括台湾省和新疆独山子）共钻井169口，总进尺6.7万米，1952年石油产品的产量大体上只能满足需要的1/4左右，而且，石油资源情况还不很清楚。

冶金工业是重工业的基础，如果没有强大的冶金工业，机器制造工业的发展也是困难的。③

中国的近代钢铁工业是从1890年张之洞兴建汉阳铁厂开始的，但是

---

① 《陈云年谱》中卷，第210页。
② 周恩来关于发展国民经济的第二个五年计划的建议的报告（一九五六年九月十六日），载《中共中央文件选集》第24卷，人民出版社2013年版，第203页。
③ 周恩来：《关于发展国民经济的第二个五年计划的建议的报告》，（一九五六年九月十六日），载《中共中央文件选集》第24卷，人民出版社2013年版，第203页。

在旧中国，钢铁工业基础是很薄弱的，生产能力低下，1943年是旧中国产钢最多的一年，产量也只有92.3万吨。我国有色金属资源丰富，钨和稀土等7种金属的储量居世界第一位，铅、镍、汞、钼、铌5种金属储量也相当丰富，在矿产资源中，有色金属是中国的一大优势，但1949年以前，中国有色金属工业十分落后，矿山、工厂的设备规模都很小，只能生产少数几种有色金属。

中国大陆实施第一个五年计划，开始了以苏联援建的156项重点项目为核心的大规模的工业化建设。"一五"计划期间，五年累计实际完成的重工业基本建设投资占工业基本建设投资的85%，其中能源、冶金、机械、国防工业等部门实际完成的投资占重工业投资的90%以上。

（一）能源工业进行了较大规模的建设

"一五"计划期间，煤炭工业重点扩建了开滦、大同、阜新、鹤岗、阳泉、淮南、峰峰、萍乡、焦作、枣庄、新汶、鸡西、通化、辽源、贾汪15个老矿区。同时，开始了平顶山、包头、潞安、鹤壁、中梁山、兴隆、轩岗、汾西、山丹、石嘴山10个新矿区的建设。在这些新老矿区中，开工建设了一大批新矿井。其中，总建设能力在100万吨以上的16个矿区储量丰富、煤质优良，是这一时期建设的全国重点煤炭基地。平顶山、潞安、包头、鹤壁、汾西、轩岗6个新矿区，主要是为保证武汉、包头、太原等钢铁基地炼焦用煤而建设的；淮南、新汶、贾汪、枣庄等矿区主要是为解决缺煤的华东地区的用煤而建设的。此外，在东北的本溪、鹤岗、北票、阜新，西南的荣昌、广元，西北的铜川，中南的萍乡等矿区，为了解决地区用煤平衡，也建设了一些新矿井。第一个五年计划期间，煤炭工业共完成基本建设投资35.55亿元，开工建设的新矿井共194处，设计生产能力7537万吨；建成投产矿井205处，设计生产能力6376万吨；恢复矿井38处，设计生产能力1134万吨；改建扩建矿井103处，净增生产能力2536万吨。同时，为了保证钢铁工业对炼焦洗精煤的需求，又新建和恢复洗煤厂24处，年处理原煤2275万吨。

电力工业的建设以火电为主，自1951年起，中苏签订了援助中国建设的协议之后，开始在阜新、抚顺、富拉尔基、西安、郑州、重庆、太原、吉林等地重建或新建了一批骨干电厂，这是新中国成立后大规模电力建设的开始。"一五"期间投入6000千瓦以上的火电机组达89台共141.05万千瓦。其中1957年一年就投入了40台机组，共56.05万千瓦。

这一时期，单机容量6000千瓦就列为大机组。第一台苏联供货的6000千瓦机组于1953年在西安坝桥投产，第一台国产6000千瓦机组于1956年2月在安徽淮南电厂投产。苏联援建的156项工程中，火电有23项，共136.5万千瓦，其中70.2%在"一五"期内发电，阜新和抚顺电厂的2.5万千瓦和5万千瓦机组分别于1952年和1953年投产，1953年开始建设的富拉尔基电厂2.5万千瓦机组蒸汽参数上升到90大气压（9.12兆帕）、500℃，是新中国建设的第一台高温高压机组，标志着火电建设技术水平的提高。建设的安排采取加强原有基地和建设新基地同时进行的方针，建设了兰州、武汉、西安（三厂）、太原（二厂）、包头（二厂）、佳木斯（纸厂扩建）等热电站。水电建设方面，1953年至1955年进行了第一次水能资源蕴藏量估算，得出全国水能资源蕴藏量为5.4亿千瓦。

第一个五年计划的前三年，石油工业2/3以上的勘探力量集中在酒泉、潮水、民和、准噶尔、吐鲁番、柴达木等盆地的局部地区，只有少数队伍在四川及其他一些地区工作。从1955年起，地质部和石油工业部先后在华北平原与松辽盆地开展勘探。经过几年的勘探工作，对中国东部地区含油远景有了初步的认识。

（二）冶金工业等原材料工业是重工业建设的重点

"一五"时期在工业总投资中，钢铁工业的投资为34.52亿元，占工业总投资的13.9%。钢铁工业的建设成为"一五"计划时期建设的重点。重工业部（冶金部的前身）把这些投资用于建设一批骨干项目，同时扩建、改造一批重要项目。苏联援助建设的156个项目中，钢铁工业有7项。这些项目是鞍山钢铁公司、武汉钢铁公司、包头钢铁公司、本溪钢铁公司、北满钢厂、吉林铁合金厂、热河钒钛矿。后来把有色金属工业所属的吉林电极厂改属于钢铁工业，实际为8项。这些项目都是打基础的大项目，特别是鞍山、武汉、包头三大钢铁基地的兴建，对全国经济发展具有重大意义，标志着中国钢铁工业发展史的新纪元。北满钢厂的兴建，对提供军事工业所需要的合金钢材料也具有重要意义。铁合金厂和碳素厂的兴建，奠定了合金钢生产和炼铝工业发展的基础。五年间，用于鞍钢的大规模改扩建投资达15.5亿元，占同期钢铁工业实际完成的基本建设投资总额29.6亿元的52%。武汉青山和内蒙古包头建设的武钢和包钢两个大型综合性钢铁基地先后于1955年8月、1957年7月动工。此外，对马鞍山、重庆、太原等地的钢铁企业进行了调整和扩建。为满足工业对特殊钢材的需要，在黑龙江新建了齐齐哈尔特殊钢厂，改建了本溪钢铁公司、抚顺钢厂、大连钢厂、大冶钢厂等中小企业。经过五年建设，1957年生铁产量达594万吨、钢535万吨、成品钢材415万吨，钢产量平均年递增32%。1949年以前中国只能生产100多种碳素钢，到1957年，生产的钢材品种已达4000余种。过去不能生产的钢轨、无缝钢管、各种大型钢材、薄板和合金钢等均开始生产。除了苏联援建的骨干项目外，"一五"计划中还确定改造、扩建限额以上的钢铁工业重点项目有河北龙烟铁矿、安徽马鞍山铁矿、湖北大冶特殊钢厂、四川重庆特殊钢厂和大渡口钢铁厂、山西太原钢铁厂、河北唐山耐火材料厂、贵州遵义锰矿。限额以下的项目有天津钢厂、河北唐山钢铁厂、北京石景山钢厂、上海第一钢厂、上海第二钢厂、上海第三钢厂、上海新沪钢厂、上海亚细亚钢厂、抚顺钢厂、大连钢厂、上海和山东两个耐火材料厂等23项。按计划规定，"一五"计划期间新增炼铁能力280万吨，炼钢能力226万吨，轧钢能力152万吨。

"一五"期间的重点建设项目中，属于有色金属工业的有抚顺铝厂、哈尔滨铝加工厂、吉林碳素厂、洛阳铜加工厂、白银有色金属公司、株洲硬质合金厂、杨家杖子钼矿、江西大吉山、西华山、岿美山3个钨矿、云南锡业公司、东川铜矿、会泽铅锌矿13个。后来，由于资源、建设方案等方面的原因，有3项未能实现。1953年国家还及时提出了优先发展铜、铝等常用有色金属和能换取外汇的钨、锡、钼、锑、汞等产品，进一步明确了有色金属工业的发展重点。

三 装备制造工业起步与工业化根基的确立

在以重工业为中心的工业建设中，需要特别注意机器制造工业和冶金工业的建设。机器制造工业的发展，是建立我国完整的工业体系的主要环节之一。①

装备制造业在新中国成立初期称为机器制造业，当时也曾将机械工业称为国民经济的"装备部"。这是因为，机械工业是为国民经济各行业提供技术装备的战略性产业，产业关联度高、吸纳就业能力强、技术资金密集，是各行业产业升级、技术进步的重要保障和国家综合实力的集中体现。机械工业提供的装备水平对国民经济各部门的技术进步有很大的直接

---

① 周恩来：《关于发展国民经济的第二个五年计划的建议的报告》（一九五六年九月十六日），载《中共中央文件选集》第24卷，人民出版社2013年版，第193页。

的影响；社会生产结构的改善、原材料和能源的节约、经济效益的提高以及科技成果迅速转化为生产力等，也都和机械工业能否提供日益先进的装备有着密切的关系，机械工业的水平是一个国家工业发展水平的综合反映之一。

中国是世界上使用与发展机械最早的国家之一，古代曾有许多发明创造，在冶铸技术、动力利用、农具和机械结构等方面都有独到之处。旧中国的民用机械工业主要集中在上海、天津、沈阳、大连、青岛、广州、重庆等少数城市，设备简陋，科研设计力量极为薄弱，大部分工厂以修配为主，少数能制造简易的机械产品。在帝国主义、封建主义和官僚资本主义的束缚下，从1845年到1949年的一个多世纪间，旧中国的机械工业没有摆脱修配的性质，没有发展成为独立的制造工业。

在工业基础极端薄弱、大规模建设经验近乎空白的条件下，国家要实现工业化，必须建设一批骨干机械企业，发展自己的制造力量。新中国成立之初，国家即决定筹建一批由国内自行设计的重大项目。1950年年初，决定在沈阳筹建电机厂（后改在哈尔滨建设），在山西筹建太原重型机器厂（该厂1951年10月破土动工，1953年年初辅助车间即部分投产）。1952年决定在上海筹建锅炉厂、汽轮机厂和发电机厂。为适应建厂的需要，还抽调技术力量，筹备组建工厂设计机构。

"一五"时期，苏联援建项目确定为156项，其中属于机械工业的有26项（后其中3项移交军工部门，2项未建，实为21项）。另外有民主德国帮助设计的项目2个和引进捷克斯洛伐克制造技术自行设计的上海三大动力设备厂。在这批项目中，第一汽车制造厂、沈阳第一机床厂（在老厂基础上新建）、沈阳电缆厂、哈尔滨量具刃具厂、哈尔滨锅炉厂、哈尔滨汽轮机厂等项目，相继在1950年、1951年、1952年成立了筹备组，进行建设前期准备工作。沈阳风动工具厂在1952年即开始建设。1949年到1952年，国家对第一机械工业部系统累计投资2.7亿元。

1953—1957年五年累计机械工业完成投资38.47亿元，在同期各工业部门的投资完成额中仅次于冶金工业，占第二位。其中以制造冶金矿山设备、运输设备和大型铸锻件的重型和通用机械部门所占比重最大，约占全部机械工业投资的1/3强。"一五"计划期间机械工业施工的大中型项目有111个，同期建成投产的53个。随着这批项目的建设，到1957年年底，中国有了载重汽车、高炉、平炉、焦炉设备、汽轮发电设备、拖拉机、精密仪表、石油机械和电信设备等几十个过去没有的、行业比较齐全的制造系统。同时，中国机械工业为了尽快改变工艺技术的落后面貌，积极学习和推广了许多苏联的先进工艺技术。在苏联帮助建设的项目当中，机械和军工占了很大比重。在最后完成的150项工程中，机械工业有24项，军工有44项。军工项目主要也是机械装备项目。两者合计为68项，占最后完成项目量的45.33%。

"一五"时期，中国机械工业的建设以发展冶金设备、发电设备、运输机械、金属切削机床为重点，适当发展电机、电器、电材、炼油化工设备和农业机械，重点建设投资1000万元以上的重大项目73个。除上述苏联援建和民主德国帮助设计的26个项目外，其余项目是中国自力建设的，分行业情况如下：

重型矿山机械工业方面："一五"时期从无到有，集中力量新建3个大型企业，即苏联援建的以生产大型轧机、冶炼设备、锻压设备和大型铸锻件为主的富拉尔基第一重型机器厂（简称第一重机厂），自行设计的以生产轧机、锻压设备、大型起重设备为主的太原重机厂，苏联援建的以生产矿井提升和洗煤设备为主的洛阳矿山机器厂。此外，还重点改造了一批老厂，包括以生产破碎、球磨机和大铸锻件为主的沈阳重机厂，以生产洗选设备、运输设备为主的沈阳矿山机器厂，以生产工矿车辆、炼焦设备为主的大连工矿车辆厂（现名大连重机厂），以生产桥式起重机为主的大连起重机厂，以生产履带挖掘机、卷扬机为主的抚顺挖掘机厂，以生产轧钢润滑设备和地质钻机为主的太原矿山机器厂等。在工程机械方面，建设了苏联援建的沈阳风动工具厂。

电机电器工业方面：新中国成立前，只能少量生产低压小功率产品。"一五"时期重点建设了苏联援建的哈尔滨三大动力设备厂（锅炉厂、汽轮机厂、发电机厂），引进捷克斯洛伐克技术以生产1.2万千瓦以下的火电机组为主的上海三大动力设备厂（锅炉厂、汽轮机厂、发电机厂），苏联援建的西安4个电器设备和电材工厂（开关整流器厂、电力电容器厂、高压电瓷厂、绝缘材料厂），还有苏联援建的哈尔滨电表仪器厂、哈尔滨电碳厂、沈阳电线电缆厂、湘潭电机厂直流电机车间和自行设计建设的沈阳变压器厂、沈阳高压开关厂、沈阳低压开关厂、哈尔滨绝缘材料厂、武汉锅炉厂等。

机床工具工业方面：过去只能生产一些简单的老式机床和工具，"一五"时期重点建设了苏联援建的以生产立车、龙门刨、龙门铣、卧式镗床等重型机床为主的武汉重型机床厂和一批产品专业化机床厂,包括苏联援建的沈阳第一机床厂(车床)、中国自行设计建设的齐齐哈尔第一机床厂(立车)、沈阳第二机床厂(立钻、镗床)、上海机床厂(磨床)、无锡机床厂(磨床)、北京第一机床厂(铣床)、济南第二机床厂(龙门刨)、南京机床厂(六角车床)等。工具方面,新建了苏联援建的哈尔滨量具刃具厂和民主德国设计的郑州砂轮厂(后名第二砂轮厂),中国自行设计的成都量具刃具厂。

交通运输设备方面:"一五"时期汽车行业重点建设了苏联援建的第一汽车制造厂和自行设计的北京汽车附件厂(后名北京汽车厂)。机车车辆行业重点建设了大同机车厂、长春客车厂和株洲货车厂,改建齐齐哈尔货车厂和大连机车车辆厂。造船行业重点建设了生产各种军用舰艇和民用船舶的江南、沪东、渤海、武昌、广州、大连等造船厂。

农业机械方面:过去没有基础,新建了苏联援建的洛阳第一拖拉机厂,并开始建设自行设计的天津拖拉机厂。

石油化工机械方面:开始建设苏联援建的以生产炼油化工设备和石油钻机为主的兰州石油化工机器厂,建设自行设计的以生产各种采油设备为主的兰州通用机械厂。

轴承方面:新建了苏联援建的洛阳轴承厂,建设和扩建了哈尔滨轴承厂和辽宁省瓦房店轴承厂。

仪表工业方面:开始建设民主德国设计的西安仪表厂。

内燃机方面:新建了苏联援建的洛阳柴油机厂和陕西兴平柴油机厂。扩建了自行设计的上海柴油机厂、天津动力机厂等。

上述重点项目都在1956年之前相继开工建设,到1957年年底,共完成投资27.44亿元,全部建成投产的有40项,包括第一汽车制造厂等苏联援建的7项和引进捷克斯洛伐克技术的3个动力设备厂。尚未全部建成的项目,由于大多数都是利用老厂扩建的,因此,在"一五"期间,也发挥了重要作用。

历经10年时间,苏联援建的156项重点项目中的24项机械工业全部建成。其中1954年竣工的项目有2项:沈阳风动工具厂、哈尔滨量具刃具厂;1955年竣工的项目有1项:沈阳第一机床厂;1956年竣工的项目有2项:长春第一汽车厂、哈尔滨仪表厂;1957年竣工的一项是沈阳电缆厂；1958年竣工的5项是：沈阳第二机床厂、洛阳滚珠轴承厂、西安电力电容厂、洛阳矿山机械厂、哈尔滨炭刷厂；1959年竣工的7项是：武汉重型机床厂、洛阳拖拉机厂、兰州石油机械厂、富拉尔基重机厂、哈尔滨滚珠轴承厂、湘潭船用电极厂、兰州炼油化工机械厂；1960年竣工的4项是：哈尔滨锅炉厂（一、二期）、哈尔滨汽轮机厂（一、二期）、西安绝缘材料厂、哈尔滨电机厂汽轮机发电机车间；1961年竣工的一项是西安开关整流器厂；1962年竣工的一项是西安高压电瓷厂。

机械工业的24项最长的建设周期是6年，最短的是1年，平均建设周期3.4年。机械工业计划安排投资259357万元，实际完成投资283588万元，实际完成投资占计划安排投资的109.3%；其中，"一五"时期完成投资165702万元，"一五"时期完成投资占实际完成投资的58.4%。

这些重大项目的建设投产，使新中国的机械装备工业从无到有地建立了汽车、拖拉机、发电设备、石油化工设备、冶金矿山设备、工程机械等制造业，扩大和加强了机床工具、机车车辆和造船工业，主要产品产量比1952年分别增长几倍到几十倍。沿海老工业城市的机械工业得到迅速提高，并初步形成哈尔滨、洛阳、西安、兰州等一批新的机械工业基地。中国机械工业的生产技术水平和组织管理水平都有了很大的提高，奠定了装备制造业的基础。国民经济建设所需设备的自给率也大为提高。"一五"时期国家建设所需设备的国内自给率为60%以上。[①]

四 建筑业的发展保证了基本建设的实施

建筑业在国民经济中是一个重要物质生产部门，它从事勘察、设计、施工、制品、建筑机具修造等生产经营活动。中国建筑有着悠久的历史和独特的风格，在世界建筑史上占有重要的地位。近代建筑业经过了曲折的发展过程，其营造、设计、人才教育等活动逐步开展。20世纪20年代之后，建筑业有了较快的发展，形成了与当时社会、经济相适应的产业部门。1937年抗日战争爆发后，在日寇的铁蹄践踏下，中国国民经济遭到极大破坏。日本投降后，国民党政府积极进行内战，无意建设。从抗日战争开始到全国解放的12年中，几乎没兴建什么重要建筑。

第一个五年计划时期，以工业建设为中心的"一五"计划的实施，

---

① 参见董志凯、吴江《新中国工业的奠基石——156项建设研究》，广东经济出版社2004年版；《当代中国的机械工业》，当代中国出版社1999年版。

赋予建筑业十分艰巨的历史使命。经济恢复时期，建筑业的职工队伍已初步聚集起来。1954年全国六大行政区撤销后，原属各大区建筑工程部（或建筑工程局）的建筑施工和勘察设计力量，均移交建筑工程部直接领导，形成了一支强大的产业队伍。同时，建筑工程部与各省、自治区、直辖市的建筑主管机构建立了归口指导关系，在全国范围内形成了建筑行业的产业体系。到1957年年底，建工部系统的建筑企业达307个，职工69.6万人；直属设计院3个，职工10103人。全国国营建筑企业增加到649个，职工总数达223.7万人；勘察设计单位职工达到15.2万人。国家对这些单位都给予了相应的投资和机械装备。"一五"期间，国家为发展建筑业共投资21.54亿元，其中给建工部系统投资8.04亿元，是新中国成立37年来对建筑业投资比例最高的一个历史时期。至1957年，仅建工部直属的富拉尔基、包头、洛阳、西安、兰州、太原、武汉等14个工业建筑基地建成各种预制加工厂73个；施工的装配程度已达23%（构件总产值占工作总量的比重）；除了基础和砌墙以外，柱、梁、屋架、檩条、屋面板等钢筋混凝土构件，基本上都采用了预制和装配方法；机械化程度，土方达到30%，混凝土搅拌达到81%，构件吊装达到80%，垂直运输达到36%。

　　由于贯彻落实了工厂化、机械化和专业化的方针，加之全国建筑行业开展了劳动竞赛和先进生产者运动，极大地调动了广大职工的劳动积极性。两者的结合成为加快建设速度、提前完成"一五"时期建设任务的强大推动力，促使建筑业很好地完成了"一五"时期重点建设的任务。

　　同时，在基本建设方面和在工业生产企业中，都还存在着只求进度和只顾完成产量计划、忽视质量的缺点，也还存在着忽视职工安全和福利的缺点。①

---

① 《中共中央关于一九五六年国庆节纪念办法的通知（一九五六年九月十三日）》，载《中共中央文件选集》第24册，人民出版社2013年版第44页。

第六章　交通通信业的发展对经济增长的影响

作为国民经济先导行业——交通通信业对经济发展和社会进步的突出作用已经成为中外经济学家的共识。铁路、公路、水运及民航使得各种关系到国计民生货物的运输摆脱了区域空间的限制，促进了生产要素的合理流动，增强了经济活动的生命力；而由邮政、通信编织起来的网络更是打破了人类活动空间的局限，成为社会生活的强有力的血脉和经络，拉近了不同经济区域的距离，使得发达地区与落后地区的经济发展逐渐走向合理化的同步增长。

古典经济学家亚当·斯密认为良好的道路、运河或可通航的河流由于减少了运输费用，可以开拓更大的市场，因而推动劳动分工，于是他得出了"一切改良中，以交通运输的改良最有实效"的结论。列宁在1918年也曾指出："铁路是城乡之间、工农业之间最显著的联系表现之一。"

印度经济学家D.潘德拉格曾指出，"运输是人类文明的生命线，是构成支持经济增长的基础结构的重要组成部分"。区域科学的创始人，美国的W.艾萨德于1956年在其《区位与空间经济》一书中更明确地指出："在经济生活的一切创造革新中，运输工具在促进经济活动和改变工业布局方面，具有最普遍的影响力。"[1]

世界各国经济增长的发展轨迹也表明了交通通信业的先导性和基础性地位，第二次工业革命（电气化）使得交通运输业飞速发展，造就了几个有代表性的资本主义国家的崛起，它们被誉为"车轮上"（火车和汽车）的国家；而电信业的突飞猛进成为第三次工业革命的标志性行业之一。当第二、第三次工业革命在西方发达国家接踵进行的同时，中国正在进行国民经济的恢复和开始大规模社会主义经济建设的"一五"计划时

---

[1] 李文陆、张正河、王英辉：《交通与区域经济发展关系的理论评述》，《理论与现代化》2007年第2期。

期。那么,1953—1957年前后中国交通通信业的发展状况如何呢?与其他国家相比又有多大差距呢?可以这么说,探究新中国成立初期在交通通信行业方面的发展状况,对于我们了解世界及自身有很好的作用。

第一节 1953—1957年中国交通通信业发展概述

1953—1957年是新中国开始进行社会主义经济建设的"一五"计划时期,在此期间经济建设取得了突出的发展成就,新中国经济现代化开始起步,而交通通信业也取得了长足进展。由于新中国是在三年国民经济恢复初步完成、抗美援朝取得胜利以及苏联单方面援助的基础上开展的"一五"计划,因此决定了交通通信行业不可能赢得相较其他行业那样更多的建设投资,但该领域的发展还是遵循行业规律,取得了很好的发展绩效,对经济增长的推动作用不容低估;同时由于苏联先进生产力的"示范效应",使该行业有着突出的计划经济的特点。

一 国内外经济发展情况及影响

新中国成立之后,面对千疮百孔的经济状况,面对国内战争的结束以及随之而来的抗美援朝的考验,仅用了三年就使国民经济得到初步恢复并且某些方面的建设成绩超过了被称为旧中国经济发展"黄金时期"1937年的最高水平,令世界瞩目,为国民经济"一五"计划的制订和实施打下了坚实的基础。不过,开展大规模经济建设初期中国面临的经济状况与其他发达资本主义国家和社会主义国家苏联相比,形势仍很严峻。

(一)与国外的差距

1952年中国的国民收入与发达国家相比,仍很落后,只相当于同期美国国民收入的7.5%,苏联的31.6%,英国的53.8%,法国的63.9%,联邦德国的81.3%,但是超过日本14.7%;如果从人均水平来看,差距更大,只相当于美国的2.3%,苏联的10.3%,英国的5.2%,法国的4.7%,联邦德国的6.9%,日本的22.2%[①]。

而从钢产量来看,中国与西方几个主要国家的差距更大。1953年,

---

① 武力主编:《中华人民共和国经济史》(增订版),中国时代经济出版社2010年版,第169页。

钢产量分别为：中国 177 万吨，美国 10126 万吨，英国 1789 万吨，联邦德国 1708 万吨，日本 766 万吨；人均产量分别为：中国 3 公斤，美国 673 公斤，英国 353 公斤，联邦德国 482 公斤，日本 87 公斤。①

（二）东西方对立对经济发展不利

抗美援朝造成了中国与西方国家的对立，这样新中国只能在西方发达国家经济封锁的情况下进行经济建设。以美国为首的西方资本主义国家对中国进行严厉的经济封锁，尽管苏联对我国进行了一定的经济援助，但力度有限，加之两国发展战略和体制趋同，贸易互补性不够，无法实现各种经济要素的合理流动，中国的经济建设只能走独立自主的发展之路。

（三）苏联经济援助和技术援助的重要性

1950—1953 年，苏联向中国提供了 3 亿美元贷款，1954 年又给予 5.5 亿卢布长期贷款。苏联对中国援建的工业项目达 156 个，不仅提供必要的资金和设备，还提供全套的技术指导。可以说，苏联输出的资金、技术和发展模式对我国经济建设有着深远的影响，在各个行业都打上了明显的苏联印记。

国家面临的经济形势如此，交通通信业的发展也只能在有限的资本投入和发展战略下探索前进。

二 交通通信业总体发展状况

1952 年国民经济恢复完成时，交通通信业有了初步发展。而到了 1957 年，该行业的发展已经能够很好地服务于国民经济的建设。

1952 年全国铁路通车里程达到 24578 公里，接近新中国成立前的最高年份，铁路货物周转量达到 601 亿吨公里，比新中国成立前的最高年份增加 50%。公路通车里程达到 13 万公里，比 1949 年增加 73%，完成货运 420 余万吨，货物周转量 2.7 亿吨；完成旅客周转量 11 亿人公里。内河货运量为 45054903 吨，客运量为 35020326 人；沿海货运量为 6211514 吨，客运量为 1030138 人。估计轮船的数量和吨位都没有达到旧中国的最高峰，虽然成立了中波轮船公司开展远洋运输，但由于受限于社会主义阵营，运力及运量都无法取得突破。民用航空的航线长度仅为 13885 公里，飞机 48 架，旅客周转量为 2409 千人公里，货物周转量 1834

---

① 武力、肜新春：《中国共产党治国经济方略研究》，中国人民大学出版社 2009 年版，第 24 页。

千吨公里。① 邮路总长度为1289727公里，邮电局所总数为49541处，长途电信线路总长度为182522公里，市内电话总容量为394694公里。

到1957年，我国交通通信业的发展情况如下：相对于GDP年均9.2%的发展速度，运输通信业的发展速度为年均13.0%（麦迪森对二者的估计分别是5.9%和5.3%）。② 全国铁路通车里程达到29862公里，比1952年增长22%。货运量增长107.5%，客运量增长91%，旅客周转量为361.30亿人公里，货物周转量为1345.90亿吨公里。公路通车里程达到25.5万公里，较1952年公路货运量增长1.9倍，客运量增长3.2倍；汽车运输成本降低33%。我国内河通航里程达10.5万公里，轮驳船120万吨（其中远洋船9万吨），木帆船299万吨。货运量五年增长了2倍，对国内外物资交流起着重要作用。③ 民用航空航线长度达到39927公里，旅客周转量为79870千人公里，货物周转量为6670千吨公里。"一五"时期邮电事业初步形成了比较完整的通信网，邮路和农村投递路线总长度达到222.3万公里，邮电局（所）总数为45367处，长途电信线路总长度为305200公里，市内电话总容量为646421公里。④

对比一下"一五"计划中对交通通信业的发展计划和完成情况，可以对该领域的发展有更清晰的认识。

（1）在运输和邮电部门中的投资分配为：五年内国家对运输和邮电的基本建设投资为82.1亿元，其中对铁道部投资为56.7亿元；对交通部投资为13.39亿元；对邮电部投资为3.61亿元；对民用航空局投资为1.1亿元；对地方交通投资为7.39亿元。

（2）主要运输部门的运输量。同1952年比较，1957年几个主要运输部门的运输量和周转量的增长情况为：铁路货物运输量为24.55万吨，增长5.9%；货物周转量为1.29亿吨公里，增长11%。铁路旅客运输量为24.7万人，增长51.3%；旅客周转量为319.66亿人公里，增长59.5%。

内河轮驳船（木船除外）货物运输量为3686.4万吨，增长294.6%；

---

① 中国社会科学院、中央档案馆编：《中华人民共和国经济档案汇编（1949—1952）》，中国物资出版社1996年版，第2、3、935、949、1177页。
② 胡鞍钢：《中国政治经济史论》（1949—1976），清华大学出版社2007年版，第220页。
③ 王首道：《关于第二个五年公路、水运发展规划的报告》，1958年3月14日。
④ 中国社会科学院、中央档案馆编：《中华人民共和国经济档案资料选编（1953—1957）》（交通通讯卷），中国物价出版社1998年版，第913页。

货物周转量为 152.92 亿吨公里，增长 321.5%。旅客运输量为 564 万人，增长 93.8%；旅客周转量为 34.8 亿人公里，增长 78.7%。

沿海货物运输量为 1146.1 万吨，增长 195.1%；货物周转量为 57.51 亿吨，增长 19.5%。旅客运输量为 147 万人，增长 11%；旅客周转量为 2.37 亿人，增长 137%。

汽车货物运输量为 6749.3 万吨，增长 225.8%；货物周转量为 32.11 亿吨公里，增长 373.5%。旅客运输量为 11414.6 万人，增长 159.1%；旅客周转量为 57.32 亿人公里，增长 193.7%。

民用航空货物运输量为 0.56 万吨（包括邮件），增长 175%；货物周转量为 85 万吨公里（包括邮件），增长 231.3%。旅客运输量为 5.44 万人，增长 145.6%；旅客周转量为 0.91 亿人公里，增长 278.5%。

这一计划安排表明，在对交通邮电业的总投资中，近 70% 用于铁路建设，而铁路的投资大多用于新线建设和旧线改造，短期内不能发挥效益；用于交通的 16.3% 也主要用于新建公路，内河与远洋航运的投资很少；加上地方交通投资的 7.39 亿元，已占国家给交通通信业投资的 94.4%；其余给予邮电和航空的投资合计不到 6%。因此，根据"一五"计划，对于这一时期不断提高的运输和通信任务，主要不是靠投资拉动的，而是通过加强管理、提高效益实现的。其中水运（包括内河与海运）和汽车运输货运量最大，增长幅度也最高。

而实际完成的情况表明，在 1953—1957 年间，运输、邮电部门实际完成的投资占国家基本建设投资总额的比重为 18.7%，是偏低的。特别是 1955 年之后，运输、邮电投资比重逐年下降，1955 年为 21.1%，1956 年为 18.8%，1957 年为 16.1%。1957 年在基本建设投资总体"下马"的情况下，全国投资比上年减少 9.6%，工业投资减少 0.8%，而运输、邮电部门投资则减少 22.5%，"下马""推迟"的工程更多一些。由于我国交通运输通信网基础薄弱，网络尚未形成，运输通信工具、设备缺乏，而需求量增长迅速，广大地区的工业基本建设与扩大生产都需要交通通信先行。在一定时期内，运输、邮电投资在国家投资中需要占有较大的比重，大体定在 20% 左右为宜。因此，"一五"时期运输、邮电业投资是偏低的。①

---

① 参见国家经委交通局《关于运输和通信事业中几个问题的意见》，1959 年 1 月 17 日。

三 突出的计划管理特点

新中国开展经济建设的"一五"计划不仅有着强烈的苏联帮助设计的痕迹，而突出的优先发展重工业的赶超战略使得计划管理成为经济体制的显著特征，这体现在国民经济建设的各个行业，而交通通信业的计划管理又有着特殊的发展特点。

（一）交通通信业的发展必须服从于优先发展重工业的需要

为了实现社会主义工业化的总体目标，交通通信业部门突出了计划管理和整体观念，树立为工农业生产、城乡物资交流服务和为国家工业化服务的思想。

针对运输企业存在的"费用高、效率低、手续繁、事故多"等主要缺点，交通运输部门制定出以下原则：（1）强调为工业化服务的指导方针，也就是从"适应物资流转的要求，便利客货运输来考虑问题；而决不是单纯孤立地从赚钱多少来考虑问题和考核企业的成绩"。"我们所要求的是合理的利润，用以保证资金积累，扩大再生产。取得利润的方法是提高劳动生产率，厉行节约，降低成本，增加运输量；而决不是垄断加价，或贬价竞争。"（2）管好企业要"依靠群众的自觉和智慧，而不是依靠庞大的官僚管理机构。因此，不去启发职工群众的积极性，不加强政治教育，不提高劳动纪律，不关心职工群众疾苦和照顾其困难，忽视依靠职工的一切观点和做法，都是错误的"。（3）从掌握国家整个运力出发，加强行政管理，发挥国营企业的领导作用，将公私运输业的运力逐步纳入国家计划的轨道。因此，要"强调加强国营运输企业的计划管理和经济核算，提高国营企业的经营管理水平；对资本主义运输业，实行利用、限制、改造的方针，积极地、有计划、有步骤、有区别地使其走上国家资本主义和国家计划的轨道；对个体民营的各种运输工具，加强领导与管理，发挥其运输作用"①。

在新中国成立初期稳定政权、加强国防任务很重的环境中，中共中央特别强调交通通信部门的"军事性"，特别是在铁路与通信业，实行准军

---

① 《交通部党组关于1953年全国交通会议的总结报告》，1953年10月15日，11月7日经中共中央批转。引自《中华人民共和国经济档案资料选编（1953—1957）》（交通通讯卷），中国物价出版社1998年版，第3—4页。

事化管理，以确保运输和通信安全。①

（二）对于交通通信业的发展国家不仅在投资、经营管理甚至在人员配置、行业配套等方面都有严格而细致的计划设计

经济恢复时期和"一五"时期，在学习苏联经验的基础上，铁路系统逐步形成了一套高度集中的计划管理体制。1950年至1957年间，苏联先后派遣4位铁路计划专家来铁道部帮助建立计划管理工作。在计划体制上，运输企业的计划由部、局、分局、基层站段各级管理；部属工业企业的计划由部、总局、工厂各级管理；基建施工企业的计划由部、总局、工程局、处、段（队）各级管理。各级单位的计划按上述系统编报和下达。在运输企业中，各级单位除计划处（科）编制本单位的综合计划外，同级业务部门（运、机、辆、工、电等处、科）也编制本部门计划，按本业务系统上报。年度计划通过综合计划（块块）和部门计划（条条）平衡后确定。建立部门计划虽有利于发挥各业务部门的积极性，以及发扬民主，集思广益，但也因此导致部门分割，造成全面平衡的困难。

1955年，在全面学习中苏民航公司经验的思想指导下，民航实行了统一领导、分区管理和政企合一，即民航局、地区管理处和航站三级经济管理体制。

公路、水运以及邮电通信行业的管理体制也是遵循高度集中的计划经济体制设计的。

（三）由于灵活有效的市场机制遭到严格约束，对于亟待发展的交通通信业无法获取计划经济以外的资源配置，而国民经济先导性行业地位注定该行业的发展必须纳入计划管理的轨道，在当时这也是较为有效合理的制度安排

不过，这种严格的计划管理的特点，也造成了交通通信业在将来的体制改革过程中面临更为复杂、更为艰难的发展转型和抉择，先导行业的改革较之于其他部门的改革，也变得更为慎重、更为滞后。

四 苏联经验的影响

新中国成立后对如何建设社会主义不仅没有经验，而且缺乏足够的思想准备，更不可能有一套完整的理论。在新中国成立以后的前7年间，特

---

① 《中共中央批发王首道同志关于〈当前交通运输和邮电工作几个主要问题的报告〉给各地党委的指示》，1955年6月6日。引自《中华人民共和国经济档案资料选编（1953—1957）》（交通通讯卷），第6页。

别是从1953年开始有计划地进行经济建设的几年里，中国共产党曾经把苏联建设模式作为学习的样板，号召"学习苏联"。"苏联模式"由此对各个行业的发展产生重大的影响，交通通信业当然也不例外。

首先，在管理体制设计方面，苏联经验有着重要的影响，发挥了很大的作用。如在铁路管理方面仿照当时苏联的做法，建立了一种以高度集权为特征的计划管理体制。这种集中型的计划体制，有利于改变铁路管理的分散状态，有利于统一调配，集中使用力量，保证重点，办成几件大事。

以苏联模式建立的"中长路"经验很有代表性。该路采用了苏联的经营管理方法，63个业务单位实行了经济核算制，54个单位建立了独立会计，72个机车包车组与包修组试行经济核算制。还实行了计件工资制，推广了苏联郭瓦廖夫等110多种先进工作方法，调动了职工的积极性，提高了技术水平。①

苏联专家对治淮工程最大的帮助是：给中国人民指出了水利建设事业中科学技术的进步方向。苏联先进经验应用到治淮工程中的特点是：经济、省时、安全。②

其次，苏联成功的发展经验在该行业的表现有一个从嵌入式到渐趋扩展性的发展态势。

中国长春铁路在运输工作上推广了苏联先进经验——苏德尼果夫调度法、粉笔调车法、马密多夫取送车法，特别是创造了李锡奎调车法，开展了超轴牵引和五百公里运动，因而提高了运输效率。③ 成渝铁路是我国最系统地运用苏联先进经验修筑的一条铁路，苏联专家们对成渝铁路的帮助是多方面的，他们用一系列苏联先进经验来解决从修筑路基、架桥、开隧道、铺轨一直到通车后的养路等工程中的问题。④ 铁道部部长滕代远认为，苏联的各种先进经验，推广到中国其他铁路以后，也都用之皆准，大大地推动了工作前进。⑤ 受苏联成功经验的影响，东北区国营工矿企业向苏联学习，连续创造了许多先进生产经验。这些先进经验对于提高工矿企业的设备能力，增加产量，改进质量，降低成本，提高工人技术水平，改

---

① 《中长铁路已成为全国最先进的模范铁路》，《人民日报》1952年4月26日。
② 《苏联先进经验和治淮》，《人民日报》1952年8月7日。
③ 《中长铁路已成为全国最先进的模范铁路》，《人民日报》1952年4月26日。
④ 滕代远：《祝贺中苏合办中国长春铁路公司成立两周年》，《人民日报》1952年4月。
⑤ 《苏联专家和成渝铁路》，《人民日报》1952年2月14日。

变工矿企业的生产面貌，都起了巨大的作用。①

过去我国内河拖运航行的船只编队一向是采用英美式的"并列法"，长江航务管理局芜湖办事处试用苏联"一列拖带法"，产生了很好的经济效益。② 随后，长江航运管理局推行苏联先进的内河航运经验，改进拖驳运输方法、航道标志、码头装卸工作，使船舶运输效率大大提高。在长江、松花江等主要内河推广后，还在水流湍急的川江、嘉陵江、闽江试航成功。③ 1953年4月，长江航运管理局在汉口到黄石市的航线上开始试行"推船运航法"。结果证明，这一先进的拖驳运输法比"一列式拖驳运输法"的速度提高20%，节省燃料13%—15%。8月，在汉口到宜昌的航线上已普遍实行"推船运航法"。④

在公路建设施工过程中，主要强调学习苏联的经验，加强计划管理。

苏联先进经验和先进技术3年来在我国经济建设事业中发挥了重大作用，它和我国工人阶级的创造性、劳动热情结合起来，加速着我国工业化的进程。⑤ 建设现代化的新工厂、新矿山以及新的铁路、港口、农林水利事业等，对于我国经济建设的速度和工业化的速度来说是决定性的事情。

郭沫若曾指出苏联的先进经验对新中国3年来各项工作所起的极大指导作用。他说："科学在国家建设工作中占很重要的地位，在即将到来的大规模经济建设中，加强和苏联科学界的合作、努力学习和吸取苏联的先进经验将有更重要的意义。"⑥

最后，苏联的经验并不都是成功的，苏联成功的经验某些方面并不都适合中国的情况，学习苏联终究不能代替对自己道路的探索。在"一五"计划建设的过程中，苏联模式在中国逐渐暴露出某些问题，如片面强调发展重工业而忽视农业、轻工业，重积累、轻消费导致国民经济重要关系比例失衡，管理体制因权力过分集中而显得僵死和缺乏活力。

---

① 古维进：《东北区国营工矿企业怎样推广先进经验》，《人民日报》1952年7月18日。

② 《试用苏联"一列拖带法"，刘健行创造拖运航行的全国新纪录》，《人民日报》1952年3月31日。

③ 《交通部召开"一列式拖驳运输法"推广会议 "飞乡""巫峡""夔峡"三轮在长江上游试行新运输法成功》，《人民日报》1953年1月12日。

④ 《推广苏联内河航运经验 长江航运运输效率大大提高》，《人民日报》1953年9月25日。

⑤ 《在我国经济建设事业中，苏联先进经验和先进技术发挥重大作用》，《人民日报》1952年11月9日。

⑥ 《中国科学院举行扩大院长会议，定出加强学习和介绍苏联先进科学的办法》，《人民日报》1952年10月27日。

而高度集中的铁路管理体制模式由于过分强调计划的指令性,忽略机动性,上面集中过多,统得过细过死,影响下面的主动性和积极性,以致企业缺少活力,经营缺乏生机;有些计划任务做不到因时因地制宜,调整变更计划申报频繁,形成"一年计划,计划一年",极大地影响了铁路事业的发展和进步。

1957年4月,铁道部决定在该系统内弱化以苏联"一长制"为特征的管理体制而过渡到"党委负责制"的管理体制。铁道部认为,由于过去几年来,在加强行政工作集中统一管理的同时,忽视了企业党委对企业的全面领导作用和党的集体领导的传统经验,错误地把铁路企业党委对生产行政工作的职责规定为保证监督,又将部分管理局的党委改为党组,并在铁路系统不恰当地推行"一长制",因而削弱了党的领导作用。为了加强党对企业的全面领导作用,今后必须贯彻执行"以党委为核心的集体领导和个人负责相结合"的领导制度,肃清"一长制"的不良影响,建立和健全各级铁路企业党的委员会。①

用"党委负责制"代替苏联式的"一长制",不仅是一种管理方式的转变,更是对苏联模式的扬弃,是中国共产党管理经济活动一个较为适应国情的特色,至少在当时有一定合理性。

第二节 交通通信业的发展和增长

在第一个五年计划期间,国家工业化建设实施了优先发展重工业的战略,交通邮电业是为发展重工业服务的。相对于投资侧重于重工业的特点,对交通运输、邮电通信等行业的投资不多。作为国民经济的基础性"先行企业",交通通信业总体来说还是取得了长足的发展,不论是在线路通车、通航里程方面以及在行业规模、服务于工业化战略方面都奠定了比较坚实的基础。投资不足就向管理要效益,突出计划管理,千方百计提高运营效益。在百废待兴的新中国经济中,交通通信业的发展和增长为国民经济的完善增添了浓墨重彩的一笔。

---

① 《铁路系统决定实行党委集体领导下的分工负责制 进一步加强党对铁路企业的领导》,《人民日报》1957年4月3日。

一 铁路行业的发展与增长

"一五"时期铁路行业的发展表现在：在完成旧线改造和新线建设的同时，完善了铁路管理体制和配套工业的建设，持续增长的铁路投资改善了新中国紧张的交通运输局面，支持了国民经济建设的较快发展。

（一）铁路投资状况

1953年，我国只有少量铁路，分布在仅占国土面积20%的地区。有计划地修建新铁路线，特别是沟通西北、西南与其他地区的联系，是十分重要的任务。

"一五"期间，国家对铁路投资62.89亿元，占国家基本建设投资总额的11.44%。

经过8年努力，全国铁路的线路有了增加，布局及技术状态得到初步改善，工业生产能力有所加强，运输能力明显提高，并且积累了经验，锻炼了队伍，为以后铁道事业的发展打下了良好基础。新线建设迈出更大的步伐，除了继续修建已经开工的一批工程外，陆续动工新建的又有集二（集宁至二连浩特）、蓝烟（蓝村至烟台）、黎湛（黎塘至湛江）、包兰（包头至兰州）、鹰厦（鹰潭至厦门）、萧宁（萧山至宁波）等干线，牙林、汤林、长林等森林铁路，石拐子、平顶山、白云鄂博、河唇茂名、西安户县等工矿企业支线。以上各条干线和支线大部分在第一个五年计划期内完成了铺轨通车。

这批新线的建成使全国铁路的布局得到初步改善，铁路交通开始伸向西南、西北及其他边远地区。在成渝、天兰两路迅速修通，宝天线得到基本整治的基础上，又新建了宝成、兰新两条干线，大大加强了西南、西北与全国的联系。同时新建的黎湛、蓝烟、鹰厦、萧宁等干线，初步改变了许多海防重镇和海运港口没有铁路与内地沟通的状况。新建成的集二铁路和湘桂路来睦段，为加强国际交往创造了有利条件。

表6-1　　1949—1957年基本建设投资、铁路投资情况及年增长率

单位：亿元、%

年份	投资额	年增长率（环比）	交通运输业投资额	铁路投资额	年增长率（环比）
1950	11.34			2.048	
1951	23.46	106.9		3.999	95.26
1952	43.56	85.7		5.287	32.2
1953	90.44	107.6	10.02	6.48	22.56

续表

年份	投资额	年增长率（环比）	交通运输业投资额	铁路投资额	年增长率（环比）
1954	99.07	9.5	14.2	9.46	45.98
1955	100.36	1.3	16.95	12.26	29.6
1956	155.28	54.7	17.56	6.49	-47
1957	143.32	-7.7	19.74	13.4	106.47

资料来源：《中国固定资产投资（1950—1995）》，中国统计出版社1997年版，第71、134页。1950—1952年铁路投资额摘自《中华人民共和国经济档案资料选编（1949—1952）》（交通通讯卷），中国物资出版社1996年版，第414页。

（二）铁路线路改造与设施改善

中国原有铁路双线很少，全国仅866公里。"一五"期间，在运输繁忙区段增设第二线，建成双线并完成通车的，有京汉路丰台至石家庄及李家寨至孝子店两段，京山路东便门至丰台段，沈山路新民至山海关段，沈安路石桥子至凤凰城段；动工修建延至以后完成的，有京汉路石家庄以南段，陇海路郑州至宝鸡段，石太路以及哈绥南佳路的部分区段。同时，还修复了一些原有的第二线。到1957年，全国营业的双线铁路已达2203公里，双线所占比重由1949年的4%提高到8.2%。这批双线的建成，使铁路运输能力有了显著的增长。

扩建与改建枢纽和站场。旧铁路的枢纽和站场非常薄弱，有些干线上的重要车站和几个方向的干线交会点虽形似枢纽，却无相应的编解能力。为了改变这种状况，"一五"期间开工扩建与改建的枢纽有哈尔滨、沈阳、锦州、天津、北京、石家庄、太原、大同、包头、徐州、郑州、武汉、西安、成都14个。这些工程大都采取分期施工、逐步完善的办法，既照顾到长远的发展，又在短期内收到了实效。

改善通信信号设备。1953—1957年，又把引进苏联和东欧国家的技术与自行研制结合起来，在通信方面改造架空明线，增加线对，推广3路、12路载波机，装用步进制自动交换机及新型调度电话；在信号方面积极发展电气路签闭塞，开始发展半自动闭塞，并在京山、沈山和哈大等线的部分区段建成自动闭塞工程。

修建特大桥梁。这一时期为加强既有铁路而修建的特大桥梁，有武汉长江大桥和潼关黄河大桥。武汉长江大桥的建成，不仅将京汉、粤汉两路连为一体，使铁路运输和武汉地区的交通大为改善，而且创造了先进的建桥技术，出现了一批以总工程师汪菊潜为代表的技术专家，培养了一支过硬的修桥队伍，为具有光荣传统的中国桥梁事业树起一座继往开来的里程碑。

(三) 铁路勘测设计和施工队伍迅速成长壮大，能力不断增强

在勘测设计方面，旧中国只有少数技术人员分散在各铁路局，专业残缺不全，没有专门机构。新中国成立后，1950年即开始组建专业性的铁路勘测设计队伍。1950年3月，铁道部设计局主管铁路基本建设的勘测设计工作，先后组建了兰肃线、湘黔线、滇黔线、天成线、集白线、定西线等测量总队。1952年1—12月陆续改组，成立17个设计总队。在此期间，组建了武汉长江大桥设计组、黄河大桥设计组，不久合并成为大桥设计事务所。

"一五"期间，随着铁路建设的全面发展，勘测设计队伍进一步壮大，相继成立了西南、西北、中南、东北、华北5个设计分局，并将已成立的17个勘测设计总队按所在地区划归各设计分局领导，负责所在地区的铁路勘测设计工作。1954年7月，铁道部设计局改为设计总局，领导全路新线和指导运营线基建工程的勘测设计工作。1956年1月，5个设计分局改为第一、第二、第三、第四、第五设计院。1957年3月，第五设计院撤销，其人员和业务并入第三设计院。1953年4月至1956年7月，铁道部先后组建大桥、电务、工厂、经济调查、定型、航察及枢纽站场7个专业设计事务所，分别负责专业设计工作，并由设计总局领导。1955年2月，枢纽站场设计事务所撤销。1957年11月，几个设计事务所合并成立专业设计院，负责铁路航察、工厂勘测设计、标准设计和管理工作。经济调查事务所改为技术经济勘测设计院。至此，铁路勘测设计职工人数已由1953年初的6000人增加到19136人，勘测设计工作向专业化方向发展。

(四) 铁路管理体制的改进和完善

恢复时期和"一五"时期，在学习苏联和中长铁路经验的基础上，全路逐步形成了一套高度集中的计划管理体制。

1. 从1952年起，铁路系统建立了运输、工业、基本建设、大修、运营支出、劳动工资、财务收支、物资供应等计划，并制定了一些计划管理规章制度

铁道部制定的基本规章有《铁路计划编制暂行办法》《统一编制生产

财务计划说明书办法》《铁路计划工作分析（总结）暂行办法》《铁路计划管理暂行细则》等，针对各项计划的编制和管理，还分别制定了单项规章。

中国铁路编制月度货运计划，始于1949年5月。1950年12月，政务院发出《关于铁路运输计划的指示》，规定托运单位必须按月提出月度要车计划，要求有最大的准确性；同时规定，由政务院财政经济委员会（简称中财委）中央财政局按月主持计划平衡会议，确定铁路月度货运计划，下达铁道部执行。这个历史文件的重要意义在于：它以政务院的名义，规定了托运单位必须按月提出要车计划的制度，同时把月度货运计划的平衡工作提到由国家直接主持的高度，从而为铁路计划运输奠定了基础。

1955年10月公布实行《铁路月度运输计划编制暂行规则》和《月度运输计划执行规则》。从此，铁路月度货运计划有了完整而统一的编制和执行办法。铁路月度货运计划工作的核心问题是正确处理运能与运量之间的矛盾，合理分配各地区、各部门、各个品类货物的运量，按旬、日均衡安排运输任务，尽最大努力满足国民经济的运输需要。

1956年毛泽东的《论十大关系》和中共八大都提出中国经济建设要以苏联经验为鉴戒，总结过去几年的实践经验，寻找符合自己情况的解决办法。根据这个精神，铁路部门开始研究在计划管理中采取适当放权的做法。1957年铁道部先后规定：运输计划不再按季控制；基本建设投资中20万元以下的项目放权给各局、厂；设备大修项目划分为两类，属于次要性质的第二类项目放权给各局；在运营开支和劳动力上允许有2%的预备作为机动等。与此同时，还适当精简了一些计划指标，简化编制计划程序和烦琐的计算。各铁路局、厂也自上而下地实行放权。

2. 推行分区产销平衡运输制度

1953年年底，铁路运输在各个主要区段上已呈现紧张状态。造成此种紧张状态的原因，主要是由于铁路运输能力的发展落后于国民经济迅速发展的需要；另外，还由于铁路运输存在着过远的、对流的、重复的不合理现象，严重浪费着现有的铁路运输能力，阻碍着现有铁路运输能力的充分发挥。由于供销计划性不强，煤炭集中一地然后又向外运的重复运输现象极为普遍，如据1953年1—9月不完全的统计，完全不产煤的钱塘江车站装运煤炭达1845吨，开封366吨。此外，运往上海的开滦煤和淮南煤，有不少不经就近港口利用水运而由铁路迂回运输。

不合理的运输对国家运输力的浪费是很大的。据初步检查约略估算，在1953年内仅由于煤炭的对流的、过远的不合理运输浪费铁路运输力约18亿吨公里（相当于1953年沿海运输货物周转量的一半），即等于少运了13.5万辆车皮的其他货物，使国家多开支了运输费用约2000亿元（旧币，合新币2000万元）。此外，不合理的运输对计划生产和计划供应也是极为不利的。

1954年年初，中财委、国家计委与各有关方对此问题进行了系统的研究，决定逐步推行各种主要物资分区产销平衡合理运输制度，在按地区进行产销平衡的基础上，规定主要物资的基本流向及流动范围，限制和禁止过远的、对流的、重复的运输。从1954年第3季度开始起，首先在工业品中产量最大并占全国铁路货运量1/3以上的煤炭开始实行分区产销平衡合理运输。

中共中央于1954年3月18日同意中财委（交）和国家计划委员会关于推行煤炭分区产销平衡合理运输制度的报告及其暂行办法，政务院于1954年7月1日正式颁布《关于逐步推行煤炭分区产销平衡合理运输制度的决定》。

3. 铁路运价的统一与改革

旧中国铁路运价制度十分凌乱，各路运价水平高低不一。例如京汉铁路将货物分为6等，按每车每法里计费；京奉铁路（北京至沈阳）将货物分为4等，按每英吨每英里计费；而京绥铁路则按每吨每华里计费。据1935年统计，每吨公里的平均收入最低和最高之比为1∶2∶43。

东北地区于1949年2月实行全区统一运价，将货物分为10个等级，对煤、木材、大米、小麦、面粉、豆饼等8种货物实行优待运价。当时北方地区的平津、济南、太原等铁路局实行5个等级的运价，各局费率亦不相同，到1949年7月实行统一运价，将货物运价改为20等，并对某些货物实行特价。1949年12月6日，开始实行关内北南方统一运价。

1950年4月，为了更好地适应恢复新时期的经济形势，先后在东北和北南方地区实行新的运价制度。货物运价一律改为30等，最高等和最低等运价差的幅度，东北地区由原来的360倍降为25倍，北南方由200倍降到17倍。当时因东北地区运价偏低，为缩小关内外运价差距，从1950年8月1日起，降低关内货物运价11.9%，东北地区则于1952年和

1953年两次分别提高29%和16%。

国务院批准自1955年6月1日起在全国铁路实行新的客货运价，统一了全国的铁路货物运价。新运价的特点是：在保持原有货物运价水平的基础上，统一全国铁路货物运价，并改革运价制度；同时适当调整旅客运价及各种票价间的比例。铁路运价的改革和调整，是适合当时国民经济发展的需要并符合国家经济政策的。①

（五）铁路工业的发展

"一五"期间，在铁路工业经过调整的基础上，又有计划有步骤地对原有工厂进行了技术改造和扩建，重点是对机车车辆制造厂添置必要的关键设备，充实技术后方，增强设计力量，推行新的技术和工艺，以初步建立机车车辆的生产基地；对机车车辆修理厂除增加设备、扩大生产规模以外，特别注意增强生产配件的能力，建立配件的专业生产基地。铁路器材工厂也通过改造与扩建，不同程度地提高了生产水平与能力。与此同时，为了填补机车车辆制造中的空白和改善工厂布局，还先后开工新建了成都机车车辆工厂、长春客车工厂、长春机车工厂、大同机车工厂、兰州机车工厂（其中成都厂于1955年开始投产，其余则延至"一五"以后建成）。一批新建的器材工厂也在"一五"期间建成并投产，扩大了铁路工业的范围。

铁路工厂在调整、改造、扩建与新建的过程中，生产能力逐步提高，为铁路建设提供了大量急需的机车车辆和各类器材。1952年，四方机车车辆厂在技术资料、机器设备和材料、配件都很缺乏的条件下，艰苦奋斗，自力更生，仿照ㄓ1型机车制造出第一台解放型蒸汽机车，结束了中国不能生产机车的历史。接着，四方机车车辆厂和大连机车车辆厂又相继试制出胜利型、前进型、建设型等多种蒸汽机车，并由一些工厂批量生产，迈出了大批自造机车的步伐。同时，各机车车辆厂还设计并生产了一批新型客车与多种类型的货车。到1957年，共生产机车531台，客车1982辆，货车40780辆，克服了机车车辆严重不足的困难。修理工厂则在完成对原有机车车辆修复工作的基础上，担负起繁重的定期厂修和临时修理的任务，并提供大量维修用的配件，保证全路机车车辆的正常运转。这期间共修理机车1.4万多台，客车1.7万多辆，货车9.7万多辆。同时还以机车工厂为主，对ㄓ1型机车进行了全面的技术改造。铁路器材工厂

---

① 《实行新的铁路客货运价》，《人民日报》1955年5月22日。

也在逐步加强过程中，生产出一大批桥梁钢结构、混凝土构件、防腐枕木、通信信号装置及其他设备，并试制出一批新产品，基本上满足了新线建设和营业铁路技术改造的需要。

在第一个五年计划期间，全国铁路新建和修复的干线、支线、复线和企业专用线近一万公里。到1957年，全国铁路通车里程比1952年增长22%。铁路经营效益提高，万吨公里用煤量1957年比1952年下降了1/4，运营人员劳动生产率提高了3/4，货车和客车运行正点率分别提高了13%和14%。货运量增长107.5%，客运量增长91%，保证了国民经济发展对铁路运输的需要。统计资料表明，旅客周转量从1949年的130.01亿人公里增长到1957年的361.30亿人公里，货物周转量从1949年的184.00亿吨公里增长到1957年的1345.90亿吨公里。这种增长速度在旧中国是难以想象的。从运量增长速度与国民经济发展速度的关系来看，"一五"期间客货周转量平均每年增长16.3%，超过全国工农业总产值平均每年10.9%的增长幅度，货物周转量平均每年增长17.5%，接近全国工业总产值平均每年18%的增长幅度。铁路运输虽然很紧张，但经多方努力，基本上适应了国民经济的发展。

1949—1957年，铁路上缴国家的利税为79.79亿元，扣除同期国家向铁路的投资73.18亿元，净缴6.61亿元，为国家经济建设积累了可观的资金。

二 公路运输业的发展

1953年，我国的公路运输能力（126775公里公路和1834个汽车营运站点）远不适应国民经济迅速发展的要求；到1955年，全国还有336个县不通公路，县以下的区乡普遍使用畜力运输和人背肩挑；边境和少数民族地区运输大部依靠畜力和人力；广袤的高原草地、省际交界的大山区基本没有公路。到1957年，公路运输业有了很大进步。

（一）公路运输业的发展情况

受国家财力所限，关于"一五"时期公路投资，交通部与军委共同决定三项原则："一、确为必需与急需修建者，保证最主要线路的如期完成；二、对必要而非急需者，则有计划地推迟时间；三、根据不同情况与要求合理降低标准。"[①]

[①] 王首道：《1953年全国交通会议总结报告》，1953年9月4日，《中华人民共和国经济档案资料选编（1953—1957）》（交通通讯卷），中国物价出版社1998年版。

为确定道路标准，在筑路前进行经济调查。一般主要修建土路，尽量利用当地材料建设必要的桥梁，这不仅可以降低造价，而且在河流尚未整治和某些道路还未正式定线的情况下，可避免不适当的建设①。

1955年12月，交通部召开全国地方交通会议，结合全国农业发展纲要提出的建设地方道路网的要求，制定了"依靠群众、就地取材、因地制宜、经济适用"的方针，计划在1956、1957年两年修建地方道路15万公里。之后，交通部颁发了《简易公路设计准则》和大车道、驮道标准，编制了适于农村修筑砖石结构的小型公路构造定型图纸24套，各地也培训了一些初级技术员工，从而在全国范围内形成了一个县乡公路建设高潮。据统计，1956—1957年两年新建公路约10万公里，使全国不通公路的县从1955年的336个减为1957年的151个，初步改善了部分山区的交通面貌。甘肃省武都地区山大沟深，自古以来交通闭塞，经过两年的艰苦奋斗，新建县乡公路909公里，使整个地区的6个县、75%的区和31%的乡通了公路。

到1957年年底，全国公路通车里程达到25万多公里，比1952年增加1倍。海拔高、工程艰巨的康藏、青藏、新藏公路相继通车，改变了进藏物资由印度转运的历史，在广大农村和中小城市之间也修建了许多简易公路②。

"一五"时期公路运输业的发展及成就见表6-2和表6-3。

表6-2　　　　　"一五"时期公路客货运输量　　　　单位：万人、万吨

年份	1952	1953	1954	1955	1956	1957
客运量	4559	7439	8648	10312	18224	23772
货运量	13158	20048	22690	25799	36695	37505

资料来源：《中华人民共和国经济档案资料选编（1953—1957）》（交通通讯卷），第485页。

表6-3　　　　　"一五"时期公路旅客、货物周转量

单位：亿人公里、亿吨公里

年份	1952	1953	1954	1955	1956	1957
旅客周转量	22.7	33.8	41.3	50.3	78.2	88.1
货物周转量	14	23	29	34	44	48

资料来源：《中华人民共和国经济档案资料选编（1953—1957）》（交通通讯卷），第485页。

---

① 国家计委党组：《关于地方交通五年计划和地方邮电若干问题的报告》，1955年1月30日。
② 《国家统计局关于发展国民经济的第一个五年计划执行结果的公报》，1959年4月13日。

第一个五年计划期间，公路事业已有很大发展。公路通车里程增加1倍；公路货运量增长1.9倍，客运量增长3.2倍；汽车运输成本降低33%。但是，当时存在的突出问题是：公路数量少、质量低、分布不合理。1957年年底全国公路通车里程只有25万公里，其中常年通车里程只有13万公里，其余都是晴通雨阻。东部沿海地区每千平方公里平均有52公里公路，而西南、西北地区每千平方公里只有17公里。全国除西藏地区外，还有129个县不通汽车，其中110个是山区县。在这些偏僻地区和山区，交通闭塞的情况还没得到根本改变，仍然维持着肩挑人背的运输方式。四川省的苍溪县用于运输的劳动力，占全部劳动力的1/3。[1]

（二）中央和地方的分工管理

1953年，地方国营与私营从事营业的汽车3万余辆，地方管理的轮驳船20余万吨，可以组织运输的马车200余万辆，木帆船400余万吨，还有大量的人力畜力的运输工具。情况表明，地方交通事业蕴藏着很大的潜在力量，是国营运输事业（包括铁道在内）的有力助手，起着微血管辅助大动脉的重要作用。

因此，政务院要求中央交通部除力求管好国营直属企业和中央投资的重大基本建设工程外，对于地方交通事业，要指导地方贯彻中央有关地方交通事业的方针政策，组织经验交流，在可能范围内给以技术帮助。1953年11月对于地方交通工作特别做出指示，明确了地方交通工作管理范围和地方交通事业经费的计划程序。

（1）地方交通工作管理范围：汽车运输及其附属企业，均划归地方国营，由省（市）负责经营（某些较大的汽车配件厂，非一省力量所能经营且已交中央交通部经营者除外）；地方公路、大车道、乡村道路的养护修建，地方交通公益事业的保护维修；已修成的国防公路及经济干线的养护管理；公路养路费的征收和使用；沿海短程航线，在一省内的内河航线，或虽流经两省以上而航运不发达的内河航线，均由省（市）经营管理；内河航道的疏浚养护，内河港埠码头、沿海小港，均由省（市）经营管理（已确定由中央交通部直接经营管理者除外）；城市搬运工作和城市公共交通运输事业的经营管理；根据国家政策，组织与管理省（市）所属区域范围内的私营运输业和地方公私合营运输企业；根据当地运输的

---

[1] 《交通部党组关于第二个五年公路、水运发展规划的报告》，1958年3月14日。

需要，有计划、有领导地组织民间各种运输工具；其他有关中央（或大行政区）交给办理的交通运输事项。

（2）地方交通事业的经费和计划程序：地方交通事业的收入，一律归地方财政收入；地方交通建设的投资，亦由地方财政解决。但大行政区财政经济委员会应加以监督，并适当加以必要的调剂。地方交通计划属于地区计划系统，其基本建设和运输生产计划的编制和审批程序，应根据国家计划委员会的规定执行。

为加强和改进地方交通工作，根据精简的原则，相应地调整与充实了地方交通的组织机构。

三　水运事业的发展

我国内河运输在城乡物资交流，煤粮、建筑材料等大宗物资的运送，重大工程建设的运输供应，稳定市场，活跃经济，改善城乡人民的经济与文化生活等方面，都起着重大的作用。在第一个五年计划期间，全国内河航运工作以长江、松花江、珠江为重点，同时加强全国各地内河航运事业的改革与重点建设，改进港、航、厂、货各项工作，以适应高速发展的经济建设对航运业的要求。

（一）内河运输的改进

1950—1953年，我国内河航运业通过三次改革加强了国家的统一管理。前两次在国民经济恢复时期的1950年3月和1951年8月，这两次改革明确划分了中央与地方航运管理范围和权限。但因财政、物资和设备等其他管理体制不相协调，地方航运建设仍无起色。

第三次始于1953年，为了摆脱行政管理落后的局面，建立和加强以计划生产管理为中心的"政企合一"、分级管理的水运体制。"一五"期间，国家通过各项法规和管理制度加强行业行政领导；以改造、扩建和新建方式增强国营企业的生产能力；以"和平赎买"的方式，逐步把资本主义的航运企业改造成为社会主义性质的公私合营企业；采取民主改革、折价作股等措施，在民间木帆船运输业中组建合作社和集体所有制的航运企业。与此同时，在国家方针和政策的统一领导下，长江、珠江、黑龙江水系干流和海洋运输的航政、航务以及主要企业、事业单位的生产由交通部主管，地方政府进行监督和指导；各地区水运的航政、航务和企业、事业单位的生产由地方政府主管；跨省区的水运发展计划和基本建设由交通部统一协调。至于沿海港口的管理，则根据贸易和运输需要以及港口的任务和设计能力，分别设置港务管理局、分局、办事处。港务管理局为经济核算单位，接受地方政府的监督和指导。各种生产资料公有制企业均附属于国家各级政府部门，实行"政企合一"的管理体制。

"一五"期间，相继新建了湛江港（第一期工程）和裕溪口煤炭装船码头，修复或扩建了天津港塘沽9号码头、烟台港西码头和铁路专用线、青岛港18个泊位、上海港十六铺码头等泊位以及黄埔港中级码头（3号泊位），扩建了上海船厂和广州船舶修造厂等。以长江上游（川江）航道为重点的内河航道进行了整治开发，使水深在1米以上的航道延伸近5万公里；航道勘测和航标电气化改造工程加速进行，常年阻碍通航的沉船和雷区基本被清除。水运工程施工中，港口工程采用了装配式结构和预制安装工艺，沉船打捞采用了浮筒打捞技术。为发挥木帆船运力，重点整修河岸纤道。在有条件的地区开辟新的航线（如乌苏里江与乌江等）。①

这一时期国家用在水运建设上的投资仅占全国投资总额的2.1%，但是由于各方面的努力，水路货运量和货物周转量平均每年分别递增24.6%和23.3%，高于工业和农业总产值的递增率（前者为18%，后者为4.5%），水路货运量在全国总货运量中的比重由1952年的16.3%增至19.2%。②

（二）远洋运输的发展

新中国成立初期，我国主要通过租用外国商船、与外资开办合资公司、组织侨商船只等方式开展远洋运输，并逐步建立健全了外轮代理、外轮理货机构和制度。

1950年9月，交通部、贸易部联合在天津建立中国国外运输公司，通过租用外籍商船开展对外贸易运输之后，1953年，公司于北京更名为中国海外运输公司，不久改称中国外贸运输公司（又称中国租船公司），隶属对外贸易部。国家鼓励海外侨商投身祖国的海运事业。1955年，"大南""义益行""振盛行""海洋航业""三一""五福""顺昌""南洋"和"捷顺"9家船公司的商船约263艘次，完成外贸货运量37.09万吨。1957年，广东省华侨委员会、广州外轮代理公司和"五福""顺昌""捷顺"等船公司组成"华侨航商驻穗联络处"，以加强彼此间的联系和团

---

① 王首道：《1953年全国交通会议总结报告》，1953年9月4日。
② 《当代中国的水运事业》，当代中国出版社1999年版，第11页。

结。继 1951 年 6 月 15 日，中国和波兰两国政府本着互利合作的原则，组建了中波轮船股份有限公司之后，至 1957 年年底，共有远洋船舶 16 艘，17 万载重吨，完成外贸进出口运量 303 万吨。平均每年运量占我国进出口总运量的 7%，所运物资多系重要工业装备及器材，对保证我国工业建设起了很大作用。6 年中利润积累达投资的 1 倍。1953 年 6 月 11 日，中国和捷克斯洛伐克签订了《中捷发展航运议定书》，并决定将中国货船"尤利乌斯·伏契克"号、"利吉柴"号委托捷方代营。1959 年，两国政府决定成立"捷克斯洛伐克国际海运股份公司"，船舶所有权不变，分船核算、自负盈亏，中方当时有船 7 艘、8 万载重吨。① 当时我国船舶在远洋航行时不能悬挂国旗，而这两种经营方式，保证了我国开展远洋运输业务。

中国外轮代理总公司是统一经营国际海洋运输代理业务的全国性企业，业务范围包括船舶代理、货运代理、揽货订舱、客运代理、集装箱运输代理、国际联运等。1953 年 1 月 1 日，交通部根据中央人民政府财政经济委员会的指示，将各对外开放港口中独立经营的外轮代理机构归并统一，成立各港务局领导的外轮代理分公司，在交通部海运管理总局内设立远洋运输科（对外称中国外轮代理总公司）。1956 年，中国外轮代理总公司完善建制，成为主管海洋运输代理业务的全国性机构。"一五"期间，各私营船舶代理行经改造归并到各地的外轮代理机构，外国在中国开设的洋行或船务公司因业务萧条纷纷歇业或由中国折价购买。1957 年 5 月 1 日，大连外轮代理分公司接管了苏联来华船舶的代理业务。随着机构的调整，外轮代理业务规章和管理办法也不断完善。1955 年，中国外轮代理总公司正式颁发了《中国外轮代理公司业务章程》。

外轮理货是外贸运输中不可缺少的一个环节，它对承托运双方履行运输契约、买卖双方履行贸易合同和船方保质保量地完成运输任务，都起着重要的作用。理货的兴起距今已有百余年的历史。新中国成立后，在中国海员工会领导下，成立了"上海外轮理货委员会"和"青岛理货服务处"等不同形式的理货机构。1953 年，通过民主改革，清除了封建把持制度，各港将理货业务设于装卸作业区。1957 年，根据形势发展的需要，将外轮理货业务独立，在外轮代理公司设立理货科，对外使用外轮理货公司名义。

---

① 该公司根据捷方的要求，于 1967 年解散。

经过第一个五年计划时期的建设与发展,至1957年年底,我国内河通航里程达10.5万公里,轮驳船120万吨(其中远洋船9万吨),木帆船299万吨。货运量5年增长了2倍,对国内外物资交流起到了重要作用①。

四 航空事业的起步

在第一个五年计划期间,中国民航建设以北京为中心的航空网,以加强西南、西北地区与首都北京和华北、华东地区间的交通联系,作为国内客运的重点;货物运输中工业器材明显增加,还开展了面向工农业生产的专业航空工作。

(一)以北京为中心的航空网络的构建

在第一个五年计划期间,中国民航增辟了18条国内航线。尤其在1956年,由于客货运量迅速增长,当年新开辟的航线比1950年开航以来的任何一年都多。首先开通了以北京为中心的四条干线:北京—天津—沈阳—哈尔滨—齐齐哈尔、北京—开封(后改飞郑州)—衡阳(后改飞长沙)—广州、北京—徐州(后改飞济南)—合肥—上海、北京—武汉—南京—上海;随后,为增加首都北京通往西南、西北地区的航线密度,当年增辟了北京—太原—西安—成都、北京—西安—重庆—昆明、北京—包头—酒泉—乌鲁木齐、北京—包头—兰州—西宁—塔尔丁和北京—武汉—南宁5条国内干线。

为沟通华东与华南、西北地区的联系开辟了3条干线:上海—杭州—南昌—广州、上海—安庆(后改飞南京)—武汉—宜昌—重庆、上海—南京—武汉—西安—兰州。1955年以后,西南地区以成都为基地,逐步扩展航线,先后开辟了成都—重庆—昆明、成都—重庆—贵阳、成都—重庆—昆明—南宁—广州3条国内干线。同时还开辟了广州—湛江—海口、乌鲁木齐—库车—阿克苏—喀什—和田、乌鲁木齐—阿尔泰3条地方航线。

1957年航空线路长度比1952年增加1倍,除中苏航线外,增辟了中越、中缅航线,便利了国际友好往来。

至第一个五年计划期末,以首都北京为中心的国内航线网已初具规模,它连接了全国21个省会、自治区首府和直辖市,包括南京、合肥、上海、杭州、南昌、广州、长沙、武汉、郑州、南宁、昆明、贵阳、成都、西安、兰州、西宁、乌鲁木齐、太原、天津、沈阳、哈尔滨。当时交

---

① 王首道:《关于第二个五年公路、水运发展规划的报告》,1958年3月14日。

通十分闭塞的新疆，由于开辟了航线，极大缩短了与内地各大城市之间的旅途往返时间。到1957年，中国民航已有国内航线23条，通航城市36个，通航里程22120公里。

在这5年期间，还加强了机场建设。继天津张贵庄机场改造之后，1953年至1954年对武汉南湖机场进行了改造。1955年兴建的北京首都机场于1958年3月正式投产。首都机场的建成，使中国民航有了一个较为完备的基地。

到1957年年底，中国民航已有各型飞机118架。中国先后从苏联购买了各型飞机94架，其中里二型和伊尔—14型飞机各32架，伊尔—12型飞机4架，替代了原有美制DC—3型、C—46型和C—47型飞机，这是中国民航主要技术装备的首次更新。即使如此，同世界各先进国家普遍使用的新型飞机相比，中国民航所使用的飞机至少还落后十几年。

（二）中苏航空公司的移交与管理体制的成形

自1950年中苏民航公司成立后的四年半中，公司飞机共飞行了57342生产小时，货物周转量为16807.2千吨公里，运输旅客78515人，邮件1818.2吨，货物5936.1吨，对于我国民航工作的建立和发展起了重要作用。鉴于各中苏股份公司在恢复和发展中华人民共和国国民经济有关部门的事业中已经起了积极作用，并为这些公司的企业转由中华人民共和国国家机关领导准备了条件，1954年10月15日，国务院全体会议第一次会议批准了关于将"中苏石油公司""中苏金属公司""中苏造船公司"和"中苏民航公司"4个中苏股份公司中的苏联股份售予中华人民共和国的协定。根据这一协定，包括"中苏民航公司"在内的4个中苏股份公司中的苏联股份按1955年1月1日的状况售予中华人民共和国。苏联股份的价值由中华人民共和国政府自1955年起，在5年期间，按照现行贸易协定的价格，以货物偿付。

由于中苏民航公司中的苏方股份全部移交给中国，该公司经营的全部航线及业务，均由中国民航局管理，从而实现了中国民航运输业务的统一领导和经营。从1955年1月起，原由该公司经营的3条国际航线和北京—乌鲁木齐、乌鲁木齐—喀什2条国内航线，统归中国民航经营。其中乌鲁木齐—阿拉木图航线开航不久，因客货不多改为不定期飞行，并于1959年停航。为了促进中国与西南各友邻国家发展友好关系，中国民航于1956年间先后开辟了昆明—曼得勒—仰光和广州—南宁—河内2条国际航线。

从1956年起，中苏民航公司开始独立经营航线运输业务，其余如飞机维护队，承担各管理处的飞机、发动机等设备的改装和修理；电信修配所管理通信器材、设备修配及改装；器材总库负责航空器材供应，均为运输业务提供生产性劳务和作业，规定为辅助生产单位，也成为航空运输企业的组成部分，其费用支出列入运输成本。

在学习苏联民航技术业务和经营管理过程中，中苏民航公司经理部副总会计师陈宗襄写下了数万字的关于中苏民航经济核算工作的经验，积极推广经济核算工作，使民航的经济核算工作顺利进行。

为使民航经济核算日趋完善，促使企业逐步成为独立经济核算单位，中国民航局于1957年决定将局供应处列作供销企业，飞机修理厂（原飞机维护队）列为工业企业。至此，中国民航局将企业分成3个独立系统：各管理处和专业航空队为运输企业；飞机修理厂和电信修配所为工业企业；供应处及其所属器材总库和油库为供销企业。3个系统是经济实体之间的经济关系，这一改革明确了谁订货谁付款的经济责任。修理厂成为工业企业后，实行了完整的成本核算，提高了工时利用率，1957年完成了20架飞机的大修任务，实现利润40万元。

在第一个五年计划时期内，民航运输业务的相应发展与民航经营管理体制日益健全，经济核算的作用越来越大，经济效益也比较显著，5年期间共获得利润1142万元。

在中国民航创建初期，航空客运量增长缓慢。1950年仅1万人次，到了1952年增到2.2万多人次。从1953年起，随着经济建设的发展，对航空运输需求普遍增加。1954年，中国民航从苏联购进的伊尔—14型飞机投入空运。1956年，客运量上升到8.5万多人次，较1952年增长了近3倍。

在第一个五年计划期间，中国民航以加强西南、西北地区与首都北京和华北、华东地区间的交通联系，作为国内客运的重点；国际客运主要是通过北京—伊尔库次克和昆明—仰光2条航线同国外沟通。航空旅客的构成中，军政人员约占80%，私营工商业者约占15%；1956年后，外国旅客数量有所增加。

五 邮电通信业的缓慢发展

作为现代信息社会的基础网络，邮电产业在国民经济和社会发展中具有重要作用。"一五"期间，邮电通信业逐步建立和健全各项经营管理制度，加强了以北京为中心的全国邮电通信网，建成国家电信干线通信网，并注意发展农村和少数民族地区通信业。

(一) 建立覆盖县乡的邮电网络

新中国成立初期我国邮电业十分落后,1956年,全国还有17%的区和81%的乡不通电话,多数通话地区由于机线设备质量差,缺乏维护和管理,通话质量不好;有22%的乡不通邮,乡以下邮件大多靠群众捎转,延误丢失现象经常发生,报刊无法收订投送。[①] 当时国家发展邮电业首先考虑的是政治和军事需求,其次是配合重点工程建设。1953年,邮电部明确提出,邮电部门是为国防、政权、经济、文化建设和广大人民的通信需要服务的,确保国家通信机密,提高邮电工作质量是做好邮电工作的基本环节。[②] 随着经济建设的发展,1954年,国家计委发现重点建设项目缺乏配套通信设施,提出为进一步配合工业建设是邮电五年计划的重要任务,在国家规定的投资内,邮电业应紧缩出一部分资金,进行厂矿企业外部的长途、市话线路工程建设。[③]

发展邮电业的最大障碍是资金不足。按照第一个五年计划的规定,在5年内国家对运输和邮电基本建设投资的82.1亿元中,其中对邮电的投资为3.61亿元,邮电投资占运输邮电基本建设投资的4.3%,占国家总投资的比例从国民经济恢复时期的1.6%下降至0.031%。

随着国家大规模经济建设和社会主义改造任务的进展,邮电部门对通信网路进行了有计划的扩建和改造,采取"重点建设,照顾一般"和"有线为主,无线为辅"的方针,加强了以北京为中心的全国邮电通信网,提前1年完成了计划任务。

1. 加强干线邮路,增设自办局所

这一期间,全国干线邮路有很大发展,尤其是边远省份发展更快。例如,随着川藏、青藏公路的建设,1954年和1957年,邮电部门先后开辟了成都经昌都至拉萨和西宁至拉萨的两条各长达1000余公里的自办汽车邮路。邮政运输工具也有改善,1954年在主要铁道干线上使用了自备火车邮厢,从北京发出的邮件,凡铁路通达的省会及自治区首府,一般3天

---

① 王首道:《加快地方交通和乡村邮电的建设》,1956年1月20日,载《中华人民共和国经济档案资料选编(1953—1957)》(交通通讯卷),中国物价出版社1998年版,第16—17页。

② 《邮电部党组关于邮电工作基本情况与1953年下半年工作布置的报告》,1953年6月13日。

③ 《国家计委对邮电五年计划纲要草案的几点意见》,1954年。

左右可达，较 1951 年的平均 3.5—4 天以上有所提高。①

根据国家重点建设和农业合作化的需要，在一些新兴的工业城市和大型建设工程项目基地陆续设置了局所。但是 1954 年至 1956 年，由于过分强调以自办为主，过度撤、并、转私人经营的邮政代办所，使其由 4 万多个减为 2.3 万多处，影响了服务能力。

2. 建成国家电信干线通信网

"一五"期间的电信建设以进一步沟通以北京为中心的全国长途电信网，建设全国长途明线干线为重点。在苏联专家帮助下，开始设计兴建北京电报大楼；从捷克斯洛伐克、民主德国和匈牙利等国引进了一批市内电话交换机、载波机与无线电发射机；同时，又分别在北京、新疆建设国际电台等重点工程。至 1957 年年底，建成了国内长途有线通信网和以北京、上海、新疆电台为骨干的国际无线通信网。北京至各大区中心及各省省会、自治区首府联通了直达长途电话和电报电路，开始使用电传打字机。各省省会至专区、专区至所属各县的有线通信网也基本沟通。少数边远地区和一些沿海岛屿使用了无线电通信。同期电传打字机、传真电报机和 3 路、12 路载波电话终端机等有了大幅度增长，通信设备开始向多路化的方向发展。新建和扩建了北京等 25 个城市的自动电话设备，使全国 2000 多个县城基本上有了城内电话。

3. 发展农村和少数民族地区通信

农业社会主义改造对邮电通信事业提出了新的要求，1955 年邮电部门制定了《关于配合农业合作化运动乡村邮电发展和改进的规划》。1956 年年初，中共中央公布了《1956 年到 1967 年全国农业发展纲要（草案）》。根据《纲要》的要求，中央提出"乡乡要有电话，社社要通邮路"。②

到 1957 年年底，全国农村邮路及投递路线已经达到 170 余万公里，已经基本上乡乡通邮。③ 乡村报刊邮件数增长较快，1954 年 5 月，乡村每期报刊发行份数已由 1953 年年底的 360 万份增加到 436 万份，农民报纸

---

① 1951 年北京寄发各地信函平均日数详见《中华人民共和国经济史》第一卷，表 14—24。
② 见 1956 年 2 月 18 日《人民日报》社论。
③ 《国家统计局关于发展国民经济的第一个五年计划执行结果的公报》，1959 年 4 月 13 日，《中华人民共和国经济档案资料选编（1953—1957）》（交通通讯卷），中国物价出版社 1998 年版，第 917 页。

1956年比1955年多发行两倍多。乡村电话线路累计达到近70万杆公里，乡村电话交换设备约为32万门，有70%的乡通了电话，但是一些通信网路不合理，通话质量很低。

少数民族地区的邮电通信得到了很大的发展。如新疆解放时，全区只有26个邮政局、16个电信局、13个邮政所，自办汽车邮路仅600多公里，广大农牧区长期既不通邮递更不通电信，边远地区的农牧民寄一封信得带上干粮走两三天。内蒙古全区只有20多个邮电局（所），1100多公里的邮路。五年里青海的邮电机构发展了9倍，内蒙古发展了6倍，新疆发展了5.8倍，这些机构的增加，改善了农村和少数民族地区的通信情况。① 这些地区邮电通信建设的发展，促进了各兄弟民族经济和文化的发展，加强了各民族之间的联系和团结。

（二）"一五"邮电事业的成就

"一五"时期邮电事业初步形成了比较完整的通信网，科学研究和教育机构相继建立，邮电工业生产和从设计到施工的基建队伍也已基本形成。邮路和农村投递路线总长度达到222.3万公里，扩建长途明线12.27万对公里，扩建城市电话25.19万门。

以1957年同1949年相比，邮电局（所）从2.63万处增加到4.54万处，增长了72%；邮路及农村投递路线总长度从70.6万公里增加到222.3万公里，增长2.15倍；长途电信线路总长度从7.7万杆公里增加到12.6万杆公里，增长了63.6%；市内电话从31.2万门增加到64.7万门，增长1.1倍；长途电话电路从2881路（1950年）增加到4684路，增长了62%；电报电路从3007路（1950年）增加到4964路，增长了65%；无线电台发射功率增长10多倍。邮电经营自1952年变亏为盈以来，盈利逐年增加。

第三节　国外经验与历史启示

一　国外发展经验

以电气化为显著特征的第二次工业革命催生了新型交通工具的革命，

---

① 朱学范：《在第一届全国人民代表大会第五次会议上的发言》，1958年2月10日，《中华人民共和国经济档案资料选编（1953—1957）》（交通通讯卷），中国物价出版社1998年版，第917页。

到 20 世纪 50 年代初期,大部分西方资本主义国家已完成了大规模铁路网线的铺设,电子计算机带来的通信领域变革的第三次工业革命正在蓄势待发。单就交通通信行业而论,交通运输尤其是铁路运输的四通八达带来了多种生产力要素的合理流动,为资本主义发展插上了翅膀;而通信业的革命又为其增添了新的发展动力。考察和对比这一时期中外的发展差距和现实状况,可以更加清楚地了解新中国在该时期取得的成就和对下一阶段经济发展所产生的作用。

(一) 20 世纪 50 年代中国经济发展的地位和差距

据英国经济学家麦迪森的研究,1950 年中国经济和美国经济分别占世界经济份额的 5%、27.3%,而人均 GDP(以世界人均 1 为标准),中国、美国分别为 0.21、4.53。① 这就是新中国开始大规模经济建设时期中国与美国的差距。

世界经济在 1950 年开始后的 20 年比以往任何时候增长都要快,这是一个无与伦比的黄金时代,世界人均 GDP 每年提高 3%(这个速度意味着每 25 年翻一番),全世界 GDP 总额年增长近 5%,这样的增长影响了所有地区。② 在东西方形成鲜明对峙的情况下,两大阵营中的国家都以高速发展本国经济为国内重要政策,由于经济基础和面临的环境各异,中国经济的起飞还是相当艰难的。

表 6-4 是选取的几个主要国家在 1950—1957 年 GDP 增长情况的比较。

表 6-4　　　　1950—1957 年苏联、中国、美国、英国、法国、
　　　　　　　　日本、印度 GDP 增长估值

单位:百万 1990 年国际元

年份	苏联	美国	英国	法国	中国	日本	印度
1950	510246	1445916	347850	220492	239903	160966	222222
1951	512566	1566784	358234	234074	267228	181025	227362
1952	545792	1625245	357585	240287	305742	202005	234148
1953	569260	1699970	371646	247223	321919	216889	248963

① [英]麦迪森:《世界经济千年史》,北京大学出版社 2003 年版,中文版前言。
② 同上书,第 8 页。

续表

年份	苏联	美国	英国	法国	中国	日本	印度
1954	596910	1688804	386789	259215	332326	229151	259262
1955	648027	1808126	400850	274098	350115	248855	265527
1956	710065	1843455	405825	287969	384842	267567	280978
1957	724470	1878063	412315	305308	406222	287130	277924

资料来源：[英]麦迪森：《世界经济千年史》，北京大学出版社2003年版，第270—273、296页。

数据显示，1953—1957年各年中国的经济总量远远落后于苏联和美国，与英国有一定差距，比法国略高，领先于日本和印度。中国经济的快速发展得益于以苏联为首开展的东西方经济竞赛、苏联以及在苏联援助下的社会主义阵营经济正在发展壮大这个背景。

当时，社会主义阵营在20世纪50年代初期经济发展的速度还是不错的。苏联第五个五年计划第二年度的生产，达到并超过了预定的目标。1952年苏联工业的总产量，比1951年增加了11%。捷克斯洛伐克在1952年已把工业总产量提高到将近战前水平的2倍；波兰工业生产水平已达到1949年的约2倍；罗马尼亚的工业生产量比1951年增加了24.5%；保加利亚提前1年完成了第一个五年计划；匈牙利的工业总产量比1951年提高22%；阿尔巴尼亚的工业总产量比1951年增加了1倍。① 这些事实证明学习苏联的国家制度和经济制度，学习苏联经济的先进技术和成功的经验，对国家繁荣和富强的重要性。与社会主义苏联的情况相反，根据美国官方的数字，美国的工业生产的指数，在1952年10个月内比1951年同期降低了3%。英国的工业生产在过去一年差不多下降了6%，法国1952年的输出仅及1951年的一半，日本的经济已经呈现出生产过剩的恐慌。

"一五"计划的顺利完成，尽管没有使中国摆脱欠发达国家的行列，但却逐渐摆脱以农业经济为主的经济结构，开始现代化的起步，现代化的实现程度在缓慢提高；尽管中国的现代化水平在世界排名靠后，现代化实现程度比几个主要国家低得多，但中国的工业基础毕竟建立起来了，为下一步的经济发展打下了坚实的基础。

---

① 《苏联国民经济新的强大发展》，《人民日报》1953年1月29日。

表 6-5、6-6 是中国在这一时期经济发展水平的简单比较。

表 6-5　　　1950、1960 年中国经济现代化水平和国际地位

年份	经济现代化指数	世界排名	参与比较的国家个数	国家类别	现代化阶段
1950	6.6	55	58	欠发达	农业经济
1960	11.4	71	98	欠发达	起步期

资料来源:《中国现代化报告（2008）》，北京大学出版社 2008 年版，第 185 页。

表 6-6　　　1950、1960、1970 年苏联、中国、美国、
英国、法国、日本、印度现代化实现程度

年份	苏联	美国	英国	法国	中国	日本	印度
1950	—	100	84	76	26	63	30
1960	90	100	96	97	37	88	33
1970	—	100	100	100	40	100	39

资料来源:《中国现代化报告（2008）》，北京大学出版社 2008 年版，第 422 页。

这个时期中国经济的增长，其实有一部分原因在于交通运输业的突出贡献，铁路网的修复和新线铺设以及公路、水运的疏浚，极大地便利了资源要素的有效流通，促进了经济的快速发展。同时，对交通通信业的投资尽管有限，但还是产生了很好的经济效益。

（二）交通通信业对经济增长的影响和贡献

交通通信业对经济增长的影响到底有多大呢？单从它们在第二、第三次工业革命中所扮演的重要角色中就可初见端倪。

这里主要从铁路方面的作用做一个探讨。从世界其他国家经济起飞阶段来看，铁路部门都发挥了巨大作用。英国在 18 世纪末 19 世纪初、美国在 19 世纪中后期先后进入"起飞"阶段。在这个阶段，铁路作为重要的产业部门，为其他部门的发展提供了有力保障。

首先，许多发达国家和新兴国家普遍经历了铁路超前发展的时期，在经济建设高潮到来之前投入大量资金先期修建铁路，以筑路高潮启动相关行业的发展高潮，进而促进整体国民经济步入发展快车道。美、英、德、法铁路发展最快的时期大致在 19 世纪中后期到 20 世纪初，为以后的经济发展和工业现代化提供了坚实的基础（见表 6-7）。而中国的铁路投资呈

现缓慢增长特点,落后于国民经济发展水平。

表 6-7   铁路网规模与经济发展

国别	达到人均1000美元年度	铁路营运里程（公里）	复线率（%）	电化率（%）	人均1000美元时的路网密度		路网规模最高峰年度	路网规模最高峰里程（公里）
					按国土面积计算（公里/百平方公里）	按人口计算（公里/万人）		
美国	1950	364189	13.03	1.14	4.72	24.0	1916	408745
英国	1955	30782	64.1	5.1	12.57	6.04	1890	32000
德国	1957	30976	41.34	7.59	12.5	6.02	1913	61150
法国	1952	41200	43.48	10.3	7.5	9.73	1938	64000
中国	2002	71898	33.3	25.2	0.75	0.56	2008	80000

资料来源：国外铁路数据来源于铁道部科学技术情报研究所《国外铁路》（1991年第10期），德国为原联邦德国，各国相关数据并没有涵盖该国所有铁路；中国数据来源于《铁路主要指标手册》2002年，2008年为最新数据。

其次,世界上多数国家在工业化前期,向铁路建设大量投资。铁路建设占基建投资总额的比例,日本明治维新时期为55%,美国20世纪初为50%,苏联1961—1973年间为63%;目前多数发展中国家运输投资占基建总投资的20%—28%。对于铁路对美国经济增长所起的作用,罗斯托认为,在1843—1860年间,美国的工业化出现了一次"飞跃",这在很大程度上要归功于那时的铁路建设,其部分原因是前向关联发挥了作用,因为铁路"降低了内陆运输费用,将新的地区和产品带入了商业市场,总的说,起到了亚当·斯密所说的扩大市场的作用",也是19世纪四五十年代美国制造业产量增长的一个重要原因。至于后向关联"也许对经济飞跃本身来说最重要的是,铁路的发展导致了煤炭、炼铁和工程企业的发展"。[1]

1865年以后,广泛分布的铁路网,加上运费显著下降,使西部农场主容易接近国内外市场。在打开西部农业发展门户方面,铁路具有决定性的影响。[2] 到1910年,营运里程共达399987公里的铁路,主要是在美国

---

[1] 赵坚、杨轶：《交通运输业与经济增长的关系》，《交通运输系统工程与信息》2003年第2期。

[2] [美] H.N.沙依贝、H.G.瓦特、H.U.福克纳：《近百年美国经济史》，中国社会科学出版社1983年版，第55页。

农业的"黄金时代"内铺设的。1914年,美国的铁路长度超过欧洲铁路的全长,占整个世界铁路总长的1/3。① 政府赠市的土地对西部铁路建筑的时间顺序和技术可能性都做出了有意义的贡献。如对于中央太平洋铁路来说,政府赠市土地的价值占其投资的26%;对于联邦太平洋铁路来说,则占34%。② 1850—1871年,美国各级政府赠与铁路的土地总数竟相当于国土面积的1/10,联邦政府对铁路的资助还包括提供测量费用、减免铁路物资进口税、贷款和债券担保等,各州同时还采取免税、公众捐款、提供过境权等措施,吸引铁路从当地通过。这些措施大大促进了铁路的发展,到第一次世界大战之前,铁路营运里程就超过了40万公里。

反观中国,对铁路投资一直明显不足。世界银行对中国经济考察后提出的《中国与国际运输指标研究》报告指出:发展中国家为实现工业化,交通运输业投资一般应占总投资的20%—28%,但从我国投资于铁路基本建设的情况看,其比重明显过低,以国家统计年鉴资料计算,国家投资于铁路的建设资金占总投资的比例"一五"期间为11.4%,远低于世界银行报告中提出的水平。

表6-8、6-9是1952、1978年中国GDP中结构占比情况,可以发现交通通信业所占份额的有限制约了其自身的发展和对经济增长的贡献。

表6-8　　　　　　　　1952、1978年中国GDP结构占比　　　　　单位:%

年份	种植业、畜牧业、渔业、林业	工业	建筑业	交通通信业	商业与餐饮业	其他服务业（含政府部门）	GDP总额
1952	59.7	8.3	1.7	2.4	6.7	21.2	100
1978	34.4	33.5	3.4	3.6	5.1	20.1	100

资料来源:[英]麦迪森:《中国经济的长期表现(公元960—2030年)》,上海人民出版社2008年版,第56页。

---

① 邓宜康、吴昊、谭克虎:《从美国农业发展历史看铁路运输的作用》,《铁道经济研究》2005年第6期。杰里米·阿塔克在《新美国经济史——从殖民地时期到1940年》一书中指出:"对美国各州价格空间分布数据和扩张的铁路网的分析表明,农场主对小麦价格和铁路系统的密度有强烈的供给反应。更高的价格和更高的铁路密度导致农场主相当快地扩大种植面积。经济计量分析表明,在便宜的陆地运输出现后的6年中,农场主将扩张定居区并增加耕地面积,所增加的耕地面积足以消除小麦的实际产量与期望产量的差距的一半。"

② [美]H. N. 沙依贝、H. G. 瓦特、H. U. 福克纳:《近百年美国经济史》,中国社会科学出版社1983年版,第177页。

表6–9　　　　1952—1957年中国主要经济部门增长情况
GDP（百万元人民币，1987年价格）

年份	农业	工业	建筑业	交通与通信业	商业	非物质服务业	GDP
1952	112038	11111	3658	3637	11225	13879	155548
1953	114167	15077	4990	4513	15490	16597	170834
1954	116072	17988	4821	5004	15771	15336	174992
1955	125259	19177	5487	5128	15749	16877	187677
1956	131085	24666	9238	6244	17096	19923	208252
1957	135118	27465	8662	6695	16916	21883	216739

资料来源：[英]麦迪森：《中国经济的长期表现（公元960—2030年）》，上海人民出版社2008年版，第171页。

关于工业发展与铁路运输的关系，陈云认为，由于工业产品的绝大部分要通过铁路运输才能完成其生产、流通和分配过程，所以工业发展与铁路运输之间的关系非常密切。"一五"时期，铁路建设投资分配是，新建铁路占41.7%，加强和改造现有铁路占32.7%，购置机车车辆占21.5%，新建铁路20余条，共4084公里。原来计划新建铁路1万公里，后来由于新的厂矿多在旧线附近，加之修路的费用比预想的大为提高，所以才不得不缩减新路的里程。这样，铁路运输就一直比较紧张。如1956年工业总产值比上年增长了28.1%，但货物周转量只增长了13.8%。①

1957年1月18日在各省、直辖市、自治区党委书记会议上，陈云做了《建设规模要与国力相适应》的重要讲话，就交通运输已经暴露的矛盾，指出"煤、电、运输等先行工业部门，已经暴露出过去投资不够的问题，先行成为落后，这种状况应当改变，否则对整个国民经济的发展很不利"②。1959年陈云对于交通运输无法满足经济发展有过一个中肯的说法，"现在看来，我们国家的运输条件，包括水运和陆运，是不能适应3000万吨钢的产量的。……世界上钢的生产超过3000万吨的国家不多。超过了3000万吨的美国，有20万公里铁路，苏联有10多万公里铁路，而我们只有3万公里"。③

---

① 《陈云文选》第2卷，人民出版社1995年版，第241页。
② 《陈云文选》第3卷，人民出版社1995年版，第56页。
③ 陈云：《关于发展国民经济的第一个五年计划的报告》，《党的文献》1995年第3期。

第六章 交通通信业的发展对经济增长的影响

至于通信行业、民用航空等方面在20世纪50年代初期，中外发展差距不可同日而语，这里不做过多比较和评论。

二 "一五"期间中国交通通信业发展的绩效分析

"民欲兴其国，必先修其路。"① 孙中山在展望中国经济建设事业时，对交通运输的作用有着深刻认识，他指出："至就中国目前而论，则必须各省府州县皆筑有铁路，以利便交通，使土地出产可以输出。"② 他认为，铁路为交通之母。国家之贫富，可以铁路之多寡定之，地方之苦乐，可以铁道之远近计之。③

事实上，在解放战争最终取胜及未来恢复发展国民经济上中共中央也早已认识到"铁路运输是起着极其重要的作用"。④

在以苏联"156项目"援助为重点经济发展诉求的"一五"时期，扮演重要角色的是优先发展重工业的相关行业，这注定了对交通通信业发展的投入有限，对此带来的缺憾和效率损失也是正常表现。那么，如何认识交通通信业发展对国民经济的贡献呢？有哪些值得肯定的成功经验和有待完善的制度设计呢？

（一）在"一五"计划中的地位和作用

"一五"时期，中国所处的国际环境得到一定改善。社会主义各国按照经济计划，不断扩大投入，实现了经济的高速增长。统计结果显示，苏联经济正以超过西方主要国家2—3倍的速度发展，中国同期的经济增长速度也高于美国、英国和日本，与周边的印度和中国香港、中国台湾等国家和地区相比，也保持了明显优势。虽然经济增长速度很快，但是这种增长的起点很低，实际上经济、文化还相当落后，综合国力同西方发达国家相比差距很大。

在低水平基础上实现经济现代化"起步"，交通通信业的地位和作用是很重要的，尽管"一五"时期在该领域里的投资相对微薄，但其发挥的作用却是不容忽视的，主要表现在以下几个方面：

第一，对新中国成立初期的经济恢复和增长发挥了极大的作用，保证

---

① 《总理全集》第1卷，上海民智书局1918年版，第1069页。
② 《孙中山全集》第1卷，中华书局1981年版，第568—569页。
③ 《孙中山全集》第2卷，中华书局1981年版，第383页。
④ 中国社会科学院、中央档案馆：《中华人民共和国经济档案资料选编（1949—1952）》（交通通讯卷），中国物价出版社1998年版，第139页。

了"一五"计划的全面完成。随着国家大规模经济建设的开展，交通通信业所承担的任务日趋繁重。在投资有限的情况下，该部门通过加强行业管理，改造设备，提高效能，充分利用和发挥现有设备的潜力，加速船舶和车辆周转，强化设备和线路的养护、维修和技术指导，严格规章制度，充分调动广大职工的经济性和创造性，超额完成了"一五"计划规定的运输任务。铁路客运完成计划的126.6%，货运计划的111.7%；公路客运完成计划的208.3%，货运计划的555.7%；水运完成客运计划的152.7%，货运计划的320.7%；民航完成客运计划的125.9%，货运计划的142.4%；邮路完成计划的113%，1957年年底基本实现了乡乡通邮；邮电完成上缴财政任务计划的117.8%，净上缴利润完成计划的126.3%。①

  第二，交通通信业狠抓重点工程的建设，打下了产业合理布局的基础。铁路方面重点完成了宝成铁路、鹰厦铁路、集二铁路②，把西北、西南和全国连成一体，并打通了几个国际线路。对国家的经济建设和国防建设起了重要作用。1957年9月竣工的武汉长江大桥不仅使武汉三镇连成一体，而且将京汉铁路和粤汉铁路连接起来，对公路、铁路运输具有很大的经济价值。公路方面建成了康藏公路、青藏公路、新藏公路，还有翻越横断山脉的东俄洛巴塘公路以及西南公路和海南公路、柴达木沙漠公路等，在广大农村和中小城市之间还修筑了大量不同等级的公路。水运方面加强了青岛二码头、安徽裕溪口港、新港北防波堤等的建设，整治了川江航道和险滩，改善了航行条件。

  一个简单的例子，地方土特产的有效转运也起到了支援工业建设的作用。川西的大麻，以前用汽车运到重庆，每吨运费需要120多元，因而售价高，销路不好；现在火车运价每吨13.4元多，售价降低了，产品畅销。1954年仅成都车站就输出大麻550多万斤。这些输出的大麻，不仅供应了西南工业上的需要，而且还运到天津、上海等地。③

---

  ① 中国社会科学院、中央档案馆：《中华人民共和国经济档案资料选编（1953—1957）》（交通通讯卷），中国物价出版社1998年版，第3—4页。

  ② 集二线是我国主要的国际干线之一，这条铁路修成以后，从北京经过乌兰巴托到莫斯科，比经过满洲里到莫斯科要近1000多公里，这就大大地缩短了中、苏、蒙三国在铁路运输上的距离。

  ③ 《成渝铁路沿线的变化》，《人民日报》1955年7月3日。

交通通信的较快发展,初步实现了合理的产业布局,使得东部、中部、西部三大区域具有一定的产业基础,而交通通信发挥了有效的串联作用。

第三,交通通信业的发展改善了落后地区的经济发展水平,打通了同外界的联系和交往,促进了这些地区社会生活水平的提高。

"山岭高,山岭长,爬上山岭喊亲娘""样样东西用肩挑,半世工夫路上跑""不怕买粮,只怕送粮",这是新中国成立初期山区人民要求改善交通条件的真实写照。

在进行规模巨大的交通建设时投资实现了一定倾斜,西南区1953年交通建设的投资额为1952年全区整个国民经济投资总数的30%。1953年汽车货运转量比1952年增加了约117%。宝成铁路1954年即担负20万吨以上的货运量。交通运输事业的发达,给偏僻的山区群众带来了很大的好处。昆洛公路通车到思茅后,云南西双版纳傣族自治区物价降低了3%—8%;贵州西部的威(宁)水(城)公路通车后,沿路食盐运费降低了25%,当地彝族人民吃到了廉价的食盐①。

公路通车拉萨以前,内地工业品仅销到昌都地区和拉萨市。公路通车后,日喀则人民也能买到天津的针织品、杭州的绸缎和上海的胶鞋。黑河牧区的人民可以买到西安和兰州等地出产的棉布和香烟②。

1952年没有通车以前,甘肃省的土特产不组织出口。1953年、1954年全省组织出口的大麻、当归、甘草等共有23种,仅大麻一项,在1954年就可给国家换回13000多吨钢材。由于火车运费低廉,一般货物比汽车运费便宜7/8,使兰州市的640种商品价格普遍降低了7.3%。1952年以前,西兰公路上每年仅能运送旅客20多万人次,两年来火车运送的旅客已达284万人次。这些都使西北出现了从来未有的繁荣③。

成渝铁路通车,使工、农业产品差价大大缩小了。铁路沿线以前价钱很低的农产品,现在提高了;以前卖不出去的东西,现在卖出去了。根据资阳县的调查,现在和1952年第一季度的市价作比较,米价提高15%,

---

① 《适应国家建设需要、密切城乡联系西南区交通建设获得显著成就》,《人民日报》1954年2月14日。

② 《大批内地货物经康藏青藏公路运到西藏》,《人民日报》1955年5月20日。

③ 康伟中:《西北铁路建设的伟大成就——记西北新建铁路技术展览会》,《人民日报》1955年5月23日。

猪肉价格提高40%，小菜价格约提高4倍。这说明农民的收入普遍增加。而工业品的售价，铁路沿线一般的几乎和重庆拉平，而且在重庆能买到的，在沿线各地也能买到。①

在原来荒无人烟的草原上、沙滩上，新建了大大小小的车站。在原来黄羊出没的二连浩特，新建了一大片红色、绿色等各种颜色的楼房，变成了热闹的陆地口岸。铁路经过的地方，繁荣的集镇更加繁荣了。京包铁路、集二铁路的交接点——集宁县平地泉镇，在30年前，是一个只有三户人家的"老鸦嘴"。修了京包铁路后，到1952年，发展到17000多人。1953年动工修建集二铁路到现在，已经有87000多人了。镇内新建了砖瓦厂、粮食加工厂，扩建了发电站、铁木工厂，增添了印刷厂、商店、学校等，最近还准备建立肉类加工厂、皮毛厂、骨粉厂等现代化工厂。

集二铁路在草原和城市之间搭了一座桥。光是运费就比牛车降低70%以上，比汽车降低30%。因此，农牧民的土特产品价格普遍提高了，运进来的工业品的价格普遍降低了。②

1953年东起沿海，西至边疆，从满洲里到海南岛的邮电通信完全通达，同时建立了广大的地方电信和乡村邮电通信网。在国际通信方面，建立和发展了与苏联、朝鲜和各人民民主国家的邮电联系。北京、上海和莫斯科、柏林间开放了无线电传真电报，莫斯科、柏林的重要集会和节日，我们当天就可以看到无线电传来的照片。③

第四，为大规模现代化的展开提供了人才储备、制度设计和发展经验、教训，缩短了与其他国家的差距，从而使得加快追赶世界先进水平的步伐得以实现。这表现在铁路建设方面、航测的运用以及电气化施工等方面都初步实现了与世界先进水平的接轨。

在依靠苏联经验修筑成渝铁路时，工程师们曾把它和京汉铁路比较，成渝铁路每公里工程总数要比京汉铁路大7倍，但每公里平均修筑费用却只等于京汉铁路的5倍。新中国成立前曾参加过修筑成渝铁路的工程师张大镛说："国民党只做了成渝铁路全线工程的15%，而我们只要用和修这15%相等的工程费用就可以把全线修通，这是利用社会主义建设经验所达

---

① 《成渝铁路沿线的变化》，《人民日报》1955年7月3日。
② 刘衡：《集二铁路带来的繁荣和幸福》，《人民日报》1956年1月5日。
③ 《发展交通运输业，为国家建设和人民生活服务！邮电事业在迅速发展着》，《人民日报》1954年9月27日。

到的成果。"① "一五"时期在修筑和新建铁路线时,由于计划安排积极稳妥,每一项目在人力、物力和财力上都有一定的保证;在修建过程中注意逐步充实和健全各种规章制度,使基本建设程序、工程承发包、技术监察、验工计价、竣工验收等制度均得以认真执行;同时养成尊重科学技术、重视调查研究、贯彻群众路线、讲究实际效果的良好风气,铁路方面已经建成了一支高效而科学的勘测设计人员和施工人员队伍,为今后的经济建设提供了有力的支持。

1955年6月20日,在酒泉和哈密间的天空出现三架银灰色的飞机,兰州—乌鲁木齐—阿拉木图铁路玉门以西到中苏国境的航空选线测量工作正式开始了。这是我国铁路史上第一次学习苏联采取高科技进行航空测量。②

20世纪50年代初期,世界发达国家铁路正走向电气化阶段,几个发达国家基本都有成千上万公里的电气化铁路,苏联也有四千公里左右的电气化铁路。在苏联的帮助下中国也在开展电气化建设。1956年,中国第一批设计电气化铁路的技术人员,开始进行第一条行驶电气机车的铁路——宝成铁路宝鸡至凤县段的技术设计。这些人员已经初步学会了牵引变电所、接触线网、电气机车库等整套电气化的设计工作。③

(二) 苏联经验利弊辨析

毋庸置疑,苏联经验或者说是苏联模式对我国交通通信业的发展和建设起到重要的作用,但在1957年"一五"计划完成后,国家领导人就开始摆脱苏联经验的影响,探索自主发展之路。这里面,除了有中苏领导层政见分歧的原因,苏联模式自身所存在的弊端和缺陷也是一个不容忽视的因素。这里简单做一辨析。

第一,苏联经验在交通通信业的设计和投资方面起到了奠基的作用,保证了优先发展重工业战略的实施。"一五"时期交通通信业的发展均超额完成设计计划,一方面说明其行业内部生产力的活跃程度,大大突破了计划的束缚;另一方面也说明这种厚此薄彼的战略设计也有其可取之处,按照经济学比较优势理论,新中国成立初期中国参与国际产业分工应该侧重于发展农业和第三产业,改善民生,那么交通通信业的投资应该置于国

---

① 《苏联专家和成渝铁路》,《人民日报》1952年2月14日。
② 《兰新路玉门以西线路开始航空测量》,《人民日报》1955年6月22日。
③ 《我国铁路设计人员正在设计第一条电气化铁路》,《人民日报》1956年2月20日。

民经济的重中之重才算合理,加大投入,大力发展比较合理。"要想富,先修路"已经成为当下国人的共识,那时的先贤未必不懂得这个道理。以"156项目"为特点的重工业发展战略为新中国的产业布局提供了路线图,国力孱弱,对交通通信业的有限投入也是不得已之举。苏联成功的发展模式至少在"一五"时期是成功的。

第二,苏联经验在经济恢复时期以及"一五"初期前两年发挥了很大作用,这与其很好地契合中国的国情有很大关系,在制度设计上提供了规范,产生了巨大的生命力。在交通管理体制设计、行业技术的引进和实施等方面都有苏联经验的影响。同时,在面对苏联经验产生的弊端或者说在处理由于苏联经验带来的困难和不适应时,中国产业工人用其智慧和勇气,增大苏联经验的优势,减少苏联经验的问题,从而取得了良好的发展绩效。以下几个方面可为佐证:

(1) 推广先进经验、开展经济竞赛。铁道部部长滕代远认为,苏联的各种先进经验,"中长路经验"如郭瓦廖夫工作方法、五百日车公里、超轴、新调车法、装车法、聂菲铎夫养路法等,不仅在中长铁路上创造了典型,郑锡坤、李锡奎、杨茂林、乔玉岩等劳动模范已经证明其是行之有效的,而且推广到中国其他铁路以后,也都用之皆准,大大地推动了工作前进。①

在铁路行业中,由李永、郑锡坤、王吉奎、乔玉岩、李锡奎、杨茂林等优秀的劳动模范人物所发起的满载、超轴、五百公里运动,已经开始成为全路规模的运动。②"满载、超轴、五百公里运动"的开展收到了很好的效益,1952年4月全国铁路货物机车中已有29%的机车完成和超过五百日车公里,超过规定牵引重量达三亿四千余万吨公里。③

水运行业先后推广"一列拖驳法""顶推法",使长江航运管理局的船舶运输效率大大提高。"顶推法"比"一列式拖驳运输法"的速度提高20%,节省燃料13%—15%。随后,在汉口到宜昌的航线上普遍实行"推船运航法"。④

---

① 滕代远:《祝贺中苏合办中国长春铁路公司成立两周年》,《人民日报》1952年4月26日。
② 《中央人民政府铁道部、中央人民政府铁道部政治部、中国铁路工会全国委员会、中国新民主主义青年团铁道工作委员会(5月1日)联合发布关于开展满载、超轴、五百公里运动的决定》,《人民日报》1952年5月7日。
③ 《人民日报》1952年5月9日。
④ 《推广苏联内河航运经验 长江航运运输效率大大提高》,《人民日报》1953年9月25日。

公路系统 1956 年开展社会主义竞赛取得很大成绩。汽车运输职工开展了"安全、节约、十万公里无大修"运动，节约了大量燃料，延长了轮胎行驶里程。全国出现的十万公里以上无大修的汽车有 3210 辆，汽车运输的货运量客运量都超过了 1957 年的指标。公路养护职工广泛利用天然材料，改善土路 11000 公里，节约 9000 多万元。公路建筑职工大力推广先进经验，全年平均提高劳动生产率 25.7%。勘察设计职工，完成了设计计划的 105%，平均每公里的测设费用比 1955 年降低 20%。①

（2）开展增产节约运动，弥补投资不足。1955 年，铁道部定出今后 3 年内节约投资 5.9 亿元的初步方案，并通过电话会议下达到各地；交通部和邮电部定出初步节约方案。交通部仅在民用建筑方面，今后 3 年就预计可以节省出占民用建筑原来计划 52% 的投资。邮电部除节约基本建设投资外，并准备在 1955、1956 年两年内处理价值 4000 多万元的积压器材。② 邮电部的节约措施规定，长途电信建设和电信设备的技术改造必须有重点地进行；市内电话建设的原则，应该是以国家重点建设的政治经济工业中心的大城市和城市规划已定，厂房、街坊、马路已经基本形成的新建工业区域作为重点。节约计划中对已经开工的和还没有开工的各项建设工程，分别不同性质提出降低造价的要求。③

交通部门要求，各单位除用自备车辆优先运送本部门的货物外，多余的运力应由当地运输部门分配其他的运输任务。这个办法天津、武汉、云南、辽宁等省市都在不同程度上试行了。1956 年全国各地运输部门通过组织运用机关、企业货运汽车的多余运力，共完成了货运量 960 多万吨、5 亿多吨公里。④

（3）挖掘民间运输工具的潜力来补充国家铁路、公路、水运能力的不足，发挥了独特的作用。

"一五"时期主管交通通信工作的负责人王首道要求发挥民间运输工具的作用。他要求国营现代化的运输工具和民间的畜力车、木帆船的运输

---

① 《公路系统社会主义竞赛取得很大成绩　去年运输量超过今年指标》，《人民日报》1957 年 3 月 22 日。
② 《中央各工业交通部门拟订节约建设资金方案》，《人民日报》1955 年 6 月 22 日。
③ 《邮电部计划三年内节约三千二百多万元》，《人民日报》1955 年 7 月 8 日。
④ 《公路运输部门增产节约的重大措施　国务院第六办公室负责人谈合理组织运用机关企业货运汽车的意义》，《人民日报》1957 年 5 月 12 日。

应统筹兼顾、合理安排，干线干流和支线支流的建设应统筹规划、互相结合，充分利用民间运输工具。他认为，我国现有专业木帆船 292 万吨，专业畜力车 14 万多辆，专业人力车 30 多万辆；农村畜力车约 500 万辆，各种人力车 1000 多万辆。这些民间运输工具能深入支流小河、山区小道，密切联系着广大农村人民的生产和生活。例如 1956 年全国仅畜力车运送的短途物资即达 2.98 亿吨，对工农业生产和城乡物资交流的作用很大。①

第三，苏联经验的引进在"一五"时期固然极大地提高了经济建设的速度和水平，但对于其暴露出的缺点，中国的建设者不是一味盲从，而是进行合理的改进和完善，提供了制度改革的弹性空间，由经济理性带来的政治理性变革因而就有了一定的制度基础。

如在铁路行业的发展中，这种理性得到了一定的发挥，在当时的时代背景下有一定的进步性。如"中长路"经验向全行业的推广为新中国铁路建设和发展提供了规范，一旦其弊端显现，铁道部就以"党委负责制"代替"一长制"，用群众路线代替官僚的腐败等问题。

1955 年，铁路运输中出现了一种非常奇怪的现象，许多车站在运货时拼命追求装更多的车，却不管这些车上究竟装了多少货。例如，本来大吨位货车应该装比较重的货，如粮食、肥田粉、矿物性建筑材料、煤等；小吨位的棚车应该装比较轻的货，如棉花、烟叶、牲畜等。但是有些铁路的调度所和车站为了凑车数，竟违背了合理使用货车的原则。1954 年 9 月底，株洲运输分局调度所命令长沙北站用五个五十吨车装猪，每车仅装十六吨。为什么会产生这种怪现象呢？这首先得从铁路各级领导检查说起。原来铁道部给许多铁路管理局分配的车数计划，有不少是没有货的"空头"。有些铁路管理局就说："铁道部每天每月只问装车数，到年底才问吨数完成得怎样。完不成车数，每天过不了关。"铁道部抓车数是对的，但是光抓车数，不问装的质量，就很容易造成下面单纯追求车数的现象。②

由于粮食调运部门对各地粮食库存情况和购销情况摸底不透，没有全面安排，造成了运输力和运费的严重浪费。例如，1955 年上半年内蒙古的玉米运往汉口，而四川的玉米却经过汉口运往山东，陕西的玉米又运往

---

① 《让小河小道运输畅通　使城乡物资广泛交流　民间运输工具要充分利用起来——王首道同志在车船运输合作化及搬运工作会议上讲话》，《人民日报》1957 年 9 月 2 日。
② 丁关根：《铁路运输中的奇怪现象》，《人民日报》1955 年 2 月 28 日。

北京，结果有 7000 多吨粮食对流运输，浪费的运输力达 1050 万吨公里，等于 142 个 30 吨的车皮在陇海铁路上来回空驶一次，运费支出 9 万多元。又如 1954 年湖南省曾把道县和宁远县粮食大量调往零陵县，后来发现调出粮食的这两个县库存量太少，粮食有脱销的危险，就又从零陵县把大批粮食调回原地。这样往返调运，共浪费运费 16 万多元。据山东、河北、浙江、江西四省和湖南的衡阳、安徽的祁门和绩溪三个地方不完全的统计，由于粮食迂回运输和倒运而浪费的运费总数在 500 万元以上。[①]

以上只是计划管理所产生的一些问题而已，其实在各个行业都或多或少地存在着，在执行计划管理的刚性制度时，中国人也不回避制度缺陷所产生的问题，从而为下一步的政策调整和改革提供了参照，这是经济理性的正常表现。从文化的视角来看，理性和科学是现代的灵魂，它们渗透到社会行动中并推动社会行动。在现代思维中，社会生活的每一个细节都被想象为进一步推动人类财富积累使命计划的一部分。考察 1953—1957 年中国交通通信业的发展和进步以及其所面临的成功和教训，都能够发现经济理性所产生的巨大价值。建设者们发现了问题，提供了解决问题的思路，不论是基层工作者微观的思考，还是陈云、王首道等高层领导者对民间运输工具的合理倚重，他们都在完善中国经济建设的有效拼图，一旦经济理性冲破不合理的束缚，政治理性就面临抉择，适应经济理性发展的政策意味着政治理性发挥了合理的作用。中国改革的路线也正是循着经济改革、政治改革这样一个方向前进，从 1953—1957 年交通通信业的发展也能够找到这样的因子。

[①] 吴学成：《纠正粮食调运中的不合理现象》，《人民日报》1955 年 9 月 3 日。

第七章　生产建设型财政的形成及对经济发展的影响

经济决定财政，财政反作用于经济。"一五"时期财政很好地履行了为国家工业化积累资金的职能，财政资金的大量投入，为国家经济的健康顺利发展奠定了良好基础。从这一时期经济建设费支出在国家财政总支出中的比例看，"一五"时期是典型的生产建设型财政。所谓生产建设型财政是相对于"服务型财政"或者说"公共财政"而言的，它是与计划经济相适应的财政形态。计划经济时期，财政在资源配置中起着支配作用，整个社会扩大再生产资金的大部分是直接以预算拨款方式提供的，仅基本建设投资就大体上占了全国预算支出的40%多，财政还包揽了企业定额流动资金的供应任务。这决定了我国计划经济条件下的财政具有明显的"生产建设性"的特点。因此，人们习惯上把这一时期的财政称为生产建设性财政。"一五"时期，国家财政用于经济建设方面的支出占国家财政支出的比重很大，据统计，经济建设费支出占国家财政支出的49.9%。

第一节　1953—1957年的财政体制分析

一　中央对财权的集中

新中国成立初期，面临着复杂严峻的国内外形势。国内的战争状态还未结束，而国外又面临着以美国为首的资本主义国家对中国的封锁包围，国内财政收支严重不平衡，由于长期战争而形成的财经工作分散管理、分散经营的状况总体上未变。为了平衡财政收支，稳定市场物价，安定人民生活，保证解放战争的最后胜利，国家实行了统一财经的重大决策。这种高度集中、统收统支的财经管理体制，适应了当时政治经济形势的要求，在短期内取得了巨大成效。随着国内外政治经济形势的好转，国家在

1951年年初实行了划分收支、分级管理的财政体制，主要是为了调动地方的积极性，以便地方因地制宜、灵活地发展本地经济。1952年基本上延续了1951年的体制。但由于当时正在进行抗美援朝战争和社会政治变革，财政资金绝大部分仍然集中在中央。

1953年，我国进入第一个五年计划时期，开始进行大规模经济建设，财政状况也已经根本好转，突出的表现是国家财政收支连续三年实现了基本平衡、略有结余。在新形势下，层级过多、相对分散的财政管理体制与国家建设的客观要求不相适应。财政管理工作，不仅要加强中央的统一领导和统一计划，而且要充分发挥地方的积极性。随着大行政区机构的改变和撤销，国家财政体制也做了相应的调整。1953年大区由一级政权机构变为中央的派出机构，1954年全部撤销。为适应这种变化，1953年在中央与地方财权的划分上也进行了重大改变，取消了大行政区一级财政，建立县（市）一级财政，实行中央、省（市）、县（市）三级体制。税制是政策变化，取消大区是体制变化。"一五"时期开始时发生的两件大事，对当时的财经工作产生了非常大的影响，这就是修正税制和大区撤销。

（一）1953年修正税制和1954年大区撤销

1. 1953年修正税制

（1）修正税制的起因。

经过3年国民经济恢复时期，公有制经济比重提高，工商企业经营方式变化，纳税环节减少，出现"经济日渐繁荣，税收相对下降"的局面。当时陈云指出："为什么要修正税制呢？去年九月财经会议时，看到了一种趋势，即国内加工订货、代购代销的数量增加了，而加工订货的税收与进货跟出货的税收不同。加工订货只按销货额收百分之几的税，进货与出货是把税加在一起收，这样进出货收税多，加工订货收税少。因此，加工订货增多了，税收方面反倒出现了减少的趋势。"① 为了使税收工作既能促进经济的发展，又能保证国家财政收入，从1952年下半年即着手进行修正税制的调查研究，1952年年底提出修正税制的方案，经政务院会议讨论批准公布，于1953年1月1日开始试行。这次修正税制，根据"保证税收，简化手续"的原则，在税负设计上，是按照从生产、批发到零

---

① 《陈云文集》第2卷，中央文献出版社2005年版，第438页。

售,一般按课三道营业税的前提来拟定的。

(2) 修正税制的主要内容。

一是简化税制,货物税由多道税、多次征收,改为工厂出厂时一次征收(试行商品流通税亦为逐步替代办法);试行商品流通税,对应税商品在第一次批发和调拨环节征税,商品进入流通环节后均不征税;修正货物税,将应税货物原来应交的印花税、工业营业税、商业批发营业税及附加税,并入货物税,调整了税率,兼并了税目,改变了计算价格;修订工商业税,将工商业应纳的营业税、印花税及营业税附加,并入营业税征收。此外,对其他各税也做了修订。

二是公私一律平等纳税,取消对国营和合作社的优惠和减免。通过1953年修正税制,我国的税种有14个,原来对正税征的附加,一律取消,并入正税。虽然税种没有减少,但一个企业缴纳的主要税种已经合并简化。

(3) 修正税制中存在的问题及改正。

1953年6月13日至8月13日全国财经工作会议对新税制进行了集中的讨论与批评,认为"修正税制"实施的结果,使税负公重于私,工重于商,打击了工业,特别是落后工业,帮助了私营商业,特别是大批发商,并使市场一度发生混乱,造成群众不满。这样,就有利于资本主义经济,不利于社会主义经济和半社会主义经济。

修正税制从当时的财政经济情况看是必要的,而且执行的效果也达到了保税的目的。由于中国当时所处的历史时期,使新税制集中成为当时几个重要问题的焦点:一是党内关于社会发展方向和战略的两种思路;二是党政关系;三是中央与地方的关系;四是公私关系;五是工商关系;六是增加税收与稳定物价的关系。处在这么多矛盾的中心,修正税制当时引起了不小的政治风波。①

从根本上看修正税制是必要的,执行的结果也达到了保税的目的,变更纳税环节属一般工作上的失误,而不是所谓方向性的错误。财政部对修正税制出现的问题采取了有效措施,首先解决批发兼零售难以划分的问题,便于对批发商照章征税。继之于1953年7月20日发出通告,自8月1日起私营批发商一律照纳营业税,使得修正税制工作中发生的问题得到

---

① 武力:《一九五三年的"修正税制"及其影响》,《中国社会科学》2005年第5期。

了纠正。

2. 1954 年大区撤销

大行政区人民政府或军政委员会，是在新中国初建之时成立的，一方面是中央人民政府的代表机关，另一方面又是地方政权的最高机关。这种组织形式在全国刚刚解放、各地区工作发展不平衡的情况下发挥了重要作用。但是随着"一五"计划国家大规模经济建设的展开，必须加强中央的统一和集中领导，加强中央人民政府的机构，同时，也要加强省、市人民政府的组织，以加重省、市领导的责任。为适应这种要求①，1952 年 11 月 15 日举行的中央人民政府委员会第 19 次会议，做出了《关于改变大行政区人民政府（军政委员会）机构与任务的决定》："大行政区人民政府或军政委员会一律改为行政委员会。大区行政委员会是代表中央人民政府在各该地区进行领导与监督地方政府的机关。"② 1953 年，中央撤销了大行政区政府（军政委员会）的经济管理职能，主要干部上调中央，其原来的经济管理权力大部分收归中央。

1953 年下半年至 1955 年年初，高饶事件的出现及处理，是当时党和国家政治生活史的一件大事，此事对其他一系列问题包括中央与地方的关系都产生了极大影响。鉴于高饶事件的教训，中共中央加快了本来就已准备撤销的中央局、大区行政委员会的步伐。1954 年 4 月 27 日，中共中央政治局扩大会议决定撤销大区一级党政机关。1954 年 6 月，为了便于中央直接领导省市，中央进一步决定撤销大区一级行政机构。大行政区被撤销后，其原有的权限有相当一部分向中央集中。这样，中央与地方的关系，由过去主要是中央与大行政区的关系变成主要是中央与各省的关系，加强了中央政府对国民经济的控制能力。6 月 19 日，刘少奇在中央人民政府委员会第 32 次会议上讲话指出，领导上的集中统一，是实行大规模的计划经济建设的必要条件。有很多建设事业，必须集中全国力量来做，一个大区或一个省市的力量是无法胜任的。撤销了大区，同时要加强省、市的领导，中央要与各省、市直接接触，直接领导各省市。大区以及机构有十五万人，干部有好几万人，撤销了大区一级机构，就可以加强中央和

---

① 中央文献研究室编：《周恩来年谱（1949—1976）》（上），中央文献出版社 1997 年版，第 268—269 页。

② 刘国新主编：《中华人民共和国实录》第 1 卷（上），吉林人民出版社 1994 年版，第 760 页。

各省、市①的直接联系。会议通过了《关于撤销大区一级行政机构和合并若干省、市建制的决定》。同年8—11月，六个大区的行政委员会先后撤销。大区的撤销，进一步加强了中央政府对经济工作的集中统一领导，其中一个重要表现就是国务院力量的加强，1954年，根据第一届全国人民代表大会的决定，成立国务院。国务院在原政务院42个工作部门的基础上，增加到64个，其中经济管理部门增加了12个，到了"一五"末期，国务院的部门增加到81个。在高度集中的计划经济体制与高度集权的政治体制之下，随着中央职权的集中，中央也加强了财政上的集中。这种集中是通过财政体制规定而实现的。

（二）实行分级管理的中央和地方预算制度

1953年全国财经工作会议期间，各地对中央财政"统得过多、过死，结余全部收回，年终一刀切"等做法，提出了许多意见，要求适当扩大地方财权。1954年年初，邓小平有针对性地提出了关于财政工作的六条方针。1954年，为了把预算的编制建立在经常的、稳固的、可靠的基础上，保证收大于支和有相当的后备力量，对财政收支的划分又重新做了规定。其主要内容是：国家预算分为中央预算与地方预算，实行分级管理。在1954年预算草案编制时，必须把中央预算与地方预算划分清楚，各业务部门，除中央直辖各国营企业外，不准条条下达，亦不准条条上达，各级预算的编制和执行，由各级人民政府负责。大行政区预算，为中央预算之组成部分。地方预算暂分为省（市）预算与县（市）预算，专区预算为省预算之组成部分。区乡预算为县预算之组成部分。一切列入国家预算的收入，均为国家收入，但为管理预算的方便和适应各级人民政府的需要，应按收入的性质和各级人民政府收支的情况，分为中央与地方的固定收入、固定比例分成收入与中央调剂收入。其具体划分为：

（1）属于中央预算固定收入的为关税，盐税，烟酒专卖收入，中央及大行政区管理的国营企业利润和折旧，信贷保险收入，中央及大行政区级的行政、事业、公产、其他收入等。

（2）属于地方预算固定收入的为印花税，利息所得税，屠宰税，牲畜交易税，城市房地产税，文化娱乐税，车船使用牌照税，契税，地方国营企业利润和折旧，公用事业附加，省（市）县（市）乡镇各级的行政、

---

① 中央文献研究室编：《刘少奇年谱》（下），中央文献出版社1996年版，第324页。

事业、公产、其他收入等。

（3）属于中央与地方固定比例分成收入的为农业税（包括牧业税）、工商营业税与工商所得税。各税具体分成比例，由中央财政部按各地区收支情况分别规定之。

以上固定收入与固定比例分成收入两项合计，划给地方者，一般可达到各省（市）预算支出的60%—80%。这样就使地方预算有了固定的收入来源，以保证其预算的稳定性，从而发挥其组织收入的积极性。

（4）属于中央调剂收入的为商品流通税与货物税。这两种税是中央的主要收入，其调剂之目的是用以补充某些地方收入之不足。每年调剂的具体比例，由中央财政部在核定地方预算时，按各地区收支情况分别核定之。①

同时还规定，对于县级财政权力的划分，由省负责。规定"如何划分县（市）预算收支，由各省人民政府根据1953年财政收支划分规定与实际执行情况，提出方案，报大行政区行政委员会批准，并转中央财政部备案"。②

周恩来在1954年9月23日第一届全国人民代表大会第一次会议上所做的《政府工作报告》指出，"1954年国家预算中的收入，不包括上年结余在内，等于1950年的3.6倍。同时，财政收入的来源也有了很大的改变：1950—1954年，农民缴纳的税款所占的比重从29.6%降低到13.4%，而社会主义的国营企业和合作社缴纳的税款和利润所占的比重却从34.1%增加到66.1%。财政支出随着收入的增加也有了很大的增加。1954年预算中经济建设的支出等于1950年的6倍半；经济建设费占整个财政支出的比重也从1950年的25.5%增加到1954年预算的45.4%"③。对将来财政工作的任务，周恩来也指出，"财政工作中的迫切任务，是继续贯彻合理的税收政策，鼓励人民以多余的资金存款、储蓄和购买公债，加强企业的财务管理，节约国家的行政经费，加强财政监督和财政纪律，保证建设时期所必需的后备，总之，就是努力为国家工业化事业积累更多

---

① 财政部综合计划司编：《中华人民共和国财政史料》第1辑，中国财政经济出版社1982年版，第68—69页。

② 同上书，第70页。

③ 《周恩来经济文选》，中央文献出版社1993年版，第193—194页。

的资金，并更合理地使用这些资金"。①

1955年财政体制基本上沿用了1954年的做法，1956年财政体制上有了新的变化。1956年规定地方预算可以根据需要做必要的调整，这对以前是个很大的突破。1956年7月第一届全国人民代表大会第三次会议做出的《关于国家决算和国家预算的决议》指出，"关于财政体制问题，正确的原则，应当是中央的统一领导、统一计划同地方的分工负责、因地制宜相结合，正确地发挥地方管理财政的积极性和主动性。1956年的地方预算，全国人民代表大会决定只作收支总额的批准，各地在执行过程中，可以根据国家长远规划和当前的实际需要，通盘考虑，作必要的调整"。② 对公债收入"1956年采取中央和地方分成办法，分成比例由财政部拟定"。③

1957年，为了进一步扩大地方的管理权限，使地方能够因地制宜调剂和安排各类支出，取消了分类分项条条下达预算的办法，实行了总额控制的办法。国务院《关于编制1957年国家预算草案的指示》规定：各省、自治区、直辖市在保证收入总额不减少，支出总额不突破的条件下，对于各类收支，除自然灾害救济和防汛等专款以外，可以根据国民经济计划，结合实际情况，统筹调剂。

1953—1957年，财政体制的具体内容虽然每年都有一些变化，但总体是在保证国家集中主要财力进行重点建设的前提下，实行划分收支、分级管理的体制。从中央与地方关系来看，中央支配的财力约占77.7%，地方支配的财力约占22.3%，但地方有固定的收入来源和一定的机动财力，而且每年财政执行的结果，地方大都有相当的结余。由于地方预算有固定的收入来源和一定的机动财力，可以因地制宜地办一些事情。从保证"一五"计划实施的角度来讲，分类分成模式所起到的作用是值得肯定的。在国家同企业的关系上，尽管企业留用资金比较少，但企业在此期间共计提取企业奖励基金和超计划利润分成21.4亿元，也有一定的机动，总的是适应当时的情况的。

(三)"一五"时期财政体制的特点和作用

总体上看，与国民经济恢复时期相比，"一五"时期财政体制的特点

---

① 《周恩来经济文选》，中央文献出版社1993年版，第194页。

② 第一届全国人民代表大会第三次会议的决议：《关于国家决算和国家预算的决议》，《人民日报》1956年7月1日第2版。

③ 财政部综合计划司编：《中华人民共和国财政史料》第1辑，中国财政经济出版社1982年版，第87页。

和作用主要表现在以下几点：

第一，它是在中央集中统一领导下集权与分权相结合的财政管理体制。它既有利于"一五"计划重点建设项目的完成，也有利于发展地方财政对全面完成"一五"计划的作用。"一五"时期以发展重工业和基本建设为中心的五年计划的执行，使中国落后的经济面貌发生深刻的变化。这种经济运行的必然性，既要求有集中的财力，也需要有一定的地方财政机动权。"一五"时期的财政管理体制正是与这种客观需要相适应的。

第二，它是一个分级管理、上下协调、强化管理的体制。通过划分上下的收支范围，确定了中央和地方的权限和责任，又通过中央同地方的比例分成和调剂地方的余缺，对地方收支总额的核定，既加强了中央对地方财政的指导和帮助，又使地方的需要得到保证。这就加强了中央和地方财政的责任心，强化了整个财政机制，从而使国家财政更好地保证执行"一五"计划的需要。

"一五"时期财政体制，由于符合形势发展的需要而有效地保证了"一五"计划的全面完成，并在新中国的财政发展史上留下了深远的影响，为以后财政体制的发展提供了有益的借鉴。随着形势的发展，它在实践中也同时表现出一定的局限性。如中央财政对地方的收支每年核定一次，这就使地方财政的自主权缺乏相对稳定性，不利于地方在较长时期内统筹兼顾、全面安排地方财政收支。对此，中央在后来的体制调整中做了适当的改进。总之，"一五"计划时期的财政管理体制具有承上启下的作用。一方面，它根据保证重点建设项目和解决国家全局性问题的需要，继续坚持了恢复时期财政集中的一面。另一方面，又根据形势发展和全面完成"一五"计划的需要，根据实践发展的需要，调整改进了恢复时期高度集中的财政体制，形成了比较完整的中央统一领导计划下的集权与分权相结合的管理体制，从而不仅为保证"一五"计划的完成发挥了重要作用，而且为中国以后的财政体制改革积累了历史的经验。

二 国营企业财务管理体制的变化

中国的国营企业是全民所有制的企业，这就决定了财政部门同国营企业的关系具有双重性质。财政部门作为国家的职能部门，不仅担负着向国营企业征收利税的任务，而且还负有以生产资料所有者的身份对国营企业再生产过程中的资金运动、成本补偿及利润分配等方面进行管理。"一五"时期，随着国营企业上缴利税在国家财政收入中的比重不断增加，加强国营企业财务管理体制越来越成为财经管理的一项重要工作。

"一五"期间国家财政收入结构变化很大，1950年国家财政收入主要是靠工商和农业税收，其比重占75%，国营企事业收入只占13.4%，其中工业收入仅占6.8%。而到1957年各项税收的比重下降为49.9%，国营企事业收入则上升为46.5%，其中工业企业收入上升为19.1%。国家财政收入来自农业的比重由1950年的39.2%下降到1957年的12.8%，下降幅度达200%多；而同期国家财政收入中来自工业和交通运输部门的收入则从31.7%升至57.5%，上升幅度达80%。国民收入从1953年的709亿元增长到1957年的908亿元，增幅接近30%。随着国营工业企业收入在国家财政收入结构中的比重不断提高，国营企业财务管理越来越重要。国营企业财务管理体制是规定国家与国营企业之间资金分配和管理权限的制度，主要包括利润分配制度、资金供应制度、基本折旧制度和成本核算制度等。

（一）关于利润分配制度

国营企业收入的分配制度是企业财务体制的重要组成部分，其实质是企业收入如何在国家、企业和职工之间进行合理分配的问题。作为国家财政收入的重要组成部分，企业利润的绝大部分是要上缴国家财政的，但是为了促进企业生产的发展和职工生活福利的提高，从而调动企业和职工的积极性，新中国成立以来，在企业利润分配问题上，国家根据各个时期经济发展需要和财力可能，把企业的利润的一部分留给企业。

1952年，我国国民经济处于恢复和发展时期，为了发挥企业的积极性和创造性，促进企业生产发展，并在此基础上逐步改善职工的生产、生活条件，1952年1月15日，原中财委颁发了《国营企业提用企业奖励基金的暂行办法》，对国营企业实行企业奖励基金制度，是正确处理国家和企业之间的分配关系和权责关系，给企业一定自主权的尝试和探索。根据不同企业的不同劳动强度和影响职工健康程度以及提高生产定额和降低消耗定额的可能性，规定了不同类别的企业奖励基金标准，但各企业全年提留的企业奖励基金总额，不得超过全年基本工资总额的15%。[①]

但是由于价格利润的分配不尽合理，各企业管理水平有差异等，其规定已导致各企业间所提奖金多寡悬殊，造成福利待遇不公平的现象。政务

---

① 中国社会科学院、中央档案馆编：《中华人民共和国经济档案资料选编（1953—1957）》（财政卷），中国物价出版社1998年版，第543页。

院财政经济委员会于 1953 年 11 月 17 日制定了《国营企业提用企业奖励基金的临时规定》。这个规定对企业分类更细,共分了六类,对每个类别分别规定了企业奖励基金提取分类标准比例,并对各类企业提取的奖励基金总额做了限制①。

为了鼓励企业超额完成国家计划,进一步调动企业增产增收的积极性,从 1954 年起,国家还对国营企业实行超计划利润分成制度。1955 年 8 月 18 日,国务院颁布了《国营企业 1954 年超计划利润分成和使用办法》,明确规定:

1. 留成办法

国营企业的超计划利润,采取分成的办法,以其中 40% 留归各企业主管部门使用,60% 解交国家预算。各主管企业部门的超计划利润数为 1954 年各主管企业部门本年实现的利润数(减去本年应提企业奖励基金),超过本年 10 月 2 日国家批准的 8 月调整预算计划利润数的部分。

2. 使用范围

各部门的超计划利润分成应用于:(1)弥补基本建设计划内已列项目的资金不足;(2)弥补企业因超额完成生产任务等原因而发生的流动资金不足;(3)弥补技术组织措施费和新产品试制费的不足;(4)经国家专案批准的基本建设项目,但不得用于主管部门和管理局本身行政方面的基本建设(如修建办公楼、宿舍和购置家具设备等)和企业单位计划外的福利设施(如修建俱乐部等),不得用于各项事业费和其他费用,不得转作下年继续使用。

1956 年 10 月 11 日,国务院在《关于 1956 年国营企业超计划利润分成和使用的几项规定》中还明确:(1)超计划利润分成的计算,以年度为准,以主管部门为单位,超计划利润扣除应提的超计划利润企业奖励基金和基层社会主义劳动竞赛奖金以后,以 40% 留归各主管部门使用,60% 上交财政;(2)各部门可以将超计划利润分成的一部分,分给基层

---

① 第一类企业全年提取的企业奖励基金总额,不得超过各该企业全年工资总额 12%,但不应低于全年工资总额的 5%。第二、三、四类企业,全年提取企业奖励基金总额,不得超过各该企业全年工资总额的 10%,但不应低于 4%。其中:第二机械工业部所属企业由于利润较少,应不得低于 5.5%。第五类企业全年提取的企业奖励基金总额,不得超过各该企业全年工资总额的 6%,但不应低于 3%。见中国社会科学院、中央档案馆编《中华人民共和国经济档案资料选编(1953—1957)》(财政卷),中国物价出版社 1998 年版,第 547 页。

企业使用；(3) 超计划利润分成的使用范围与 1955 年办法规定基本相同。

上述企业奖励基金办法，从 1952 年到 1957 年实行了 6 年，共提取企业奖励基金 11.84 亿元，超计划利润分成办法从 1954 年到 1957 年实行了 4 年，共提取超计划利润分成 10.61 亿元。这在一定程度上有助于企业和职工生产积极性的提高。

(二) 企业折旧基金上缴办法的调整

我国国营企业固定资产折旧的提缴制度最早是在 1952 年 2 月 29 日，中财委发布的《1952 年度国营企业提交折旧基金办法》中提出来的，该办法规定：企业提取的基本折旧基金，按月解交国家金库，用以保证在国家范围内进行固定资产重置；提取的大修理折旧基金，按月交由本企业在中国人民银行开设的专户保存，用以保证本企业的固定资产按期大修。

为了简化手续，1952 年 12 月 12 日，财政部颁发了《国营企业财务收支计划编审办法》，确定将企业的利润、基本折旧基金、基本建设支出、流动资金增减等都实行相互抵拨。抵拨后不足的部分由国家预算拨款，多余部分向预算交款。这一改变，仅仅是企业与国家之间交、拨款手续的变化，并没有从根本上改变国家与企业财力分配关系。这种抵拨办法，不久因为企业普遍反映执行有困难，很快就停止实行。

实行折旧基金全部集中上缴国库的办法以后，企业所需的"三项费用"（指技术组织措施费、新种类产品试制费、零星基本建设支出）和劳动安全保护措施费支出，基本上是由国家预算拨款解决的。

1953 年 10 月 23 日，财政部在《关于编制国营企业 1954 年财务收支计划草案各项问题的规定》中，明确各部门的"三项费用"支出，同基本建设支出和各项事业费一样，同属经济拨款范围，一律由预算拨款，不得以基本折旧基金、基本建设其他收入和利润等抵补。1955 年 10 月 6 日，财政部颁发了《关于 1956 年国营企业财务收支计划中若干费用划分问题的暂行规定》。明确规定，零星基本建设支出由预算拨款解决；新产品试制费，除试制新产品所需的费用性支出可摊入新产品试制成本，试制失败发生的净损失可列营业外支出外，属于新产品试制必须增添的设备及新添固定资产范围内的工具、卡具所需支出，均由国家预算拨款；技术组织措施费，除属于为改变生产组织生产技术设备在原有基础上稍加拆卸、改装和重大检修而又符合大修理范围的费用，可由大修理基金开支，属于不增加固定资产的开支可在生产费用中分期摊销外，其他属于为提高生产过程自动化、改变工艺技术程序、平衡设备利用率而需要增加固定资产数量或价值的费用，均应由国家预算拨款。

在 1952 年到 1957 年 6 年间，国家共提取基本折旧基金 59.09 亿元，大修理折旧基金 32.41 亿元，超计划利润分成 10.61 亿元，共计 102.11 亿元，而国家拨给的三项费用（或四项费用）拨款仅 12.3 亿元，等于国家将本应用于国营企业固定资产更新的费用 89.81 亿元挪用于基本建设了，占原企业设备更新、技术改造费用的 88%。[①] 企业折旧基金集中上缴使国家财政收入扩大了来源，增加了财政收入，使得国家有财力进行新企业的建设。但由于企业折旧基金上缴，老企业不能获得必要的资金进行技术改造和设备更新，这使得企业设备老化，生产技术发展缓慢，企业发展缺乏后劲。

（三）国营企业流动资金供应和管理制度的演变情况

流动资金的一部分是保证企业再生产所必需的资金，对这部分流动资金实行定额管理，即由财政核定定额和直接拨款供应给企业；另一部分是因季节性和其他原因引起的临时性需要，对这部分属于超定额的流动资金需要，企业可以向银行申请贷款，由银行实行计划管理。它们都是企业保持正常生产所必需的部分。

1. 1951—1954 年，实行定额流动资金由财政和银行分别供应的制度

为了调动财政、银行管理资金的积极性，及时满足企业对流动资金的需要，1951—1954 年，国家颁布了一系列规定，明确对企业定额流动资金实行财政和银行分别管理、分别供应的办法。财政拨款和银行贷款的比例，每年有所不同。原中财委印发的《1952 年度工业企业财务计划表格及编制说明》规定工矿部门流动资金定额中的定额银行信贷，暂按 10% 的比例编列计划。

1952 年 12 月 12 日，财政部颁发的《国营企业财务收支计划编审办法》规定：（1）增加流动资金计划定额及定额负债减少额，应以上年度超计划利润、多余流动资金、定额负债增加额及利润依次抵拨；（2）补充流动资金不足额应以减少流动资金计划定额及利润抵拨；（3）经财政

[①] 转引自董志凯、吴江《新中国工业的奠基石——156 项建设研究（1950—2000）》，广东经济出版社 2004 年版，第 171 页。

机关同意，以主管企业部门或主管企业机构为抵拨单位的，可对其所属主管机构或基层企业，按以上抵拨范围及次序，互相间进行抵拨。1953年10月23日，财政部发出的《关于编制1954年财务收支计划草案各项问题的规定》，明确以下几点：

1954年国营企业流动资金定额信贷的比例为：（1）工业部门所属生产企业，或其他部门所属的工业性生产企业，铁道、交通、供电、民航四个部门基本业务企业，为流动资金定额的15%（按部汇编后的流动资金计划定额计算）；（2）各部门所属企业如1953年年底预计流动资金实有额，可以满足1954年定额的全部或部分需要的减少或不列定额信贷；（3）商业、对外贸易、粮食三部或其他企业部门所属的商业企业和供销企业，其所需流动资金除1953年年底预计实有额外，不足部分由银行信贷解决。

2. 1955—1957年，取消定额信贷，实行自有流动资金计划定额全部由财政拨款的制度。为了加强流动资金的计划管理，提高资金的使用效果，国家确定，从1955年起，将过去实行定额流动资金由财政和银行分别供应的办法改为自有流动资金计划定额全部由财政拨款的办法，并作了如下规定。

关于流动资金的供应。1954年10月，财政部印发的《1955年度国营企业财务收支计划表格及编制说明》和《1955年度地方国营企业财务收支计划表格及编制说明》规定：1955年不再实行定额信贷办法。国营工业生产企业的流动资金，由中央财政部根据各部生产需要，以部为单位根据季度定额逐季拨足，地方国营工业生产企业的流动资金定额，由地方预算拨款。但下列各项仍由人民银行贷款解决：（1）凡因供销关系需要季节性超定额储备的资金；（2）季节性生产企业（如糖厂）超过最低季度需要的资金；（3）采购、销售过程中的结算资金；（4）个别部门个别定额大于第四季度定额时，其差额首先在各企业之间进行调剂，如仍有不足，由中国人民银行信贷解决。

关于流动资金的考核和管理。1956年11月，财政部在《颁发1957年国营企业财务收支计划表格及编制说明的函》和《关于1957年财务收支计划执行和考核的规定》中明确：（1）年度流动资金定额仍以第四季度定额为全年定额（季节性生产企业以全年最低季度定额为全年定额），但在流动资金定额计划表格内仍应列明季度定额，并据以拨款。（2）各季度因生产等条件变化，以致季度流动资金需要额与年度财务计划所列季度定额有较大出入的，各部可以在年度定额范围内，根据季度实际需要，提出修订的季度流动资金拨款数，申请拨款。（3）年度计划周转期按四季平均周转期计算，以年度财务收支计划所列全年平均周转期为考核根据。（4）季度计划周转期根据季度生产费用预算计算计划周转期，列入季度拨款计划，据以考核。

三 1957年对财政体制的改革

"一五"计划期间财政工作总体来说进展顺利，但也暴露出一些问题，主要是国家在财政体制方面存在着中央集权过多、对地方财权管得过多过死等弊病。有的地区国家投资很少，经济发展缺少资金支持，妨碍了地方经济的发展。毛泽东在《论十大关系》中指出，我们不能像苏联那样，把什么都集中到中央，把地方卡得死死的，一点机动权也没有。还指出，把什么东西统统都集中在中央或省市不给工厂一点权力、一点机动的余地、一点利益，恐怕不妥。国家在"一五"计划即将结束时开始酝酿对经济体制进行改革。财政体制作为经济体制的主要部分也需要进行改革。财政体制改革总的精神是要扩大地方财政和企业的财权，以便使地方和企业办更多的事情。

国务院根据毛泽东《论十大关系》的讲话和中央政治局扩大会议的精神，于1956年5月和8月间召开全国体制会议，研究改进经济管理体制的方案。中共八大会议上，中央和地方关系特别是财政关系的调整又是一个热点问题，许多省份的领导人要求扩大本地的财权以加强本地的建设。中央主要领导同志对此给予了回应，并提出了关于处理中央和地方关系的一些原则和建议。

八大后，经济管理体制的改革仍然是一个热点问题。国家领导人和主管财经工作的主要领导对经济体制改革问题给予了高度重视。1957年年初，中共中央为了加强对经济工作和改进体制工作的统一领导，决定成立一个小组在中央政治局领导下具体负责。1月10日，中央发出《关于成立中央经济工作五人小组的通知》，小组由陈云、李富春、薄一波、李先念、黄克诚组成，陈云担任组长。1月18—27日，中共中央在北京召开省、市、区党委书记会议，讨论农业和经济问题。陈云在27日的会议上讲话时，对地方同志要求更多经济权限做了明确答复，他说"中央和地方的体制中的权力和财力的分配问题，实质上就是中央举办的一些重点的基本建设工程将来势必有一部分要分散。所谓分散重点，就是要分掉一些钱。有些企业的管理权要下放，财务要下放，利润也要下放"①。陈云还指出："中国一个省等于外国一个国，如果像现在这样，地方机动的余地很少，这种情况不能是经常的，中央不可能包揽全国的事情，所以应当有适当的分权，重点不能过分集中。"②

1957年9月，党的八届三中全会通过了关于改进工业、商业和财政管理体制的3个文件，主要精神是把管理工业、财政、商业的部分权力下放给地方和企业，以便发挥地方和企业的积极性，这个改革方案从指导思想到方法步骤都比较合理。但是由于这次经济体制改革没有触动单一公有制和政企不分的计划管理体制，中央的权力下放很难达到预期的目的。

1957年11月14日，中央经济五人小组向全国人大常委会第84次会议送交了《关于改进工业管理体制的规定》《关于改进商业管理体制的规定》和《关于改进财政管理体制的规定》，获原则通过。11月15日，国务院公布了上述规定，宣布自1958年开始实行。上述三个文件，总的精神是调整中央与地方、国家与企业的关系，把工业、商业、财政方面的一部分管理权力下放给地方和企业，以便充分发挥它们的主动性和积极性，因地制宜地完成中央的统一计划。

《关于改进财政管理的规定》的主要内容是：（1）明确划定地方财政收支范围。（2）适当扩大地方管理财政的权限。（3）在保证国家重点建设的前提下，增加地方政府机动财力。（4）对民族自治地方的财政，予以比一般省市较多的照顾。关于这次财政体制改革的意义，文件也指出，"为了划定中央和地方财政收支的范围，确定地方财政的收入来源，使地方有一定数量的机动财力来安排自己特殊的支出，进一步发挥组织收入、节约支出的积极性，以推动建设事业的发展"。③

根据这些规定，中央政府把相当一部分财政管理的权力下放给省级政府。这种改进的好处就是，实行这种制度以后，地方可以根据收入安排支出，按照实际需要，因地因事制宜；而不是像过去那样，一些临时发生的

---

① 薄一波：《若干重大决策与事件的回顾》（下卷），中共中央党校出版社1993年版，第792页。

② 同上。

③ 财政部综合计划司：《中华人民共和国财政史料》第1辑，中国财政经济出版社1982年版，第102—103页。

支出和特殊的支出，须要向中央要求拨款，以致有时问题得不到解决或者得不到及时的解决。随着经济的发展，地方收入多了可以多支，结余了可以继续使用，这就大大有利于发挥地方组织收入和节约支出的积极性。但地方财政收入增长必须有一个合理的限度，否则对国家的整体发展不利，对此陈云指出："使地方得到一定数量的机动财力，是这次财政体制改进的主要目的。但是，地方由于改进财政体制而多得的收入，应该有一个限度，它的原则是使地方可以有适当数量的机动财力，同时又能够保证国家重点建设资金的需要。"①

文件在扩大地方权限的同时，也对地方权限做了适当的限制。例如，在财政方面，规定"地方由于改进财政体制而多得的收入，应该有一个限度，它的原则是使地方可以有适当数量的机动财力，同时又能保证国家重点建设的需要"。由于改进财政体制地方多得的财政收入，三年累计一般不应超过20亿元。但是，由于受"左"的错误影响，财政体制改革并没有真正得到落实，并在"大跃进"和人民公社化运动中受到挫折。

第二节 1953—1957年财政收支情况分析

"一五"时期财政运行基本上平稳，很好地履行了财政职能，支援了社会主义改造和社会主义工业化事业的顺利进行，对整个社会政治经济生活的良好发展都起到了很好的促进作用。"一五"时期财政是改革开放前历次五年计划中财政运行最好的。

一 财政运行的整体情况

第一个五年计划期间，财政运行基本平稳，为"一五"计划的完成做出了贡献。就"一五"时期财政运行的最终结果来看，无论是财政收入和财政支出都超过了原来的计划，但总体上"一五"期间财政收支基本平衡，收略大于支。据统计"一五"时期，财政收入共计1365.62亿元（不包括企业单位的大修理基金和企业奖励基金），财政支出共计1364.09亿元，收入大于支出1.53亿元。同原定的五年财政计划比较，五年财政收入相当于原计划1309.41亿元的104.2%，五年财政支出相当

---

① 《陈云文选》第3卷，人民出版社1995年版，第103页。

于原计划 1282.06 亿元的 106.4%。在五年财政支出中,基本建设投资共计 487.77 亿元,相当于原定基本建设投资计划 427.4 亿元的 114.12%。①

"一五"时期,由于国家和社会各项工作进展迅速,第一个五年计划的制订和执行也取得了突破性的成就,这一切反映到国家财政上就是国家的财政收支情况发生了显著的变化,财政收入来源结构和财政支出结构都出现了不同于恢复时期的巨大变化。

(一) 国家预算收入来源变化

1. 国家预算中来自国营企业收入的比重逐年迅速地提高

1953 年国营企业和地方国营企业的利润和折旧的收入为 69.9852 亿元,占总收入的 29.97%。其中国营企业占 26.36%,地方国营企业占 3.61%。1954 年国营企业收入共计 83.3418 亿元,占总收入的 35.94%,比 1953 年增长 10.46%,若除去不可比的因素,则增长 16.58%。1955 年国营企业收入为 111.1581 亿元,占预算本年收入的 39.63%,比 1954 年增长 11.59%。1955 年 3 月 24 日,李先念在中国共产党全国代表会议上发言指出,"抗日战争和解放战争时期,我们的收入主要是依靠农业税。全国解放后,在经济恢复时期,工商税收曾经是国家的第一位收入。从去年开始,国营企业的收入上缴已经超过了工商税收,占到整个收入的 41.66%。支出方面,也是从去年开始,经济建设的拨款,已经超过国家机关和国防费用两项支出的总和,它的比重也占预算支出总数的 47.52%。这是财政工作的新情况"②。1956 年国营企业收入为 143.28144 亿元,占本年预算收入的 48.19%,比 1955 年决算数增长 26.48%。1956 年国家财政收入中,来自国营经济的比重上升到 73.5%,来自集体所有制经济的比重上升到 15.7%③。1957 年由于已经实现了社会主义改造,统计口径有所变化。企业和事业收入 136.68969 亿元,为上年的 101.81%。其中,工业各部门收入 58.80785 亿元,为上年的 107.97%;铁道、交通、邮电等部门收入 22.64692 亿元,为上年的 106.24%;商业、粮食、对外贸易等部门收入 41.01826 亿元,为上年的 92.89%。以上可以看出,来自国营企业部分的收入逐年增加,在国家财政预算收入中

---

① 财政部办公厅编:《中华人民共和国财政史料》第 2 辑,中国财政经济出版社 1983 年版,第 190 页。

② 《李先念论财政金融贸易》(上),中国财政经济出版社 1992 年版,第 68 页。

③ 人民出版社编:《光辉的成就》(上册),人民出版社 1984 年版,第 36 页。

越来越占据重要的地位。

关于债务收入情况，1953 年我国第一个五年计划开始进入大规模建设时期，发行了国家经济建设公债，连续五年发行了 35.45 亿元的公债。国家经济建设公债主要用于筹集"一五"时期建设资金，一般用于周期长的生产建设项目，因而偿还期较长，1954 年发行的债券偿还期为 8 年，以后发行的均为 10 年。为了适当增加地方的财力，1956 年公债发行收入实行由中央与地方财政分成。这些公债的发行为国家提供了巨额的建设资金，相当于同期国家预算经济建设支出总数 862.24 亿元的 4.11%，有效地支援了国家的经济建设。另外，中国还通过举借外债的方式来弥补建设资金的不足，中国这时期外债主要是向苏联、东欧社会主义国家借的，由于有效地利用了苏联的贷款资金、技术设备和专家人才的支持与帮助，我国社会经济建设发展迅速。"在国民经济恢复时期和第一个五年计划时期，即从 1950 年到 1957 年，我国财政收入中的外债收入，折合人民币计算，共为 529.4 亿元，只占同一时期财政收入总数 1736 亿元的 3.05%。这就是说，96.95% 的资金，是靠我们自己解决的。"①

2. 各项税收虽然稳步增长，但在国家财政收入中的比重不断下降

工商税有小幅度增长，农业税基本保持在一个固定的水平。1953 年各项税收 114.6852 亿元，占总收入的 49.12%。其中工商各税占 27.46%，农业税占 10.99%，其他税收占 0.67%。1954 年各项税收共计 132.5313 亿元，占总收入的 57.15%，比 1953 年预计执行数增长 10.96%。其中工商各税为 104.4551 亿元，占总收入的 45.05%，比上年增长 12.9%，农业税征收量仍维持 1952 年的水平。1955 年国家预算本年收入中，各项税收为 137.8057 亿元，占预算本年收入的 49.13%，比 1954 年增长 4.26%。其中工商税收为 100 亿元，占预算本年收入的 35.65%，比上年增长 11.46%，扣除不可比因素，实际增长 8.95%，农业税收入为 28 亿元，占预算本年收入的 9.98%，公粮征收数量仍维持 1952 年的水平。1956 年国家预算收入中，各项税收为 139.8 亿元，占本年预算收入的 47.02%，比 1955 年决算数增长 9.84%。1957 年各项税收 145.70209 亿元，为上年决算数的 103.42%。其中，工商税 105 亿元，为

---

① 财政部办公厅编：《中华人民共和国财政史料》第 2 辑，中国财政经济出版社 1983 年版，第 286 页。

上年的103.98%；农业税29.90209亿元，为上年的100.84%。"一五"计划时期的农业税负担基本上是稳定的，是贯彻了增产不增税的政策精神的。1953年到1957年农业税（正税）的实际征收数，除1957年外，其余4年都未达到1952年农业税（正税）352亿斤的实际征收水平。而1957年的超收数也只有3亿斤。只是从1953年到1957年的农业税附加都比1952年有所增加，但是附加收入主要是用在举办当地的农业生产建设和社会公益事业方面的需要，它不纳入国家预算收入。表7－1是1950—1957年国家财政收入部门比重。

表7－1　　　　　1950—1957年国家财政收入分部门比重

（以总收入总计为100）单位:%

年份	工业			农业	商业	交通运输	建筑	其他
	小计	轻工业	重工业					
1950	30.2	21.8	8.4	39.2	16.4	1.5	0.6	12.1
1951	31.3	21.3	10	25.3	21	3.9	0.6	17.9
1952	33.9	23.1	10.8	20.3	22.7	5.2	0.5	17.5
1953	39.8	24.2	15.6	16.7	22.2	7	0.2	14.1
1954	41.3	24.2	17.1	16.8	22	6.7	0.4	12.8
1955	43.6	25.1	18.5	15.1	20.2	7.1	0.7	12.8
1956	46.7	25.8	20.9	13.9	24.4	8.4	0.6	6
1957	49.2	26.8	22.4	12.8	23.5	8.3	0.5	5.7

资料来源：财政部综合计划司编：《中国财政统计》（1950—1985），中国财政经济出版社1987年版，第38页。

财政收入占国民收入的比例是一个非常重要的经济指标，它能粗略反映一个地区经济发展质量和GDP的真实性。"一五"时期，由国家财政集中的收入占国民收入的比重为32.7%，也就是说，每创造100元的国民收入，其中近1/3由财政集中分配。其中1953年为30.1%，1954年为33.9%，1955年为32.4%，1956年为32.5%，1957年为34.1%。[①] 这种比较集中的分配制度，是符合当时国家集中资金进行重点建设要求的。

---

① 财政部综合计划司编：《中国财政统计（1950—1985）》，中国财政经济出版社1987年版，第152—153页。

(二)国家财政支出结构的变化

财政支出结构反映着一个国家的政策取向。"一五"时期,在国内外政治军事形势趋于稳定的情况下,国家财政支出结构也发生了很大的变化和调整。"一五"时期财政支出与经济恢复时期相比,一个最大的变化就是国家财政用于国防费和经济建设费的支出方面。在国民经济恢复时期的1951年,国防费的支出占到了国家财政支出的43%,而这年的经济建设费占财政支出的28.7%。"一五"时期的1957年,国防费支出仅占当年财政支出的18.1%,而经济建设费则达到了国家财政支出的53.6%。"一五"时期,经济建设费支出比国民经济恢复时期提高了15.6个百分点,而国防费支出则下降了14.4个百分点。这充分说明了国家财政已经由准战争型财政转到了生产建设型财政,也说明了此时的国际形势趋于缓和,中国可以专心致力于国内经济的发展。"一五"时期社会文教费在国家财政支出方面的比重比国民经济恢复时期略有提高,国民经济恢复时期文教费占国家财政支出的比重为11.5%,而"一五"时期达到了14.2%,比国民经济恢复时期提高2.7个百分点,这说明随着国内经济建设事业的发展,国家开始重视文化教育等事业方面的投入。在行政管理费支出方面,国民经济恢复时期此项支出占到了国家财政支出的12.5%,而在"一五"时期此项支出则下降到了8.3%,下降了4.2个百分点。此后,行政管理费支出一直维持在一个低位的水平上,如"二五"时期行政管理费支出占国家财政支出比重为5.8%,"三五"时期为5.4%,"四五"时期为5.0%,"五五"时期为5.3%。[①] 这也从一个侧面反映了计划经济时期生产建设性财政的特点。

在经济建设费支出中,由于大部分企业是新建,所以基本建设支出占了很大比重,其次为保证企业正常生产而拨付的流动资金支出。"一五"时期,各年的基本建设支出分别为1953年70.34亿元,1954年84.28亿元,1955年88.53亿元,1956年139.58亿元,1957年123.71亿元,分别占当年经济建设费支出的80.5%、68.2%、64.3%、87.7%和75.9%。[②] 1953年和1956年的基本建设支出都超过了当年经济建设费支出的80%以

[①] 财政部综合计划司编:《中国财政统计(1950—1985)》,中国财政经济出版社1987年版,第66页。

[②] 根据财政部综合计划司编《中国财政统计(1950—1985)》,中国财政经济出版社1987年版,第61、68页。

上，基本建设投资比重过大，经济出现过热现象（见表7-2）。

表7-2　　　　　　　　国家财政支出分类费数　　　　　　　　单位：亿元

年份	支出合计	经济建设费	社会文教费	国防费	行政管理费	债务支出	其他支出
1953	220.12	87.43	32.44	75.38	19.72	0.91	4.24
1954	246.32	123.58	34.61	58.13	21.62	2.21	6.17
1955	269.29	137.62	31.89	65.00	21.54	6.56	6.68
1956	305.74	159.14	45.96	61.17	26.60	7.22	5.65
1957	304.21	163.04	46.42	55.11	22.70	8.26	8.68
"一五"时期	1345.68	670.81	191.32	314.79	112.18	25.16	31.42

资料来源：财政部综合计划司编：《中国财政统计》（1950—1985），中国财政经济出版社1987年版，第60—61页。

国家财政收支结构在1953—1957年间发生了很大的变化，其变化充分体现了这一时期生产建设性财政的特点，"财政收入和支出的构成情况，在五年内已经随着整个国家经济情况的变化而发生了显著的变化。1952年国家收入来自国营、公私合营和合作社营等社会主义经济部门的，占总收入60.1%，1957年则增至95%。而从其他方面所取得的部分，在总收入中已经只占极小的比重。在支出方面，国家建设支出（包括经济建设和文化教育建设）在总支出中所占的比重，由1952年的59%增至1957年的64.17%，而国家机关支出（包括国防费和行政管理费）所占的比重，则由1952年的36.3%降至1957年的25.63%"[①]。

二　财政各年运行的具体特点和问题

"一五"计划的实施，是通过各年度的计划来落实的。"一五"财政计划，同样是通过制定和实施各年度财政预算和决算来实现的。各年度的财政预算和决算，按照该年度经济计划的要求制定。李先念指出："为了实现本年的国家预算，首先就必须实现本年的国民经济计划。"[②] 而国家财政又是实现国民经济计划的保证。国家根据社会经济发展的不同情况，每年的预算编制方针都有所不同和侧重。国家每年都编制年度预算和决

---

① 财政部办公厅编：《中华人民共和国财政史料》第2辑，中国财政经济出版社1983年版，第190页。

② 《李先念论财政金融贸易》（上卷），中国财政经济出版社1992年版，第276、277页。

算，总的要求是收支平衡、略有结余。事实上，"一五"时期除1956年财政有较大的赤字外，其余年份都做到了预算和决算的基本平衡。

由于各年的具体情况不同，财政运行在各年表现为不同的特点和存在不同的问题。总的来说，"一五"时期，各个财政年度是比较均衡发展的，但是也发生了1953年的"小冒进"和1956年的"冒进"，在实践中产生了一定的不良影响。

（一）

1953年的"小冒进"，是由于大规模经济建设刚刚开始，经济工作没有经验，又受急于求成思想支配，大家都想多上项目，基本建设投资规模搞大了的结果。这在财政工作方面突出的是编制预算时由于没有结合国家的信贷计划，把上年结余列入国家预算计划，扩大了财政收入规模，并且按照这个盘子安排财政支出。这样编制预算的结果，造成信贷资金严重不足和财政后备力量缺乏。在某些方面的投资上，助长了脱离实际的盲目"冒进"倾向，引起了市场购买力大于市场商品供应，吃掉了大量商品库存。后来经过及时调整，增产节约，问题得到解决，并且做到了当年收支平衡，略有结余，1953年国家预算实际执行结果，不但没有动用1952年结余，而且当年收支相抵尚结余1.5948亿元。① 这就给国家银行充实信贷资金，巩固货币信用，增加财政周转资金，增强后备力量，并为改善以后年度的财政收支状况打下良好的基础，也为1954年和1955年中国财政走上稳步发展的道路提供了有益的经验。

（二）

1954年1月，邓小平任财政部长时，提出了财政工作的六条方针，即归口、包干、自留预备费、结余留用不上缴、精减行政人员、严格控制人员编制，动用总预备费须经中央批准和加强财政监察。这对当时的财政工作产生了积极影响。1954年国家预算的任务就是要从增加生产、扩大物资交流、提高劳动生产率、降低成本、厉行节约和正确执行税收计划和税收政策等一系列的措施中，增加收入，积累资金，以保证我国1954年国家经济建设的需要，首先是工业建设的需要，同时加强国防力量，并在发展生产的基础上进一步改善劳动人民的物质和文化生活。另外，为了平

---

① 财政部办公厅编：《中华人民共和国财政史料》第2辑，中国财政经济出版社1983年版，第47页。

衡季度现金收支与适应年度结转，各级总预算从1954年起设置周转金，中央预算设4%—5%，地方预算设3%—4%，从而开始了新中国成立以来预算周转金的设置历史。1954年贯彻六条方针的结果，预算执行中不仅没有动用上年结余，而且当年收支平衡，有16.05亿元结余，是"一五"时期财政工作日子最好过的一年。

（三）

1955年是"一五"计划的第3年，也是比较关键的一年。根据这一年完成编制的"一五"计划，1955年国家预算必须坚持贯彻增加生产、厉行节约的方针，以便积累资金，保证国民经济建设首先是重工业建设的需要，并保持相当的财政后备力量。

1955年国家预算执行的结果，继续实现收支平衡、略有结余的方针，虽然预算收支都没有完成计划，但是分别比上年增长3.7%和9.3%，年终结余2.74亿元。预算收入比计划少收8.46亿元，主要是各项税收少收10.35亿元，特别是工商税只完成预算的87.2%。主要原因是在编制1955年预算的时候，对于1954年水灾所造成的粮食、棉花、烟叶和其他农作物的损失以及这种损失对于农民购买力和工业的影响，估计得不充分，工商税收和国营商业收入预算都有些偏高，这就使得原来的工商税收计划和商业收入计划都没有完成。在预算支出方面，比计划少支了1.59%，主要是各部门各地方厉行节约、反对浪费的结果。在基本建设方面，根据对3280个较大建设单位的统计，节约资金达10亿余元，比原投资计划减少了16.1%。按可比部分计算，基本建设投资额比上年增加9%，而实际完成的基本建设工作量却增加15%。[①] 预算支出节约了国家资金，这是正确的。但是基本建设也存在一些问题和失误。首先由于没有经过多方面的周密计算，一部分投资的削减不尽合理，因而造成一部分工地窝工和一部分工程质量低劣，对非生产建设的削减也有一些不适当的地方。其次在基本建设计划和准备工作方面，由于缺少预备项目，只注意了施工力量，对安装力量和材料设备的供应缺少全面的准备，使得一部分建设资金来不及在本年内充分利用。1955年的经济发展速度由于受1954年农业自然灾害的影响（工业原料不足），增长速度比前几年大幅度下降，

---

① 财政部办公厅编：《中华人民共和国财政史料》第2辑，中国财政经济出版社1983年版，第110页。

工农业总产值仅增长5%，其中工业总产值仅增长6%。

（四）

1956年是"一五"计划的第4年，社会主义改造和工业化建设取得了很大成就，全国人民建设社会主义的热情非常高。1956年的预算是按照提前完成和超额完成五年计划的要求编制的。

到1955年年底，第一个五年计划只剩下两年时间，尽管工业已完成"一五"计划增长额的61%，农业已完成"一五"计划增长额的63%；但是基本建设计划投资额只完成"一五"计划的51%，这引起毛泽东的不满，他试图通过批判右倾保守主义来促进经济发展。在这种情况下，确定1956年国民经济计划（草案）时，对国家的财力、物力情况估计过高，急于求成、盲目冒进的思想在经济工作中开始抬头。从1955年第4季度开始，中国的经济建设中出现了一股层层抬高数量指标和忽视综合平衡的冒进势头。这股冒进风的出现，给国民经济造成了相当紧张和混乱的局面。这主要表现在急于求成，基建规模过大。第一个五年计划规定，5年内限额以上基本建设项目694个，建成的455个。1956年初召开的第一次全国基建会议将建设项目追加到745个，建成的追加到477个；几个月以后，又将建设项目追加到800个，建成项目追加到500多个。① 投资过大，信贷出现差额。在国民经济计划大发展的要求下，要有相应的财力保证。因此，在1956年6月15日第一届全国人民代表大会第3次会议上，李先念做的《关于1955年国家决算和1956年国家预算的报告》中指出，1956年预算当年计划收入297.32亿元，计划支出307.43亿元②，如果不把1955年国家决算年终结余10.11亿元列入1956年预算收入，则1956年是一个赤字预算。实际执行结果，1956年国家财政总收入287.43亿元，总支出305.74亿元。当年收支相抵，支出大于收入18.31亿元。这个差额动用了历年财政结余10.11亿元，其余8.2亿元是动用财政存款、向银行透支和动用地方预算周转金解决的。

防止和反冒进，关键在于控制基本建设投资。1956年1月下旬开始，周恩来等中央领导人集中做"反冒进"的工作，为此进行了一系列的工

---

① 薄一波：《若干重大决策与事件的回顾》（下卷），中共中央党校出版社1993年版，第532页。

② 财政部办公厅编：《中华人民共和国财政史料》第2辑，中国财政经济出版社1983年版，第116页。

作。关于财政方面的主要有：1956年2月6日，周恩来和李富春、李先念研究在计划会议和财政会议上压缩指标的问题。周恩来指出，现在各部专业会议定的计划"都很大"，既然已经存在"不小心谨慎办事，有冒进急躁现象"，计委、财政部就要"压一压"。① 1956年6月4日，周恩来出席中共中央会议，在讨论《关于一九五五年国家决算和一九五六年国家预算的报告（初稿）》时，代表国务院介绍半年来经济建设急躁冒进所带来的种种矛盾和不平衡问题，提出继续削减财政支出、压缩基本建设投资的意见。据此，会议提出了既反保守又"反冒进"，即在综合平衡中稳步前进的经济建设方针。② 6月5日，周恩来主持国务院常务会议，在研究压缩仍不切实际的1956年国家预算问题时说，计划和预算应该是统一的。我们的预算应该放在可靠的基础上，争取超收。既然认识到不可靠，就应该削减。③ 1956年6月20日，《人民日报》发表了经刘少奇等人修改的《要反对保守主义，也要反对急躁情绪》的社论，这篇社论的发表，从舆论上开始进行"反冒进"，这引起了广泛的重视。1956年9月，党的八大关于"二五"计划建议的报告中，强调了既反保守又"反冒进"，在综合平衡中稳步前进的经济建设方针。10月，周恩来在党的八届二中全会上做了《1957年度国民经济发展计划和财政预算的控制数字》的报告，明确指出，鉴于1956年度计划中某些项目过高，某些费用花费得多了，1957年的计划应当在继续前进的前提下在某些方面做些适当压缩，确定基本建设投资为111亿元，比上年减少20%，并且在国家机关中大力开展节约运动。这些举措使冒进的势头基本上得到了遏制，保证了1956年国民经济的健康发展。"反冒进"不仅使1956年的经济建设避免了大的曲折，并取得了重大进展（据统计，1956年实际完成的工业总产值比上年增长28.1%，基本建设投资比上年增长62%，是"一五"期间中国经济增长速度最高的一年，而且为1957年国民经济的顺利发展奠定了基础）。1956年中国基本上完成了对农业、手工业和资本主义工商业的社会主义改造，并且在经济建设的某些领域，预先完成了"一五"计划规定的任务。

---

① 薄一波：《若干重大决策与事件的回顾》（下卷），中共中央党校出版社1993年版，第532页。

② 中共中央文献研究室编：《周恩来年谱（1949—1976）》（上卷），中央文献出版社1997年版，第585页。

③ 同上。

（五）

为了巩固 1956 年经济战线上的成绩，超额完成第一个五年计划，并且为第二个五年计划打下良好的基础，1957 年必须根据财力和物力的条件，适当安排国家经济建设的发展规模和速度。1957 年的预算方针，很好地体现了这一方针。

1957 年国家财政收支计划的超额完成，保证了"一五"计划最后一年建设计划的圆满完成。这年财政收入为 310.19 亿元，比原计划 293.94 亿元超收了 16.25 亿元；预算支出 304.21 亿元，比原计划 293.94 亿元超支了 10.27 亿元，其中主要是基本建设支出、国防支出、债务支出和对外援助支出都比原计划有不同程度的缩减，而经济建设支出却比原计划有所增加，这是由于 1957 年下半年陆续追加了 13.4 亿元的支出，其中主要是基本建设支出。由于收支平衡，减少了市场货币流通量，相应增加了一部分商品物资库存。到 1957 年年底，国家主要商品物资的库存比 1956 年年底增加了 50 亿元左右，市场供应情况明显好转，物价基本稳定。保证了"一五"计划最后一年建设计划的完成。

这个时期国家财经领导人在组织领导国家经济建设的同时，对财经工作中出现的问题也进行了一系列理论上的提升，主要是毛泽东提出了《论十大关系》，陈云提出了财政、信贷和物资三大平衡，其中又以财政平衡为主的观点，周恩来在中共八大上提出的处理中央和地方关系的 7 条指导原则以及薄一波提出的关于正确处理积累和消费关系的三点制约界限等，这些对中国财经工作的发展发挥着长远的影响。

第三节　国家财政对"一五"计划完成的贡献

第一个五年计划规定，全国经济建设和文化教育建设等方面的支出总额为 766.4 亿元，约折合成 7 亿两黄金。"一五"计划完成后，新增的固定资产达到了 492.18 亿元，等于从清末张之洞办近代工业起旧中国 70 年固定资产价值 200 亿元左右的两倍多。

一　重工业优先发展战略对财政资金的大量需求

工业建设是第一个五年计划的中心。"在工业投资中，重工业投资占

85%，轻工业投资占15%，重工业和轻工业投资的比重为5.7∶1。"① 这样做的根本目的是要迅速改变中国重工业比较落后的局面（见表7-3）。因为只有首先建设了我国的重工业，才能把我国国民经济从技术极端落后的状况推进到现代化技术的轨道，也才能在这个基础上改造我国国民经济原来的面貌。②

表7-3　　　　　　　"一五"时期基本建设投资结构

基本建设投资总额（亿元）	比重（投资总额为100）					
	农林水利	轻工业	重工业	运输邮电	社会文教	其他
588.47	7.1	6.4	36.1	15.3	7.6	27.5

资料来源：项怀诚主编：《中国财政50年》，中国财政经济出版社1999年版，第123页。

"一五"计划是当时中国有史以来最大规模的工业化建设，国家把优先发展重工业放在工业化建设的首位，这是和当时国内外环境以及中国近现代历史由于缺乏重工业而落后挨打的惨痛教训是分不开的。中国是一个人口多、底子薄的东方大国，又有着鸦片战争以来由于工业化落后而被侵略掠夺的惨痛历史教训。中国领导人非常清楚，像中国这样一个大国，必须有自己发达的现代工业为基础，才能有巩固的国防，也才能维护中国的独立和大国地位。"一五"时期中国集中一切财力和资源发展作为工业发展基础的重工业，当时主要是发展能源、原材料和机械制造业，对整个国民经济的发展有明显的促进作用。不过从重工业投资的特点看，重工业具有投资大、周期长、见效慢等特点。在国家建设刚刚起步的情况下从事大规模的重工业建设，对财政的压力是可想而知的。另外，根据当时我国有关税法规定，生产资料的税率低于生活资料，但由于重工业投资比例占绝对优势，这种情况势必造成国家财政收入的减少。在这种增支减少因素的影响下，财政形势是非常困难的。

"一五"时期，集中力量建设以苏联援助中国建设的156个重点项目为中心的、由限额以上的694个建设单位组成的工业建设，初步奠定了我国社会主义工业化基础。仅全民所有制基本建设投资就达588.47亿元，

---

① 中国社会科学院、中央档案馆编：《中华人民共和国经济档案资料选编（1953—1957）》（固定资产投资和建筑业卷），中国物价出版社1998年版，第1139页。
② 《人民日报》1955年4月7日第1版。

其中国家财政拨款 531.18 亿元，占 90% 以上。①

对于"一五"时期财政工作的任务，李先念 1955 年 1 月 12 日在第二次全国省（市）计划会议财政基建组会议上的报告中指出，我们五年财政计划的任务，就在于从各方面发掘潜力，动员资金，以保证五年建设的需要，首先是集中力量保证重工业建设和国防建设的需要，并在发展生产、提高劳动生产率的基础上，逐步地提高人民的物质和文化生活水平。② 以 156 个重点项目为中心的大规模经济建设，需要高达相当于 7 万两黄金的资金。当时我国国民经济发展刚刚起步，积累水平很低，财政收入与建设需要之间的矛盾相当尖锐。出路何在呢？"就在于党的有力领导和依靠劳动人民的积极性，全面地开展增产节约运动；在于加强工作中的计划性，进一步增加社会主义经济内部的积累。"③ 财政资金便成为了国家发展重工业的重要力量，1953—1957 年间，计划规定五年内全国经济建设和文化建设的投资为 766.4 亿元，其建设规模在中国历史上是空前的。

二 "一五"时期中央政府主导的经济建设

在经济文化落后的国家实现工业化，必须依靠强有力的政府力量推动。1953—1957 年间中国的工业化主要就是由中央政府主导的。中央政府全面控制了经济大权，几乎垄断了所有大型建设项目的审批和投资（见表 7-4）。

表 7-4   "一五"时期中央和地方项目基本建设投资

投资额（亿元）		比重（%）	
中央项目	地方项目	中央项目	地方项目
481.15	107.32	81.8	18.2

资料来源：国家统计局固定资产投资统计司编：《中国固定资产投资统计数典 1950—2000》，中国统计出版社 2002 年版，第 107 页。

在"一五"计划时期，中央与地方财政分权主要倾向仍是集中，是

---

① 宋新中主编：《当代中国财政史》，中国财政经济出版社 1997 年版，第 133 页。
② 中国社会科学院、中央档案馆编：《中华人民共和国经济档案资料选编（1953—1957）》（财政卷），中国物价出版社 1998 年版，第 15 页。
③ 《李先念文选》（1935—1988），人民出版社 1989 年版，第 167 页。

在保证国家集中主要财力进行重点建设的前提下实行的。"一五"时期，中央财政直接组织的收入占全国财政收入的45.4%，地方（省、县两级）财政组织的收入占全国财政收入的54.6%；中央财政支出（包括由中央直接组织的支出和地方上解收入解决的支出）占全国财政支出的74.1%，地方财政支出占25.9%。倾斜于中央财政的目的在于保证国家集中充足的财力进行重点建设。

1953—1957年间，中国集中一切财力和资源发展作为工业发展基础的重工业，当时主要是发展能源、原材料和机械制造业，对整个国民经济的发展有明显的促进作用。另外，对农业、手工业和资本主义工商业的社会主义改造也需要中央政府的统一部署和行动，需要由中央强大的财政做后盾，所以1953—1957年间，中央财权比较集中，这是在保证国家集中主要财力进行重点建设的前提下实行的。"一五"计划时期，五年计划和年度计划的投资规模、投资方向、投资布局以及基本建设项目（特别是大中型基本建设项目）投资的绝大部分，都是由中央政府直接安排的。

"一五"时期，中央预算支出的比例逐年下降，而地方财政支出却出现了上升的趋势。"五年来在国家预算支出总数中，中央预算支出和地方预算支出所占的比例发生了相当的变化。中央预算支出占国家预算支出的比例，已经由1953年的75.84%，下降为1957年的70.78%；地方预算支出占国家预算支出的比例，已经由1953年的24.16%，提高到1957年的29.22%。这种比例的变化表明，近年来地方建设事业有了较多的发展。同时也表明，原来由中央各部门管理的事业，有一部分已经开始划交地方管理了。"① 地方有了固定的收入来源和一定的机动财力，可以因地制宜办一些事情，有利于地方经济建设积极性和主动性的发挥。

总体上看，1953—1957年间中央财政收支在国家财政总收支中占据绝对优势，适应了中国作为后发现代化国家中央政府的强大作用，推动了国民经济的健康快速发展。

三　财政收支与社会经济的协调发展

"一五"时期，国家财政虽然在总体上是生产建设型财政，但国家支出充分照顾了社会经济各个方面的协调发展，在实现国家整个工业化发展

---

① 财政部办公厅编：《中华人民共和国财政史料》第2辑，中国财政经济出版社1983年版，第163页。

战略的前提下，使整个社会经济情况都比较协调健康地发展。

1953—1957年间，国家财政收支稳步增长，基本平衡，有力地支持了各项社会经济事业的协调发展。国家财政除1956年有赤字外，其余各年都收支平衡、略有结余。国民收入从1953年的709亿元增长到1957年的908亿元，增幅接近30%；人均国民收入从1953年的122元增长到1957年的142元，增幅超过16%。

工业发展方面，财政拨付了大量的基本建设资金。5年内完成基本建设投资总额550亿元，其中国家对经济和文教部门的基本建设投资为493亿元，超过原定计划15.3%。在施工的一万多个建设单位中，限额以上的有921个，比原计划增加227个，到1957年年底，全部建成投产的有428个，部分建成投产的有109个，其中有许多是我国过去没有的新工业，如飞机、汽车、发电设备、重型机器、新式机床、精密仪表、电解铝、无缝钢管、合金钢、塑料、电子器材的制造等。重工业优先发展战略得到了很好的贯彻，轻、重工业指数以1952年为100，到1957年轻工业的指数为183.2，重工业指数则达到了310.7。工业部门的快速发展，其上缴的利税在国家财政收入中的比重也迅速增加。从1954年开始，重工业在财政收入中所占的比重就已经超过轻工业，到1957年已经接近商业。工业合计上缴已经达到49.2%，接近全部财政收入的半数。

科技教育方面，"一五"时期国家财政用于教育的支出为112.76亿元，占财政支出的8.38%。① 在国家财力的大力支持下，高等教育获得了较快的发展，1953年有181所，1957年则发展到229所，增长26.5%；1957年在校学生44.1万人，比1952年增长1.3倍；中等专业学校1957年在校学生77.8万人，比1952年增长22.3%；普通中学1957年在校学生628.1万人，比1952年增长1.5倍；小学1957年在校学生6428万人，比1952年增长25.7%。1957年全国科研机构共有580多个，研究人员2.8万人，比1952年增长2倍多。

稳定物价方面，全国物价基本稳定，国家财政除1956年有赤字外，其余各年都收支平衡、略有结余，这为物价稳定创造了条件。价格是调整国家积累和人民生活的重要杠杆之一，对生产和消费在一定程度上起着影

---

① 财政部综合计划司编：《中国财政统计（1950—1985）》，中国财政经济出版社1987年版，第86页。

响和调节的作用。国家在"一五"计划开始后,就对粮棉实行了统购统销政策,由于粮价是市场物价的核心,稳定了粮价,在国家集中大部分经济资源的前提下,就基本上稳定了物价。以 1952 年为 100 计算,1957 年 29 个大中城市的零售物价指数为 109.5,12 个大城市职工生活费指数为 109.2,大大低于职工工资增长的幅度。1957 年全国人民的平均消费水平达到 102 元,比 1952 年的 76 元提高 34.2%,其中城镇居民为 205 元,比 1952 年提高 38.5%;农民为 79 元,比 1952 年提高 27.4%。物价的基本稳定对国家进行的大规模经济建设是有利的。表 7 - 5 是"一五"时期国民收入及人均国民收入变化情况。

表 7 - 5　　　　"一五"时期国民收入及人均国民收入变化情况

年份	国民收入总额(亿元)	按人口平均的国民收入(元)
1953	709	122
1954	748	126
1955	788	129
1956	882	142
1957	908	142

资料来源:财政部综合计划司编:《中国财政统计(1950—1985)》,中国财政经济出版社 1987 年版,第 156 页。

国家生产建设事业的发展促进了职工生活水平的提高和各项事业的发展。国家在初次分配中采取了向职工倾斜的政策,这主要体现在职工工资的增长上。全国职工工资总额逐年增长,1953 年全国职工工资总额为 90 亿元,全民所有制职工工资平均为 446 元,到 1957 年全国职工的平均工资达到 637 元,比 1952 年增长 42.8%。[①] 到 1957 年年底,我国职工人数为 2451 万人,比 1952 年增长 55.1%,城市失业问题基本得到解决。在农业生产发展的基础上,农民的生活也有较大改善,由于农业税的征收额一直稳定在 30 亿元左右。在"一五"期间,国家向农民征收的农业税和农村其他税收,只占财政收入的 9.8%。同时国家还提高了农产品收购价

---

① 财政部综合计划司编:《中国财政统计(1950—1985)》,中国财政经济出版社 1987 年版,第 184 页。

格,据统计,由于农产品收购价格的提高,就使农民增加收入110亿元。① 农民 1957 年的收入比 1952 年增加近 30%,1957 年城乡居民的储蓄存款比 1952 年大幅增长。

1953—1957 年间,我国社会总产值平均每年增长 11.3%,工农业总产值平均每年增长 10.9%,国民收入平均每年增长 8.9%,是从 1953 年至 1980 年的 5 个五年计划中增长最快、效益最好的时期(见表 7-6)。这样的经济发展速度,不仅从国内经济发展史方面纵向相比是非常快的,就是与同期世界其他国家,尤其是发展中国家相比,也是非常快的。据著名经济史学家麦迪森计算,1950—1973 年,世界国内生产总值年均增长 4.9%,其中苏联东欧国家年均增长 5.7%,非洲国家年均增长 4.5%,拉丁美洲国家年均增长 5.2%,亚洲国家和地区(不包括日本)年均增长 5.2%。②

表 7-6　　　　改革开放前中国各主要时期经济发展速度　　　　单位:%

时期	社会总产值年均增长率	工农业总产值年均增长率	国内生产总值年均增长率	国民收入年均增长率
"一五"时期	11.3	10.9	9.1	8.9
"二五"时期	-0.4	0.6	-2.2	-3.1
1963—1965	15.5	15.7	14.9	14.7
"三五"时期	9.3	9.6	6.9	8.3
"四五"时期	7.3	7.8	5.5	5.5

资料来源:国家统计局经济平衡统计司:《国民收入统计资料汇编(1949—1985)》,中国统计出版社 1987 年版,第 2、45、46 页。

---

① 项怀诚主编:《中国财政 50 年》,中国财政经济出版社 1999 年版,第 129 页。
② [英]麦迪森:《世界经济二百年回顾》,改革出版社 1997 年版,第 44—55 页。

第八章　金融制度的变迁与金融资金的计划运行

　　1952年年底，以全国私营金融业组合为一家公私合营银行为标志，我国高度集中的金融体制已粗具雏形。"一五"时期，为了集中金融资源，为工业化建设筹措资金，我国建立了中国人民银行"大一统"金融体系，金融体制更加高度集权化。计划金融体制的建立，为国家实施综合信贷计划管理、以计划手段代替市场机制配置信贷资金确立了前提条件。为保证信贷计划资金管理体制的顺利运行，国家对金融领域尚存的市场因素进一步加以限制直至取缔，停办了投资公司，清理、取消和禁止了商业信用。这些制度保证为信贷资金的计划运行构建了新的网络与渠道。"一五"时期，中国人民银行根据国家经济建设方针，编制综合信贷计划，计划运用信贷资金，促进了经济发展。同时，国家银行的计划信贷手段还成为推进社会主义改造的有力工具。在"强财政，弱金融"的财政金融格局中，由于财政收支失衡，信贷资金的计划运行在1953年和1956年出现了两次大的失误。

第一节　金融体制的高度集权化

　　国民经济恢复时期，中国金融体系表现为多种经济成分并存，但这种格局在1952年年底发生了重大的变化，出现了重大的制度变迁：私营银行业完成了社会主义改造，组合为一家公私合营银行；中国银行总管理处与中国人民银行国外业务局合署办公，变为中国人民银行的国际金融业务部门；绝大多数外资银行相继停办并陆续撤离中国。高度集中的金融体系已具雏形。"一五"时期，为适应日趋单一的所有制结构，金融体制更为高度集权化。一是金融体系的高度集中，形成了以中国人民银行为主体的

"大一统"银行体系。二是金融管理的集权化,建立并强化了以综合信贷计划为核心的信贷资金计划管理体制。

一 金融体系的集权化

(一)银行体系的高度集中

1952年12月1日,公私合营十二行联合管理处、北五行联合总管理处、公私合营上海银行、上海中小行庄第一联营总管理处及第二联营总管理处5个系统60家行庄,组合为一家全国性的公私合营银行。公私合营银行建立之初,中国人民银行曾打算将人民银行私营工商业业务部门与公私合营银行统一起来,以便一方面充分利用合营银行的机构和人力,另一方面加强对公私合营银行的领导和改造。但过渡时期总路线颁布后,国家推行对私人资本主义的利用、限制和改造的政策,公私合营银行已不适宜继续经营贷款业务。1955年2月1日,中国人民银行决定将公私合营银行14个城市的分支行与当地中国人民银行储蓄部门合并,变为人民银行的储蓄部门。1957年7月,中国人民银行总行又将公私合营银行总管理处并入总行储蓄局,将其国内分支行并入当地中国人民银行,将其海外分支行划归由中国人民银行总行国外业务管理局领导。这样,空有名义的公私合营银行完全纳入了中国人民银行体系。

1956年在资本主义工商业的社会主义改造中,国家着手改造残存在上海、江苏、福建、浙江4省14个城市的私营典当业。中国人民银行先将私营典当行变为公私合营小额质押贷款处,再转变为中国人民银行的小额质押贷款部门,最终并入中国人民银行体系。

为支援农业生产,促进农业的社会主义改造,1955年3月19日,成立中国农业银行,专门开展农村金融业务。但在两年的经营中,农业银行与单一金融体制的矛盾日益突出。1957年4月12日,农业银行合并到人民银行之中,中国的银行体系仍为大一统的中国人民银行。

"一五"时期,在"强财政、弱金融"的财政金融格局中,交通银行和中国人民建设银行划归财政部管理。交通银行业务分为两个方面,一是办理政府委托的相关事务;二是自营业务。政府委托的业务主要有:监督公私合营企业的财务;管理公私合营企业中公股、代管股和指定的公私合营企业投资股的股权;办理国家对公私合营企业的增资拨款等。自营业务主要有:办理国家机关指定的贷款业务;办理公私合营企业再投资的股息红利代收业务，等等。① 1956年国家完成对资本主义工商业的社会主义改造后，绝大部分公私合营企业实行定息，按国营企业的办法实行归口管理，交通银行的特殊历史使命结束了。1957年财政部提出了交通银行调整方案，1958年将财政部农林水利地方企业财务司的地方企业财务处并入交通银行总管理处，加挂财政部地方企业财务司牌子，总管理处一套机构两种职能。各省、自治区、直辖市财政厅局的企业财务管理部门也与交通银行分行合并，对外是交通银行分行，对内是财政厅局企业财务处（科），省、区以下的交通银行机构也按这一原则调整。这样，交通银行实际上已失去独立性，并已"非银行化"，成了财政部门的一个职能机关。②

中国人民建设银行成立于1954年10月1日。当时，为保证基本建设资金的及时供应，监督基本建设资金的合理使用，并促使基本建设单位推行经济核算，降低工程成本，节约建设资金，国家决定在财政部系统内设立中国人民建设银行，将交通银行兼办的国家基本建设拨款监督业务，交由建设银行专门办理。虽然冠名为银行，但中国人民建设银行更多表现为行政机关，具有"非银行化"特征③。

（二）非银行体系的高度集中

国民经济恢复时期，中国保险市场经过清理、改造、整顿，私营保险公司改组为公私合营新丰保险公司与太平保险公司。随着国家对资本主义工商业的社会主义改造的推进，两家公私合营保险公司国内业务日益减少。1956年，财政部提出"为了对其作进一步的改造，并利用其海外机构，促使其致力于发展海外业务，加强对海外机构的领导，积极为国家争取外汇资金"，"拟把两家公司进一步合并"。④ 1956年8月1日，太平、新丰保险两家公私合营保险公司正式合并为新的公私合营太平保险公司，专责发展海外业务，停办了国内业务，国内保险市场为中国人民保险公司

---

① 《交通银行章程》，中国社会科学院、中央档案馆：《中华人民共和国经济档案资料选编（1953—1957）》（金融卷）（以下简称《金融卷（1953—1957）》），中国物价出版社2000年版，第78、79页。

② 赵学军：《中国金融业发展研究（1949—1957年）》，福建人民出版社2008年版，第124页。

③ 同上。

④ 《财政部关于公私合营太平、新丰两保险公司合并的意见》，《金融卷（1953—1958）》，第528页。

独家垄断。

1953年中国人民银行决定在全国重点试办农村信用合作社，农村信用合作化的速度逐步加快。1956年年底，达到了一个乡一个信用社，基本实现了信用合作化。但大多数农村信用社的经营过分依靠国家银行的支持，自我发展能力不足，沦为国家银行的附属机构。

二　金融管理体制的集权化

（一）金融机构管理的强化

中国人民银行全系统实行垂直领导。1954年中央政府撤销了大行政区一级的行政机构，各大区中国人民银行区行也随之撤销，中国人民银行体系形成总行、省（市）分行及支行三级垂直管理体制，中国人民银行总行对全国金融业务的统一领导与管理得到加强。1955年5月，中国人民银行进一步细化"大一统"的机构布局，健全了遍布全国的机构网络。

"一五"时期，中国人民银行除强化本系统的垂直领导外，还不断加强对所辖金融机构的管理。中国银行虽已并入中国人民银行，但其名号仍存，海外分支行仍以中国银行的名义从事国际金融活动。由于中国银行的组织形式是"股份有限公司"[1]，中国人民银行除由国外业务局在业务上直接管理中国银行外，还采取向中国银行董事会、监事会派出国有股董事、监事，由国有股董事、监事担任董事长、总经理，从组织人事方面控制中国银行，从而达到了"名""实"相一致。

公私合营银行也是股份有限公司，中国人民银行也从人事组织、业务管理等方面加强对它的控制。中国人民银行代表国有股行使出资人权利，在其董事会中指派公股董事，指定国有股常务董事出任董事长。与分散的私股相比，中国人民银行处于控制地位。董事会重要的协议事项要报请中国人民银行核准，每年的盈余分配办法也要报请中国人民银行核准。公私合营银行的国内金融业务，也要经过中国人民银行核准。国家对资本主义工商业的社会主义改造开始后，中国人民银行进一步强化了对公私合营银行的领导，14个公私合营银行分行行长中有11个由当地中国人民银行副行长兼任。[2] 1957年，公私合营银行完全纳入了中国人民银行的管理

---

[1]《中国银行条例》，中国社会科学院、中央档案馆编：《金融卷（1953—1957）》，第31页。

[2]《中国人民银行总行关于加强领导公私合营银行的请示报告》，《金融卷（1953—1957）》，第44页。

体制。

  1955年3月，中国农业银行建立后受中国人民银行领导，农业银行总行的贷款政策、贷款计划、农村储蓄方针、资金的增减、利息的变动、财务盈亏的处理以及重要的规章制度，均须报呈国务院及中国人民银行总行批准。农业银行分行除受农业银行总行和当地党政部门领导外，还要受当地中国人民银行分行的指导。中国农业银行业务的经营与中国人民银行业务活动发生冲突后，1957年中国人民银行将其并入自己的体系。

  中国人民银行也加强对私营侨资银行的管理。"一五"时期对在上海开展金融活动的集友银行、华侨银行和东亚银行加强了监督与指导，将侨资银行业务范围划定在侨胞投资或与国外贸易有关的企业方面，规定其不得对属于国家银行业务对象的工商户开展业务，加强对侨资银行贷款的监督等。①

  农村信用社是合作性金融组织，中国人民银行要求信用社接受国家银行在财务计划、贷款使用方面的监督，认真执行现金管理办法，编制现金收支计划，要求涉及货币金融的活动都要通过国家银行。中国人民银行还直接帮助信用社建立各项管理制度。农村信用社对国家银行的依赖越来越大，最终成为国家银行农村金融业务的助手。

  "一五"时期，财政部对管辖下的交通银行、中国人民建设银行强化了行政机关化的运作模式。交通银行变为财政部系统的地方企业财务监督机关后，由于"交通银行是股份有限公司"②，财政部又采取了股份有限公司的管理方式。财政部向交通银行董事会指派国有股董事，并指派1名国有股董事为董事长；向其监察人会（即监事会）指派国有股监事，并指派出1名国有股监事为首席监察人，从组织上控制了交通银行③。另外，财政部要求交通银行的重要事项经董事会审议和协商后，要报请财政部核准，董事、监察人联席会议所协商的事情要报请财政部核准，交通银行每年的盈余分配办法，经董事会协商后，也要报请财政部核准④。对于中国人民建设银行，财政部一直按财政机关对其进行管理，将其作为基本

---

 ① 《上海市财委对集友、华侨、东亚三家私营侨资银行加强管理的意见》，《金融卷（1953—1957）》，第33页。
 ② 《交通银行章程》，《金融卷（1953—1957）》，第77—81页。
 ③ 同上书，第79页。
 ④ 同上书，第80—81页。

建设投资的"会计"与"出纳"。另外，财政部通过中国人民保险公司加强对保险机构的管理，由中国人民保险公司负责管理中国保险公司、太平保险公司及新丰保险公司三家公私合营保险公司。在管理模式上，中国人民保险公司采取了股份公司管理方式，指定国有股董事、监事进入其董事会、监察人会，代行国有股的权利，还在3名常务董事中指定1人为董事长。这样的人事安排，使公私合营保险公司完全置于中国人民保险公司的控制之下。

（二）强化金融资金的计划管理

"一五"时期，为强化金融资金的计划管理，建立了综合信贷计划管理制度与现金出纳计划制度。综合信贷计划制度是国家实施计划经济制度的重要组成部分，是国家有计划地组织、分配信贷资金的基本手段。现金出纳计划制度是中国人民银行有计划地调节现金流通的主要手段，也是确保货币发行权集中于中央银行的重要措施。

综合信贷计划制度酝酿于国民经济恢复时期。1952年中国人民银行召开大区行长和银行计划会议，讨论并通过了《中国人民银行综合信贷计划编制办法（草案）》。从1953年开始，为配合国家实施国民经济计划管理，中国人民银行各级分支行建立信贷计划管理机构，着手编制与推行综合信贷计划，信贷资金综合计划正式纳入国家计划。综合信贷计划管理突出特征是高度集中与统一性。这一管理办法规定：（1）在全国范围内，银行系统的存款由中国人民银行总行统一使用，贷款由中国人民银行总行按信贷计划指标逐级下达，即信贷资金统收统支。（2）按照不同的系统，对国营企业和供销合作社系统的贷款进行"条条"管理，对于季度计划的季末指标，各"条条"之间不能相互调剂。（3）国营商业部门和供销合作社系统在收购农副产品时，中国人民银行充分供应资金，基层银行可以边贷边报。（4）国家银行分别核定贷给农业、手工业以及合营、私营工商业的贷款指标，相互之间不能调剂。

现金出纳计划制度是综合信贷计划制度的配套制度。1952年10月在全国货币管理会议上，中国人民银行总行拟定了《现金出纳计划编制办法（草案）》，以配合综合信贷计划，组织货币投放与回笼。1953年9月，中国人民银行各级机构开始建立现金出纳计划制度。1954年，中国人民银行在全国实现统一的现金计划管理。其管理模式是：各企业事业单位、机关团体按季（分月）编制本单位的现金收支计划报送开户银行,作为银行编制现金计划的依据。各级银行据此编制本地区现金投放与回笼计划,其差额就是本地区的现金净投放(或净回笼)数额,逐级上报上级银行,中国人民银行总行据此数据并参考国民经济计划主要指标,按现金的收支渠道测算现金流通总规模和现金投放(回笼)数量,编制全国现金投入与回笼计划,上报国务院,经批准后逐级下达,成为各级银行的指令性计划,银行根据计划调节市场的货币流通量。各级人民银行要保证各单位合理的现金支出,还要组织各单位将现金收入及时交存银行①。中国人民银行通过计算现金计划收入、支出和差额,掌握市场货币的流通情况,从而确定综合信贷计划中货币发行总量的增减。②

"一五"时期,综合信贷计划管理体制曾作过某些调整,其模式特征仍是信贷资金运作统存统贷、高度集中,这一体制保证了政府运用计划手段对金融资源实行计划配置。

第二节 金融市场的进一步萎缩

新中国成立后,国家针对多年紊乱、投机过旺的金融市场重下猛药,彻底进行清理整顿,但一方面是矫枉过正,另一方面是新民主主义思想的引导,到国民经济恢复时期结束时,金融市场却在秩序恢复后又很快萎缩了。在探索建设长期资金市场时,北京证券交易所、天津证券交易所仅做了短暂试办便关闭了。虽然国家为筹集建设资金,从1954年到1958年连续发行政府公债,但由于这种债券不能流通交易,没有形成债券市场。利用投资公司筹集建设资金,是"一五"时期国家在长期资金市场做的另一种尝试,但也在1957年停办了。短期资金市场方面,随着公私合营银行完全并入中国人民银行体系,银行间的短期拆借市场消失了。另外,为保证信贷资金计划运行的经济环境,"一五"时期国家又清理、取消了国营经济部门的商业信用。总体而言,"一五"时期,我国的金融市场进一步萎缩,某些子市场甚至消失了。而民间借贷市场则在政府打击高利贷的高压下转入了地下。本节以投资公司的兴办与关闭为代表,讨论长期资金市

---

① 参见尚明主编《中国金融五十年》,中国财政经济出版社2000年版,第378页。
② 尚明:《当代中国的金融事业》,中国社会科学出版社1989年版,第242—243页。

场的萎缩问题；以清理商业信用为代表，讨论短期资金市场的萎缩问题。

一 投资公司的兴办与关闭①

（一）投资公司的兴办

新中国成立初期，百业待兴，国家掌握的建设资金极其短缺，而社会上存在大量私人资本和游资。1953年总路线提出之后，国家实行对私营资本主义工商业的社会主义改造，歇业和转业的私人资本增加更多。为引导、组织私人资本，国家决定兴办投资公司。

第一家投资公司是1950年9月创办的北京市兴业投资公司。此后，其他投资公司相继创设。在1953年过渡时期总路线提出之前，全国有北京、天津、广州、武汉、长沙、福州、贵阳7个城市开办了投资公司，它们是北京市兴业投资公司、天津投资公司、广州投资公司、武汉市建业投资公司、湖南投资公司、福建投资公司、贵阳投资公司。总路线提出之后，又有一些投资公司成立，如广东省华侨投资公司、广东省湛江市投资公司、公私合营重庆投资股份有限公司、公私合营西安投资股份有限公司、太原投资公司、上海投资公司等。

投资公司采用股份制的组织形式，其总股本中国有股一般占20%到30%的比例。表8-1是1955年5月前各主要投资公司股本结构情况。10家投资公司公股占总股本比重最多的为54%，最少的为7.7%，比重在30%以下的有7家，超过30%的有4家。投资公司股东的收益主要是保息与红利。保息利率各投资公司随经营状况而不同，如上海投资公司规定保息以不低于年息六厘为适度，天津投资公司股息年利1951年为1.35%，1952年为0.98%，1953年为0.6%，1954年降到0.4%。② 投资公司的股票可以转让，但不得向银行质押或抵现流通。

表8-1　　　　1955年5月前各主要投资公司股本结构情况　　单位：万元、%

投资公司名称	股本总额	公股	其他股	公股所占比重	其他股所占比重
北京兴业投资公司	221	103.7	117.3	47	53
天津投资公司	500	61	439	12	88
武汉建业投资公司	118	30	88	26	74

---

① 参见赵学军《建国初期的投资公司初探》，《中国经济史研究》1998年第1期。
② 同上。

续表

投资公司名称	股本总额	公股	其他股	公股所占比重（%）	其他股所占比重
长沙建湘企业公司	77	30	47	39	61
福建投资公司	368	93.4	274.6	30	70
贵阳投资公司	50	27	23	54	46
广州投资公司	208	60	148	29	71
公私合营重庆投资股份有限公司	256.0677	20.0100	236.0577	7.7	92.3
公私合营西安投资股份有限公司	125.5991	15.000	110.5991	11.94	88.06
昆明投资公司	200	—	29.237	14	86

注：(1) 由于资料缺乏，上海投资公司、太原投资公司等没有列入表中。(2) 北京、武汉、天津、长沙、福建、贵阳、广州投资公司数据来源于中国人民银行总行私人业务管理局档案，1954—永久—2。(3) 广州投资公司资本总额原档案中有两个数据200万元与208万元，在此取后者。(4) 重庆、西安、昆明投资公司数据来源于交通银行总管理处档案，G120—7—161，报告时间为1955年8—9月。(5) 因资料缺乏，公股以外的其他股份在表中没细分，公股中有国家银行投资、当地财政局投资及其他公股。其他股份包括私股、公私合营银行股、公私合营企业股、交通银行代管股等。

(二) 投资公司的作用

投资公司作为新民主主义经济的一种长期资金市场的主体，对国民经济的恢复与发展做出了积极贡献。投资公司采用以国家资金带动私人资本而后投入工商业的灵活融资方式，开辟了国家急需的建设资金来源新渠道，沟通了经济的横向联系，调剂了资金的余缺。如京、津两市的投资公司开始时均以30%左右的国家资金带动70%的私人资本，再由投资公司合理地投放，又间接团结数十百倍的私人资本。[①] 投资私营工商业之后，投资公司推动了原企业经营管理、生产技术等方面的改革。如北京兴业投资公司投资私营企业后，原企业"组织、制度、经营方针、管理方式等方面均已逐步改进"，还"帮助建立成本会计制度"，"成立工作小组，并

---

① 董志凯：《国民经济恢复时期的私人投资》，《中国经济史研究》1992年第3期。

请专家担任顾问以协助解决疑难问题",提高其技术水平。[①]

"一五"期间,在国家对私营工商业的社会主义改造中,投资公司也起了重要作用。如果将私营工商业的改造看成我国向计划经济转型期的资产重组,那么,投资公司在横向联合资金、推动私营工商业走向公私合营、最终纳入国家计划经济体制方面的作用不可忽视。它以灵活的融资方式,大力吸纳因实行计划经济而被迫转业的私营商业资本,将其转为产业资本后投入生产领域;它通过投资私营工业,促使其公私合营,推进这些企业的技术改造与资产重组,为我国的工业化做出了重要贡献。

(三) 投资公司的关闭

1957年年初,国务院指示各地停办投资公司,除华侨投资公司外,一般投资公司撤销行政机构,业务由交通银行兼管,所属企业按业务性质归口管理。私人投入投资公司的股份也随之由交通银行管理,私股定息由交通银行发放。

国家在短暂兴办后关闭投资公司,其主要原因有:

第一,兴办投资公司的目的,在三年恢复时期主要为吸收社会游资投入经济建设,而在1953年总路线提出后,则转变为改造资本主义工商业,各投资公司经营方向随之转变。如上海市投资公司章程中规定,"本公司以组织私营工商业闲置资金及社会一般游资投入地方国营及公私合营企业,加速工业建设,并促进私营工商业之社会主义改造为目的"[②]。1956年年底,私营工商业的社会主义改造基本完成,投资公司的使命也将结束。

第二,我国经济转向计划经济体制并日渐强化,投资公司失去其存在的基础及环境。从资金来源看,大的私营批发商均已转业,中小私营工商业基本完成公私合营,投资公司无资金运转,组织股本之源日益枯竭。计划经济体制的确立,使多种经济成分并存的格局缩小并趋同,为多种经济形式提供金融服务的投资公司失去其存在的基础。继1952年"三反""五反"之后,证券市场全面停止,投资公司失去了一块可以有作为的天地后,其信贷业务又同国家计划信贷管理体制发生冲突,投资公司这样的

[①] 交通银行总管理处:《北京市兴业投资公司概况》,中国社会科学院、中央档案馆:《中华人民共和国经济档案资料选编(1949—1952)》(金融卷)(下称《金融卷(1949—1952)》),中国物资出版社1996年版,第502页。

[②] 《地方国营上海市投资公司章程(草案)》,中国人民银行总行机要科档案。

长期资金市场已无生存余地。而且随着私营工商业社会主义改造的进展，投资公司的业务范围很快缩小。总之，计划经济体制不允许投资公司存在，在这种体制下，投资公司采取资本主义投资公司的经营方法，"企图通过证券市场，以资本证券化的方法，发挥其不断组织的社会资金的作用"①，必定是无法进行的。

第三，投资公司本身的经营效益不理想是其停办的内在之因。"自全面实行定息后，一般投资公司均有亏损，原因是：投资收入息率低，支付股东息率高，因而息差的亏损及行政费用无法弥补，有的靠地方财政调剂，有的直接消耗本金"②，消耗本金无异于杀鸡取卵。

投资公司的停办，标志着长期资金市场不复存在。

二 商业信用的清理与禁止

（一）20世纪50年代初期商业信用的状况

20世纪50年代初期，我国经济运行中广泛存在着商业信用。从授、受信主体来看，既有国营企业又有非国营企业；从发生的行业看，既有生产领域的企业也有流通领域的企业；从商业信用的形式看，既有传统的挂账信用、口头信用，也有票据化的商业信用，但以挂账信用为主。

从赊购赊销形式看，20世纪50年代初期，规模较大，范围很广，国营企业与非国营企业之间、国营经济内部以及非国营经济之间，普遍存在着赊购赊销商业信用关系。国营经济部门向非国营经济赊销了大量的生产资料与生活资料。有业务往来的国营经济不同系统之间，常发生赊购赊销，而且多表现为拖欠货款或劳务费的不正规商业信用，特别是贸易部门与其他部门之间的赊购赊销极为普遍。如贸易部门收购重工业部门的工业品，但却不能及时支付货款，从而形成一种赊欠关系。③ 私营工商业更有使用赊购赊销商业信用方式的传统，"商业赊欠盛行"，其规模与数额都十分巨大。

从收预付货款、定金形式看，国营经济（包括合作社）之间、非国营经济之间以及国营经济（包括合作社）与非国营经济之间都普遍存在。

---

① 《关于投资公司市民贷款私营典当等问题的指示》，中国人民银行总行私人业务管理局档案。

② 《中华人民共和国国务院关于对投资公司今后方针的指示》，《金融法规汇编》（1957年），金融出版社1958年版，第46页。

③ 《商业信用问题调查报告（1953年1月11日）》，中国人民银行工业信贷局档案。

国营经济通过供销合作社向个体农户、农民合作组织预付收购棉花、茶叶、烟草等经济作物的定金，预购定金占预购总值的比例一般在10%—25%之间。① 国营工商企业也利用收预付货款、定金的工商业习俗从事生产经营，特别是工业企业尤其普遍。② 以重工业系统1953年前后发生的收预付货款、定金为例，预收货款占总货款总值最高达到80%，最低也有20%；预付货款占货款总值比重最多的达到80%，最低也有10%。③ 国营经济部门与私营工商业之间常常采取预付货款、定金的商业信用交易方式，在推动对资本主义工商业的社会主义改造中，国营经济对资本主义工商业运用了"加工、订货"方式，向私营经济预付货款、定金，如重工业部基本建设局1953年向私营重兴机器厂订购总值为3.7万元的钢球35吨，预付了80%的货款。④

(二) 清理、取消与禁止国营经济部门的商业信用

国民经济恢复时期，在多种所有制并存的经济体制下，商业信用对发展经济有积极作用，政府没有清理、取消国营经济中的商业信用。1953年我国开始建立苏联式的计划经济制度，商业信用与新体制的冲突凸显，1953年、1954年社会主义性质的企业之间的商业信用一般仍占企业流动资金的10%—20%⑤，极不利于计划经济体制的运行。1954年起政府决定清理、取消与禁止国营经济部门的商业信用。

1954年，中国人民银行和商业部两次清理商业系统内部及与合作社之间的商业信用，但不够理想，商业信用仍然存在。1955年第3季度，中国人民银行总行和商业部进一步清理、取消商业信用。为防止商业信用再度发生，中国人民银行还提出许多措施，如商业系统内调拨以及向固定用货单位销货要事先签订合同；金库制度逐步下放；改进结算方式，商业企业购销货款和资金往来一律通过中国人民银行办理结算，等等。

国家取消国营商业系统商业信用的同时，也在取消国营工业企业发生的商业信用。但是，有的企业遵守结算制度，不再发生商业信用，也有一

---

① 《当代中国商业》（电子版），当代中国出版社、湖南电子音像出版社1999年版，第49—50页。
② 《商业信用问题调查报告（1953年1月26日）》，中国人民银行工业信贷局档案。
③ 赵学军：《中国商业信用的发展与变迁》，方志出版社2008年版，第88—89页。
④ 《调查基本建设局的商业信用报告》，中国人民银行工业信贷局档案。
⑤ 尚明：《当代中国的金融事业》，中国社会科学出版社1989年版，第114页。

些企业仍旧运用商业信用，结果遵守制度的企业失去利用商业信用短期融资的机会，而违反制度的企业却仍旧通过商业信用多占他人的流动资金，造成了企业之间在使用流动资金方面的苦乐不均，影响了取消商业信用工作的进行。1955年3月30日，中国人民银行要求：（1）国营工业间（包括地方工业）、国营工业与其他国营企业（包括供销合作社）间以及国营工业内部上下级之间的一切交易货款，一律通过银行结算，取消货款的预收、预付、赊销和拖欠；（2）国营工业生产供销部门与本系统部门之间，推销产品和采购原料及时结算，不得拖欠；（3）国营商业部门包销国营工业部门的产品，在计划以内的应及时结算，不得拖欠；在计划以外的应及时修订计划，同时解决其资金来源，做到及时清算。国家平衡物资如提前调拨时，须同时解决调入单位的资金来源，以免形成拖欠。

经过1954年、1955年两年大张旗鼓的改革，国营经济部门的商业信用受到抑制，大部分商业信用被银行信用所取代。不过，商业信用仍在暗流涌动，伺机复发。

（三）取消商业信用的原因

商业信用是一种提前付款或延期付款的结算方式，也是一种短期融资手段，为企业开辟了银行信贷之外的另一条融资渠道。与银行信用相比，商业信用具有自发性、难以实施计划控制的特点，特别是中国传统的挂账信用、口头信用，债权债务关系不通过国家银行，也不通过市场转让、流通，国家更难以监控与管理。商业信用的非计划性特征，与新中国成立初期中国逐渐实行苏联模式的计划经济体制是不相容的，这是国家强制取消国营经济商业信用的内在原因。①

商业信用不利于推行信贷计划管理，是政府决定禁止商业信用存在的又一重要原因。从苏联经验看，20世纪20年代中期随着工业化和集体化的推行，社会主义经济成分由领导力量变为占优势力量，计划管理经济的范围扩大了，国民经济一切部门都走向计划化。但是，商业信用和以此为基础的商业票据信用②，却对国家银行信贷的计划性投资产生冲击，使信贷计划不能完全与企业和经济部门的生产计划相协调。"商品赊销制度，

---

① 赵学军：《中国商业信用的发展与变迁》，方志出版社2008年版，第100页。
② ［苏］阿特拉斯：《苏联信用改革》，李绍鹏译，生活·读书·新知三联书店1955年版。其"间接票据银行信用"实际就是商业票据信用。

使贷款的过程复杂了，使贷款的计划工作困难了"。① 另外，商业信用还造成资金的计划外再分配，妨碍银行监督社会主义经济组织的绩效，影响国家银行调节货币流通，削弱企业对资金使用效率的关心等。商业信用成了苏联式的社会主义经济体制运行的障碍。② 我国20世纪50年代初期广泛存在的商业信用，也阻碍了信贷计划管理体制的实施。

新中国成立初期取消商业信用的外在原因，是受苏联20世纪30年代信用改革的影响。新中国成立之后，中国共产党以苏联模式为目标，建立了我国的经济体制。在金融体制建设方面，也学习苏联的经验。当时，苏联理论界认为，根据国民经济有计划按比例发展的规律，社会主义再生产、公共基金和每个企业的基金周转都有计划性。这决定了银行信用与物资生产过程的直接联系，国家可以由银行有计划地动员暂时闲余的货币资金，并在归还的基础上有计划地在国民经济各部门和企业之间进行再分配。"苏维埃信用是……有计划地分配货币资金以满足社会主义再生产的需要的形式，同时也是国家对企业进行灵活有效的卢布监督的特殊形式。"③ 因此，在社会主义社会中，商业信用是被禁止的，国家仅以直接的银行信用形式贷款给各企业。④ 按照这一理论，苏联在20世纪30年代进行了信用改革，取消了商业信用，集信用于国家银行。新中国成立初期，我国经历了国民经济恢复时期与"过渡时期"，与苏联信用改革前的历史背景、计划性相似。吸收苏联经验，废除商业信用，成为我国取消商业信用的重要外在原因。⑤

禁止商业信用，使企业间短期借贷市场受到了压抑。

第三节 信贷资金的计划运行

计划金融体制的建立，综合信贷计划制度的实施，对金融市场残存的市场因素的清理，为信贷资金的计划运行提供了保障。"一五"时期，国

---

① [苏]维·姆·巴提列夫主编：《信贷计划和现金出纳计划的理论与实践》，中国人民银行总行专家工作室译，财政经济出版社1956年版，第72页。
② 参见[苏]阿特拉斯《苏联信用改革》，李绍鹏译，第96—132页。
③ 同上书，第19页。
④ 同上书，第24页。
⑤ 赵学军：《中国商业信用的发展与变迁》，方志出版社2008年版，第101页。

家银行信贷资金来源逐年上升，资金来源的主体是各项存款。不过，信贷资金来源结构出现了一些变化，银行自有资金所占比例持续提高。国家银行信贷资金运用的主体是发放各项贷款，其中商业企业贷款占绝对比重。从信贷资金计划运行的实践看，财政收支是否平衡制约着信贷收支能否平衡，"一五"时期国家银行信贷在计划运行中出现的两次失误，都是受到当年财政收支不平衡的影响。

一　国家银行信贷资金来源

（一）信贷资金来源总量的增长

1953—1957年，国家银行信贷资金稳步增长。1952年国家银行信贷资金来源总额为118.8亿元，1953年上升到144.7亿元，增幅为21.8%；1954年达到198.8亿元，年增长34.7%；1955年略升为218.7亿元，上升幅度为10%；1956年增加到242.2亿元，提高了10.7%；1957年增长为285.6亿元，增幅为17.9%，如图8-1和表8-2所示。

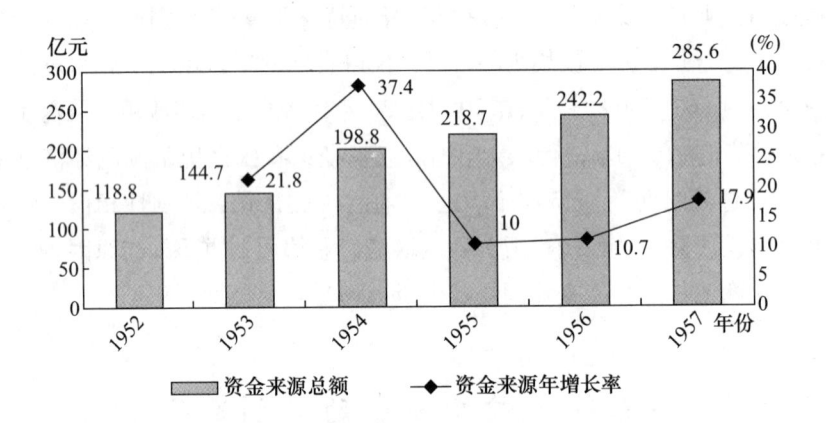

图8-1　1953—1957年国家银行信贷资金来源情况

（二）信贷资金来源结构的变化

"一五"时期，我国开始实施信贷计划管理体制。按照这一体制，信贷计划资金来源分为银行自有资金、各项存款、货币流通量和其他来源四部分。银行自有资金主要包括历年财政部门从财政结余中拨给银行的信贷资金、银行利润结余、当年结益。各项存款主要有企业存款、财政存款、机关团体等存款、基本建设存款和城乡储蓄存款。货币流通量包括中国人民银行历年发行的、在市场上流通的货币以及计划期的货币发行量。其他指上述项目以外的一些特殊资金来源,包括应付及预收款项等。

1952—1957 年,在国家银行信贷资金各项来源中,按所占比例的大小,依次为各项存款、货币流通量、自有资金和其他来源。"一五"时期,存款、货币流通量所占信贷资金来源的比例呈下降趋势,银行自有资金及其他来源所占比例呈上升态势,如表 8-2 和图 8-2 所示。

表 8-2　1952—1957 年国家银行信贷资金来源情况(年末余额)

单位:亿元、%

年份	总计		各项存款		货币流通量		自有资金		其他	
	数额	占比	数额	占比	数额	占比	数额	占比	数额	占比
1952	118.8	100	93.3	78.5	27.5	23.1	11.0	9.3	-13.0	-10.9
1953	144.7	100	107.6	74.4	39.4	27.2	15.9	11.0	-18.2	-12.6
1954	198.8	100	152.5	76.7	41.2	20.7	21.0	10.6	-15.9	-8.0
1955	218.7	100	141.7	64.8	40.3	18.4	25.9	11.8	10.8	4.9
1956	242.2	100	134.1	55.4	57.3	23.7	38.1	15.7	12.7	5.2
1957	285.6	100	165.5	57.9	52.8	18.5	54.3	19.0	13.0	4.6

资料来源:中国人民银行调查统计司:《中国金融统计(1952—1987)》,中国金融出版社 1988 年版,第 2、16 页。

存款一直是信贷资金来源的主体,但其所占的比例却呈下降之势。存款在信贷资金来源中所占的比例,1952 年最高,达到 78.5%,1955 年下降为 64.8%,1956 年、1957 年都在 60% 以下(见表 8-2)。1958—1980 年存款占信贷资金来源的比例,除 1959 年、1960 年低于 50% 外,其余年份多在 60%—70% 之间[①],说明"一五"时期各项存款在信贷资金来源中的作用要高于其他时期。

从各项存款构成看,主体是财政性存款,居民储蓄所占比重较小。1952—1957 年,在国家银行的各项存款中,企业存款、机关团体存款、财政存款、基本建设存款占了绝大部分,这 4 项存款 1952 年占 90.8%,城乡居民储蓄 9.2%;1953 年 4 项存款占 87.7%,居民储蓄占 12.3%;1954 年 4 项存款占 87.8%,居民储蓄占 12.2%;1955 年 4 项存款占 83.8%,

---

① 参见中国人民银行调查统计司《中国金融统计(1952—1987)》,中国金融出版社 1988 年版,第 16—17 页。

图 8-2 1952—1957 年信贷资金来源结构的变化

居民储蓄占 16.2%；1957 年居民储蓄最多，但也只占 27.7%。这说明，1952—1957 年城乡居民储蓄在国家银行信贷资金来源中并未占据显要的位置（见表 8-3 和图 8-3）。

表 8-3 1952—1957 年国家银行各项存款及构成（年末余额）

单位：亿元、%

年份	合计		企业存款		财政存款		机关团体存款		基本建设存款		城镇储蓄		农村储蓄	
	数额	占比	数额	占比	数额	占比	数额	占比	数额	占比	数额	占比	数额	占比
1952	93.3	100	33.0	35.4	19.5	20.9	28.1	30.1	4.1	4.4	8.6	9.2	—	—
1953	107.6	100	31.8	29.6	33.3	30.9	22.5	20.9	6.7	6.2	12.2	11.3	1.1	1.0
1954	152.5	100	34.4	22.6	61.3	40.2	30.7	20.1	7.5	4.9	14.3	9.4	4.3	2.8
1955	141.7	100	32.4	22.9	36.1	25.5	42.2	29.8	8.0	5.6	16.9	11.9	6.1	4.3
1956	134.1	100	45.0	33.6	16.4	12.2	39.1	29.2	3.2	2.4	22.4	16.7	8.0	6.0
1957	165.5	100	39.7	24.0	20.6	12.4	49.3	29.8	10.1	6.1	27.9	16.9	17.9	10.8

资料来源：中国人民银行调查统计司：《中国金融统计（1952—1987）》，中国金融出版社 1988 年版，第 22、23、46、47 页。

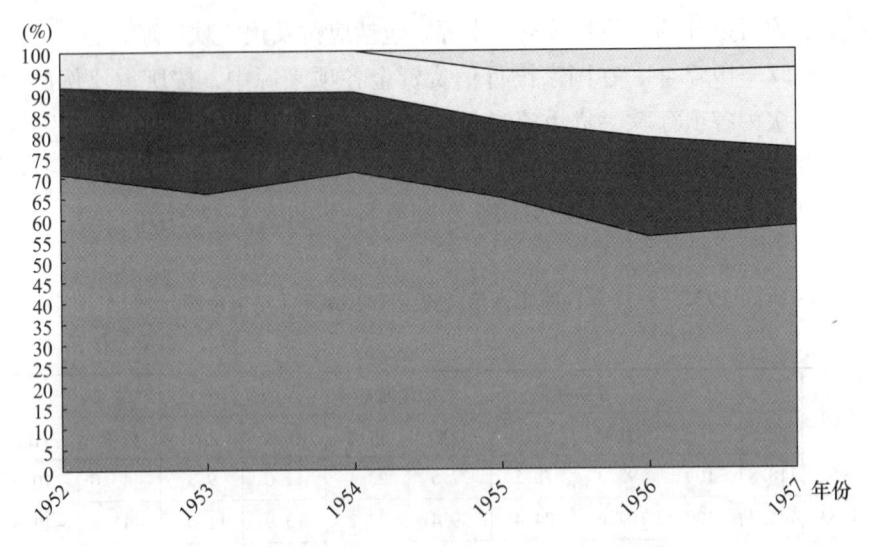

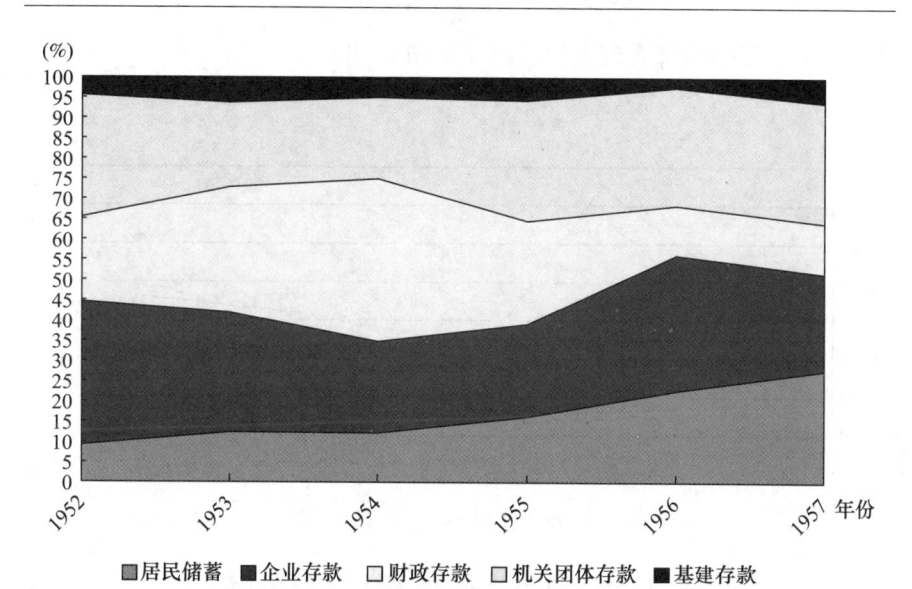

■居民储蓄 ■企业存款 □财政存款 ■机关团体存款 ■基建存款

图 8-3 1952—1957 年国家银行信贷资金来源中的存款结构

货币流通量在国家银行信贷资金来源中的地位略低于存款，它在信贷资金来源中所占的比例从 1952 年到 1957 年也呈略微下降态势。1952 年所占比例为 23.1%，1955 年降到 18.4%，1957 年为 18.5%（见表 8-2）。1958—1984 年，货币流通量占信贷资金来源的比例较"一五"时期还要低，在 11%—15% 之间[①]，这说明"一五"时期以增发货币方式扩大信贷资金的方式较其他时期作用更大。

银行自有资金在国家银行信贷资金来源中所占比重低于存款和货币流通量，但其所占比例却在上升。它在国家银行信贷资金来源中的比例 1952 年占 9.3%，1953 年为 11.0%，1956 年上升为 15.7%，1957 年达到 19.0%。不过，比较 1958 年到 1980 年银行自有资金在信贷资金来源中所占的比例，1952 年到 1957 年还是较低的。

（三）各项信贷资金来源增长的波动

"一五"时期，各项信贷资金来源都在增长，但发展情况却不尽相同，有的项目年增长率波动较大。除自有资金呈上升趋势外，各项存款、

---

① 参见中国人民银行调查统计司《中国金融统计（1952—1987）》，中国金融出版社 1988 年版，第 16—17 页。

货币流通量等项目都有较大的波幅（见图8-4）。

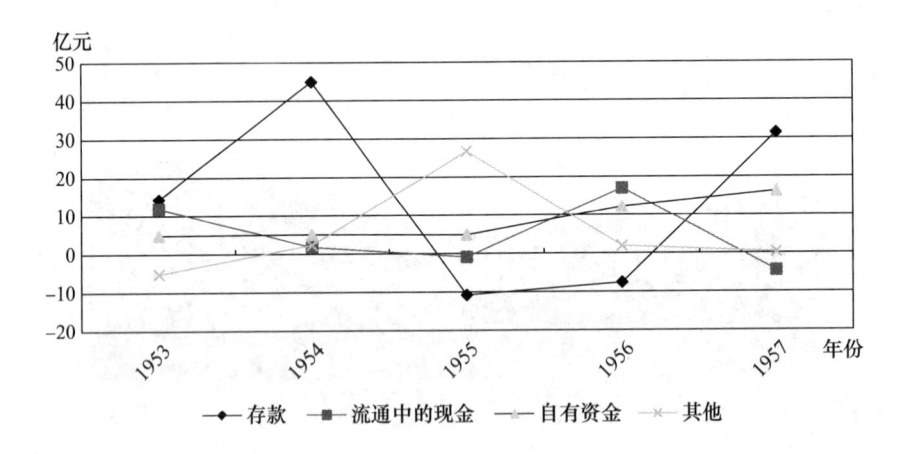

图8-4 1953—1957年各项信贷资金来源增减态势

作为信贷资金来源的主体，"各项存款"项目从1953年到1957年年增长率出现波动，1953年、1954年、1957年有较高的增长，1954年增幅达41.7%，但1955年、1956年却表现为-7.1%和-5.4%的增长。不过，在各项存款中，年增长率的波动并不完全同步。1953年企业存款和机关团体存款年增长率为-3.6%和-19.9%，而财政存款、基本建设存款、城乡居民储蓄年增长率分别为70.8%、63.4%和41.9%，结果各项存款项下出现15.3%的年增长率。1954年各项存款都表现为正的年增长率。1955年企业存款和财政存款分别出现-5.8%和-41.1%的增长，而机关团体存款、基本建设存款和居民储蓄却分别增长了37.5%、6.7%和60.1%，结果各项存款项目出现-7.1%的增长。1956年企业存款和城乡居民储蓄年增长率分别高达38.9%和63.6%，而财政存款、机关团体存款、基本建设存款则出现了-54.6%、-7.3%和-60%的降幅，结果当年各项存款项目为-5.4%的下降。1957年只有企业存款出现-11.8%的降低，财政存款、机关团体存款、基本建设存款和城乡居民储蓄则表现为25.6%、26.1%、215.6%和148.4%的年增长率，当年各项存款项目表现为23.4%的年增幅（见表8-4）。这表明，只有城乡居民储蓄存款一直保持增长之势，企业存款、财政存款、机关团体存款、基本建设存款都出现年增长率的波动（见表8-4和图8-5）。

表 8-4　1953—1957 年国家银行各项存款增减情况（比上年末）

单位：亿元、%

年份	合计		企业存款		财政存款		机关团体存款		基本建设存款		城镇储蓄		农村储蓄	
	数额	占比	数额	占比	数额	占比	数额	占比	数额	占比	数额	占比	数额	占比
1953	14.3	15.3	-1.2	-3.6	13.8	70.8	-5.6	-19.9	2.6	63.4	3.6	41.9	1.1	—
1954	44.9	41.7	2.6	8.2	28.0	84.1	8.2	36.4	0.8	11.9	2.1	17.2	3.2	290.9
1955	-10.8	-7.1	-2.0	-5.8	-25.2	-41.1	11.5	37.5	0.5	6.7	2.6	18.2	1.8	41.9
1956	-7.6	-5.4	12.6	38.9	-19.7	-54.6	-3.1	-7.3	-4.8	-60.0	5.5	32.5	1.9	31.1
1957	31.4	23.4	-5.3	-11.8	4.2	25.6	10.2	26.1	6.9	215.6	5.5	24.6	9.9	123.8

资料来源：中国人民银行调查统计司：《中国金融统计（1952—1987）》，中国金融出版社 1988 年版，第 30、31、38、39 页。

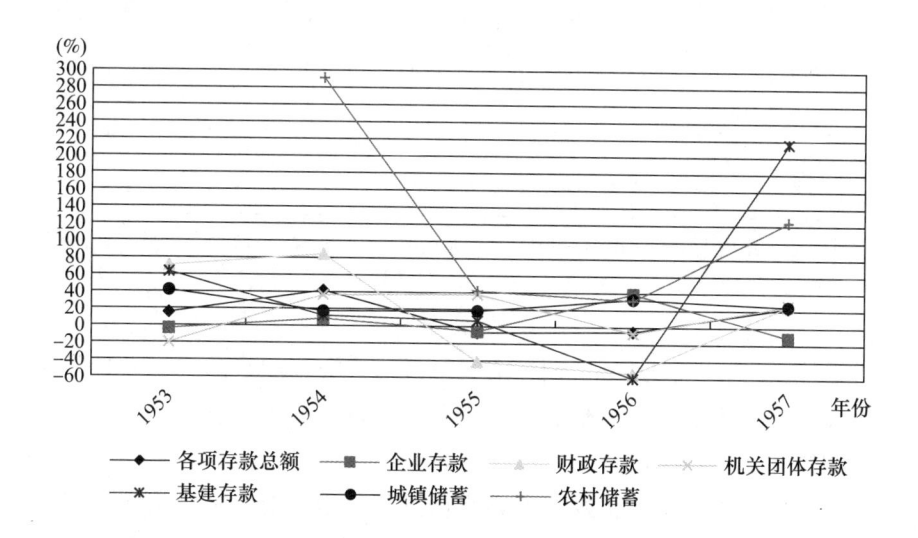

图 8-5　1953—1957 年国家银行信贷资金来源中各项存款年增长率波动

货币流通量的年增长率在"一五"时期也出现波动。1953 年、1954 年、1956 年货币发行年增幅较大，1953 年和 1956 年增幅都超过 40%，而 1955 年、1957 年分别出现了 -2.2% 和 -7.9% 的负增长。银行自有资金项目一直处于上升态势，1953 年、1956 年、1957 年增幅超过 40%，1954、1955 年年增长率也达 32.1% 和 23.3%（见表 8-5）。

各项信贷资金来源都表现为正的增长态势时，信贷资金来源自然呈现正的增长率。但如果有的资金来源项目年增长率为负时，只有其他资金来源项目保持足够的增长率时，总的信贷资金来源才能有增长。如1955年在存款、货币发行都呈负增长的情况下，信贷资金仍保持10%的增长，主要依靠银行自有资金的增加来支撑。1956年存款负增长时，信贷资金保持10.7%的增幅，主要是增加货币发行、扩大银行自有资金后带动的。1957年虽然货币发行增长为-7.9%，存款及银行自有资金的增长，使得信贷资金增加了17.9%（见表8-5）。

表8-5　1953—1957年国家银行信贷资金来源的增减（比上年末）

单位：亿元、%

年份	总计		各项存款		货币流通量		自有资金		其他	
	数额	占比	数额	占比	数额	占比	数额	占比	数额	占比
1953	25.9	21.8	14.3	15.3	11.9	43.3	4.9	44.5	-5.2	40.0
1954	54.1	37.4	44.9	41.7	1.8	4.6	5.1	32.1	2.3	-12.6
1955	19.9	10.0	-10.8	-7.1	-0.9	-2.2	4.9	23.3	26.7	167.9
1956	23.5	10.7	-7.6	-5.4	17.0	42.2	12.2	47.1	1.9	17.6
1957	43.4	17.9	31.4	23.4	-4.5	-7.9	16.2	42.5	0.3	2.4

资料来源：中国人民银行调查统计司：《中国金融统计（1952—1987）》，中国金融出版社1988年版，第8、12页。

总体而言，"一五"初期，国家银行信贷资金的来源"主要依靠储蓄、发行、财政结余"。[①] 储蓄就是银行吸收的各企业、各经济单位、机关、团体、学校、暂时闲置存入银行的资金及城乡居民储蓄存款。"发行"是指每年为支持经济发展所正常增发的货币。财政结余指每年财政拨给中国人民银行的信贷基金，这部分信贷基金与中国人民银行的历年结益构成了银行自有资金。

二　国家银行信贷资金的运用

（一）国家银行信贷资金运用的结构

按照信贷计划管理体制，国家银行信贷资金计划运用分为各项贷款、黄金占款、外汇占款、财政借款、财政透支、上缴财政税金等方面。"一

---

① 李先念：《当前的财政经济状况和银行的工作任务》，《金融卷（1953—1957）》，第4页。

五"时期,国家银行信贷资金运用主要是各项贷款、黄金占款、外汇占款三项,而各项贷款主要包括工业企业贷款、商业企业贷款、城镇集体企业贷款和农业贷款四类。

国家银行信贷资金来源的增减决定了信贷资金运用的总量。"一五"时期国家银行信贷资金来源总量逐年增加,信贷资金运用总量也在逐年提升。1952年信贷资金为118.8亿元,1955年增长到218.7亿元,1957年达到285.6亿元。

国家银行信贷资金运用的主体部分是各项贷款,其次是外汇占款,最后是黄金占款。国家银行信贷资金的绝大部分用在了各项贷款上,在1952—1957年的6年间,贷款占资金运用总额的比例都在90%以上,如1952年为90.9%,1953年为93.1%,1954年为92.9%,1955年为93.4%,1956年为96.6%,1957年达到97.2%。黄金占款金额比较固定,每年都是4.8亿元,其所占比重一般为百分之二三,最低为1.7%,最高为4%。外汇占款占资金运用总额的比例却呈下降趋势,1952年为5.1%,1953年降为3.7%,1954年和1955年的比例略升一点,1956年降为1.4%,1957年再降为1.2%(见表8-6)。

表8-6　1952—1957年国家银行信贷资金运用情况(年末余额)

单位:亿元、%

年份	总计		各项贷款		黄金占款		外汇占款	
	数额	占比	数额	占比	数额	占比	数额	占比
1952	118.8	100	108.0	90.9	4.8	4.0	6.0	5.1
1953	144.7	100	134.6	93.1	4.8	3.3	5.3	3.7
1954	198.8	100	184.6	92.9	4.8	2.4	9.4	4.7
1955	218.7	100	204.2	93.4	4.8	2.2	9.7	4.4
1956	242.2	100	233.9	96.6	4.8	2.0	3.5	1.4
1957	285.6	100	277.5	97.2	4.8	1.7	3.3	1.2

资料来源:中国人民银行调查统计司:《中国金融统计(1952—1987)》,中国金融出版社1988年版,第6、18页。

(二)国家银行信贷资金运用年增长率的波动

"一五"时期,国家银行信贷资金来源年增长率呈波动状态,因此,资金运用总额的年增长率也表现为波动态势，1954年波峰37.4%与1955年波谷10.0%相差27.4个百分点。由于国家银行信贷资金运用的主体是各项贷款，各项贷款年增长率的波动与资金运用总额年增长率的波动如影随形，非常一致。而外汇占款年增长率在5年中有3年为负增长，波动也最为剧烈，1954年波峰状态为77.4%，1956年波谷为-63.9%，相差140多个百分点（见表8-7和图8-6）。

表8-7 1952—1957年国家银行信贷资金运用增减情况（比上年末）

单位：亿元、%

年份	总计		各项贷款		外汇占款	
	数额	占比	数额	占比	数额	占比
1953	25.9	21.8	26.6	24.6	-0.7	-11.7
1954	54.6	37.4	50.5	37.1	4.1	77.4
1955	19.9	10.0	19.6	10.6	0.3	3.2
1956	23.5	10.7	29.7	14.5	-6.2	-63.9
1957	43.4	17.9	43.6	18.6	-0.2	-5.7

资料来源：中国人民银行调查统计司：《中国金融统计（1952—1987）》，中国金融出版社1988年版，第10、14页。

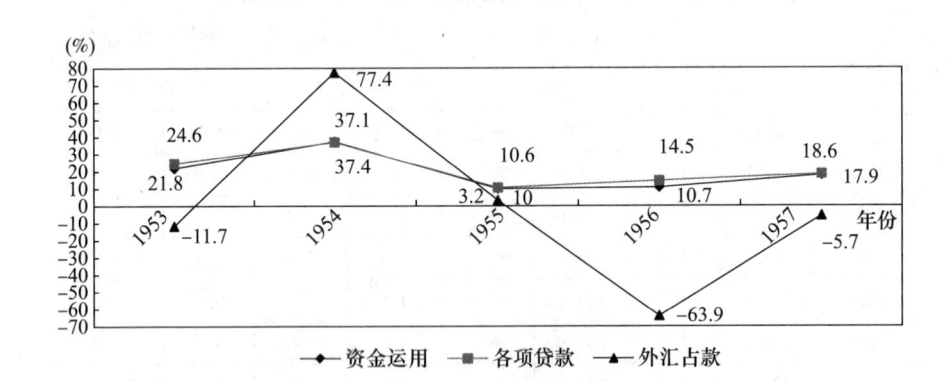

图8-6 1953—1957年国家银行资金运用年增长率的波动

（三）国家银行贷款投放的情况

发放贷款是国家银行信贷资金运用最主要的方面，"一五"时期各项贷款年末余额增长较快。国家银行的贷款1952年为108.0亿元，1955年达到204.2亿元，1957年上升到277.5亿元（见表8-6）。从贷款年增长率看，增幅最多的1954年达到37.1%，最低的1955年也有10.6%。不过，各项贷款的波动却各具特色（见表8-8和图8-7）。

表8-8　　1952—1957年国家银行各项贷款构成（年末余额）单位：亿元、%

年份	合计		工业企业		商业企业		城镇集体企业		农业经济	
	数额	占比	数额	占比	数额	占比	数额	占比	数额	占比
1952	108	100	9.5	8.8	93.8	86.9	0.5	0.5	4.2	3.9
1953	134.6	100	13.0	9.7	114.3	84.9	0.7	0.5	6.6	4.9
1954	184.5	100	14.6	7.9	161.8	87.6	0.6	0.3	7.6	4.1
1955	204.2	100	18.1	8.9	175.3	85.8	0.8	0.4	10.0	4.9
1956	233.7	100	27.9	11.9	172.4	73.8	3.2	1.4	30.2	12.9
1957	277.5	100	30.3	10.9	216.4	78.0	3.1	1.1	27.7	10.0

资料来源：中国人民银行调查统计司：《中国金融统计（1952—1987）》，中国金融出版社1988年版，第26、50页。

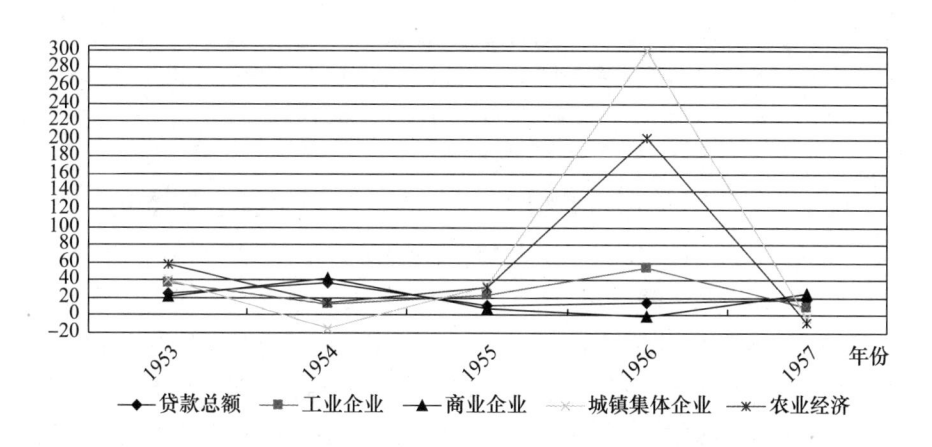

图8-7　1953—1957年国家银行各项贷款年增长率（%）

国家银行贷款分为工业企业贷款、商业企业贷款、城镇集体企业贷款和农业经济贷款四类。由于国营工业企业固定资产投资由国家财政负责，流动资金的大部分也由财政拨款解决，国家银行贷款主要解决流动性资金的不足，所以，"一五"时期国营工业企业贷款占国家银行贷款总额的比重较小，1953年为9.7%，1954年为7.9%，1955年为8.9%，1956年上升到 11.9%，1957 年也仅有 10.9%。"一五"时期国营工业企业贷款占国家银行贷款总额的比例与 1958—1987 年相比也是很低的。国家银行投向国营工业企业贷款的额度在不断提高，国营工业贷款增幅在 1953 年、1955 年、1956 年分别超过贷款总额增幅 12.8 个、13.4 个和 39.6 个百分点，而 1954 年、1957 年后却分别比贷款总额增幅低 16.8 个和 10 个百分点（见表 8-7、表 8-8 和表 8-9）。

表 8-9　　　1952—1957 年国家银行各项贷款增减情况（比上年末）

单位：亿元、%

年份	合计		工业企业		商业企业		城镇集体企业		农业经济	
	数额	占比	数额	占比	数额	占比	数额	占比	数额	占比
1953	26.6	24.6	3.5	36.8	20.5	21.9	0.2	40.4	2.4	57.1
1954	49.7	37.1	1.6	12.3	47.2	41.6	-0.1	-14.3	1.0	12.5
1955	19.6	10.6	3.5	24.0	13.5	8.3	0.2	33.3	2.4	31.6
1956	29.7	14.5	9.8	54.1	-2.7	-1.5	2.4	300.0	20.2	202.0
1957	43.6	18.6	2.4	8.6	43.8	25.4	-0.1	-3.1	-2.5	-8.3

资料来源：中国人民银行调查统计司：《中国金融统计（1952—1987）》，中国金融出版社 1988 年版，第 34、35、42、43 页。

国家银行贷款的主体是国营商业。国营商业贷款在贷款总额中所占比重非常高，1952 年为 86.9%，1953 年为 84.9%，1954 年达到 87.6%，1955 年、1956 年、1957 年虽然有所下降，但也分别达到 85.8%、73.8% 和 78.0%。与其他时期相比，"一五"时期国营商业企业贷款占国家银行贷款总额的比例也是比较高的。国家银行向国营商业贷放额度呈增长之势，1954 年、1957 年国家银行向国营商业企业贷款增幅比贷款总额增幅分别高 4.5 和 6.8 个百分点，而 1953 年、1955 年、1956 年却分别比贷款总额增幅低 2.7 个、2.3 个和 16 个百分点（见表 8-7、表 8-8 和表 8-9）。

1956 年之前，国家银行投向农业经济的贷款比重比较低，没有超过 5%。1956 年农业合作化高潮中，国家银行增大了农业贷款额度，占贷款总额的比例达到 12.9%，1957 年也保持在 10.0%。农业经济贷款的增长幅度比较大，从年增长率看，1953 年为 57.1%，1954 年为 12.5%，1955 年为 31.6%，1956 年猛增到 202.0%，1957 年收缩农贷，出现 -8.3% 的紧缩（见表 8-7、表 8-8 和表 8-9）。

相对而言，"一五"时期国家银行投向城镇集体企业的贷款显得微不足道，其占信贷总额的比例在最多的 1956 年也仅有 1.4%（见表 8-8）。

三 信贷资金计划运行的两次失误

综合信贷计划管理体制强调信贷收支的综合平衡，要求在信贷计划编制与执行过程中，银行必须做到信贷资金来源与运用、收入和支出平衡；信贷计划还要与财政、外汇和物资分配相互平衡。信贷资金收支平衡既是信贷计划综合平衡的重要组成部分，又是重要的表现形式之一。

信贷资金运用必须等于信贷资金来源，即各项贷款+黄金占款+外汇占款=各项存款+货币流通量+银行自有资金+其他资金来源。等式左边，由于"一五"时期黄金占款保持稳定，外汇收入增长有限，外汇占款数额也相对较少，因此，发放各项贷款成为信贷资金运用最主要的方面。等式右边，各项存款主要包括企业存款、财政存款、基本建设存款、机关团体存款、城乡储蓄。除居民储蓄外，前几项主要与财政支出有关。银行自有资金中，一部分是银行历年的结余，另一大部分是财政拨付的信贷基金。货币流通量除历年发行的、尚在流通的货币外，计划期可以增发的货币也计算在内。由于各项存款中居民储蓄只占较小比例，财政性存款成为制约"各项存款"增长的关键。银行自有资金中，历年结余有限，财政拨付的信贷基金是"银行自有资金"增长的决定因素。"货币流通量"中，在增加信贷资金方面的有效措施是增发货币，不过增发货币并不能超过限度。信贷资金的其他来源也极其有限。因此，信贷资金来源的增长实际上主要受制于财政因素和货币可增发量。这样，信贷收支能否平衡，关键是信贷规模是否与财政收入的增长及货币发行量相适应。如果保持合理的货币发行量，即按经济原则增发货币，那么，信贷收支能否平衡取决于信贷规模是否与财政收入相适应。[①]

"一五"时期，信贷资金计划管理中，曾因为受到当年财政收支失衡

---

① 早在 20 世纪五六十年代，我国不少学者就讨论了财政、信贷平衡问题，如戈广从《对于国家预算结余的一些看法》，《经济研究》1959 年第 8 期；葛致达：《财政、信贷与物资的综合平衡问题》，《经济研究》1963 年第 10 期；梁文森：《关于财政、信贷、物资平衡的若干问题》，《经济研究》1961 年第 10 期；赵帛：《关于财政、信贷、现金、物资之间平衡关系的研究》，《经济研究》1961 年第 5 期；李成瑞：《关于预算、信贷、物资综合平衡问题的探讨》，《经济研究》1964 年第 3 期。

的影响，导致两次信贷资金运行失衡的重大失误：一次是1953年年初急剧收紧商业企业信贷，一次是1956年急剧扩大农业信贷。

1953年国家银行急速收缩商业企业信贷失误，被称为配合商业部门"泻肚子"。① 1953年编制国家预算时，将上年财政结余的30亿元列为当年的财政收入，并按这一财政收入总额安排当年的财政支出，增加了基本建设财政拨款24亿元。而上年财政结余的30亿元作为存款存在国家银行，已由银行作为信贷资金来源贷给了工商企业。因此，财政部门要求动用这30亿元存款时，银行只能缩紧和收回贷款，以支持财政动用30亿元的结余。由于国家银行信贷绝大部分投向国营商业部门，国营商业部门用贷款增加了商品库存，收回30亿元贷款的可行之路只能是挤压商业部门的贷款。因此，1953年1月银行要求商业部门压缩库存，以回收资金归还银行贷款。结果1953年上半年商业部门因缺乏资金而削弱了市场控制力，"公退私进"。这种状况严重影响到国家进行社会主义改造的战略部署，中央发出紧急通知，要求增加生产，增加收入，紧缩开支，以平衡国家预算，才扭转了这一局面。② 1953年国家银行信贷失误，根源是当年财政预算收支不平衡，财政部门打算动用上年财政结余，但那笔存款实际已贷了出去，犯了"一女二嫁"的毛病。③

1956年国家银行信贷计划管理的失误被称为"农贷工作的冒进"④。1956年国民经济计划基本建设投资安排过多。国家银行在制订信贷计划时，估计存款会有大的增长，将财政存款定为增加3.5亿元，但因为当年财政收支不平衡，财政部门却要动用上年结余10亿元，结果财政存款反而减少了19.7亿元，信贷资金来源大幅下降。另外，为支持农业合作化，国家银行又增大农业贷款，当年原计划增加农业贷款11.2亿元，实际上增加了20.2亿元。信贷资金来源与运用的缺口大增。为了弥补信贷收支差额，国家银行只能增加货币发行。于是，市场上货币流通量比上年增长42%，通货膨胀压力显现。中央采取压缩基本建设投资，控制信贷规模，

---

① 《当代中国的金融事业》，中国社会科学出版社1989年版，第117页。
② 《当代中国的金融事业》，第117—118页。
③ 戈广从：《对于国家预算结余的一些看法》，《经济研究》1959年第8期。
④ 《当代中国的金融事业》，第118页。

狠抓货币回笼，才平衡了信贷收支。①

"一五"时期信贷计划管理的两次失误，充分说明了财政收支平衡对信贷收支平衡的制约。正如李先念在总结这一问题时所说，为了弥补信贷收支差额，"使之达到平衡，只能依靠国家预算拨款来解决"。②

第四节 金融在经济发展中的作用

在现代经济中金融是命脉。"一五"时期，我国虽然初步形成了"强财政，弱金融"的财政金融格局，但银行在经济中的地位仍是举足轻重的。银行是全社会资金的枢纽，是货币发行中心和结算中心，是社会资金的"总账房"。银行与生产、流通、分配、消费各经济部门密切相关，是计划经济体制的一个重要的综合部门。"一五"时期，金融部门在社会主义改造中发挥了至关重要的作用，国家银行的信贷杠杆成为社会主义改造的有力工具。国家银行信贷支持了国营商业部门和供销合作社业务的发展，为其控制商品流通市场提供了资金保障。国家银行信贷支持了国营企业流动资金的需要，促进了农业生产合作社的发展。

一 信贷杠杆促进社会主义改造

（一）促进资本主义工商业的社会主义改造

"一五"时期，国家银行对私营工商业的信贷是国家实施对其进行社会主义改造的工具。中国人民银行为配合国家的社会主义改造，制定了对资本主义工商业区别对待的政策，对私营工业贷款的数额、利率都优于私营商业。国家银行对私营工业贷款以补充其流动资金不足为原则，一般不发放固定资产投资贷款，贷款对象重点是接受国家加工、订货的企业，对于自产自销的企业，则从严掌握贷款。对于私营商业企业，国家银行从1953年下半年起严格控制向大批发商贷款，并收回其到期贷款。此后，在推进改造私营批发商过程中，国家银行根据国家政策，哪一家私营批发商准备国有化，则停止对其贷款。

在资本主义工商业进行社会主义改造期间，国家银行根据"以存定

---

① 《当代中国的金融事业》，第119页。另外，葛致达等人论述了这一问题。葛致达：《关于预算、信贷、物资的平衡和相互结合问题》，《经济研究》1958年第2期。

② 李先念：《1956年国家预算执行情况及其教训》，《金融卷（1953—1957）》，第4页。

贷"的原则，对其信贷额度则始终限制在其存款总额之内。表8-10为1950—1955年中国人民银行对私营、公私合营企业的存贷款情况。国家银行控制了私营资本主义工商业的融资，信贷手段成为改造资本主义工商业的有力武器。

对私营工商业贷款实行差别利率，是国家银行在国家对资本主义私营工商业进行社会主义改造中使用的又一重要工具。与国营工商业、合作社、公私合营企业的贷款利率不同，国家银行对私营工商业制定了高利率政策，增加其融资成本，挤压其经营利润，迫使其改变经营模式，最终走向公私合营。另外，国家银行给予私营工商业存款高于国营工商业存款的利率，以引导私营工商业资金流向国家银行。

表8-10　　　　　1950—1955年中国人民银行对私营、
　　　　　　　　公私合营企业存贷款比较　　　　单位：亿元

年　份	存　款	贷　款	存款多于贷款
1950	1.03	0.40	0.63
1951	3.38	1.55	1.83
1952	3.42	2.94	0.48
1953	4.13	1.11	3.02
1954	4.14	0.88	3.26
1955	3.76	1.22	2.54

资料来源：《当代中国的金融事业》，中国社会科学出版社1989年版，第106页。

国民经济恢复时期，国家银行对私营工商业就已实行差别利率。"一五"时期，国家银行的利率工具更为强化。1953年11月调整利率后，国营商业放款月息6.9‰；国营工业定额放款月息4.6‰，超定额放款月息4.8‰，不分定额与超定额的为月息4.65‰；私营工业放款为月息9‰—16.5‰；私营商业放款为月息13‰—19‰；公私合营工业放款为月息4.8‰—14‰。[①] 从贷款利差看，私营工业比国营工业高5—12个千分点，比公私合营工业高2.5—4.2个千分点；私营商业比国营商业高6.1—12.1个千分点。私营工业企业支出的利息成本是国营工业企业的1.96—

---

① 《政务院财政经济委员会关于调整人民银行利率的决定》，《金融卷（1953—1957）》，第275—276页。

3.4 倍，是公私合营企业的 1.18—1.88 倍。私营商业企业支出的利息成本是国营商业企业的 1.88—2.75 倍。中国人民银行认为，"对于私营工商业，根据各种行业对国计民生的不同贡献而规定不同的利率，是符合对于私营工商业利用、限制与改造原则的"①。

1955 年 10 月调整利率后，国营商业一般放款为月息 6‰；国营工业结算放款为月息 3‰，超定额放款为月息 4.8‰，不分定额与超定额为月息 4.65‰；私营工业放款为月息 9.9‰；私营商业放款为月息 13.5‰；公私合营工业放款为月息 6.9‰，公私合营商业放款为月息 8.1‰。② 从贷款利差看，私营工业比国营工业高 5.1—6.9 个千分点，比公私合营工业高 3 个千分点；私营商业比国营商业高 2.1 个千分点，比公私合营商业高 5.4 个千分点。私营工业企业支出的利息成本是国营工业企业的 2.06—3.3 倍，是公私合营企业的 1.43 倍。私营商业企业支出的利息成本是国营商业企业的 2.25 倍，是公私合营商业企业的 1.67 倍。

1957 年 11 月调整利率后，国营商业一般放款为月息 6‰；国营工业结算放款为月息 3‰，超定额放款月息为 6‰；私营工业放款为月息 7.2‰；私营商业放款为月息 7.2‰；已实行定股定息的公私合营工商业视同国营工商业，放款为月息 6‰；未实行定股定息的公私合营工商业，放款为月息 7.2‰。③ 从贷款利差看，私营工商业比国营工业和已实行定股定息的公私合营工业企业高出 1.2—4.2 个千分点。私营工业企业支出的利息成本是国营工业企业和已实行定股定息的公私合营工业企业的 1.2—2.4 倍，私营商业企业支出的利息成本是国营商业企业和已实行定股定息的公私合营商业企业的 1.2 倍。

国家银行的信贷政策，造成私营工商业在资金周转方面融资成本高，融资规模受到限制，经营日益困难，最后只能走向公私合营。

（二）促进农业和手工业的社会主义改造

实现农业合作化，对个体农户进行社会主义改造，是"一五"时期国家的重要任务，国家银行从帮助农业生产合作社、支持农村信用合作社等方面入手，在推进农业的社会主义改造中发挥了作用。

---

① 《人民银行当前调整利率的意义》，《金融卷（1953—1957）》，第 279 页。
② 《中国人民银行关于调整现行利率的请示报告》，《利率文件汇编》，中国金融出版社 1986 年版，第 182 页。
③ 同上书，第 248 页。

农业生产合作社建立的原则是自愿互利，合作社的生产基金由社员以生产资料入股的形式筹集。当时，不少农户生活贫困，无力筹措入社的股份基金。1955 年中国人民银行适时开办了贫农合作基金贷款，月息 4‰，期限为 5 年，个人贷，个人还。与一般农业贷款月息 7.2‰相比，给予的利率相当优惠。到 1956 年年底，国家银行共发放贫农合作基金贷款 7.4 亿元，帮助 4000 多万农户解决了交纳入社股份基金的困难。① 贫农反映这项贷款"是帮助贫农进入社会主义的路费"。② 国家银行的这一措施，极大地推动了全国农业合作社的发展。另外，国家银行为帮助农业合作社发展经济，巩固农业生产合作社，还发放了大量的农业贷款。

信用合作是农村互助合作运动的重要组成部分。1953 年 12 月，中共中央做出《关于发展农业生产合作社的决议》，指出"农业生产互助、农村供销合作社和农村信用合作社是农村合作化的三种形式。这三种合作互助分工而又相互联系相互促进，从而逐步地把农村的经济活动与国家的经济建设计划联结进来，逐步地在生产合作的基础上改造小农经济"。③ 中共中央鼓励发展农村信用合作的政策，推动了农村信用合作在全国各地蓬勃展开。国家银行采取了大力扶持农村信用社发展的措施，帮助农村信用合作社开展经营管理，委托其代理国家银行部分农村金融业务。1956 年年底，我国农村基本实现了一乡建立一个信用合作社的目标。

国家银行也积极参与对手工业的社会主义改造。为配合国家的社会主义改造政策，1954 年中国人民银行改进了对手工业信贷、结算工作。为支持手工业合作化，中国人民银行加大了对手工业合作社的信贷，帮助其解决扩大生产后的资金需要，仅 1956 年就增加手工业贷款 2.4 亿元，比 1955 年增长了 3 倍。④

二　支持国营经济的发展

（一）支持国营商业部门控制商品流通市场

"一五"时期，国家银行信贷重点是国营商业和供销合作商业部门，支持其实现对国内商品流通市场的控制。

---

① 《当代中国的金融事业》，中国社会科学出版社 1989 年版，第 101 页。
② 《中国人民银行总行 1956 年农贷工作总结和 1957 年农贷工作的意见》，《金融卷（1953—1957）》，第 430 页。
③ 《当代中国的金融事业》，中国社会科学出版社 1989 年版，第 450 页。
④ 同上书，第 104 页。

在国家银行的贷款中，国营商业、供销合作社、外贸部门的贷款占信贷总额的绝大部分，其占信贷总额的比重1953年为84.9%，1954年为87.6%，1955年为85.8%，1956年为73.8%，1957年为78.0%，如图8-8所示。"一五"时期，国家银行对国营商业和供销合作社的贷款额增长了1.3倍。国家银行对商业部门的贷款，主要满足其流动资金的需要。以1955年商业部门国家银行贷款占流动资金的比例为例，商业部占75.6%，为101.9亿元；外贸部占79.9%，为11.5亿元；供销社占57.4%，为23.2亿元；粮食部占74.5%，为54.7亿元（见表8-11）。这说明国营商业部门的流动资金主要来源于国家银行的贷款。

表8-11　　　　　1955年年底社会主义企业流动资金统计表

	金额（亿元）		占总计（%）	流动资金中银行贷款额（亿元）	银行贷款占各部流动资金比例（%）
总计	335.0		100	209.4	62.5
商业部	134.8			101.9	75.6
外贸部	14.4	198.6	56.6	11.5	79.9
供销社	40.4			23.2	57.4
粮食部	73.4		21.9	54.7	74.5
工业各部	43.5			9.3	21.5
交通邮电	8.0	51.5	15.4	0.3	3.7
农林水利	8.5			4.5	52.9
地方企业	12.0	20.5	6.1	4.0	33.3

资料来源：中国社会科学院、中央档案馆：《1953—1957中华人民共和国经济档案资料选编·综合卷》，中国物价出版社2000年版，第683页。

国家银行信贷资金的支持，壮大了国营商业部门、供销合作社控制商品流通市场的实力。1953年11月国家出台重要农副产品统购统销政策后，国家银行充分满足国营商业部门、供销合作社收购粮食、棉花等农副产品的资金需要，使国营商业部门和供销社收购农副产品额从1953年的90.1亿元增长到1957年的176.5亿元，增长了95.9%。[①]

国家银行大力支持国营商业部门扩大加工、订货、统购包销。1952

[①] 《当代中国的金融事业》，中国社会科学出版社1989年版，第90页。

年在商业企业商品批发市场份额中，国营商业占 60.5%，合作社营和合作化商业占 3.2%，私营商业占 36.3%；1953 年在批发市场份额中，国营商业占 66.3%，合作社营和合作化商业占 3.4%，私营商业占 30.3%；1954 年、1955 年、1956 年，国营商业占的批发市场份额超过了 82%，合作社营和合作化商业占的份额超过 13%，私营商业所占份额下降到 10%以下。1957 年商品批发市场上，国营商业、合作社营商业和合作化商业所占份额达到 99.9%，私营商业已微不足道。① "一五"时期社会主义性质的商业商品库存增加 125 亿元，平均每年增加 25 亿元左右。②

在国家银行支持下，国营商业等社会主义性质的商业部门，迅速扩大了市场占有率，最后几乎垄断了商品市场的流通。

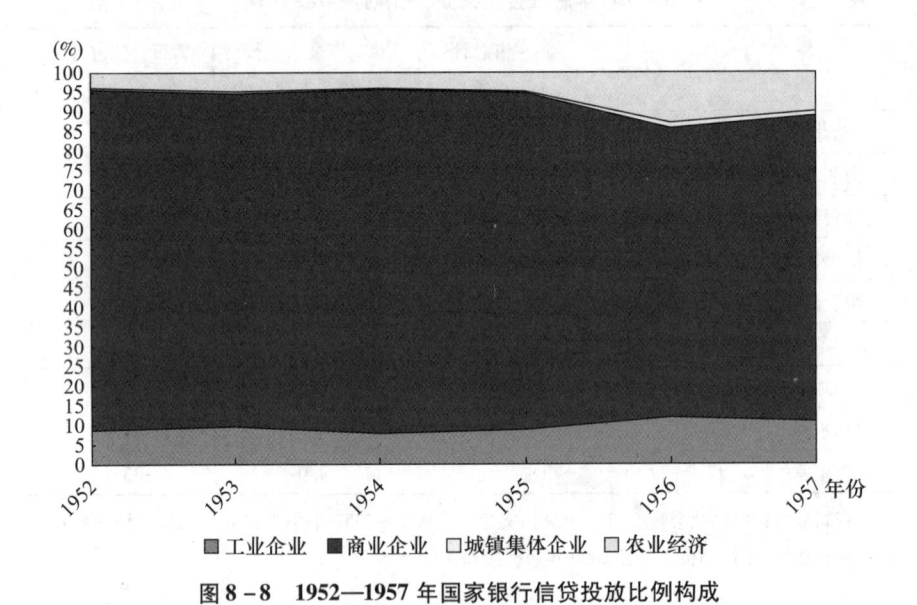

■ 工业企业　■ 商业企业　□ 城镇集体企业　□ 农业经济

图 8-8　1952—1957 年国家银行信贷投放比例构成

（二）支持国营工业流动资金的需要

"一五"时期，国营工业企业的投资及大部分流动资金都由财政拨给，国家银行信贷主要用于超过定额资金的不足。五年中，国家银行工业

---

①　中国社会科学院、中央档案馆编：《中华人民共和国经济档案资料选编（1953—1957）》（商业卷），中国物价出版社 2000 年版，第 1142 页。

②　《中国人民银行关于第一个五年信贷计划执行情况小结（第一次稿）》，《金融卷（1953—1957）》，第 261 页。

贷款额增长了2.3倍，工业信贷占信贷总额的比重从1952年的9.3%上升到1957年的12%。[1] 这一时期，国营工业企业流动资金增加了45亿元，其中银行贷款增加了18亿元，占增加额的40%[2]。以1955年国家银行信贷在工业企业流动资金中的比例为例，工业各部企业为21.5%，地方企业为33.3%（见表8-11）。这充分说明了国家银行信贷对工业企业的重要作用。

为促进国营企业改进资金管理、提高资金使用效益，国家银行在1955年取消了按企业财务收支差额发放贷款的办法，改为按生产计划和商品流转计划贷放。为解决国营企业流动资金由财政和银行两家供应产生的矛盾，1955年中国人民银行改变了流动资金管理制度，明确了财政部门与银行的分工，银行贷款只解决季节性、在途的、临时的资金需要，提高了企业资金利润率。

三 促进农业生产合作社发展生产

1955年以前，国家银行发放的农业贷款比较少，一般占贷款总额的4%—5%。1956年全国农村进入合作化高潮，为支持农业生产合作社发展生产，国家银行增加了对农业的贷款，农贷所占比重提高到12.2%以上，1957年农业贷款占国家银行贷款总额保持在9.3%。"一五"时期国家对农村合作化贷款的增长突飞猛进，1956、1957年的农业合作化贷款是1952年的8倍多，如表8-12所示。

表8-12　　　　1952—1957年国家银行农业贷款情况　　单位：亿元、%

年份	总额	其中农业合作化贷款	
		金额	占农业贷款百分比
1952	4.2	3.2	76.2
1953	6.6	5.8	87.9
1954	7.6	6.9	90.8
1955	10.0	9.2	92.0
1956	30.2	28.5	94.4
1957	27.7	25.8	93.1

资料来源：《金融卷（1953—1957）》，中国物价出版社2000年版，第421页。

---

[1] 《当代中国的金融事业》，第92页。
[2] 《中国人民银行关于第一个五年信贷计划执行情况小结（第一次稿）》，《金融卷（1953—1957）》，第261页。

"一五"时期,国家对农业生产合作社发放的农业贷款主要有生产费用贷款、基本建设贷款、小型农田水利贷款、救灾贷款、农产品收购贷款、少数民族农牧业贷款等种类。国家银行的农业生产费用贷款、基本建设贷款、小型农田水利贷款,为农业生产合作社扩大再生产提供了资金支持;救灾贷款帮助贫困农民解决了生产、生活问题;少数民族农牧业贷款促进了少数民族地区农牧业的发展。

总的看来,国家银行对农业的贷款主要是推进合作化贷款。农业合作化贷款占国家银行农业贷款的比重,1952年为76.2%,1953年增加到87.9%,1954—1957年进一步提高到90%以上(见表8-12)。农村信用社发放的贷款也主要是农业集体贷款,1953—1955年全部贷款都是农业集体贷款,1956、1957年才发放农户贷款(见表8-13)。

表8-13　　"一五"时期国家银行对农业合作化贷款情况　　单位:亿元、%

	1952	1953	1954	1955	1956	1957
年底余额	3.2	5.8	6.9	9.2	28.5	25.8
增长指数	100	181.3	215.6	287.5	890.6	806.3
占银行贷款总额	3.0	4.3	3.7	4.5	12.2	9.3

资料来源:《当代中国的金融事业》,中国社会科学出版社1989年版,第106页。

除国家银行发放农业贷款外,农村信用社也积极开展农村信贷业务。1953年信用社的集体农业贷款额为0.2亿元,1954年提高到1.2亿元,1955年进一步增长到3亿元,1956、1957年超过了4亿元(见表8-14)。

表8-14　　1953—1957年农村信用社存贷款业务情况　　单位:亿元

年份	存款总额	贷款总额及构成			存贷差
		总额	集体农业贷款	农户贷款	
1953	0.1	0.2	0.2		-0.1
1954	1.6	1.2	1.2		0.4
1955	6.1	3.0	3.0		3.1
1956	10.8	10.2	4.1	6.1	0.6
1957	20.7	9.5	4.2	5.3	11.2

资料来源:中国人民银行调查统计司:《中国金融统计(1952—1987)》,中国金融出版社1988年版,第118、120页。

"一五"时期,金融业从农村吸纳资金转向工业化建设的态势并不明显。国家银行发放的农村合作化贷款与所吸收的农村储蓄存款相比,表现为贷款高于存款,其中,最高的1953年贷款与存款之比为527.3%,次高的1956年为356.3%,1954、1955年都超过150%,1957年也保持在144.1%(见表8-15)。不过,农村信用的农村贷款额占吸收存款的比重却在下降,除1953年表现为贷差外,其他年份都是存差,且呈增大趋势。1954年农村信用社存贷款比例为75%,1955年为49.2%,1956年为94.4%,1957年为45.9%,除1956年外,农村信用社的存贷款比例呈下降态势(见表8-14)。

表8-15　　国家银行农村存款与农业合作化贷款存贷比　　单位:亿元

年份	农村存款	农业合作化贷款	存贷比(%)
1953	1.1	5.8	527.3
1954	4.3	6.9	160.5
1955	6.1	9.2	150.8
1956	8.0	28.5	356.3
1957	17.9	25.8	144.1

资料来源:中国人民银行调查统计司:《中国金融统计(1952—1987)》,中国金融出版社1988年版,第23页;《中华人民共和国经济档案资料选编(1953—1957)》(金融卷),中国物价出版社2000年版,第421页。

综合考察国家银行与农村信用社吸收的农村存款与发放的农村贷款,可以发现,"一五"时期农村资金不仅基本全部留在了农村,而且,国家银行还向农村经济注入了大量信贷资金。如表8-16所示,国家银行和农村信用社发放的农村贷款与所吸收的农村存款之比,只有1957年为91.5%,少量农村储蓄被抽离农村经济,1955年农村储蓄全部留在农村,但1953年到1956年的3年中,国家银行都是向农村经济注入资金,1953年贷款与存款比达500%,1954年为165.3%,1956年为205.9%。

表 8-16　"一五"时期国家银行和农村信用社吸收的
农村存款与发放的农村贷款比例　　单位：亿元、%

年份	农村存款总额	农业合作化贷款与信用社农村贷款总额	贷款占存款比例
1953	1.2	6.0	500
1954	4.9	8.1	165.3
1955	12.2	12.2	100
1956	18.8	38.7	205.9
1957	38.6	35.3	91.5

资料来源：中国人民银行调查统计司：《中国金融统计（1952—1987）》，中国金融出版社1988年版，第23、118、120页；《金融卷（1953—1957）》，中国物价出版社2000年版，第421页。

由此可见，"一五"时期，我国经济发展比较均衡，这与金融部门注意支持城乡协调发展的政策分不开。

第九章 两大阵营下的对外经济关系

国民经济恢复时期，通过积极扩大内外交流，我国的对外经济关系得到了初步恢复。进入第一个五年计划时期后，我国对外经济关系在已有基础上进一步发展，并呈现出一些新的特点。首先，随着过渡时期总路线的提出和国际局势发生新的变化，与恢复时期相比，新中国的内、外部环境都有所变化。内外因素的共同作用使得对外贸易领域出现了一些新的结构性特征。其次，随着国家在过渡时期总路线、总任务的提出，对外贸易的核心目标转向为实现社会主义工业化和完成社会主义改造服务，适应这一要求，对外贸易制度相应逐步调整，至"一五"计划末期，形成了高度集中统一的外贸经营、管理体制。此外，服务于新时期的和平外交政策，中国在对外经济技术合作方面也有了新的突破与发展。

第一节 "一五"时期国内外环境的变化与对外贸易的新发展

自近代以来，中国饱受帝国主义列强的侵略与长期战乱、贫困之苦，新中国成立前，中国共产党便将实现工业化确定为新中国实现独立富强的根本途径。朝鲜战争的爆发打乱了中国经济建设的节奏，但与此同时，也使得中国人民在短时间内建立起独立、完整的工业体系的愿望更加强烈。1952年年底，毛泽东提出了"一化三改"的过渡时期总路线，中国的大规模经济建设正式启动。

"一化三改"的主体是工业化，而工业化的核心则是经济结构的调整与产业结构的升级，这一切需要资金、技术、劳动力等生产要素的大量投入。由于劳动力的相对富裕，资金与技术因素对"一五"时期的工业化建设的约束表现得更为突出。通过开展对外贸易，扩大消费品的出口和扩大资本品的进口,是实现资本要素积累的一条重要途径。此外,对外贸易可以从软件与硬件两方面加速生产技术的更新,并成为许多发展中国家实现技术进步和创新的有效捷径。在这样的背景下,为了使对外经济的发展与"一化三改"的总体目标相协调,对外贸易部于1953年8月明确提出"一五"时期对外贸易的基本任务是:积极地有计划地组织内外交流,扶助国内工农业和副业生产的发展,集中力量为祖国工业建设和国防建设服务。①

新中国成立后,由于所处国际环境的限制,对外贸易的重心开始向社会主义国家转移。"一五"计划时期,内部因素制约与外部环境的新变化使中国与社会主义国家间的贸易关系进一步巩固和强化。同时,随着国际环境的缓和,中国与一些发展中国家和西方资本主义国家间的贸易关系也有所突破。

一 "一五"计划时期中苏关系的新变化及对中苏贸易的影响

在新中国成立前夕,中共中央即确立了在平等互利的基础上积极开展对外贸易的原则,然而,在冷战背景下,以美国为首的西方资本主义国家对新中国采取了敌视态度,经济上封锁、禁运,军事上包围,政治上不承认中华人民共和国在国际上的合法地位。1950年6月朝鲜战争爆发后,西方资本主义国家的敌视政策进一步加剧,封锁、禁运不断升级。朝鲜战争结束后,美国政府不顾其他西方国家希望扩大对华贸易的要求,仍然把对华贸易限制保持在较苏联、东欧国家更为严格的水平上。因此,中国要通过发展对外贸易为国家工业化服务,只有继续大力发展与社会主义国家间的经济技术交流,正如李富春在《关于发展国民经济的第一个五年计划的报告》中反复指出的那样,在中国实现社会主义工业化,发展国民经济,是中国人民自己应该担当的责任;而"苏联和各人民民主国家对我国的帮助,是我国实现社会主义工业化的有利条件";第一个五年计划的实施,"是同苏联和各人民民主国家的援助分不开的,特别是同苏联的援助分不开的"②。这一时期中苏两国关系中发生的一些新变化也为两国间平等互利合作的开展奠定了良好基础。

---

① 中国社会科学院、中央档案馆编:《中华人民共和国经济档案资料选编(1953—1957)》(商业卷),中国物价出版社2000年版,第1046—1047页。

② 李富春:《关于发展国民经济的第一个五年计划的报告——1955年7月5日至6日在第一届全国人民代表大会第二次会议上》,《人民日报》1955年7月8日。

1953年7月27日，朝鲜战争停战协定签署，这不仅标志着新中国在苏联援助下，反对美国对亚洲军事干涉的阶段性目标得到实现，而且由于中国出兵朝鲜的决策和行动增强了中苏之间的信任，业已形成的中苏同盟得到进一步巩固。斯大林去世后，考虑到中国日益提高的国际威望和影响力，出于稳定苏联国内政局等需要，苏联新领导人在巩固中苏同盟关系的基础上，纠正了斯大林时期双边关系中的一些不平等行为。1954年9月，赫鲁晓夫访问中国后，双方签署了7个文件①，不仅增加了对中国的援助项目，而且还放弃了对两个势力范围的要求，并向中国转交了4个股份公司的苏联股份，达成了从旅顺撤军的协议，加大了对中国经济技术援助的力度。② 1956年中苏还经过谈判解决了非贸易支付清算办法不合理问题，苏方将过去多收的款项归还中国。这一切都显示第一个五年计划时期中苏关系中出现了一些有利于中国的新变化。

工业建设是我国第一个五年计划的中心，而在苏联援助下的156个工业单位的建设，又是工业建设的中心。赫鲁晓夫执政后便积极督促苏联有关部门尽快确定和落实对中国"一五"计划时期的援建项目。1953年5月15日，中苏经过历时8个月的磋商谈判，签订了关于《苏联援助中国发展国民经济的协定》和议定书。根据协定，苏联承诺援助中国新建和改建91个工业建设项目，加上1954年赫鲁晓夫访华后追加的15个项目以及恢复时期苏联已经援建的50个项目，共计156项。③ 这156个项目加上与之配套建

---

① 这7个文件分别是：（1）苏军从旅顺口海军基地撤退，1955年5月31日之前将该基地交由中国完全支配。（2）将1950、1951年创办的4个中苏股份公司中的苏联股份自1955年1月1日起完全交给中国。这4个公司是在新疆境内开采有色及稀有贵重金属的公司，在新疆境内开采和提炼石油的公司，在大连建造和修理轮船的公司和民航公司。在这些公司中的苏方股份用我国出口货物在数年内还清。（3）签订《中苏科学技术合作协定》。（4）《中苏修建兰州—乌鲁木齐—阿拉木图铁路并组织联运的协定》。（5）《中苏蒙修建集宁到乌兰巴托铁路并组织联运的协定》。（6）《苏联为中国提供5亿两千万卢布长期贷款的协定》。（7）《帮助中国新建15个工业企业和扩大原有的141项企业的供应范围的议定书》。参见李海文整理《在历史巨人身边——师哲回忆录》，中央文献出版社1991年版，第570—571页。

② 正像有学者指出的那样，如果说在斯大林执政时期中苏友好关系主要表现为政治和军事的合作，那么在赫鲁晓夫执政时期，中苏合作则突出地表现为苏联对华经济援助及中共对苏共的政治支持。参见沈志华《中苏关系史纲》，新华出版社1997年版，第162页。

③ 1955年双方商定再增加16项，后又口头增加2项，共计174项。这些项目后来经过合并、取消、推迟建设、分解为规模以下项目等调整，最后确定为154项。由于人们已对"156项"有深刻印象，故这些项目仍统称为"156项工程"。参见董志凯《新中国工业的奠基石——156项建设研究》，广东省出版集团2004年版，第132—133页。

设的140多个项目，构成了"一五"计划时期基本建设的中心。

在整个"一五"计划时期，苏联政府动员了巨大的人力、物力，帮助中国编制计划、提供低息贷款、援建项目、供应设备、传授技术、培养人才，涉及领域覆盖了政治、经济、军事、科学、文化等各个方面，使新中国在西方"封锁""禁运"的贸易歧视政策下获得了在当时属于国际先进水平的技术和设备，苏联的低息贷款也使资金极端短缺的新中国以较低的成本取得了工业化建设所必需的资本投入，这一切对中国的经济社会发展产生了极为深远的影响。

虽然1956年2月苏共二十大召开后，中苏在关于斯大林及其个人崇拜等问题上产生了分歧，但由于当时双方都保持了克制，并试图弥合裂痕，因此没有对双边关系立即产生直接的负面影响。至"一五"计划结束时的1957年，中苏之间经济技术合作进行得都比较顺利，"一五"计划时期也因而成为中苏关系空前友好的时期。

当然，苏联的对华援助并不是单向的，也不是无偿的，这些援助是通过贸易方式在平等互利、等价交换的原则下实现的。大力发展与苏联的贸易往来在"一五"计划时期被放在空前重要的地位。第一个五年计划中明确指出要加强以苏联为首的社会主义阵营的经济合作，扩大我国对苏联的贸易，稳步增长对各人民民主国家的贸易额[①]。为了保证对苏贸易的顺利开展，在进口方面，对外贸易部提出："重要机器设备和物资的进口主要依靠苏联，有些如东欧人民民主国家能够供应者，则应先向他们订货，以减轻苏联负担。"[②]

"一五"时期中国从苏联和各人民民主国家进口的物资中，生产资料占绝大比重，1954年占93.5%；其中从苏联进口的货物中，生产资料约占97%。[③] 在这些进口的生产资料中，成套设备主要是苏联供应的。这些物资，绝大部分是美国所谓"禁运"物资。在出口方面，对外贸易部要求："重要物资（如油脂、油料、花生、大豆、大米、杂粮）之出口部

[①]《中华人民共和国发展国民经济的第一个五年计划（1953—1957）》，人民出版社1956年版，第109页。

[②] 中国社会科学院、中央档案馆编：《中华人民共和国经济档案资料选编（1953—1957）》（商业卷），中国物价出版社2000年版，第1050页。

[③] 李哲人：《进一步巩固和发展我国同苏联和各人民民主国家的经济合作》，《人民日报》1955年5月12日。

分，应首先满足苏联需要。"① 中国为苏联提供了廉价的农产品、稀有矿产资源、国际通用货币及世界闻名的丝绸及手工艺品等。如1953年5月15日中苏两国签订的协定规定，在1954—1959年间，中方向苏方提供钨砂16万吨、铜11万吨、锑3万吨、橡胶9万吨等战略物资，作为对苏联援建项目补偿的一部分。② 这些物资同样促进了苏联的生产建设和人民生活的改善。

从"一五"时期中苏贸易发展的实际情况看，中苏贸易在中国全部对外贸易中所占比重在经过国民经济恢复时期的快速增长后，"一五"时期继续维持在高位。从进出口总额来看，1953年和1954年中苏贸易在中国进出口总额中所占比重均在53%左右，1955年占到将近57%，此后两年略有下降，分别是46.3%和46.77%。此外，这一时期的中苏贸易在除1957年外的多数年份中，中国的进口都超过出口，其中最高峰的1955年从苏进口额达到近11.2亿美元，占中国外贸进口总额的64.6%，中方入超额将近4.5亿美元③。20世纪50年代对苏贸易在我国对外贸易中所占比重见图9-1。

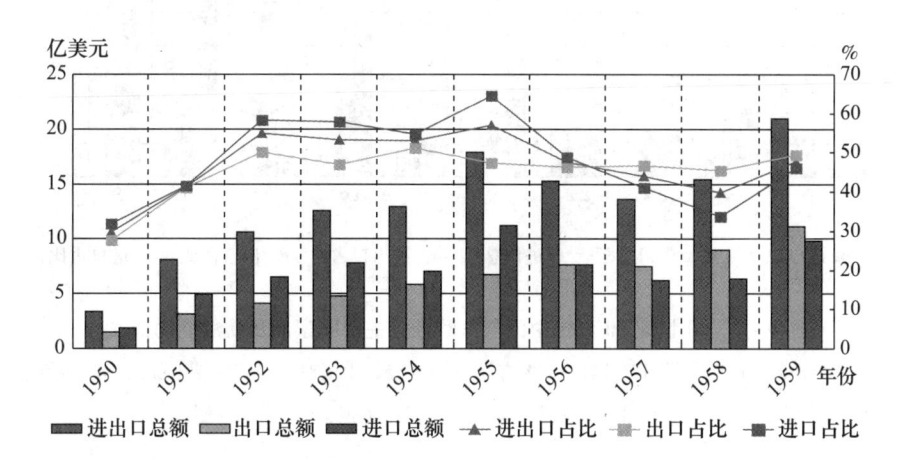

图9-1 20世纪50年代中苏贸易额变动情况

资料来源：根据《中国对外经济贸易年鉴（1984）》，中国对外经济贸易出版社1985年版，第Ⅳ—3页和Ⅳ—68页数据整理计算后绘制。

---

① 中国社会科学院、中央档案馆编：《中华人民共和国经济档案资料选编（1953—1957）》（商业卷），中国物价出版社2000年版，第1049页。
② 董志凯、吴江：《新中国工业的奠基石——156项建设研究》，广东省出版集团2004年版，第160页；薄一波：《若干重大决策与事件的回顾》（上卷），中共中央党校出版社1991年版，第299—301页。
③ 以上数据根据《中国对外经济贸易年鉴（1984）》，中国对外经济贸易出版社1985年版，第Ⅳ—3页和Ⅳ—68页数据整理得出。

二 与东欧社会主义国家间贸易关系得到强化

在中苏关系顺利发展的同时,新中国因在朝鲜战争中的卓越贡献而成为社会主义阵营中一支举足轻重的新生力量。随着中苏关系的全面发展,"一五"时期中国与其他社会主义国家间的关系相对恢复时期也更加密切,互惠互利的经济交流进一步发展。1956年,中国分别与民主德国、匈牙利、波兰、捷克斯洛伐克签订了关于加强科技合作和互相提供援助的协定。整个20世纪50年代,我国从东欧社会主义国家①先后签订协定引进成套设备建设项目116项,完成和基本完成108项,解除义务8项;单项设备88项,完成和基本完成81项,解除义务7项。②

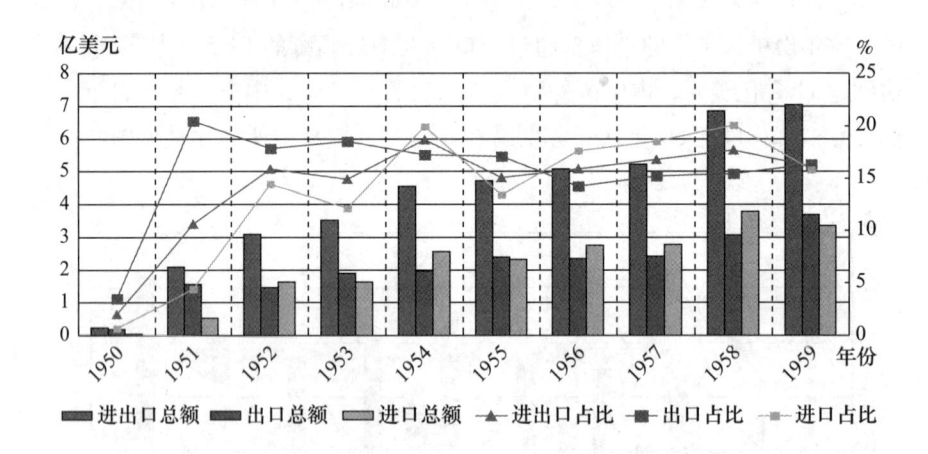

图9-2 20世纪50年代中国与东欧社会主义国家间贸易额变动情况

资料来源:根据《中国对外经济贸易年鉴(1984)》,中国对外经济贸易出版社1985年版,第Ⅳ—3和Ⅳ—55、Ⅳ—57、Ⅳ—59、Ⅳ—64、Ⅳ—68页数据整理计算后绘制。

"一五"计划时期,中国从欧洲各人民民主国家获得了包括电站、化学、电信、制糖等部门成套设备的供应。由于新中国成立初期中国原有的设备大部分不是苏联规格,需要订购的辅助设备、工具、量具、刃具及材料等苏联难以制造,而东欧的企业标准生产比重不像苏联那样高,在接受订货时,可以适应订货人提出的不同规格,有利于中国订货,因此当时我

---

① 这里的东欧社会主义国家指罗马尼亚、保加利亚、捷克斯洛伐克、波兰、德意志民主共和国和匈牙利。

② 武力:《中华人民共和国经济史》,中国时代经济出版社2009年版,第214—215页。

国曾将一部分普通订货及一般的轻工业、小型的、非标准的设备转向东欧各国订购；在苏联则集中订购特殊订货以及主要的基本设备和东欧各国无法满足的普通订货。此外，东欧各国进口中国的大豆、油脂、油料、猪鬃、蚕丝、茶叶等，除很少一部分自用外，主要做转口经营，换取西方国家的外汇。所以，中国与东欧各国的贸易对双方都有与苏联贸易不完全相同的特点和利益。① 这一时期中国对这些国家的出口物资主要是农副产品和矿产品等，"一五"中、后期随着工业的发展开始输出一些毛纺织品和纯碱、烧碱等化学原料。

"一五"计划期间，中国与东欧社会主义国家间贸易额持续增长。进出口总额从1953年的约3.5亿美元增至1957年的约5.2亿美元，同期在中国进出口总额中所占比重也由14.88%提高至1957年的16.80%。②

三 "和平共处五项原则"的提出及中国与发展中国家间贸易的拓展

朝鲜停战标志着以美、苏为首两大阵营间的直接对峙告一段落，斯大林去世后，苏联的对外政策发生重大变化，由与西方阵营强硬对抗转向谋求缓和与和平共处。为了进一步巩固政权，保证社会主义改造和"一五"计划的顺利实施，中国也亟须一个和平的国际环境。毛泽东指出，"我们现在正执行五年计划，社会主义改造也正在开始。如果发生战争，我们的全盘计划就会打乱。我们的钱都放在建设方面了。如果发生战争，我们的经济和文化计划都要停止，而不得不搞一个战争计划来对付战争。这就会使中国的工业化过程延迟"。所以，"缓和国际紧张局势，不同制度的国家可以和平共处，这是苏联提出来的口号，也是我们的口号"。③ 因此，这一时期中国的外交战略相对于新中国成立初期发生了一些调整，其重要标志就是"和平共处五项原则"的提出。

1953年12月31日，周恩来在和印度政府代表团谈话中首次提出了"和平共处五项原则"。1954年6月，周恩来访问印度和缅甸时再次重申了这一原则。1955年4月召开的万隆会议通过了以"和平共处五项原则"为基础的《关于促进世界和平和合作的宣言》，"和平共处五项原则"成

---

① 董志凯：《跻身国际市场的艰辛起步》，经济管理出版社1993年版，第126页。
② 根据《中国对外经济贸易年鉴（1984）》，中国对外经济贸易出版社1985年版，第Ⅳ—3和Ⅳ—55、Ⅳ—57、Ⅳ—59、Ⅳ—64、Ⅳ—68页数据计算得出。
③ 《毛泽东文集》（第六卷），人民出版社1999年版，第369—370、334页。转引自柳德军《论赫鲁晓夫时期苏联对华政策的形成与演变》，《宜宾学院学报》2006年第8期。

为被广泛接受的、指导国家间关系的重要国际准则。

20世纪50年代中期中国对外战略从"一边倒"向"和平共处五项原则"调整具有深远意义,它使得中国的对外交往超越了意识形态、社会制度的限制,适应了国内外客观条件的变化,在一定程度上弥补了"一边倒"造成的不平衡,为中国走向世界打开了一个新的天地。

由于"和平共处五项原则"受到第三世界国家的肯定和欢迎,万隆会议后,中国与广大发展中国家间经贸关系进一步巩固和扩大,先后与埃及、叙利亚、黎巴嫩、柬埔寨等国建立了正常贸易关系,缔结了政府间贸易协定。1955年中国同亚非国家的贸易总额比1954年增加了70%,其中印度增加4倍多,缅甸增加30倍,印度尼西亚增加1倍多,埃及增加2倍多,巴基斯坦增加2倍多,同其他亚非国家的贸易也有不同程度的增加。到1956年,中国已同印度、缅甸、巴基斯坦、印尼、埃及、叙利亚、黎巴嫩、柬埔寨、阿富汗9个亚非国家签订了政府间的贸易协定。

四 与资本主义国家间反对"封锁""禁运"的新突破

这一时期为了发展与资本主义国家间的经济联系,中国适应国际形势的变化,采取了许多灵活有效的适当对策。1953年朝鲜停战谈判时期,对外贸易部针对"封锁""禁运"的松动和有可能出现的与资本主义国家间贸易的扩大,做了一系列准备工作,要求外贸部门有重点地加强对资本主义国家供求情况、市场行情、经济集团和政治派别的调查研究。1952年莫斯科国际经济会议后,民间性的对外贸易团体——中国国际贸易促进委员会(简称"贸促会")宣布成立,第一个五年计划期间,贸促会的工作卓有成效,为推动与西方资本主义国家间贸易发挥了重要作用。

在西方国家方面,朝鲜停战后,许多西欧国家的舆论都不同程度地认为,"封锁""禁运"在给中国的经济发展制造障碍的同时,也危害到西方自身的经济和就业,要求放宽对中国的贸易限制,因此,"一五"计划时期"封锁""禁运"逐步开始松动。不过,朝鲜战争结束后,美国仍将中国视为其主要而直接的敌人。尤其是第二次台海危机爆发后,美国把对华强硬政策推向了极端,在经济上加大了遏制中国的力度,继续执行对中国更为严格的"禁运"政策,并利用各种政治、经济手段,千方百计阻挠西方国家放松对华禁运的努力。因此,虽然至第一个五年计划末期,以英国为首的西方国家对中国的"禁运"有所放宽,但对中国的"禁运"

措施并没有根本撤除，仍保有 200 多种所谓"禁运"的主要项目。此外，从进行贸易的条件来看，在运输、结算、支付等方面都还面临着许多不便。

第一个五年计划时期在我国与西欧国家贸易中，英国居于首位。此外，由于地缘优势及中日关系中出现的一些新变化①，这一时期日本对华贸易在资本主义国家对华贸易中亦占有重要地位。从图 9-3 可以看出，这一时期中英、中日进出口贸易的绝对额总体上都出现了逐步增长的态势，其中，中英贸易额在我国对外贸易总额中所占比重基本保持在 3%—4%，中日贸易额所占比重则从 1953 年的 0.42% 直线上升至 1956 年的 4%，1957 年略降，占 3.7%。

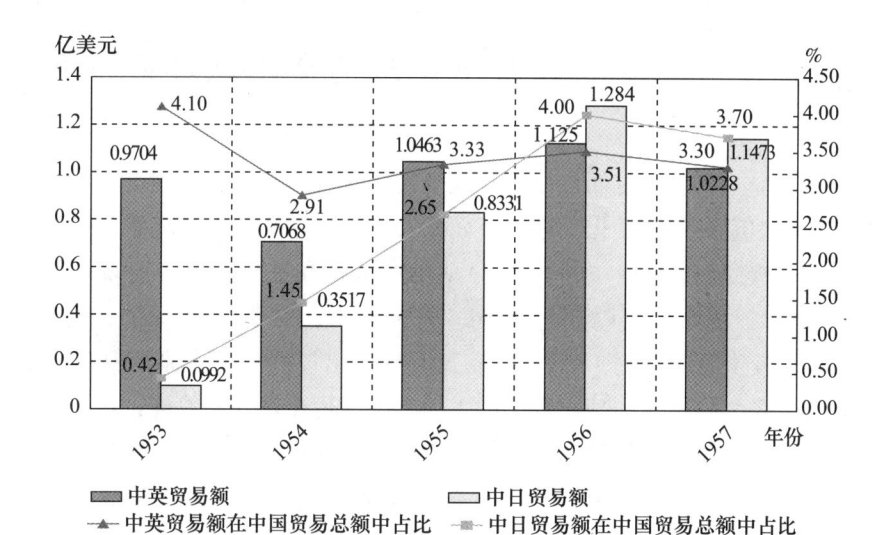

图 9-3　第一个五年计划时期中英、中日贸易额变动情况

资料来源：根据《中国对外经济贸易年鉴（1984）》，中国对外经济贸易出版社 1985 年版，第Ⅳ—3、Ⅳ—19 和Ⅳ—67 页数据整理计算后绘制。

可以看出，"一五"时期中国与西方资本主义国家间的贸易关系与恢复时期相比有了一定恢复和发展，但由于存在各种障碍，双边贸易额在中

---

① 这一时期，我国为恢复与日本之间正常的政治、经济关系做出了许多积极姿态，为中日关系的发展创造了良好条件。日本方面出于政治利益的考虑，加上美国和蒋介石集团的阻挠，在对华政策中推行"政经分离"政策，与中国间贸易采取的都是民间贸易方式。

国对外贸易中所占比重不仅大大低于苏联及其他人民民主国家,而且也不敌亚非地区国家。在整个"一五"时期与这些国家间贸易的计划完成情况也有较大起伏,如1953年和1954年对资本主义国家出口计划都没有完成。1955年以后发展加快,1957年中国与西方国家间进出口总额占全部贸易额的比重由1954年的5.91%提高到10.88%。在这一时期中国对西方资本主义国家的贸易中,进出口商品品种有所增加。到"一五"后期,中国出口商品虽仍以纺织品、土畜产品和粮油食品为主,但增加了工艺品、轻工业品、矿产品和化工产品等。从这些国家进口的商品增加了汽车、机床、各种机械设备、船舶和人造纤维等。由于进口增长速度明显高于出口,中国与这些国家的贸易由顺差变为较大的逆差。

第二节 对外贸易进出口结构变化及成因分析

第一个五年计划时期,伴随大规模经济建设的展开,中国进出口商品的结构也相应发生了变化。进口方面,表现为生产资料所占比重与恢复时期相比有所提高,整个"一五"时期生产资料在进口中所占比重年均达到92.36%,高于恢复时期年均84.7%的水平;消费资料所占比重仅为7.64%,较恢复时期的15.3%有较大下降。出口方面,农副产品所占比重逐年下降,随着我国独立自主的工业基础的逐步建立和发展,轻工业及重工业产品不仅出口额增加,所占比重也逐年提高。上述结构性特征的形成与"一五"计划时期我国实行的重化工业优先发展的工业化战略密不可分。图9-4是我国"一五"计划时期进出口的变化情况。

一 工业化战略对进口需要的带动

第一个五年计划时期,我国以重化工业为核心内容的工业化战略进入大规模实施阶段,与先行工业化国家不同,我国并没有选择以需求引导供给,随着资金、技术、市场等要素的发育成熟,逐步从轻工业过渡到重工业的传统工业化路径,而是在工业化建设所需物资供应能力十分低下、机器制造业生产能力与技术水平极端落后的情况下,以建立重工业体系为起步方式,强行启动工业化过程的。

恢复时期结束后,我国经济虽然得到初步恢复和发展,但经济基础仍非常薄弱。1952年,虽然一些主要工业品产量已恢复到新中国成立前的

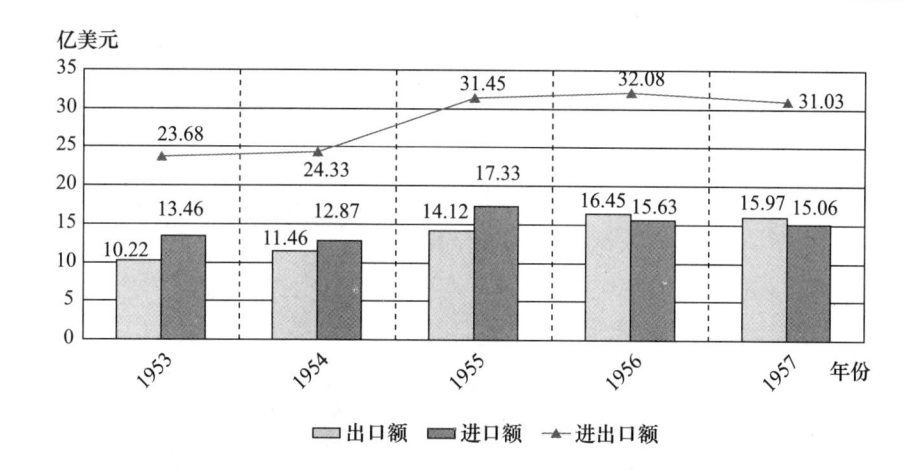

图 9-4 "一五"计划时期中国外贸进出口变动情况

资料来源：根据《中国对外经济贸易年鉴（1984）》，中国对外经济贸易出版社 1985 年版，第Ⅳ—3 页数据整理绘制。

最高水平，但工业在社会总产值中所占比重仍只有 34.4%，在国民收入中只占 19.5%，而农业在国民经济总产值和国民收入中的占比则分别高达 45.4% 和 57.7%[①]，工农业生产结构仍显著呈农业国特征，根本无法为工业化提供所需技术和设备。

在这样的条件下，要想迅速培育起重工业生产能力，只有利用"后发优势"，通过实施"赶超战略"，从工业化先行国家引入先进的发展成果，通过国际援助及对外贸易等途径，大规模引进先进技术和机器设备，实现从较高的起点上切入，并在较短的时间内建立起完整工业体系的目标。事实上，我国"一五"时期工业化发展目标的制定正是以获得苏联、东欧等社会主义国家的资金及技术设备援助为前提条件的，其实施也是以从苏联引进的"156 项工程"为核心展开的。

由于"一五"时期工业化建设对外部技术及设备的高度依赖，以成套设备为主要内容的生产资料的进口构成了这一时期我国贸易进口的基本内容。整个"一五"时期，我国生产资料进口额都超过 10 亿美元，1995 年达到最高点 16.26 亿美元；在全部进口中所占比重都在 90% 以上，

---

① 吴承明、董志凯：《中华人民共和国经济史（1949—1952）》，社会科学文献出版社 2010 年版，第 716、717 页。

1955年更达到93.83%。形成对照的是,生活资料进口只有1亿美元左右,所占比重最高的1956年也不过8.38%(见图9-5)①。

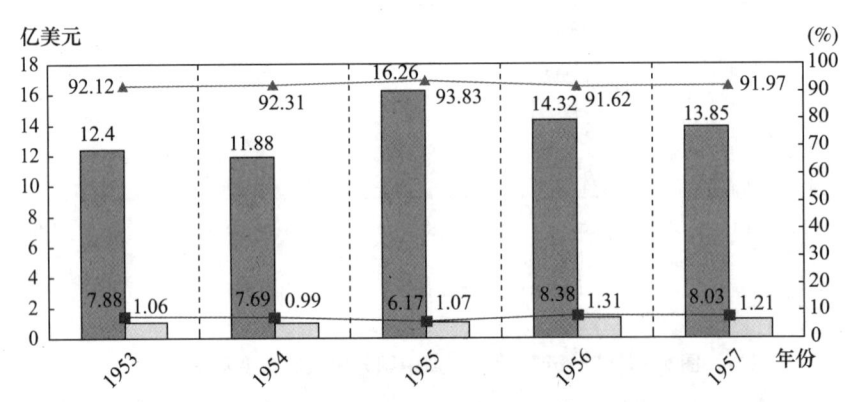

图9-5 "一五"计划时期进口贸易结构变动情况

资料来源:根据《中国对外经济贸易年鉴(1984)》,中国对外经济贸易出版社1985年版,第Ⅳ—3、Ⅳ—10页数据整理计算后绘制。

在"一五"计划时期的生产资料进口中,机械设备占全部进口的比重年均达到55.94%,大大超过恢复时期的37.75%,其中1955年占进口总额的62.78%,是新中国史上该指标的最高值。1956年开始,随着经济建设的日益发展,机械设备自给率的逐渐提高,进口商品中机械设备的比重开始略有降低(这也是实行进口替代战略的主要目的之一),国内不能生产或生产不足的某些生产原料和生活资料的比重逐渐增长(见图9-6)。

生产原料中,工业原料占绝大部分,在5年中虽呈下降趋势,最低的1956年仍占85.21%。农业用物资所占比重较低,在全部进口中的年均比重为3.72%,在生产原料内部所占比重年均为10.12%。另外,从全部5年来看,农用物资所占比重总体呈上升趋势,在生产原料进口中所占比重1956年达到14.79%(见图9-7)。

---

① 《中国对外经济贸易年鉴(1984)》,中国对外经济贸易出版社1985年版,第Ⅳ—3、Ⅳ—10页。

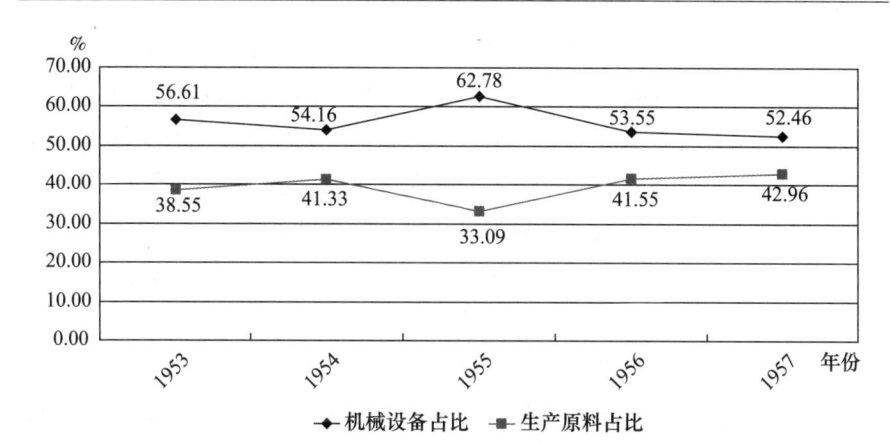

图 9-6　"一五"计划时期机械设备和生产原料在全部进口中所占比重

资料来源：根据《中国对外经济贸易年鉴（1984）》，中国对外经济贸易出版社 1985 年版，第Ⅳ—3、Ⅳ—10 页数据整理计算后绘制。

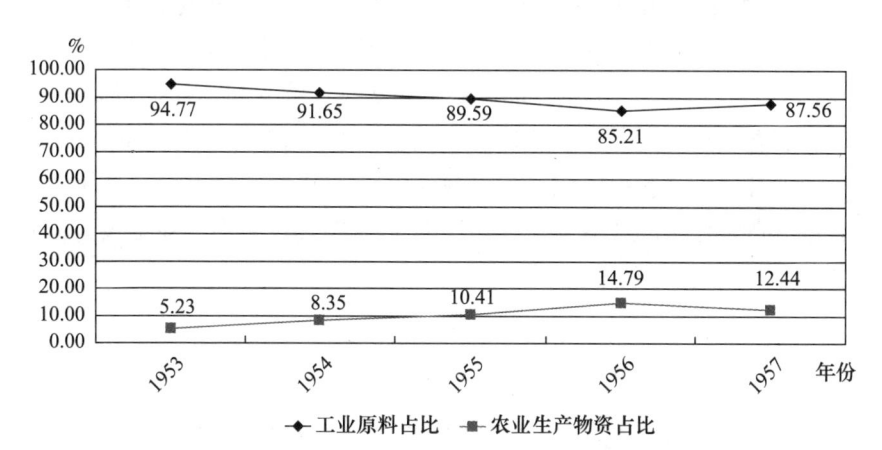

图 9-7　"一五"计划时期工业原料和农业用物资在生产原料进口中所占比重

资料来源：根据《中国对外经济贸易年鉴（1984）》，中国对外经济贸易出版社 1985 年版，第Ⅳ—3、Ⅳ—10 页数据整理计算后绘制。

可以看出，"一五"计划时期我国对外贸易进口的结构性变化充分体现了这一时期向重化工业倾斜的工业化战略的内在需要。

二　国内生产力水平对出口能力的制约

"一五"计划时期，由于缺少资本的原始积累，进口需要的猛增只有通过扩大出口来支撑。"出口首先是为了保证进口，保证国家工业化的顺利进行"在这一时期被反复提及，反映的正是这种现实需要。这一时期出口的目的被定位于"创汇",以保证能够在外汇收支平衡的前提下为工业化所必需的技术升级换代和短缺材料的进口提供资金来源。然而,国内较低的生产能力对扩大出口形成制约。同时,这一阶段为了降低进口成本,实行了人为提高人民币币值的汇率高估政策,虽有利于进口,但对出口造成歧视,增加了扩大出口的难度,使我国的外贸出口面临极大压力。积极组织出口货源以保证进口,并做好对国内外市场需要的平衡是"一五"时期出口工作的重点。

为了千方百计挖掘出口潜力,对外贸易部门采取了各种措施。首先是积极扶持国内生产,促进出口产品数量的增长和质量的提高;其次是实行商品分类制度,遵循内销服从外销的原则。由于这一时期出口的扩大往往是靠"挤"国内消费实现的,出口结构与国内需求结构表现出很强的重叠性,从而使扩大出口的潜力很大程度上取决于国内的最低需求极限①。

外贸部门扩大出口的艰苦努力取得了一定实效。从外贸出口的实际效果看,第一个五年计划前期,由于进口增长迅猛,对外贸易连续3年出现逆差。"一五"计划后两年,进口势头趋缓,连续入超的局面得到扭转,实现了小幅顺差。从我国外贸出口在全世界出口总额中所占比重看,"一五"计划时期也是新中国成立后至改革开放前我国出口地位总体呈现稳步上升态势的时期,虽不及"二五"计划前期表现突出,却也没有出现大起大落(见图9-8)。

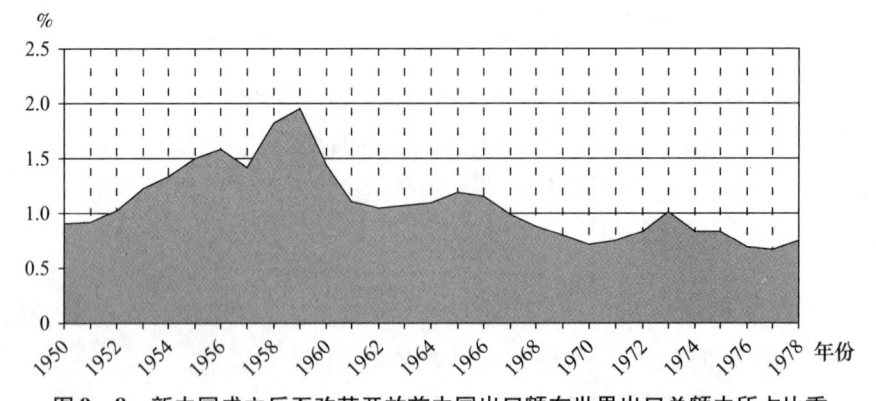

图9-8 新中国成立后至改革开放前中国出口额在世界出口总额中所占比重

---

① 黄晓玲:《外贸、外资与工业化——理论分析与中国实证研究》,对外经济贸易大学出版社2002年版,第182页。

国内贸易对经济发展的相互推动作用在"一五"计划时期也得到体现。随着国内工业化的推进，工农业生产规模与结构的演进促进了出口结构的改善，农副产品等初级产品出口量虽总体持续增长，在出口中所占比重却出现持续下降，在全部出口中占比不足 5 成，低于恢复时期水平。与之对应，随着"一五"时期我国独立自主的工业基础的逐步建立和发展，工业制成品无论出口规模还是所占比重都出现上升趋势。从出口工业品内部结构看，则以轻工业产品为主，特别是纺织品的上升幅度较快，其在全部出口商品中所占份额由 1953 年的 6.1% 上升到 1957 年的 17.7%。经济结构中重工业部门的迅速扩张在出口结构中也有所反映，所占比重从 17.42% 提高至 24.3%（见图 9-9）。①

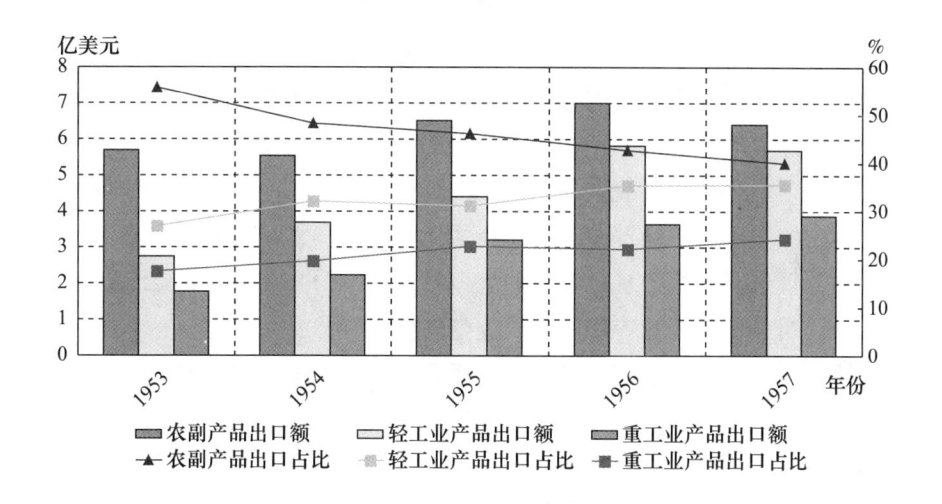

图 9-9 "一五"计划时期中国出口结构变动情况（按农副产品、轻工业产品、重工业产品分类）

资料来源：根据《中国对外经济贸易年鉴（1984）》，中国对外经济贸易出版社 1985 年版，第Ⅳ—8 页数据整理计算后绘制。

这一时期重化工业特别是机械制造业发展面向的主要还是国内市场，以进口替代为目标。在按《国际贸易标准》划分的出口商品构成中，至

---

① 《中国对外经济贸易年鉴（1984）》，中国对外经济贸易出版社 1985 年版，第Ⅳ—8 页。

1957年，机械及运输设备出口在全部出口中所占比重还只有0.1%[①]，但毕竟实现了从无到有的突破，表明中国长久以来主要依赖初级产品出口的贸易条件在"一五"时期得到一定改善。不仅如此，随着工业品出口规模扩大、比重上升，出口需求反过来又推动了国内生产的发展和工业化进程的推进。

第三节　对外贸易领域集中统一经营管理体制的强化与确立

新中国自成立伊始便实行了国家对对外贸易的管制和保护贸易政策，通过实施进出口商品许可证制度、管制贸易外汇和对进出口商品进行集中统一领导，积极促进了中国独立自主经济的建立和恢复。国民经济恢复时期中国对外贸的统制由于还存在着多种经济成分，更接近于《共同纲领》所规定的"对外贸易的管制"。进入第一个五年计划时期，随着对外贸易领域集中统一经营、管理体制的不断强化并最终确立，中国的对外贸易已基本上是置于国家集中统一领导和统一管理之下的国家垄断制或专营制。

一　对外贸易经营管理体制的调整与变化

第一个五年计划时期，对外贸易经营管理在组织机构上根据现实需要做了进一步调整。1956年私营进出口商实行公私合营后，国家通过对外贸易行政机构和国营对外贸易专业公司，掌握了对外贸易的所有权、组织领导权和经营管理权，行政管理手段逐步强化，计划管理成分日益提高，对外贸易经营管理体制的运行方式也发生变化。至"一五"末期，外贸领域高度集中统一的经营管理体制已最终确立。

（一）对外贸易经营管理机构的调整与合并

国民经济恢复时期，中央和地方陆续建立了一套比较完整的对外贸易组织机构。1952年8月政务院撤销中央贸易部，分别成立中央对外贸易部和中央商务部，对外贸易部成为中国对外贸易的最高行政领导机关，统一领导和管理全国对外贸易。对外贸易部成立后，1953年1月海关总署

[①]　根据《中国对外经济贸易年鉴（1984）》数据计算得出，中国对外经济贸易出版社1985年版。

划归中央人民政府对外贸易部领导，成为对外贸易部的组成部分，并将对外贸易部的对外贸易管理总局与海关总署合并，改称中央人民政府对外贸易部海关总署。各口岸对外贸易管理局及其分支机构也与当地海关合并。这就是习惯上所称的"关局合并"。

根据进出口业务的需要，外贸部成立后，按照各类商品分工经营原则，对原专业进出口公司进行调整，原中央贸易部所属茶叶、丝绸、畜产、矿产等专业公司划归对外贸易部领导，经营对外贸易并且兼营国内贸易，中国进出口公司专营对外贸易业务。国营对外贸易专业公司总公司归外贸部领导，各口岸和内地的分公司则由有关的总公司和当地外贸局双重领导。国营外贸专业公司的进出口业务根据国家进出口计划进行，具有高度的计划性，在各个国营对外贸易专业公司之间有着明确的分工，每个公司都有其一定的商品经营业务范围，统一经营进出口业务。

关、局合并及专业进出口公司的设立从管理和经营两方面为加强对外贸易领域的集中统一管理提供了组织架构上的保证。

（二）私营进出口商的利用、限制和改造及国营贸易领导地位的不断强化

恢复时期结束时，尽管国营（包括中央国营和地方国营）对外贸易已占据领导地位，但私营进出口商在全国对外贸易中仍占相当大的比重。根据国家统计局的年度报告，1953年公私经营占进出口总额的比重是国营及地方国营（包括合作社经营及公私合营）占92.3%，私营占7.7%，其中出口中的比重是国营及地方国营占91.1%，私营占8.9%，进口中的比重是国营及地方国营占93.3%，私营占6.7%。1954年的对外贸易总额中，国营（包括地方国营及很少一部分合作社与公私合营的贸易额）所占比重增至98%左右，私营比重降为2%左右[①]。由上可见，在第一个五年计划初期，中国对外贸易领域尚存在着多种经济成分，并各自发挥着自己独特的作用。第一个五年计划时期在对私营进出口商继续实行利用、

---

① 由于计划与统计指标中所列私营贸易额仅系私营进出口商的自营业务，私营接受国营委托的业务被列入国营贸易额中，故私营贸易额的急剧下降和私营进出口商经营业务的缩小程度尚有差别。如果包括国营委托业务，则1954年私营进出口商的实际营业额仍占全国对外贸易总额的4.2%，占对资本主义世界市场贸易总额的23.0%。参见中国社会科学院、中央档案馆合编《中华人民共和国经济档案资料选编（1953—1957）》（商业卷），中国物价出版社2000年版，第1105—1107页。

限制和改造的同时，国营外贸领导地位进一步强化。

恢复时期结束时全国私营进出口商已为数不多，但其与国外特别是资本主义国家贸易关系较多，国家对私营进出口商采取了逐渐地稳步地代替的方针。"一五"初期在对私营进出口商的政策上基本延续了恢复时期利用和限制的原则。

1953年下半年开始，随着国内市场物资供应紧张，一系列优先发展国营对外贸易的政策措施出台。国营对外贸易机关通过采取委托代进代出、公私联营、公私合营等国家资本主义形式，对私营进出口商实行社会主义改造。1954年，又对私营进出口商进行了按行业"归口"管理，重要物资的进出口已为国营对外贸易公司所掌握。1955年年初，各地对私商进行整顿，根据它们的经营能力和经营情况分别实行了维持、保留或淘汰。经过这一时期的改组改造，私营进出口商的经营已经基本上纳入了国家资本主义轨道。全国进出口总额中私商自营部分1955年只有1950年的6%，其中进口额只有1950年的3.25%，出口额为1950年的7.47%。它们的自营额占全国对外贸易总额的比重1953年为7.3%，1954年为1.7%，到1955年仅为0.8%；对资本主义国家贸易总额的比重，由1953年的32.05%降为1955年的4.25%（其中进口占1.59%，出口占6.91%），并且主要是为国营代购代销的业务。资本主义进出口商的户数也逐年减少，经营户数由1950年的4600户减至1955年年底的1017户，和1950年相比，户数约减少77%，从业人员减少72.7%，资本额减少了58.5%。1956年，在资本主义工商业社会主义改造高潮中，私营进出口商也迅速实现了全行业公私合营。

与此同时，自1953年下半年起，国家即开始采取一系列措施加强国营对外贸易的领导地位。首先，扩大了国营商业对货源的掌握，并实行了对若干重要产品的统购统销。外贸进出口方面，对公私营的经营范围进行了划分。其次，国家加强了对外汇的管理。一般从1953年下半年起（有些口岸更早一些），即紧缩对私营进口批汇，外汇集中由国家掌握，同时又停止记账易货，实行结汇出口。这种措施的实行割断了私商进口与出口的联系，使它们进一步依赖于国营贸易。最后，国家加强了行政管理，实行主要批发商业的国有化。在进出口许可证申报、价格审核和次序等方面贯彻国营贸易优先的精神。上述办法进一步割断或削弱了进出口商与国内生产者特别是与农民的联系，使它们不得不依靠国营营业供给货源。

以上几项措施使国营对外贸易的地位大大提高，国营对外贸易的经营比重由1950年的68.35%变为1955年的99.24%，取得了绝对优势和巩固的领导地位，至1956年私营进出口商全行业公私合营，对外贸易已全部由国营对外贸易专业公司所掌握。

（三）高度集中统一计划管理体制的最终确立

在资本主义工商业社会主义改造完成以前，国家对私营进出口企业主要通过进出口许可证制度、私营进出口企业登记办法、税收、价格等行政手段与经济手段相结合的措施进行管理。就外贸管理体制来说，在强调国家统制的同时，还保持一定的灵活性。在计划管理方式上，对于不同的经营主体和不同物资，实行了指令性计划与指导性计划相结合的灵活方式。

1956年以后，随着对私营进出口企业社会主义改造的完成，整个对外贸易由国营外贸专业公司实行专营，高度集中统一的外贸管理体制最终形成。对外贸易全部纳入国家的计划管理，按照外贸部门与其他相关经济职能部门制订的指令性计划开展进出口业务。

由于对外贸易管理的对象、目的和要求都发生了变化，在管理体制上由原来主要依靠进出口许可证制度实行国家对对外贸易的管制，转向更偏重于保证国家指令性进出口计划的完成。第一个五年计划时期，指令性计划是组织外贸进出口工作的主要依据。对外贸易进出口计划分为长期计划（如五年进出口计划）、年度计划和季度计划，由国家计委、外贸部、中央各部、各地方政府共同制订，经政府批准后的进出口计划具有法律效力。经国务院审批后，责成外贸部及其下属各单位贯彻执行。由于计划是指令性的，各单位不得任意变动。如需修改，则要逐级上报，由国务院核批。

1957年，中国国民经济转入单一计划经济轨道，外贸领域形成了由政府职能部门领导的国营外贸公司集中经营，中国的进出口业务全部由国营外贸专业总公司及其分支公司经营，此前行政管理权和业务经营权分离的状态宣告结束，国营外贸专业公司"垄断"经营的格局形成后，国家对外贸公司实行指令性计划管理，出口实行收购制，进口实行拨交制，财政上统收统支，盈亏由国家统负，管理和经营趋于一体的高度集中的对外贸易体制也从此确立。

二 对外贸易集中统一管理体制形成中的历史因素

新中国在既无必要资本、技术积累，又无对外扩张、掠夺可能的情况下，在大大低于世界平均工业化起点水平的基础上启动了工业化进程。①并选择了超常规的优先发展重工业的路径。重工业优先发展战略的目标是在较短的时间内迅速形成资本品的自我供给能力，并在此基础上建立完整的工业生产体系。与此同时，虽然并未明确提出，我国对外贸易领域实际上实行了进口替代战略。这一战略有利于经济落后国降低对国际市场的依赖程度，阻断进口工业品的竞争，保护国内幼稚产业的发展，避免不利的国际贸易条件带来的剥削。可以看出，重工业优先发展与进口替代之间存在着内在的呼应，并且这两个战略目标都对政府的强力干预提出要求：在计划经济体制下集中配置社会资源，并以强有力的行政组织和单一的经营主体设置作为保证。"一五"末期对外贸易领域以计划为基本手段的管理制度和缺少自主权的微观经营制度正是在上述背景下最终形成的。

首先，中国"一边倒"对外政策的提出及中苏同盟的建立是以相同的意识形态为重要前提的，因此，以苏联为首的社会主义国家的援助必然以中国对社会主义制度的认同为前提。② 此外，要实现如此大规模的经济、技术转移，客观上要求国内的经营管理体制逐步向苏联的计划经济体制靠拢并实现对接，以减少制度不匹配产生的摩擦。历史上苏联的计划经济模式曾经取得巨大成就，所产生的示范效应进一步加速了这一进程。事实上，这一时期中国与这些国家的进出口业务活动都是在政府双边协定的基础上，通过双方的国营对外贸易企业进行的。

其次，虽然苏联及东欧社会主义国家在资金、技术、人员上的援助为重工业优先发展和进口替代战略的实施提供了有利的外部条件，但国内资源供给不足（如外汇短缺）却是短期内难以改变的，也是影响外部条件发挥作用的一个重要制约因素。要破解现实的矛盾，需要制度安排做适当调整。为了使出口增长满足进口急剧扩张的需要，在国内资源极为短缺的

---

① 一般工业化国家在启动工业化初期，人均国民生产总值（GNP）大致在200—250美元（1965年美元价格），而中国1949年的人均国民生产总值仅50美元。1949年的人均国民收入仅为27美元，不及亚洲平均44美元的2/3。参见曹英主编《共和国风云50年》，内蒙古人民出版社1999年版，第551页。人均国内生产总值300美元左右是许多国家工业化起步的标志，英国、法国、德国、美国在开始工业化时，人均国民生产总值已分别达到227美元、242美元、302美元、472美元（按1965年美元计算），而我国在恢复时期结束、工业化开始启动的1952年人均国民生产总值只有50美元，大大低于上述发达国家，甚至还不如当时的印度（1950年印度人均国民生产总值为60美元）。参见周泽喜、胡金根主编《工业化进程中的对外贸易》，中国物价出版社1992年版，第2页。

② 参见武力《关于社会主义改造问题的再评价》，《当代中国史研究》2005年第1期。

条件下，就必须实行强制积累，并实行高度集中的资源配置方式。

"一五"计划时期，出口需求猛增导致国内市场供需缺口进一步增大，许多商品，特别是农副产品收购困难，若干主要出口物资供不应求，内、外销之间出现矛盾。当时私商主要是为了进口而出口，它们只要进口有高利，就不惜抬价抢购出口品，或在国外市场低价抛售出口货使出口货尽早脱手以便进口。因此，出现了私营进出口商与国营贸易企业争夺货源的现象。上述情况反映出大规模经济建设开始后，国营外贸企业与私营进出口的矛盾加剧。为平衡内、外销，保证国内市场稳定，并确保"进出平衡"，国家逐渐加强了对私营进出口商发展的限制，以强化国营外贸部门对出口物资的控制。统一使用外汇，并掌握重要的出口物资，有助于使有限的资源投向与国家的工业化目标相吻合的领域。

此外，从宏观背景来看，"一五"末期生产资料社会主义改造的基本完成，为确立全国集中统一的经济管理体制奠定了基础。这种体制要求各个经济部门在中央借助行政手段的统一指挥下，按指令性计划进行发展。各部门的计划都要与国家计划衔接并服从于整个国民经济计划，绝大部分的物资供应要由国家统一调拨，财政上统收统支。对外贸易部门的经营活动与国民经济各部门有着广泛联系，当其他部门都实行集中统一的管理体制后，外贸部门也只能实行集中统一的管理，严格受贸易计划控制的贸易量及贸易结构通过国民经济综合平衡计划成为集中配置的社会资源的组成部分。不仅如此，由于外贸部门自身的一些特点，使得在整个经济体系都实行集中统一管理后，外贸领域的集中统一程度只会更高。①

集中统一的经营管理体制需要有与之配套的组织机构来执行。私营进出口商利用原对外贸易部和海关工作不相衔接的漏洞逃套外汇正是促成关、局合并的主要动因。1953年上半年进口商还有私营批汇，在进口方面，它们通过进口高报价格及运杂费或进口不合规格的货物等方式逃套外汇，规避外贸管制。关、局合并后，实施报关单与许可证合一的监管制度，并将签发许可证、审查价格等对私营进出口商的管理职能，均由"关局合并"后的各地海关主管，有效遏制了类似问题的发生。

还需指出的是，在国民经济恢复时期，我国就逐步建立了独立自主的

---

① 成协祥：《"一五"时期我国对外贸易管理体制的形成及其历史条件的考察》，《中南财经政法大学学报》1986年第5期。

对外贸易体系，确立了国家对对外贸易的统制及贸易保护政策，这一切为"一五"时期对外贸易经营管理制度向集中统一管理的转化提供了前期准备。

三 "一五"时期对外贸易经营管理体制的效果分析

如前所述，"一五"计划时期对外贸易经营管理体制的演进轨迹是由同期国民经济总体发展战略的内在需要所决定的。从实施效果来看，这样的制度安排既在一定程度上达到了预期目标，但也存在着与生俱来的制度缺陷。

首先，第一个五年计划初期对外贸易领域尚存在着多种经济成分，并各自发挥着自己独特的作用。国家在实行行政管理的同时，税收、信贷、价格、出口补贴等经济杠杆还在一定程度上发挥着调节作用。在实行计划管理的方式上，针对不同经济成分和不同种类的物资，采取了直接计划与间接计划相结合的形式，对与国计民生关系重大的进出口物资实行直接计划，对一般土特产品和手工业产品实行间接计划，从而较好地处理了"主体"与"补充"的关系。在公私兼顾、统筹安排的原则下，私营进出口商的存在对促进"一五"初期对外贸易，特别是同资本主义国家间对外贸易的发展发挥了积极作用。"一五"计划末期全行业公私合营后，私营进出口商的某些好的经营传统和经营方式丧失，对资本主义国家和港澳地区的贸易受到消极影响。

其次，这一时期国家严格控制进口，并不断加强对重要的出口物资的掌握，严格对外汇的管理和统一使用，这些措施为苏联、东欧技术设备的大规模引进提供了保证，确保了资源配置服务于重工业优先发展目标。然而，"一五"末期高度集中统一管理体制形成后，计划经济体制的一些制度缺陷也开始显现，主要体现为：集中统一计划体制成功的前提是计划决策的准确性、科学性和宏观主体与微观主体利益诉求的一致性。然而，由于市场行情特别是国际市场行情瞬息万变，计划决策部门不可能及时、准确地掌握全部信息。对外贸易部门和各供货部门、各地区之间对进出口商品的数量、品种、规格、质量、供货时间等计划指标要经过反复协商方能确定，计划编制过程费时耗力，往往计划编制完成时，市场情况已发生变化。因此，计划在宏观层次上就难以实现资源配置的科学化、最优化。而微观层次上，外贸企业运行依靠的是宏观计划的层层分解，随着计划手段的推广强化和市场要素的逐步退出，竞争机制、价格机制、供求机制等失去作用空间，外贸企业等微观主体缺少利益机制的激励，加上经政府批准后的进出口计划具有法律效力，企业因此既不具备修正宏观计划失误的动机，也无这种能力，其结果必然造成经济效率和企业经营效益的低下。

第四节 对外经济技术援助的发展

新中国成立后，迅速走上对外援助之路。在国内百废待兴、经济和军事等方面尚立足不稳的情况下，为了维护社会主义阵营的整体利益，同时也是为了巩固新生的人民政权，维护国家安全，中国在接受外援的同时，开始对外提供援助。在冷战的国际环境下，意识形态和国家安全是新中国开展对外援助的根本出发点。"一边倒"的外交方针决定了新中国成立后中国对外援助的对象首先是社会主义阵营内的国家。由于殖民地、半殖民地国家所进行的民族解放运动是无产阶级社会主义革命的一部分，因此正在争取独立的殖民地、半殖民地国家乃至在此基础上建立的民族独立国家也被纳入中国的受援国范围。

一 对社会主义国家的援助

1950年年初几乎在中华人民共和国成立的同时，越南就向中国提出了援助的请求。中国的对外援助由此拉开了序幕。在"一边倒"外交方针指导下，开始向越南、朝鲜等少数几个社会主义国家提供经济技术援助，新中国首先向一些社会主义国家提供了援助，帮助它们恢复和发展国民经济，抗击外来侵略。

（一）帮助朝鲜抗击美国侵略，开展战后重建

朝鲜战争爆发后，应朝鲜和苏联的出兵请求，中国在自身立足未稳的情况下，经反复权衡决定于1950年10月19日出兵朝鲜，抗美援朝战争正式开始。

为了取得抗美援朝战争的胜利，中国从人力、物力和财力各方面对朝鲜给予无私的援助，做出了巨大的牺牲。"仅从志愿军来说，到停战为止，前后入朝转换参战的有步兵27个军和1个师，有航空兵、炮兵、装甲兵、工程兵、铁道兵、公安部队共40多个师，还有大批铁路员工和民工，共100多万人。在战争中光荣负伤和英勇牺牲的就有36万人。其中

在战场上献身的军级干部3人，师级干部10多人，团级干部近200人。"① 阵亡的志愿军干部中包括毛泽东的长子毛岸英。根据相关研究，志愿军在战争中阵亡11.4万人，负伤25.2万人，失踪2.56万（其中被俘2.1万）人，因伤病致死的3.46万人，总计损失兵员达42.62万人。② 他们在和平建设中都是最佳劳动力。

中国不仅承受了巨大的生命牺牲，而且还承担了高额的战争费用。1950年6月至1953年年底，中国政府向朝鲜政府无偿提供了大量战争急需和人民生活必需的物资，总值为人民币72952万元。此外，中华救济总会还运送了大批粮食等物资支援朝鲜人民③。由于军事装备落后，中国用贷款的形式从苏联购买了大量武器，在20世纪50年代苏联向中国提供的13笔总额约为66.163亿旧卢布的贷款中，抗美援朝贷款总计大约是32亿旧卢布，占贷款总数的48%④。据总参谋部1953年统计，中方军费共消耗62亿元（按当时汇率折合26亿美元）。中国在朝鲜战争中的全部战争费用多达100亿美元⑤。

入朝的志愿军战士还发扬国际主义精神，克服重重困难，为朝鲜国内的经济恢复与发展做出了巨大贡献。据不完全统计，自抗美援朝战争开始到1958年志愿军全部撤出朝鲜的8年中，志愿军战士帮助朝鲜人民修建公共场所881座，民房45412间，恢复和新建大小桥梁4263座，修建堤坝4096条，修建大小水渠2295条，进行田间劳动8.5亿坪，植树3600余万棵，运送粮食物资6.3万吨。8年中，特别在战时，志愿军官兵节衣缩食，以粮食2100多万斤、衣物近59万件帮助部分驻地人民渡过灾荒，为朝鲜人民治病188万余人次⑥。

需要指出的是，抗美援朝战争期间，中国对朝鲜的所有援助都是无偿的。1953年11月23日，中朝两国政府发表的谈判公报指出：鉴于朝鲜民主主义人民共和国在医治战争创伤和恢复国民经济的事业中，开支巨

---

① 杜平：《在志愿军总部》，解放军出版社1989年版，第659页。
② 徐焰：《第一次较量——抗美援朝战争的历史回顾与反思》，中国广播电视出版社1990年版，第322页。
③ 石林主编：《当代中国的对外经济合作》，中国社会科学出版社1989年版，第24页。
④ 沈志华：《毛泽东、斯大林与朝鲜战争》，广东人民出版社2003年版，第398页。
⑤ 包国俊：《抗美援朝战争历史不容歪曲》，《解放军报》2000年11月1日第1版。
⑥ 参见《中国人民志愿军八年来抗美援朝工作报告（1958年10月30日）》，载《人民日报》1958年10月31日。

大，中华人民共和国政府决定将1950年6月25日美国政府发动侵略朝鲜战争时起，截至1953年12月31日止这一时期中华人民共和国政府援助朝鲜的一切物资和用费，均无偿地赠送给朝鲜民主主义人民共和国政府①。

1953年7月27日，朝鲜停战协定签字，朝鲜进入了战后重建时期。之后中国又全力以赴帮助朝鲜进行战后重建和发展经济。战后，中国对朝鲜的援助主要表现在以下几个方面：

第一，提供援款和物资。1954—1957年的4年内，中国向朝鲜无偿赠送了人民币8万亿元，作为恢复经济之用。第二，帮助恢复交通。战争期间朝鲜的铁路遭到严重破坏，战后中国不仅帮助朝鲜修复了众多的铁路线，还供应了机车、客车、货车以及通信设备等器材。第三，接受实习生来华培训。战争期间，中国为朝鲜抚养了1万多名战争受难儿童。停战后，根据朝鲜政府的要求，其中2500人继续留在中国学习技术。此后，又接受1万名朝鲜实习生来华学习各种专业技术。第四，提供人力支援。中国派遣技工和技师，帮助朝鲜进行战后恢复城市建设。中国人民志愿军指战员积极参加朝鲜的战后恢复建设，帮助朝鲜人民重建家园。

（二）援越抗法

越南的民族解放斗争与中国革命有着悠久的历史联系。中华人民共和国成立前夕，越南正处于抗法战争最困难的时期。1949年9月，胡志明派特使到中国，请求中国帮助越南抗法。中国对越南提出的大部分援助要求都予以了满意的答复②。1950年1月18日，中国第一个承认越南民主共和国并与之建交。在抗美援朝负担沉重、"一五"建设资金捉襟见肘的情况下，1950—1954年，中国政府向越南提供了1.67万亿人民币（旧币）的援助。1954年5月"日内瓦会议"后越南北部战争结束，中国继续对越南国民经济的恢复与建设提供了援助。当年12月，两国政府在北京签订关于援助越南修复铁路、恢复邮政电信、修复公路航运水运等的协议书③。

---

① 刘国光、王刚、沈正乐主编：《中华人民共和国经济档案资料选编（1953—1957）》（综合卷），中国物价出版社2000年版，第925页。

② 罗贵波：《少奇同志派我出使越南》，载《缅怀刘少奇》，中央文献出版社1988年版，第239页。转引自曲星《中国外交五十年》，江苏人民出版社2000年版，第110页。

③ 舒云：《纠正与国力不符的对外援助》，《同舟共进》2009年第1期。

根据外交部文件《中国和越南关于中国 1955 年援助越南的议定书》的附件，中方援越的货物表里，有 30000 吨大米、300 吨面粉、5000 公斤葡萄干、180 根皮带、1130 箱酒及粉条、香烟、中成药、医疗器械等；援建铁路的物资表里，有电炉、轮船、电话机、卡尺、灯泡等物；农业援助项目从农作物栽培、选种、育种、病虫害防治，到建兽医院、家畜防疫药剂制造厂等，还有 10 个碾米厂、2 个汽油库、火柴厂、加固水坝，等等。这其中的 30000 吨大米，是在议定书签订之前 5 个月，越南劳动党中央致中共中央绝密函中提出的，当时中共中央回电："虽然国内大米供应也较紧张，但为着援助新解放的兄弟国家，同意照拨。"那时大多数中国人也难以享用到葡萄干和高档酒。①

（三）对其他社会主义国家的援助

1950 年 7 月，我国首任驻蒙古国大使吉雅泰到任不久，蒙古总理乔巴山就向他提出"要求帮助解决劳动力的问题"。当时，由于自身尚立足未稳，受到条件所限，中方的答复是"因为国内解放战争尚未结束，动员工人出国是有困难的，这个问题容后考虑"。中国一直没有忘记这个承诺，经过几年的组织协商，1955 年 4 月底，相关部门在东北三省开始了赴蒙工人的组织工作，当年首批 8200 名工人赴蒙。② 1956 年 8 月 29 日，中国与蒙古签订了经济技术援助的协定，规定中国在 1956 年至 1959 年内向蒙古提供 1.6 亿卢布（约合人民币 1.5 亿元）的无偿援款，帮助蒙古建设工业、农业、交通、文化设施等 13 个项目（后来实际建成 14 个项目）。③

中国与阿尔巴尼亚是 1949 年 11 月 23 日正式建交的。建交后的前 10 年中，两国关系发展正常。应阿尔巴尼亚政府的请求，中国政府从 1954 年开始向其提供一定数量的援助。当年 12 月，两国政府签订了中国给予阿尔巴尼亚无息贷款的协定，规定自 1955 年 1 月 1 日起至 1960 年 12 月 31 日止，中国给阿尔巴尼亚长期贷款 5000 万卢布，年息 5%。1956 年 6 月，阿方恳请中国再增加贷款 3000 万卢布，以满足阿尔巴尼亚第二个五

---

① 杨丽琼：《外交档案解密：1950 年代新中国对外援助逾 40 亿元》，《新民晚报》2006 年 7 月 29 日。
② 同上。
③ 裴坚章主编：《中华人民共和国外交史（1949—1956）》，世界知识出版社 1994 年版，第 87 页。

年计划的需要，中方答应了阿方的要求。①

在这一阶段，中国还向匈牙利、古巴提供了经济技术援助。1952 年匈牙利发生灾荒，中方迅速向其提供了 5 万吨粮食。② 1956 年 10 月"匈牙利事件"发生后，中国向匈牙利工农革命政府无偿赠送了价值 3000 万卢布的物资。1957 年 5 月，中匈两国政府又签订了中国向匈牙利提供现汇贷款的协定③。

二　万隆会议及对亚、非民族主义国家的援助

1955 年 4 月 18—24 日，包括中国在内的 29 个亚非国家参加了在印度尼西亚万隆召开的亚非会议。会议期间中国代表团进行了大量卓有成效的外交活动，增进了中国和与会国家间的相互了解。会议发表的《亚非会议最后公报》就亚非国家间开展经济合作问题指出："与会国同意在实际可行的最大程度上互相提供技术援助，方式是：专家，受训人员，供示范用的试验工程和装备，交换技术知识等。"会后，中国对外关系有了新的发展，对外经济技术援助的范围和规模随着中国对外关系的发展而逐步扩大，从社会主义国家扩展到亚洲、非洲一些民族主义国家。援助的内容和方式，从物资援助发展到现汇援助、技术援助和成套项目援助。

亚非民族主义国家是在第二次世界大战后民族独立运动的基础上发展起来的，它们过去曾是西方国家的殖民地或半殖民地，经济十分落后。独立以后，都面临着发展经济，通过实现经济独立来巩固政治独立的艰巨任务。中国和这些国家有着相似的命运，尽管当时中国自己也面临着许多经济困难，但仍然尽可能地向这些国家提供了一些援助，为这些国家的政治独立和经济发展贡献自己的力量。

从 1956 年起，中国开始向一些亚非民族主义友好国家提供经济技术援助。周恩来在当年 6 月召开的第一届全国人民代表大会第三次会议上的发言中指出："中国根据平等互利、互相尊重主权的原则，通过援助，同亚非民族主义国家进行经济技术合作，我们的目的是为了促进彼此的经济发展。我们不以经济合作为名，对别国进行干涉和控制，或者把军事上、政治上和经济上不利的义务强加在别国的身上。"1957 年 3 月 5 日，周恩

---

① 裴坚章主编：《中华人民共和国外交史（1949—1956）》，世界知识出版社 1994 年版，第 73 页。

② 同上书，第 54 页。

③ 石林主编：《当代中国的对外经济合作》，中国社会科学出版社 1989 年版，第 37 页。

来在政协二届三次全体会议上所做的关于访问亚欧11国的报告中指出："目前，中国在力所能及的范围内，正在向某些亚非国家提供一些经济援助。这些援助就其数量来说是极其微小的，然而是不附带任何条件的，这表示了我们帮助这些国家独立发展的真诚愿望。"①

中国对亚洲民族主义国家的援助是从1956年对柬埔寨的援助开始的。1956年6月21日，中柬两国政府在北京签订了《经济援助协定和建设成套项目议定书》。规定，中国于1956—1957年间无偿给予柬埔寨价值800万英镑的援助，用于提供物资和建设纺织厂、胶合板厂、造纸厂、水泥厂等成套项目。协定明确规定，中国政府提供的援助是不附带任何条件的。至1963年年底，纺织厂、胶合板厂、造纸厂已经建成。投产后的情况表明，这些项目设备性能良好，生产正常，产品畅销国内市场，三个厂的产值约占当时柬埔寨工业总产值的50%②。中国对柬埔寨的支持与援助促成了两国于1958年7月建交。

中国和尼泊尔于1955年8月建交后，友好合作关系逐步发展。1956年10月，时任中国外贸部部长的叶季壮和尼泊尔驻华大使拉纳签订了两国政府经济援助协定，规定在协定生效后3年内，中国无偿援助尼泊尔6000万印度卢比③。

万隆会议后，在20世纪50年代后期至60年代前期，非洲的民族独立运动进入了一个新的阶段，中国对于非洲人民捍卫民族独立的斗争给予了坚决支持。中国对非洲国家的经济技术援助是从1956年援助埃及开始的。当年8月，埃及政府将苏伊士运河公司收归国有，导致英、法和以色列的武装干涉，由此爆发了苏伊士运河战争。为了支援埃及反抗外国武装侵略，中国政府向埃及政府提供了2000万瑞士法郎的无偿现金援助。

三 对外援助的规模和效果

"一五"计划时期，中国是在资金极为短缺的情况下对其他国家进行经济技术援助的，就当时中国的经济发展水平和能力来讲，援助的力度是非常大的。根据1960年7月1日，时任外贸部副部长的李强向全国外事

---

① 谢益显主编：《中国当代外交史（1949—1995）》，中国青年出版社1997年版，第173页。
② 石林主编：《当代中国的对外经济合作》，中国社会科学出版社1989年版，第37—38页。
③ 裴坚章主编：《中华人民共和国外交史（1949—1956）》，世界知识出版社1994年版，第142页。

会议所做的《几年来的对外经济技术援助工作》的报告,"从1950年起至1960年6月底,我国同某些兄弟国家和亚非民族主义国家达成协议,由我国提供无偿援助和贷款总额为40.28亿元人民币,其中援助兄弟国家35.39亿元(无偿援助25.79亿元,贷款9.60亿元),援助民族主义国家4.89亿元(无偿援助2.38亿元,贷款2.51亿元)。在援助总额中,用于提供成套设备的为9.86亿元,其中对兄弟国家9.62亿元;对民族主义国家2470万元"。根据《中国统计年鉴》,在当时我国的经济总量中,40.28亿元的外援总额接近"一五"计划期间国家基建投资计划427.4亿元的1/10。①

此外,根据《几年来的对外经济技术援助工作》,我国从1955年开始对外提供成套设备的援助,"到1960年6月底,按照我国同9个国家签订的经济技术协定和议定书的规定,援外的成套项目为182项,其中对'兄弟国家'165项(朝鲜8项,越南100项,蒙古53项,阿尔巴尼亚3项,捷克斯洛伐克1项)"。在其余援助"亚非民族主义国家"的17项中,刚与我国建交两年的柬埔寨得到了8项。"共派出工程技术人员7558人次,建筑工人25566人次。……共接受和培养了外国实习生2864名。"②

综上所述,在"一五"计划时期,中国对外经济技术援助的范围和规模随着对外关系的发展而逐步扩大。出于意识形态和国家安全的考虑,越南和朝鲜这两个亚洲的社会主义国家成了中国最早和首要的受援国。万隆会议之后,随着中国对外关系的扩大,中国的援助对象开始由周边的社会主义国家向其他地区的社会主义国家和民族主义国家发展。从援助的内容看,既有军事援助,也有经济技术援助和人道主义援助。在对外援助实践中,中国初步形成了自己关于对外援助的方针政策和管理体制,并积累了不少经验,为进一步做好这项工作奠定了良好的基础。③

---

① 杨丽琼:《外交档案解密:1950年代新中国对外援助逾40亿》,《新民晚报》2006年7月29日。
② 同上。
③ 石林主编:《当代中国的对外经济合作》,中国社会科学出版社1959年版,第42页。

第十章　科技进步与经济发展

中国在"一五"时期开始进行大规模工业化建设，实施"赶超"战略，这一诉求离不开科技进步。因此，在当时的国际环境下，中国选择了从苏联大规模引进先进技术，同时，自主消化学习。中国党和国家领导人还发动了全民技术革新运动，以期改善科技氛围，发挥潜力，提高科技素养。科技进步离不开体制建设，为此，中国在"一五"时期建立了四位一体的科研体制，并通过制定科研规划来指导科技发展。同时，中国还进行了教育变革，目的在于培养适合工业化发展的人才。科技进步有助于经济发展，通过以上一些措施，中国科技水平在"一五"时期取得了诸多进展。

第一节　工业化战略的诉求

"一五"时期是中国大规模进行工业化建设的时期，中国试图通过苏联式的计划经济体制实现工业化的"赶超"。而要实现这一目标，离不开科技进步。因此，中国的党和国家领导人高度重视科技进步。

一　科技进步：赶超型工业化战略的诉求

在我国资金匮乏、经济基础薄弱的条件下，为了尽快实现"赶超"目标，从"一五"计划开始，中国甚至采取了比苏联更严格的强制性积累，试图在远比苏联落后的工业基础上，跨越轻纺工业阶段而直接建立重化工业体系。由于市场机制不能很好地实现这样的预期目的，中国只好选择了苏联式的计划经济体制。在高度集中的计划管理体制下，中国创建了大量的国有企业，企图通过高积累的方式集中大量建设资金，进行大规模的重化工业投资和建设，并在此过程中，希望提高中国的科学技术水平，实现科技进步和工业建设的良性互动。

中国拥有悠久的技术传统，古代的四大发明是一个明证。然而，中国并没有发生英国式的工业革命。近代的落后让中国饱尝了艰辛，也让新中国的领导人认识到，中国的科技水平与世界差距很大。旧中国整个经济为帝国主义所控制，加上反动派的长期统治和数年的战争破坏，"中国经济这一个落后的、贫困的、带有殖民性的情况，必然会使我们在经济恢复和建设中，遭遇到更多的困难"。① 中国要迎头赶上发达国家，必须要迅速实现工业化，必须要提高中国的科技水平，促进科技进步。如果工业生产能力不能在短时间内取得较大进步，那么新中国的处境将是艰难的，无法应对以美国为首的资本主义国家对新中国的孤立和封锁。

中国的近代史证明，科学技术落后的国家是不能够真正地屹立于世界民族之林。西方发达的资本主义国家之所以在世界处于领先地位，在于其科学技术水平领先于世界。英国率先崛起，成为日不落帝国，在于第一次工业革命，美国、德国之所以能够后来居上，也在于抓住了第二次工业革命的机会。② 中国要实现赶超，必须大规模地进行重化工业投资和建设，并借此提高中国的工业生产能力和科学技术水平，实现科学技术进步与工业化生产的互动。

二 党和政府高度重视科技进步

在赶超型工业化战略的诉求下，毛泽东、刘少奇、周恩来等第一代党和国家领导人非常重视科技进步。中国的工业基础非常落后，若要建设一个强大的社会主义工业化国家，抵御住帝国主义国家对中国的侵略，没有强大的科技做支撑是不可能的。

早在1944年5月，毛泽东在《共产党是要努力于中国的工业化的》一文中就指出："中国落后的原因，主要的是没有新式工业。日本帝国主义为什么敢于这样的欺负中国，就是因为中国没有强大的工业，它欺负我们的落后。"③

1950年，刘少奇在《国家的工业化和人民生活水平的提高》手稿中阐述党和政府的基本任务时写道："这就是使中国逐步地走向工业化和电

---

① 中国社会科学院、中央档案馆：《中华人民共和国经济档案资料选编（1949—1952）》（综合卷），中国物资出版社1990年版，第37—46页。
② 第二次工业革命从19世纪六七十年代开始，在19世纪末20世纪初基本完成。它以电力的广泛运用为显著特点。世界由"蒸汽时代"进入"电气时代"。
③ 《毛泽东文集》（第3卷），人民出版社1996年版，第146—147页。

气化。只有工业化和电气化，才能建立中国强大的经济力量和国防力量。"① 1950 年，周恩来要求全国的科学工作者群策群力，为新中国的建设而出力，"大禹治水，为中华民族取得了福利，中国科学家的努力，一定会比大禹创造出更大的功绩"。②

1953 年 9 月 8 日，周恩来在《过渡时期的总路线》一文中，针对"我们的经济遗产落后，发展不平衡，还是一个农业国，工业大多在沿海。我们文化也是落后的，科学水准、技术水准都很低"③ 的落后状况，强调"一五"计划的基本任务包括建立国家工业化和国防现代化的基础，相应地培养技术人才。

为了实现工业化，技术必须快速进步，从而为经济发展保驾护航。1953 年 12 月，毛泽东在《革命的转变和党在过渡时期的总路线》一文中指出："只有完成了由生产资料的私人所有制到社会主义所有制的过渡，才利于社会生产力的迅速向前发展，才利于在技术上起一个革命，把在我国绝大部分社会经济中使用简单的落后的工具农具去工作的情况，改变为使用各类机器直至最先进的机器去工作的情况，借以达到大规模地出产各种工业和农业产品。"④ 1954 年，周恩来在提出四个现代化奋斗目标的同时，指出科学技术是关键，没有现代化的技术，就没有现代化的工业，强调必须更加合理有效地使用和提高现有的技术人才，加强技术组织工作和企业中培养技术人才的工作。他说："科学是关系我们的国防、经济和文化各方面的有决定性的因素"⑤，"只有掌握了最先进的科学，我们才能有巩固的国防，才能有强大的先进的经济力量"。⑥

1954 年 3 月 8 日，中共中央批转《中国科学院党组关于目前科学院工作基本情况和今后工作任务的报告》，中共中央在批示中提出："科学工作对国家建设具有重要的意义。要把我国建设成为生产高度发达、文化高度繁荣的社会主义国家，一定要有自然科学和社会科学的发展。在国家有计划的经济建设已经开始的时候，必须大力发展自然科学，以促进生产

---

① 《刘少奇论新中国经济建设》，中央文献出版社 1993 年版，第 172 页。
② 《周恩来选集》下卷，人民出版社 1984 年版，第 30 页。
③ 同上书，第 108 页。
④ 《毛泽东文集》第 6 卷，人民出版社 1999 年版，第 316 页。
⑤ 《周恩来选集》下卷，人民出版社 1984 年版，第 181 页。
⑥ 同上书，第 182 页。

技术的不断发展，并帮助全面了解和更有效地利用自然资源。我国科学基础薄弱，而科学研究干部的成长和科学研究经验的积累，都需要相当长的时期，必须发奋努力，急起直追，否则就会由于科学落后而阻碍国家建设事业的发展。党必须关心科学研究工作，从各个方面为科学研究工作的开展创立有利的条件。"① 这个文件是 20 世纪 50 年代中共中央有关科学技术发展的纲领性文件。

作为新中国的领导人，毛泽东对中国要实现现代化的强烈愿望和不懈追求，使他敏锐地觉察到世界新科技革命浪潮的到来，因此更加产生了要赶超世界先进水平的紧迫感和责任感。1955 年 3 月，毛泽东在党的全国代表会议上指出："我们进入了这样一个时期，这就是我们现在所从事的、所思考的、所钻研的，是钻社会主义工业化，钻社会主义改造，钻现代化的国防，并且开始钻原子能这样的历史的新时期。"② 应当说，毛泽东此时的判断是完全正确的，是顺应了当时世界科学技术发展的大趋势的。正是由于毛泽东对世界科学技术发展趋势的高度重视、准确把握，因而审时度势地抓住了中苏友好的有利时机，通过多种形式引进苏联的先进技术设备和智力，对我国科技事业特别是对国防科研工作的开拓和发展，起了非常重要的推动作用。这一时期，我国一些新兴科学技术从无到有，开始有计划地发展起来，并且取得了令世人瞩目的成就。

毛泽东认为，采用先进的科学技术，赶超世界先进水平，是资本主义各国以及苏联发展经济和科技的普遍规律，中国也不能例外。在 1956 年党的知识分子工作会议上，毛泽东、周恩来等号召全党全国人民"向科学进军"，大搞技术革命，并提出了分步骤分阶段缩小与世界发达国家先进科学技术水平的差距、赶超世界先进科学技术水平的思路。

为了率先垂范，尊重知识和科学，毛泽东、刘少奇、周恩来、陈云等中央政治局委员还请科学家们来上课。1956 年 1 月 21 日下午，毛泽东和刘少奇、周恩来、陈云、彭真等在中南海怀仁堂听取中国科学院四位科学家的报告，副院长兼物理学数学化学部主任吴有训讲物理学、天文学、数学、力学和化学方面的问题，副院长兼生物学地学部主任竺可桢讲生物

---

① 中央档案馆、中共中央文献研究室编：《中共中央文件选集（1949—1966）》第 15 册，人民出版社 2013 年版，第 371 页。

② 毛泽东：《在中国共产党全国代表会议上的讲话》（1955 年 3 月 31 日），《毛泽东文集》第 6 卷，人民出版社 1999 年版，第 395 页。

学、地学和农学方面的问题，技术科学部主任严济慈讲技术科学的问题，哲学社会科学部副主任潘梓年讲哲学、社会科学的问题。四位科学家共讲了四个半小时。毛泽东提议今后每月可组织两次这样的科学报告，对大家都有好处。

第二节　科技进步的现实选择分析

科技进步需要落到实处，而当时的国际环境是，以美国为首的资本主义国家对中国进行了封锁，以苏联为首的社会主义阵营对中国表达了友好。国内基础非常薄弱，工业基础、科技水平、科技人才的数量都处于较低水平。在这样的条件下，中国选择大规模从苏联引进先进技术，然后消化吸收，从而提高科技水平。同时，为了培养人才，改善科技局面，中国党和政府还发动了全民的技术革新运动。

一　科技进步的条件

（一）国际环境

新中国成立时，它所面临的国际环境是错综复杂的。第二次世界大战以后，国际形势发生了重大而深刻的变化。德国、日本、意大利这三个国家在大战中被彻底打败，在国际政治舞台上丧失了主权国家的平等地位；英国和法国两个老牌强国虽然是战胜国，但它们的实力在大战中受到严重消耗，丧失了以往的富有和在世界上的显赫地位，欧洲的世界中心地位也随之丧失。只有美国，由于本土远离战场而没有遭到战争破坏，同时还大发战争财，从而使其在经济、军事、科技等方面都领先于其他国家，成为名副其实的世界第一号强国。社会主义苏联在第二次世界大战中经受住了严峻的考验，成为打败德国法西斯的主力，苏联的综合国力不仅空前提高，而且其国际威望也空前提高，成为当时世界上在各个方面唯一能与美国抗衡的国家。这是第二次世界大战之后形成的总体国际形势，这种国际形势又逐步发展演变成为两极世界、两大阵营严重对峙的国际格局。

美国的科技力量在世界上是独一无二的，拥有大批像爱因斯坦这样的世界超一流科学家。此外，美国还是世界上第一个拥有原子弹的国家。在1945年10月23日，时任美国总统杜鲁门不无自豪地宣布：美国拥有

"地球上最强大的海军力量"和"世界上最强大的空军力量"①。如此强大的力量用来干什么？美国的战略家们决定用它来遏制"共产主义的扩张"，维护和扩大美国的全球利益，确立美国在世界的霸主地位。

以美国为首的帝国主义阵营一开始就对中国共产党和新中国实行敌视政策。中华人民共和国的成立，以美国为首的帝国主义国家是不甘心的。1949 年 10 月 3 日，美国总统杜鲁门指示国务院："我们不要匆匆忙忙承认这个政府，我们在承认苏联的共产党政权之前曾等待了 12 年。"②

以苏联为首的社会主义阵营对中国共产党和新中国逐步采取友好政策。中华人民共和国刚刚成立，苏联就迅速承认了新中国。在新中国成立的第二天，即 1949 年 10 月 2 日，时任苏联外交部副部长葛罗米柯受苏联政府委托致电周恩来外长："苏联政府决定建立苏联与中华人民共和国之间的外交关系，并互派大使。"同一天，苏联宣布断绝与国民党政府的一切外交关系。10 月 3 日，苏联与中华人民共和国正式建立外交关系。苏联是第一个与新中国建立外交关系的国家，对新中国外交战略产生了重要影响。随后，其他社会主义国家也承认了新中国，并与新中国建立了外交关系。苏联等社会主义国家从各个方面帮助和支持新中国。

（二）国内基础

旧中国工业基础薄弱，农业产值在国民经济总产值中占绝对优势。农业产值基本上全部是由传统的手工方式生产的；工业产值亦以手工业生产为主，机器工业的生产产值有所上升，但始终低于手工业。由于农业总产值远远高于工业总产值，因此以近现代科学技术装备的各行业的产值在总产值中所占的比例始终很低。

从整体上看，旧中国没有形成工业体系，未能改变重工业的落后状况。旧中国的整个国民经济技术装备陈旧落后，设备自给能力和配套能力低，国防力量薄弱，是与重工业发展水平低下相联系的。同时，工业技术水平低下，门类短缺。如机械工业不能制造汽车、拖拉机和飞机等；一些小机械厂多半从事修理和装配业务。

新中国成立后，经过三年的经济恢复，中国经济面貌逐渐有了改变，包括科技水平。然而，尽管中国的党和政府采取了多种措施，比如鼓励海

---

① 沙健孙主编：《中国共产党通史》第 5 卷，湖南教育出版社 2000 年版，第 6 页。
② 陶文钊主编：《美国对华政策文件集》第 1 卷（上），世界知识出版社 2003 年版，第 154 页。

外知识分子回国效力，为国内技术人才创造良好的条件，中国的科技水平相对来说仍然比较低。1952 年年底，全国人口近 5.75 亿人，其中科技人员仅 42.5 万人，平均每万人口中不到 7.5 个科技人员①。到 1956 年，全国共有独立的研究机构 410 个，职工 6.4 万多人，其中研究人员和技术人员 19603 人。截至 1956 年，全国范围的科学研究工作系统已初步形成。这个系统是由中国科学院、国务院各部门和各省、自治区、直辖市的科学研究机构以及全国高等院校四个方面所组成。中国科学院有 66 个研究机构，研究人员 5115 人；国务院各部门有研究机构 105 个，研究人员 10307 人；各省、自治区、直辖市有研究机构 239 个，研究人员 4181 人。高等院校参加科学研究工作的教师有 17084 人，其中教授和副教授有 4515 人，是一支力量比较雄厚的科研队伍。

在这个系统中，中国科学院是全国学术领导和重点研究的中心，其工作方向是研究重大科学基础理论问题，研究国家建设所需要的最新技术，研究国民经济中综合性的、关键性的科学技术问题。高等院校则要加强教学和科学研究的结合，有些高等院校在某几门或某一门科学领域内，逐步成为全国科学研究的中心或中心之一。国务院各部门的科学研究工作，要密切结合生产需要，把科学新成果应用到生产中去，在有关科学技术领域内，成为全国该专业的研究中心。地方科学研究机构密切结合本地区经济建设的需要，有计划、有步骤地开展科学研究工作。

二　引进与创新相结合，提倡百家争鸣

（一）大规模从苏联引进

中国在外交上选择向苏联所代表的社会主义阵营"一边倒"之后，经济建设上可以依赖的伙伴就只有以苏联为首的社会主义国家了。这一点与战败后的日本就大不相同。日本战败后，为了防止社会主义的所谓铁幕，美国把战败的日本作为对付共产主义幽灵的盟友。因此，日本可以从美国、欧洲等老牌资本主义国家那里获得很多先进技术。但中国不行，在当时的情境下，中国只能从苏联大规模引进技术。为了扩大社会主义阵营，苏联等社会主义国家以友好的态度对中国进行了援助。

"一五"时期，中国经济建设之所以取得辉煌成就，是与当时国际上

---

① 牛君、慕向斌：《建国后前七年我国发展科技的理论与实践》，《内蒙古民族大学学报（社会科学版）》2002 年第 5 期。

的物资援助和技术援助分不开的。1953年5月15日，中苏签订《苏联政府援助中国政府发展中国国民经济的协定》，苏联向我国提供技术援助、派遣专家。

"一五"时期，在遭受全球绝大多数资本主义国家封锁、禁运的环境下，中国通过等价交换的外贸方式，接受了苏联和东欧国家的资金、技术和设备援助。中国全面引进苏联的先进技术和成套设备，在苏联援建的"156项工程"项目中（实际实施150项），主要建设了一批为国家工业化所必需的冶金、汽车、机械、煤炭、石油、电力、电信、化学和国防等基础工业的重点项目，这些项目是利用苏联现代先进的设计技术和设备建设起来的，既奠定了工业化的初步基础，也奠定了我国科学技术发展的基础。

以"156项工程"为重点，中国还实施了近1万个基本建设项目，其中限额以上项目921个，到1957年年底，全部建成投产428个，部分投产109个，新增工业固定资产214亿元，超过旧中国近百年积累固定资产的60%。中国开始有了过去没有的现代工业部门，例如，飞机、汽车、发电设备、重型机械、新式机床、精密仪表、电解锌铝、无缝钢管、合金钢、塑料、无线电和有线电的制造工厂等。这些成就初步奠定了中国工业化的物质技术基础。[①]

除了苏联的援助之外，德意志民主共和国、捷克斯洛伐克、波兰、匈牙利、罗马尼亚、保加利亚6国也为我国的经济建设提供了不少帮助，共援助我国建设工业项目68项。[②]

总之，20世纪50年代，通过引进国外先进技术，实现了中国技术进步的第一次飞跃，使中国的技术能力水平由新中国成立前落后于工业发达国家半个世纪，基本上达到20世纪40年代的水平。通过与苏联、东欧各社会主义国家的科技合作，中国引进了数千项科技成果的生产经验方面的资料；通过聘请外籍专家、学者，派遣出国留学生和生产实习人员，培训了一大批科技骨干。"一五"期间，中国还进口了大量科研仪器和教学设备，使科研和教学条件得到了一定程度的改善。从苏联、东欧各国引进的技术，节省了自己从事研制的大量资金和时间，避免了一些不必要的弯

---

① 王延中：《论中国工业技术的现代化问题》，《中国工业经济》2004年第5期。
② 薄一波：《若干重大决策与事件的回顾》（上），人民出版社1997年版，第305页。

路，对中国科学技术的进步起了很好的促进作用。

（二）学习消化、自主创新

中国的进步离不开朋友的帮助，但决不能把中国自身的艰巨任务仅仅寄托在别国的帮助之上。工业化建设要坚持独立自主，争取外援为辅。早在1945年1月，毛泽东就指出："我们不能学国民党那样，自己不动手专靠外国人，连棉布这样的日用品也要依赖外国。我们是主张自力更生的。我们希望有外援，但是我们不能依赖它，我们依靠自己的努力，依靠全体军民的创造力。"①

1949年4月，周恩来向来北平参加即将召开的政治协商会议的部分爱国民主人士、北平一些大学教授做报告时也明确指出："我们对外交问题有一个基本的立场，即中华民族独立的立场，独立自主、自力更生的立场。"② "任何国家都不能干涉中国的内政。我们就是为此而奋斗了一百多年！我们要自力更生，然后才能争取外援。外援如有利于中国，当然要，但不能依赖。即使对于苏联及各人民民主国家，我们也不能有依赖之心。"③

1956年8月，毛泽东在《同兄弟国家团结一致，同一切国家建立友好关系》一文中说："中国的革命和中国的建设，都是依靠发挥中国人民自己的力量为主，以争取外国援助为辅，这一点也要弄清楚。那种丧失信心，以为自己什么也不行，决定中国命运的不是中国人自己，因而一切依赖外国的援助，这种思想是完全错误的。"④

正是在这种思想指导下，中国没有依赖那些设备和技术，而是怀着增强自力更生能力的强烈愿望去掌握、去"消化"它们。"一五"时期，消化、吸收引进技术采取了灵活多样的方式，根据引进技术的复杂程度来看，可分为两个层次：一是通过学习掌握引进技术，这主要是对项目建设过程中包含的新知识和新技术的学习，学习的渠道主要有：结合国外专家特别是苏联专家的现场指导，在实践中学习；通过人才的国际互动和培养来学习，从国外提供的技术资料中学习。二是对那些大型复杂技术"攻关"，通过综合力量和资金投入进行消化吸收。以军事工业为例，"一五"

---

① 《毛泽东选集》（第3卷），人民出版社1991年版，第1016页。
② 《周恩来选集》（上卷），人民出版社1984年版，第321页。
③ 同上书，第322页。
④ 《毛泽东外交文选》，中央文献出版社、世界知识出版社1994年版，第245页。

期间对国防工业和国防科研的投资占全部工业基建投资的 11.8%，等于对民用机械工业部门的投资。国家将这些资金配合最高水平的科研人员和设备集中投入到有关核动力、核喷气推进力、电子计算机以及尖端武器等的研究开发中。在开发过程中，往往不仅依靠各有关军工部门独自的科研机构和专用工厂，而且还会邀请苏联专家顾问、发动中科院以及著名大学的有关科研力量参与研究和实验，即在全国范围内集合科技资源完成项目研发。

通过全面、系统、灵活多样的学习和重点攻关，"一五"时期在消化、吸收引进技术方面取得了明显的成效。不仅如此，中国还在某些领域实现了技术再造，技术创新能力得到了迅速积累，主要表现在以下几个方面：第一，初步掌握了现代化工厂、矿井、桥梁、水利建设的设计和施工技术，并在大批引进工程的建设过程中迅速发展起有关队伍和机构。第二，已经能自行制造单系列设备。虽然建设所需的机器设备有 40% 还靠进口，但已改变了过去基本上依靠进口的状况。第三，中国有许多工业品已经开始出口，其中包括钢材、工作母机以及一些成套设备。出口工业品占出口总额的比重 1950 年为 15.4%，1955 年提高到 40.4%。第四，大批生产管理和经济管理人才成长起来。到 1958 年中国开始第二个五年计划时已经能做到绝大多数建设项目靠自己设计。当然，如果没有苏联专家的热心传授和指导，设计能力提高如此之快是不可能的。第五，在引进技术基础上，中国还在苏联专家的帮助下，研制了一些新产品、新设备，开发了一些新技术。总之，这次技术引进不但作为现实的生产要素直接增强了中国的工业实力，而且成为国内技术扩散的基础。中国正是在这次引进的基础上发展了一定程度自身的投资能力，从而奠定了初步工业化的物质技术基础。

（三）提倡学术界的"百家争鸣"

1956 年 2 月 19 日，当中共中央宣传部在 2 月 1 日给中央的报告中说：据广东中山大学党委反映，一位在中国讲学的苏联学者，在访问孙中山故居途中，向中国陪同人员谈了他对毛泽东《新民主主义论》中关于孙中山世界观论点的不同看法，"有损我党负责同志威信"，是否有必要向苏联反映，请指示。毛泽东对此批道："我认为这种自由谈论，不应该禁止。这是对学术思想的不同意见，什么人都可以谈论，无所谓损害威信。因此，不要向尤金①谈此事。如果国内对此类学术问题和任何领导人有不同意见，也不应加以禁止。如果企图禁止，那是完全错误的。"②并将该报告批给刘少奇、周恩来、陈云、彭真、邓小平、陈伯达阅，然后退给中宣部部长陆定一办。

1956年4月25日至28日，中共中央召开了有省、直辖市、自治区党委书记参加的政治局扩大会议，毛泽东于25日在会上做了《论十大关系》报告，然后会议围绕报告展开讨论。陆定一专门谈了学术研究的自由问题。28日，毛泽东就会议讨论情况做总结发言，正式提出"百花齐放，百家争鸣"方针。毛泽东说："'百花齐放，百家争鸣'，我看这应该成为我们的方针。艺术问题上百花齐放，学术问题上百家争鸣。讲学术，这种学术也可以讲，那种学术也可以讲，不要拿一种学术压倒一切。你如果是真理，信的人势必就会越多。"③

5月2日，毛泽东又在最高国务会议上讲："我们在中共中央召集的省、市委书记会议上还谈到这一点，就是百花齐放，百家争鸣。在艺术方面的百花齐放的方针，学术方面的百家争鸣的方针，是有必要的。……在中华人民共和国宪法范围之内，各种学术思想，正确的，错误的，让他们去说，不去干涉他们。李森科，非李森科，我们也搞不清，有那么多的自然科学学派。就是社会科学，也有这一派、那一派，让他们去谈。在刊物上、报纸上可以说各种意见。"④

毛泽东的讲话精神传出以后，李富春、郭沫若都请中宣部部长陆定一给当时正在北京制定科学发展规划的科学家谈谈党的"百花齐放，百家争鸣"方针。郭沫若说："国家建设急切需要科学技术的支援，人民生活也急切需要文化粮食的供应。但由于政策执行上有了偏差，发生了教条主义和公式主义的倾向，影响了科学和文艺的发展。因此，我认为有必要由党来阐明正确的方针政策，一以克服偏差，二以解除顾虑；这样来促进科学和文艺的发展。这就是我请陆定一同志作报告的动机。"⑤

大概是陆定一将李富春、郭沫若的提议向中央汇报后，刘少奇即指定

---

① 尤金，当时为苏联驻中国大使。
② 《建国以来毛泽东文稿》，中央文献出版社1992年版，第40页。
③ 《党的文献》编辑部：《共和国走过的路》，中央文献出版社1991年版，第248—249页。
④ 同上书，第249—250页。
⑤ 郭沫若：《关于发展学术与文艺的问题》，《人民日报》1956年12月18日。

由他去做报告。陆定一的讲稿起草好了以后,中宣部讨论了两次,又根据周恩来的意见做了修改。然后于1956年5月26日在怀仁堂向来自理论界、科学界和文艺界的1000多人,做了《百花齐放,百家争鸣》报告,详细阐述毛泽东提出的"双百"方针。

陆定一说:"我们所主张的'百花齐放,百家争鸣'是提倡在文学艺术工作和科学研究工作中有独立思考的自由,有辩论的自由,有创作和批评的自由,有发表自己的意见、坚持自己的意见和保留自己的意见的自由。""大家知道,自然科学包括医学在内是没有阶级性的。它们有自己的发展规律。……这些本来是在理论上早已解决了的问题。因此,在某一种医学学说上,生物学或其他自然科学的学说上,贴上什么'封建''资本主义''社会主义''无产阶级''资产阶级'之类的标签,例如说什么'中医是封建医,西医是资本主义医','巴甫洛夫的学说是社会主义的','米丘林的学说是社会主义的','孟德尔—摩尔根的遗传学是资本主义的'之类,就是错误的。我们切勿相信。"

陆定一的报告引起热烈反响。会后,陆定一收到了郭沫若、矛盾等人的72封来信,希望整理发表。6月7日,陆定一将修改过的《百花齐放,百家争鸣》呈送毛泽东审定,毛泽东于6月8日批道:"此件很好,可以发表。"于是,这篇比较充分论述"双百"方针的代表文献被刊登在1956年6月13日的《人民日报》上。

1956年9月,"百花齐放,百家争鸣"方针被载入八大文件。八大政治报告决议:"为了科学和艺术的繁荣,必须坚持'百花齐放、百家争鸣'的方针。"

1956年5月25日和28日,《光明日报》报道了该报记者与首都一些著名的科学家和教授的采访谈话。

清华大学教授钱伟长说:"我们科学界所以衷心地欢迎'百家争鸣'这个方针,是因为'百家争鸣'是科学发展的客观规律,是科学发展的必然的道路。"

清华大学教授张光斗说:"以往在技术科学方面,不是'百家争鸣',而是根本没有'鸣'过。这里有一些思想障碍,比如权威思想、保守思想,等等。"

科学院生物研究所副所长朱洗说:"过去几年来,中国学术上缺乏争论的风气。思想改造以前还稍微好些,思想改造以后争论就更少了。没有争论，并不等于没有意见，而是有意见不敢说。为什么不敢说，主要的是怕说得不对，会挨到'这是什么思想'的批评。……向苏联学习，也应向别的国家学习。'只此一家，别无分店'，这是不好的。"

北京大学教授傅鹰说："共产党和政府过去也是提倡学术上的自由讨论、自由争论的。但是，几年来这方面的情况并不怎样好，讨论少，争论更少。这和有些人对待争论者的态度不好有关，他们随便给人扣帽子。"

7月7日，钱伟长在《人民日报》发表《"百家争鸣"是科学发展的历史道路》。文章指出："'百家争鸣'是科学发展的历史道路，是同科学发展的客观规律相符合的"，"自然科学几百年以来长期发展的历史，都说明了科学是在不断的争论中成长起来的"。"百家争鸣是科学发展的正常情况。百家不争正是表明科学发展暂时趋于停顿的情况。"

7月15日，竺可桢在《人民日报》发表《百家争鸣和发掘我国古代科学遗产》；7月21日，胡为柏在《人民日报》发表《在技术科学领域中实现"百家争鸣"》。

1956年在自然科学方面开展"百家争鸣"的突出事件，就是青岛遗传学座谈会和为摩尔根学派"平反"。

有关遗传学的争论是导致确定"百家争鸣"方针的重要原因之一。早在20世纪30年代前后，苏联发生了震惊世界遗传学界的"李森科事件"。事件起源于李森科学派同以瓦维洛夫为代表的遗传学家之间不同学术观点的争论，争论涉及遗传的物质基础、获得性遗传等基本问题以及遗传学的一些概念。由于这场争论一开始就带有浓厚的政治色彩，因此在政治上受宠的李森科学派成为绝对真理的化身，在苏联生物科学界大行其道，一派独霸，李森科本人也青云直上；而与之对立的摩尔根学派则被戴上"资产阶级""唯心主义""形而上学""伪科学"等帽子，政治上受排斥，学术上被禁止。

新中国成立以后，在"学习苏联"的号召下，这种做法也传入我国，遗传学界也出现李森科学派一花独放、全盘否定摩尔根学派的现象。1952年6月29日《人民日报》发表的《为坚持生物科学的米丘林方向而斗争》则起了推波助澜的作用，从1952年秋季开始，摩尔根学派遗传学课程在各大学基本停止，以摩尔根学派理论为指导的研究工作全部停止，甚至中学教材也重新编写。受这种风气影响，有些人在其他自然科学研究中，也将学习苏联演变成"生搬硬套"和完全排斥西方的科学理论和观点。有人简单地将苏联科学家的理论和观点说成是"无产阶级的",将西方科学家的理论观点说成是"资产阶级的",限制了科学研究。例如有一个研究人员在苏联学生物学,回国后要搞多枝小麦,他就说这是米丘林学说,是社会主义的,谁要反对这个就是反对米丘林,反对米丘林就是资产阶级。

1956年4月18日,毛泽东将康生摘报的德国统一社会党中央宣传部部长哈格尔的谈话纪要批转中宣部副部长张际春,要求中宣部邀请科学院和其他有关部门负责同志讨论一下这个问题。哈格尔说,过去教条主义的错误,在于过分强调苏联的先进经验和科学成就,否定其他国家的科学。如宣传李森科,就将德国的魏尔啸、奥地利的孟德尔一切都否定了。

4月27日,陆定一在中共中央政治局扩大会议上谈到了这个问题,陆定一说:"在生物学方面,有的说摩尔根、孟德尔是资产阶级的,李森科、米丘林是社会主义的。这根本同社会主义没有关系。在物理学方面,不能说牛顿的物理学是封建的,爱因斯坦的物理学是资本主义的,这种说法是没有道理的。""我们中国现在发展科学,向科学进军,他出来一个主张,把大帽子一扣,说某某学者或某某学派是资产阶级的,那科学的发展就完蛋了。这样对我们的建设是很不利的。"①

5月3日,周恩来在司局长以上干部会议上进一步谈到这个问题:"听说国内外对李森科的学说是有争论的。我们不能因为李森科的学说产生在社会主义国家就认为一定不会有错。前天,我对科学院的同志说过,可以先把科学和政治分开,科学是科学,政治是政治,然后再把二者结合起来。这是怎么讲呢?比如李森科的学说,应该先从科学领域内研究一下,看哪一些是对的,哪一些是不对的;再把李森科否定的那些学说研究一下,看哪些是对的,不应该否定的,哪些是不对的,应该否定的;然后再拿中国的科学家比如胡先骕批评李森科的文章看一看,到底批评得对不对,或者是一部分对,一部分不对,这样就把科学和政治分开了,然后再把科学与政治结合起来,不使科学和政治脱节。在科学问题上,共产党应该服从真理,共产党不服从真理,那就不是共产党。如果共产党不服从真理,共产党会被推翻的。"②

---

① 《党的文献》编辑部:《共和国走过的路》,中央文献出版社1991年版,第246页。
② 周恩来:《向一切国家的长处学习》(1956年5月3日),载《党的文献》1993年第5期。

1956年8月10日至25日，根据中宣部的布置，中国科学院与高等教育部在青岛联合召开遗传学座谈会，参加会议的约130名专家分别来自中国科学院、高等教育部、教育部、农业部、林业部。其中既有米丘林、李森科学派的学者，也有摩尔根学派的学者，还有持其他观点的科学家。著名科学家童第周、竺可桢、谈家桢等也参加了会议。当时任中宣部科学处处长的于光远也参加了会议。

　　由于中宣部希望通过遗传学的学术讨论，为贯彻落实"百家争鸣"方针提供一个样板，因此会议就当时遗传学上争论的4个焦点问题展开了充分讨论，会议气氛热烈，与会者态度认真、畅所欲言、关系融洽。在半个月的会议期间，有多人做了大会发言。会议为摩尔根学派摘掉了"反动的""资产阶级的""唯心主义的"三项帽子。

三　全民动员：技术革新运动

　　新中国成立初期，为了改变技术落后局面，实现社会主义工业化，在全国范围内开展了技术革新运动。技术革新运动是响应党和国家领导人的号召而进行的一场运动。

　　1952年11月18日，《人民日报》发表《把基本建设放在首要地位》的社论，号召"提高设备利用率，并依靠工人群众技术熟练程度的提高、先进经验的推广和劳动组织的改善，大大提高劳动的生产率"[①]。1954年4月21日，中华全国总工会第七届执行委员会主席团第五次会议通过了《关于在全国范围内开展技术革新运动的决定》，该决定指出："技术革新运动必然成为日益发展的客观趋势"，要"在劳动竞赛中认真开展技术革新运动"，"把技术革新运动作为提高当前劳动竞赛的主要内容，充分发挥职工群众的才能与智慧"[②]。

　　1954年8月27日，政务院颁布了《有关生产的发明、技术改进及合理化建议的奖励暂行条例》，条例的目的是："为了鼓励一切国营、公私合营、合作社经营及私营企业中的工人、工程技术人员以及一切从事有关生产的科学与技术研究工作者的积极性与创造性，使他们充分发挥自己的知识、经验和智慧，致力于发明、技术改进、合理化建议的工作，以促进

---

　　① 社论：《把基本建设放在首要地位》，《人民日报》1952年11月18日第1版。
　　② 《中华全国总工会举行主席团会议　通过开展技术革新运动的决定》，《人民日报》1954年5月27日第1版。

国民经济的发展。"① 条例的发表,把正在全国开展的劳动竞赛推进到一个崭新的阶段,即技术革新、发明创造的阶段。1954 年 9 月 18 日,《人民日报》发表了题为《正确地开展技术革新运动》的社论,指出"技术革新运动必须有正确的统一的具体的领导"②。1954 年 12 月 12 日,《人民日报》发表《必须把技术革新运动继续开展下去》的社论,再次强调:"各企业行政方面和工会组织,应在党的统一领导下,结合本企业的生产任务和具体情况,研究进一步开展技术革新运动的办法,加强对于技术革新运动的领导,对技术革新运动中的各种困难必须认真地加以解决,对于已有的经验教训必须认真地加以总结。"③

技术革新运动,使我国工业技术落后的状况得到了改变,基本上解决了技术水平同建设需要的矛盾。据国家统计局报告,"1955 年重工、一机、石油、煤炭四个重工业部门共试制成功 1023 种新产品","有 22% 供应国防工业,有 43% 供应基本建设工程,有 31% 供应工业生产"④。

技术革新运动通过全民动员,全民参与,提升了全民对科技进步的认识水平,提高了实践能力。李富春在《我国第一个五年计划的成就》的报告中指出,"一九五七年我国产业职工总数比一九五二年增加约八百万人,其中中等以上的技术人员总数增加六十多万人。大部分工人和技术人员,由于努力学习先进经验,经过大规模建设的实际锻炼,普遍提高了技术水平"。⑤ 同时,技术革新运动在全社会形成了一种尊重科技人才、重用科技人才的氛围。中国党和政府本来就有重视人才的传统,通过技术革新运动,这种传统得到了进一步的发扬。

第三节 科研体制的建立和人才的培养

在"一五"时期,由于大规模经济建设的开展使得科技人才严重匮

---

① 北京经济学院经济法教研室编:《经济政策、法规汇编(1949 年 10 月—1981 年 6 月)》第十一卷,第 267 页。
② 《正确开展技术革新运动》,《人民日报》1954 年 9 月 18 日第 1 版。
③ 《必须把技术革新运动继续开展下去》,《人民日报》1954 年 12 月 12 日第 1 版。
④ 中国社会科学院、中央档案馆:《中华人民共和国经济档案资料选编(1953—1957)》(工业卷),中国物资出版社 1998 年版,第 227—228 页。
⑤ 《李富春选集》,中国计划出版社 1992 年版,第 218 页。

乏的瓶颈凸显，因此，在苏联的帮助之下，我国开始建立一整套适应经济建设要求的新型的科研体制，加大对人才的培养，并对今后的科研体制建设和人才培养模式的构建产生了深远影响。

一 制度和人才：科技进步的保障

科研制度是科技进步的保障。世界科学技术发展的经验表明，科技发展离不开制度和管理条件。科技发达的国家和地区或一个国家和地区在其科技发展比较好的时期，都有适宜的制度和良好的运行机制做保证。如果没有一个好的科研制度，不仅科技创新不能出现，而且即便有了科技创新，也不能应用到生产实践中。没有一个好的科研机制，科技人才的积极性就不能真正得到发挥。没有人才做推动，科技进步仅仅是一句空话而已。

科技知识具有很强的继承性和连续性，而教育制度正是连接过去与未来的桥梁。所以，没有教育制度，科技知识就无法延续；没有教育制度输送的人才，科技事业就后继乏人。教育的普及程度和教育模式决定了科技成果在社会中的传播、消化、吸收和应用的程度。一个国家和民族对科技成果的吸收和应用程度，依赖于它的消化吸收能力及其文化素质的高低，而这一切都要通过教育体制来实现。

正是看到了科研制度建设和教育体系建设的重要性，中国党和政府在大规模引进苏联先进设备和技术的同时，特别注重中国的科研体制建设和教育体系建设。"一五"时期，党和政府在已有的基础上，通过建立科研机构、制定科技发展规划和建立健全科研队伍，新中国的科技事业有了较全面的发展。

人才也是科技进步的保障。人才和制度实际是一个硬币的两面，都很重要。没有优秀的人才，就难以建立适宜的制度；没有好的制度，也培育不出合格人才。中国共产党历来尊重人才。在中共七大的政治报告中，毛泽东就指出："为着建立新民主主义的国家，需要大批的人民的教育家和教师，人民的科学家、工程师、技师……和普通文化工作者。一切知识分子，只要是在为人民服务的工作中卓有成绩的，应受到尊重，把他们看做国家和社会的宝贵的财富。"[①] 陈云对技术人才的认识也是清晰的，他在新中国成立后召开的全国钢铁工业会议上的讲话中指出，技术人员"是

---

① 《毛泽东选集》第3卷，人民出版社1991年版，第1082页。

我们的'国宝',是实现国家工业化不可缺少的力量,要很好地使用他们","对技术人员要采取信任的态度"。① 1953年2月20日,毛泽东在与江西省九江市委书记史辛铭谈话时就反映出他非常关心经济战线的干部培养问题,毛泽东问:大规模的建设正在开展,工业战线急需干部,如果从地方上抽调一批骨干加强工业建设,对地方工作是否会有影响?史答:有些影响,但不会很大。毛泽东说:今年,是我国大规模经济建设的第一年。各级领导,一定要适应形势发展的需要,熟悉经济工作。同时,还要下决心抽调大批干部到经济战线,加强经济战线的领导力量。这次我到几个省走一走,就是想听听下面的意见,有助于中央做出正确的决策。为了取得国家建设的新胜利,要在指导思想、工作方式、组织领导等方面来一个转变。战争年代,我们一切为了前方的胜利,各项工作都围绕武装斗争进行,包括抽调大批干部到军队中去,以加强对军事工作的领导。现在,我们搞工业建设,也必须坚决地从各方面抽调优秀干部,安排到工业战线上去,把他们培养成工业建设的骨干。②

1954年3月8日,中共中央批转《中国科学院党组关于目前科学院工作基本情况和今后工作任务的报告》,中共中央在批示中提出:"经过解放后四年多的教育,我国科学家绝大多数都愿意接受党的领导,在科学工作上作出一番成绩,贡献给国家。在这样的前提下,首要的任务便在于发挥科学家在科学研究上的积极性,关心与帮助他们的研究工作,为他们的研究工作安排顺利的条件。必须合理地使用他们以发挥其专长,必须使他们有可能集中精力和时间于科学研究工作;应当解决他们在科学研究工作中缺乏必要的设备、经费和助手的困难和其他困难;要让他们在科学研究工作中培养出学生来,把他们的专长传授给下一代。为了让他们能够安心于科学研究工作,还必须关心他们的生活,免除他们对家庭生活困难的顾虑。在科学上确有贡献的科学家应当得到较高的薪金和适当的荣誉。"③

1954年3月19日,《人民日报》发表题为《充分发挥技术人员在国家工业化建设中的作用》的社论,指出:"国家实现社会主义工业化,在

---

① 《陈云文稿选编》(1949—1956年),人民出版社1982年版,第39页。
② 中共中央文献研究室编:《毛泽东年谱(1949—1976)》第2册,中央文献出版社2013年版,第35页。
③ 中央档案馆、中共中央文献研究室编:《中共中央文件选集(1949—1966)》第15册,人民出版社2013年版,第372页。

有了一定的资金，有了苏联的技术装备援助之后，人才问题，特别是技术人才问题，就被提到了头等重要的地位。"①

中国党和政府十分注重培养新科技力量。党从实际出发，提出了两条培养道路：其一，发展教育，培养新科技力量。掌握世界先进的尖端技术，关键在于人才，人才的培养主要是依靠教育。由于新中国成立后百废待兴，各行各业都需要加紧加快建设步伐，再加上教育对生产、建设作用的间接性。一些地方缺乏长远考虑，急功近利，忽视对教育的投资。1952年，周恩来提出，今后教育事业要有很大发展，对教育事业的投资要超过任何一个部门，中国在培养自己的科学家方面要敢于投资。针对个别领导只注意高等教育在培养科技人才中的重要性，而忽视中等教育、技术教育和基础教育的作用，党中央提出必须建立完善的各层次教育结构，形成培养人才的良性循环梯队。为此，在全国范围内开展"扫除文盲"运动，全面提高全民族文化素质。同时，创办了一批中等技术学校，大学缩短一部分专业修业年限。为了培养具有较高理论水平、符合长远需要的专门人才，党中央进行了新中国成立后高等院校的调整和重建工作，促进了高等教育的发展。其二，走群众路线，培养新科技力量。它包含两层含义：一是科研人员要理论联系实际，走与工农相结合的道路。新中国的教育出发点是面向人民大众的，教育的目的是为人民谋利益，教育的归宿是为了提高人民日益增长的对文化的需求。二是全国城乡要掀起群众性的技术革新和技术革命运动。科研人员理论联系实际，走与工农相结合的道路，必然要将自己的科技成果转化为现实生产力，在群众的生产实践中运用和改进。工农群众在生产实践中掌握其操作原理，了解其性能，发现其存在的不足，提出反馈意见。从而形成全社会范围内的学科学、爱科学、兴发明、崇革新的社会风气。周恩来对此曾予以详细的阐述："采取新技术必须发挥中国人民的聪明才智，大搞科学试验"，"必须同群众性的技术革命和技术革命运动相结合，要把任务交给群众讨论，开展比学赶帮竞赛，实行干部、专家和群众三结合"。②

经过培养，中国人才队伍在"一五"期间不断发展壮大。据国家统计局和中国科学院编印的《全国科学研究机构调查资料》，在1956年，

---

① 社论：《充分发挥技术人员在国家工业化建设中的作用》，《人民日报》1954年3月19日第1版。

② 《周恩来选集》下卷，人民出版社1984年版，第185、441、442页。

全国研究机构和高等学校共有科学技术研究人员 77771 人，其中高等学校 58346 人，占 78%；科学院 4808 人，占 6%；高级科学技术人员共 9879 人，其中高等学校 7895 人，占 80%；科学院 605 人，占 6%。①

二 知识分子问题会议及其方针政策

1956 年 1 月 14—20 日，中共中央召开了建党以来的第一次大型知识分子问题讨论会。会议由毛泽东主持，周恩来做《关于知识分子问题的报告》。会议的召开，为知识分子在 1956 年 "百家争鸣" 和积极创新奠定了思想和政策基础，知识分子重新找回了前几年失去的优越感。

参加会议的有在京的毛泽东、刘少奇、周恩来、陈云、林伯渠、董必武、彭德怀、彭真、张闻天、邓小平等 57 位中共中央委员、中共中央候补委员，中共中央上海局、北京市委、天津市委、上海市委及各省、自治区党委和 26 个省辖市市委的书记和副书记、中共中央各部委的负责人、中央国家机关各部门的党员负责人、各全国性群众团体的党员负责人、全国重要的高等学校、科研机关、工厂、矿山、设计院、医院、文艺团体、军事机关的党员负责人等，一共 1279 人。这是中国共产党最大的一次关于讨论知识分子问题的会议。

周恩来代表中共中央做了《关于知识分子问题的报告》。周恩来的《报告》主要有以下几个重要内容：（1）提出知识分子 "已经是工人阶级的一部分" 论断，强调要坚决摒弃在知识分子问题上的 "左" 的宗派主义倾向。（2）提出 "科学是关系我们国防、经济和文化各方面的有决定性的因素" 思想，发出 "向现代科学进军" 号召。（3）对知识分子提出应继续 "进行自我改造" 的要求，并且指出了实行改造的途径。

周恩来说，我国知识分子的面貌六年来已经发生了根本变化，他们已经是社会主义建设事业中一支伟大的力量。"他们中间的绝大多数已经成为国家工作人员，已经为社会主义服务，已经是工人阶级的一部分。" 周恩来批评了过去几年里很少在知识分子中吸收党员的现象，指出 "这是一种关门主义的倾向。这种倾向必须纠正"。周恩来还提出："估计到高级知识分子中进步力量的增大，估计到新生力量不断地加入高级知识分子的队伍，我们认为，计划在一九六二年做到党员占高级知识分子总数三分

---

① 张酉水、陈清龙：《20 世纪的中国高等教育》（科技卷），高等教育出版社 2003 年版，第 55 页。

之一左右,是适当的。"①

周恩来的报告还提出,为了充分发挥知识分子在社会主义建设事业中的作用,第一,应当改善对于他们的安排和使用,发挥其专长;第二,对于所使用的知识分子要有充分的了解,给他们以相应的信任和支持,尊重他们的独创精神;第三,为他们创造必要的工作条件,保证每周至少有5/6的业务工作时间,解决图书资料、工作设备及助手配备等问题;第四,改善生活条件,提高政治待遇,积极吸收符合党员条件的知识分子入党。

1月20日,毛泽东在闭幕会上讲话:现在叫技术革命和文化革命,革愚昧无知的命,没有知识分子是不行的,单靠老粗是不行的。中国应该有大批知识分子。毛泽东号召全党努力学习科学知识,同党外知识分子团结一致,为迅速赶上世界先进科学水平而奋斗。②

全国知识分子问题会议结束以后,为了贯彻会议精神,中央政治局于2月24日召开会议,做出《中共中央关于知识分子问题的指示》,这项指示的主要内容为:

(1) 对知识分子队伍的估计:"在现在的知识分子中,一般说来,只有5%左右的反革命分子和其他坏分子,他们已经处于孤立的地位;此外还有百分之十几的缺乏政治觉悟或者思想反动的分子。知识分子基本上已经成了为社会主义服务的工作人员,虽然他们中间有很多人(包括一部分进步分子)还有资产阶级的思想和作风,但他们同体力劳动者之间的关系,已经由解放前的互相对立的关系变为互相接近和合作的关系,他们在工作中也逐步地养成了组织性和纪律性。……我们必须认识,知识分子的基本队伍已经成了劳动人民的一部分。"

(2) 提出要反对两种"错误倾向":"一种倾向是宗派主义。……不把他们当作自己人,不用同志式的态度同他们共同工作……不了解我们要建成社会主义,就需要现代技术和科学知识……这在目前是党内的主要倾向。""另一种倾向是迁就麻痹倾向。……没有把使用知识分子的任务和改造他们的任务互相联系起来……缺乏革命的警惕性,对于知识分子中的反革命分子和其他坏分子的危害活动熟视无睹,不愿坚决地加以肃清。"

---

① 《周恩来选集》(下卷),人民出版社1984年版,第162、168页。
② 参见《党的文献》编辑部《共和国走过的路》,中央文献出版社1991年版,第246页。

当然，这项指示在当时的认识水平和环境下，仍然留了个尾巴："要继续改造知识分子，提高他们的觉悟，必须同时纯洁知识分子的队伍，彻底肃清暗藏在知识界中的反革命分子。""争取在今后两年内，基本上肃清知识分子中间的反革命分子。"

3月21日，《人民日报》发表社论《做好在知识分子中发展党员的工作》，社论表明了中共中央对知识分子的信任和期望。在会议、中央指示和社论的指导和推动下，科教文卫部门的各级党组织开始积极培养和发展知识分子党员。社论发表后的一个月，即4月21日，新华社报道，中国科学院即有35名高级知识分子加入中国共产党。到当年的"七一"前夕，全国各地都有大批知识分子入党，仅上海、北京两地，几个月内就有300多名高级知识分子入党。"两弹"元勋邓稼先、著名翻译家曹靖华、著名电影导演蔡楚生、张骏祥，著名中医赵锡武，著名物理学家谢希德等都是这个时候入党的。

9月10日，毛泽东在中共中央政治局扩大会议上又说："现在是搞建设。搞经济，我们也有了一些经验，但现在搞这些新的科学技术我们还没有经验。世界上新的工业技术、农业技术我们还没有学会。我们还要作很大的努力，主要靠第二个五年计划和第三个五年计划来学会更多的东西。我们要造就知识分子队伍，计划在三个五年计划之内造就一百万到一百五十万高级知识分子。那时党的中央委员会的成分也会改变，中央委员会中应该有许多工程师，许多科学家。"[①]

在提高知识分子政治待遇的同时，中央还着手提高知识分子的物质待遇。当年的工资改革方案注意适当拉开脑力劳动与体力劳动、简单劳动与复杂劳动的收入差距。4月16日，国务院发出《关于改善高级知识分子工作条件的通知》。1956年进口的科学仪器总值比1952年增加了67%；商业部门经营的化学试剂，由1950年的200多种增加到4000多种。以中国科学院为例，为了鼓励科学工作者的积极性和创造性，促进中国科学事业的发展，以服务于社会主义建设，中国科学院1956年第一次对重大科研成果进行了评定和奖励。这是根据1955年8月5日国务院第十七次会议通过并发布的《中国科学院科学奖金暂行条例》实行的。《条例》规定

---

① 中央文献研究室编：《毛泽东年谱（1949—1976）》第2册，中央文献出版社2013年版，第620页。

科学奖金将授予"在学术上有重大成就或对国民经济、文化发展具有重大意义"的科学研究工作和论著。这次获奖项目都是自然科学成果,其原因是社会科学研究工作在评定中出现了不少困难而未能进行。为了给科学家创造更好的工作条件,中国科学院还采取了许多具体措施。如减少会议,限制非业务活动,减少兼职等,使一般研究人员可以保证5/6的工作日,而对高级科学家兼任所长等职务的,则配备必要的助手和辅助业务人员。图书经费也由原来80万元增为546万元,增订的书刊中有资本主义国家期刊2000种。1956年10月15日,正式成立了中国科学院科学技术情报研究所,目的在于搜集、研究并传播国内外科学发展的情况与最新成就。

三 科研体制的建立及特征

赶超型的工业化发展战略导致了科学技术领域的赶超战略。而中国的实际情况却是科学技术落后,科研基础设施差,科技人才缺乏,科研经费紧张。在这样的情况下发展与快速工业化相适应的科学技术必然导致科技体制的特殊性,即在资本缺乏、科技落后、人才有限的条件下,在国家优先发展资本和技术密集型的重工业内提出了新中国成立初期的科技政策与科技体制,即严格控制科研资源,垄断科研资源的配置权,使一切科研资源和科研活动为优先发展战略服务。

(一) 科研领导体制的加强

为加强对全国科学技术工作的领导,1956年3月,国务院成立了科学规划委员会,负责全国科学技术发展远景规划的制定工作。1957年5月12日,国务院第四十八次全体会议确定了国务院科学规划委员会是掌管全国科学事业的方针、政策、计划和重大措施的领导机关。国务院规定科学规划委员会的任务有:(1)负责监督《十二年科学规划》的实施,特别是重点任务的实施;(2)负责汇总平衡全国科学研究工作的长期计划和年度计划,成为国家计划的一部分;(3)负责各系统间重要的协调工作;(4)管理国家重点研究任务的科学基金;(5)负责制订和实施高级专家的安排、培养、分配和使用的计划;(6)负责研究和组织解决科学研究工作的条件问题(如图书资料、情报、仪器、化学试剂等);(7)统一安排科学技术方面的国际合作。国务院科学规划委员会对中国科学院、国家技术委员会、高等教育部、第三机械部、国防部(包括航空工业委员会和其他部门)、农业部和卫生部,实行统一归口管理。同时，指导地方科学工作委员会的工作。

1956年6月，国务院又批准成立了国家技术委员会，该委员会作为组织全国技术工作的职能部门，通过"三依靠"（即依靠中共中央的领导、依靠地方、依靠各部）和"四结合"（与专家结合、与群众团体结合、与宣传机构结合、与其他有关方面结合），主要抓了以下几项工作：①研究和提出关于资源、原材料、装备和动力四个方面的技术政策；②加强新产品、新技术和科学技术研究工作；③开展标准化工作和计量工作；④加强技术情报和技术资料工作，开展和社会主义国家之间的技术合作；⑤大力推动创造发明工作。在努力做好以上工作的同时，国家技术委员会于1956年7月组织技术考察团到苏联、民主德国和捷克斯洛伐克参观访问。回国后，结合中国科学技术方针中的一些根本问题，提出了五项建议：（1）在充分利用世界上现成的科学技术成就的基础上，发展本国独立的创造；（2）结合中国具体情况，发展自己的科学技术；（3）从当时的具体情况出发，先抓基础技术，逐步发展尖端技术；（4）加强科学研究与生产实践之间的联系；（5）改进科学研究的体制。这些建议得到中共中央和国务院的重视。

（二）四位一体的科研体制的建立

新中国成立后，中国党和政府对原有的研究机构进行了调整、改组，接收了原中央研究院、北平研究院及其所属机构。1949年11月1日，成立中国科学院，归政务院文化教育委员会直接领导，郭沫若任院长。中国科学院是新中国成立后所建立的最大最系统的科学研究机构，是国家最高科学机关。新中国成立以来，各高等院校、产业部门和各省、自治区和直辖市也都相继成立了一批科学技术研究机构，包括地质、冶金、机械、铁道、交通、燃料、电子、邮电、建筑、纺织、林业系统在内的政府各部门都相继建立了各种专业性的研究机构，各省、市以及许多厂矿也建立了研究试验机构。同时，高等院校的数量明显增加，规模日益扩大，教学水平与研究水平也有较大的提高。到1955年，全国科研机构已有840多个，科学技术人员40多万人[①]。在这四位一体的科研体制中，中国科学院是全国科学的研究中心和领导中心。1956年，国务院成立的科学规划委员

---

① 吴熙敬主编，汪广仁、吴坤仪副主编：《中国近现代技术史》上卷，科学出版社2000年版，第10页。

会编制的规划纲要（草案）中，指出："正确地建立我国科学研究工作的体制，使我国的科学技术力量能在统一的科学研究工作系统中，按照合理的分工合作的原则，有计划地协调地进行工作，是顺利完成国家的科学技术任务的重要条件。""我国统一的科学研究工作系统，是由中国科学院、产业部门的研究机构、高等学校和地方研究机构四个方面组成的。在这个系统中，科学院是学术领导核心，产业部门的研究院所和高等学校是两支主要力量，地方研究机构则是不可缺少的助手。"[①]

（三）计划式的科研体制特征

为保证在有限的科研资源条件下，科学研究为工业化服务，国家必须对科研资源采取严格的垄断，从立项、科研经费的划拨到人员的安排都有专门的部门严格管理。由此产生了以下弊端：第一，科技系统的运行，单纯依靠行政手段和指令性计划进行管理，忽视了市场机制和经济杠杆的作用，缺乏面向经济建设的动力和压力。第二，研究机构缺乏活力。研究机构的任务、资金、人员全部由主管部门分配，研究成果由国家收购。国家对研究机构包得过多、统得过死，使研究机构缺乏应有的自主权，削弱了研究机构自主创新的能力，同时也造成了科研机构缺乏经济压力和责任。第三，人事制度僵化。国家对科技人员实行统包统分，部门内论资排辈，人员不能流动。人事管理上的诸多限制，使科技人员难以充分施展才能。

在国家高度垄断科研资源和干预科研活动的情况下，大多数科研部门实质上可以被看成实施国家战略的职能部门。科研部门职能化的直接后果就是科研部门的行政分割，造成了五路大军（中科院、部属科研单位、军口科研单位、大专院校科研单位、地方科研单位）的形成。由于地区和职能的差异性，五路大军通常画地为牢，由此导致了科技力量分散重复，研究机构按行政隶属关系设置，经费按行政隶属关系拨付，造成部门所有、地方所有、条块分割、军民分割的局面。许多研究工作在低水平上重复，造成了人力和物力的严重分散和浪费，科技力量形不成拳头，不利于面向经济建设。

四 科技发展的规划：指引科研方向

西方发达国家虽在经济体制、管理体制上不尽相同，但对科技规划的

---

① 转引自《中国科学院编年史》，http://www.cas.cn/jzzky/ysss/bns/200909/t20090928_2529096.shtml。

制定都相当重视。美国、德国、法国、英国、日本等，都根据自己的国情特点，重视规划编制工作，并发挥规划在科技与经济发展中的重要作用。

（一）《1956—1967年科学技术发展远景规划纲要》的编制

"一五"时期，是中国大规模经济建设起步时期，也是中国科技发展的奠基时期，中共中央和国务院十分重视科研规划工作。为了顺利制定和实施科技发展远景规划，1956年3月，国务院专门成立了科学规划委员会，负责科学规划工作，主任聂荣臻。党中央调集了600名各门类和学科的国内专家和近百名苏联专家参与编制规划。在周恩来、陈毅、聂荣臻等人的组织下，经过众多科学专家的努力，制定了中国科技发展的远景规划，即《1956—1967年科学技术发展远景规划纲要》。

该规划贯彻了"技术革命"的战略思想，确定了"重点发展，迎头赶上"的方针，明确了"必须按照可能和需要，把世界科学的最先进的成就尽可能迅速地介绍到中国的科学部门、国防部门、生产部门和教育部门中来，把中国科学界所最短缺而又是国家所急需的门类尽可能迅速地补足起来，使12年后，中国这些门类的科学和技术水平可以接近苏联和其他世界大国"的目标[1]，确定了57项国家重点科技任务，研究课题616个[2]，涵盖6大方面。分别是：（1）国家工业化、国防现代化中迫切需要、关键性的科学技术。如"原子核物理""原子核工程及同位素的应用""自动学和自动化系统""半导体及其利用""飞机、导弹和火箭""电子计算机"等。（2）调查研究中国自然条件和资源状况，保证重要区域的综合开发和工业、农业生产建设的需要。如"中国自然区域和经济区域""青海、甘肃、新疆、内蒙古经济区综合开发的调查与研究""中国重要矿产分布规律及其预测方法的研究""中国地震活动性、地震预告及工程地震的研究""海洋的综合调查与研究"等。（3）配合国家重工业建设的若干项目。如"大型发电站与高压输电系统及其设备""高坝水利枢纽的研究""有色金属复合矿石与低品位矿石选矿及冶炼方法的研究""煤作为燃料及化工原料的综合利用""石油及天然气生成、聚集、勘探及开采的问题""基本有机合成及其工艺""建筑企业工业化和建筑结构问题""精密机械仪器、特种光学仪器与电子仪器""交通运输的综合研

---

[1] 《周恩来选集》（下卷），人民出版社1984年版，第184页。
[2] 薄一波：《若干重大决策与事件的回顾》（上），人民出版社1997年版，第527—530页。

究"等。(4) 为提高中国农业收获量和发展林业所进行的重大科研项目。如"土地资源和荒地开发的研究""施肥、灌溉的理论和方法的研究""适合于中国自然条件的农业机械的研究"等。(5) 为人民的保健事业进行的重大科研项目。如"抗生素的研究"等。(6) 基础理论问题的研究。如"蛋白质的结构、生物合成、代谢及生物功能的研究""光合作用的研究"等。①

"重点发展，迎头赶上"方针，是党中央根据国际形势和国内情况，审时度势，确立优先发展尖端科技的战略决策的结果。所谓"优先发展"就是从国家建设急需和世界科技已有成果出发，根据国力（主要是资金和人力）有限的客观实际，集中力量解决重要问题。如果摊子铺得过大，难免顾此失彼，捉襟见肘，反而会贻误发展时机。因此，党中央多次强调要集中力量，以"尖端科技"为突破口，以"原子能事业"为切入点来带动各项科技事业共同进步。因此，在制定国家科学技术发展的第一个远景规划中，原子能的和平利用被列为第一次重点任务。并且，国务院建立了原子能工业部，就中国原子能事业如何解决建设速度、投资、技术干部等问题进行了规划并提出具体实施办法。另外，对科研机构的设置、干部的使用和培养以及国际合作方面都做了相应规划。总之，在这些指示和规划的指导下，一个大规模的、全面的向科学进军的热潮在全国蓬勃兴起。

(二) 编制第一个全国性的科学技术研究年度计划

《十二年科学规划》制定完成后，亟待解决的问题是，如何依据规划按照国家建设的需要与可能，统筹安排科技事业中的人力、物力。为此，国务院科学规划委员会决定，首先编制全国性的科学技术研究年度计划，并通过年度计划的编制把有关问题逐步加以解决。

1957年年度计划，是编制全国性的科学技术研究年度计划的一次成功的尝试。计划编制工作是在全面安排、加强协作和勤俭办科学的方针下进行的。经过计划，确定了1957年重要研究项目和每个项目的主要负责单位和负责人，并且决定了若干保证计划实现的重要措施，经过四个月的紧张努力，这个计划于1957年第一季度编制完成。

这个年度计划是按照国家急需解决的重大科学技术任务和基础学科建

---

① 《当代中国的北京》科技编委会编：《北京科技工作发展史》，北京科学技术出版社1989年版，第41—42页。

设的需要，把中国科学院、国务院各产业部门和高等院校的研究力量按专业联系起来考虑的。为制订这个年度计划，国务院科学规划委员会成立了专业小组。专业小组由中国科学院、高等院校和产业部门三个方面的科学家和少数领导干部组成，其任务是对科学研究的方针、政策、计划和组织措施等提出建议，报请国务院科学规划委员会批准后，即由有关部门负责执行。实践证明，专业小组是中共中央和国务院领导科学技术工作的参谋和助手，是国务院科学规划委员会落实规划工作的一种成功的组织形式。

（三）以中国科学院为代表的部门规划编制

为了配合国家"一五"计划的实施，中国科学院的科学研究工作也逐渐纳入计划的轨道上。1953年2月至5月，中国科学院访苏代表团进行为期3个月的访问。代表团由包括19个学科的26名专家组成，团长钱三强。通过苏联科学院的介绍和中国科学家的访问参观，代表团了解了苏联培养科学技术人才与干部的状况和方法，科技研究计划制订的程序和效果，苏联科学院各研究机构的分工与配合，研究所和大学及产业部门之间的关系等。回国后，武衡在报刊上把苏联制订科学发展计划的经验介绍给中国的科学工作者。从1953年10月14日起到11月7日，中国科学院召开了各研究所的所长会议。这次会议的主要目的是根据国家过渡时期的总路线的精神，讨论各研究所今后数年内的发展方向和1954年的重点工作。1954年，中国科学院开始聘请苏联顾问和专家。这些顾问和专家对中国科学技术研究机构的充实和完善、培养科技人才方面起了积极的作用。从1955年10月起，中国科学院决定开始进行十五年发展远景计划的讨论与制订，并向各学部、各研究单位发出《关于制订中国科学院十五年发展远景计划的指示》。在《指示》中，强调"首先应发展与国家工业建设，特别是与重工业建设密切相关的科学，围绕工业基地的建立、资源的开发和用工农业生产的提高等方面的重大的问题进行工作。其他科学也必须相应地发展；必须注意综合性科学问题的研究和边缘科学的发展。对于各门科学的基本理论部门要争取在几年内逐步建立起来"。① 并且明确提出在制订中国科学院十五年发展远景规划的过程中"必须认真地研究苏联、各人民民主国家和其他国家在发展科学中所走过

---

① 《中国科学院关于制订中国科学院十五年发展远景计划的指示》，《科学通报》1955年第11期。

的道路，研究他们克服困难的办法，学习他们组织和规划工作的经验"。①科技发展规划，为新中国的科研工作指引了方向。规划的编制和实施，为新中国的科技进步做出了贡献，为国家的大规模经济建设提供了技术支持和保障。

五　教育变革：培养科技人才

为了完成赶超型工业化策略，为了促进"一五"期间的大规模社会主义建设，为了迅速提升科学技术水平，中国对高等教育的模式、学制、内容进行了改革。从1951年开始，中国还开始了高等院校的调整。通过调整，建立了符合迅速完成社会主义工业化要求的教育体制。这种教育体制与计划经济体制一脉相承。事实证明，这种模式既有其历史必然性，很好地完成了其历史使命，同时也存在着一些弊端。

（一）工业化背景下的教育变革

新中国成立两年后，在工业化背景下，党和政府便着手进行对学制和教育内容的改革。1951年10月，政务院公布了改革学制的决定。新学制的特点之一，就是确定了专业教育的地位，规定了高等学校中大学、学院、专科学校的制度，使高等学校的目的明确，分工合理，能适应中国建设需要大量科学技术人才的要求；另外，它确立了技术教育的制度，规定"技术学校，修业年限为二年至四年，招收初级中学毕业生或具有同等学历者""初级技术学校和技术学校的毕业生，应在生产部门服务，在服务满规定年限后，得经过考试，分别升入技术学校、高级中学或各种高等学校"。这一规定确立了各种技术学校在整个学校系统中的地位，使各种技术学校相互衔接。可见，学制的改革，大大加强了工程技术教育的地位。

1952年之前，中国高等工科院校进行了一些局部调整，主要以北京、天津、上海等地的高等院校为主。这些调整有利于高等工程技术教育的发展，但还不适应"一五"时期的大规模经济建设之需求。"一五"计划的基本任务是集中主要力量进行以苏联帮助中国设计的156个建设单位为中心的由限额以上694个建设单位组成的工业建设，建立中国的社会主义工业化的初步基础。当时，要完成这些任务存在着如下问题：

第一，高等工科学校规模小，学生数量少。据当时估计，"一五"期间仅工业、运输业和地质勘探等方面就需要技术人员30万人，而当时见

---

①《制订好中国科学院十五年发展远景计划》，《科学通报》1955年第11期。

习技术员以上技术人员只有 14.8 万。1952 年院系调整前全国高等工程院校每年仅能招收新生 1.6 万人，"一五"计划期间只能向国家输送 4 万—5 万名毕业生，不足当时工业建设实际需要的 25%，亟待扩大高等工科院校规模，以适应国家经济建设的需要。

第二，高校类型和学校内部结构比例不合理，表现为文重工轻。院系调整前全国共有高校 211 所，其中高等工业学校（含专科）仅 33 所。工科系科设置少，一般只设机、电、土、化，不能满足大规模工业建设对多种技术人才的需求。

第三，高校地区结构布局不合理，多数分布在沿海地区和大城市。"一五"期间，内地、边远省份也要求发展。而且，当时朝鲜战争尚未结束，帝国主义封锁包围中国，从国防建设的战略要求考虑，也必须加强内地的工业建设和经济发展。因此，学校地区结构布局必须进行调整。

第四，高等教育人才培养的层次结构比例严重失衡，工科研究生教育十分薄弱。

有鉴于此，为了更好地适应重工业建设的需求，1952 年高等教育部决定对全国高等学校进行全面调整，指导思想是"学习苏联先进经验并与中国实际相结合的方针"。① 1953 年在上述基础上又进一步深化调整。经过 1953 年的调整，中国的高等教育进一步导入计划经济轨道，学习苏联模式设置中国高校专业也初步成型，仅工科根据苏联高等工科学校的专业目录，到 1954 年就设立工科本科专业 137 种。1953 年开始，中国高等学校走上了按照苏联模式培养专门化人才的道路。为了让高等工业学校逐步和工业基地相结合，在 1955—1957 年，中国又进行了院系调整。至 1957 年年底，全国共有高校 229 所，工科院校增加到 44 所。1957 年，高校共设置专业 323 种，其中工科 183 种，基本上改变了旧中国高等教育文重工轻的状况，顺应了中共中央关于高等教育要很好地配合国民经济发展的需要，特别要配合工业建设的需要。

在进行高等工程院校结构调整的同时，还进行了高校内部教育教学改革。1953 年 1 月《人民日报》发表社论，指出高等学校必须对旧的教学制度、教学内容和教学方法进行认真改革，以适应当前的实际需要。同年

---

① 《中共中央批转高等教育部党组关于全国高等工业学校行政会议报告的指示》，1953 年 12 月 4 日，《中共中央文件选集》第 14 册，中央档案馆、中共中央文献研究室，2013 年版。

7月，高等教育部在北京召开全国高等工业学校行政会议，会议通过的《稳步进行教育改革提高教学质量的决议》，提出高等教育改革的方针，是学习苏联先进经验并与中国实际情况相结合。学习苏联经验，进行教学改革，在当时有其特定含义，是指以苏联高等教育的教学模式为蓝本，改革旧的教学模式，建立新的适合中国社会主义建设时期要求的教学模式。其内容主要有：

第一，制订全国统一的教学计划。1952—1955年，高等教育部组织制订和颁发本科及专科教学计划193种，其中工科119种（本科89种、专科30种）。

第二，编制与教学计划配套的教学大纲。1953年高等教育部开始组织修订教学大纲。截至1955年6月，高等教育部组织制订与颁发的统一教学大纲有348种，其中工科教学大纲210种。

第三，以苏联教材为范本，组织翻译和统编教材。到1954年年底，翻译出供中国高校采用的苏联教材共558种，其中工科118个专业902门课程中有338种。1955年根据中国工业建设实际情况，开始自编教材。到1957年自编讲义总数达3400余种。

第四，按照苏联高校教学经验组织教学环节，加强教学管理。新中国成立初期高校教学过程没有规范，也比较单一。学习苏联经验，由原来的讲授、实验、学习、考试等几个教学环节，增加成为讲课、课堂讨论、习题课、实验、实习、课程论文（设计）、考查、考试、毕业论文（设计）及答辩等多种环节。加强教学环节建设，一个突出特点就是重视实践性教学环节。

在调整结构和改革教育教学的同时，国家加强了对高等教育的统一领导，包括统一培养目标、统一专业设置、统一学制、统一招生、统一培养、统一考试、统一分配。1953年5月，政务院强调对全国高等学校实行统一与集中的领导，指出"中央人民政府高等教育部必须与中央人民政府各有关业务部门密切配合，有步骤地对全国高等学校实行统一与集中的领导"；并要求："凡中央高等教育部所颁布的有关全国高等教育的建设计划……财务计划、财务制度……人事制度……教学计划、教学大纲、生产实习教程，以及其他重要法规、指示或命令，全国学校均应执行。其有必须变通办理时，须经中央高等教育部或由中央高等教育部报请政务院批准。"文件还对高等学校的直接管理工作做了明确的分工：综合性大学由中央高教部直接管理；与几个业务部门有关的多科性高等工业学校也由中央高教部直接管理；为某一业务部门开办的单科性高等学校，委托中央有关业务部门管理。这样就逐步将中国高等教育纳入高度统一的计划经济的轨道。尤其是高等工程教育紧密结合国家经济建设的需要，建立了适应计划经济要求的高等工程教育体系。

（二）科教结合的经验教训

1951—1957年学习苏联经验，建立中国高等工程教育体系的探索，在当时的历史条件下来看是成功的，它对旧中国高等工程教育进行了有效改造，适应了国家建设发展的需要，及时培养了大批国家急需的工程技术人才。同时，引进了当时先进的教育体系，为新中国高等工程教育的发展打下了基础。

通过院系调整，中国高等工科教育基本上形成机械、电机、土木、化工等比较齐备的体系，满足了当时中国为建立自己独立的工业体系和经济发展对专业人才及师资的需求，促进了中国高等教育的大发展，为中国独立自主、自力更生地发展经济提供了可靠的人力资源。新中国成立初期中国高校数量的增多、规模的扩大，尤其是工科高校规模扩大，提高了高等教育的办学效益。招生规模的不断扩大，基本上满足了经济建设对大量人才的需要。调整后中国高校招生数量迅速增加，国家急需专业得到大力发展。事实证明，中国20世纪50年代所培养的人才，大多成为日后各行各业的精英。

但是，伴随学习苏联建立起来的与计划经济模式完全一致的高等工程教育体系，也有其历史局限性，主要有：

第一，以政治和社会制度为标准学习借鉴外国经验，这导致了中国高等教育难以可持续发展和全面发展。20世纪50年代初期，由于带着强烈的政治倾向，使得我们在很长一段时间里，对西方教育经验多持排斥态度，而只学习苏联。到20世纪60年代，中苏关系恶化，又把苏联教育经验说成是"假社会主义、真资本主义"的，将其全盘否定。这种以政治和社会制度为标准来决定借鉴或排斥的态度是片面的，也是难以可持续发展的。

第二，无视教师意见，伤害了知识分子的自尊心和积极性。院系调整俨然像一场"革命运动"，无视新中国成立前中国科学教育取得的成就，无视教师在学校中的地位和作用，一味强调大学教授过去绝大多数是受了严重的帝国主义教育、殖民地教育的影响，统统要进行彻底的思想改造，乃至把一些纯属学术方法的问题也纳入政治思想范畴，严重地伤害了一批老专家、老教授的自尊心和积极性。

第三，轻率抛弃中国自身经验，盲目地学习苏联。学习苏联，采取"一刀切"的做法，强行合并调整所有的著名学府，致使这些学校几十年呕心沥血培养起来的特色与风格被完全改变，多年来形成的基础被分解拆散。如清华大学由多院制综合大学的体制，转变为一所多科性工业大学。教学内容和组织上，过分强调教学计划、教学大纲和教科书的统一，束缚了广大教育工作者的思想。

第四，片面强调英才教育、专才教育。坚实的基础和较宽的知识面是形成较强适应能力和发展潜力的起点。新中国成立初期，高等教育从培养目标上看，仿效苏联，重视智育和知识的传授，实际上是走了一条英才教育的道路。从教育模式上看，基本否定了原高等教育的欧美型的"通才"教育模式，仿效苏联"专才"模式，按行业、岗位甚至是产品设置专业，使得专业越分越细，专业结构不尽合理，缺少有机联系，而且理工科分家，影响了人才的全面发展。

第五，基础理论研究无人问津，拉大了与国际先进水平的距离。1952年教育部颁发的教学计划中，将基础课程明显地减弱，专门化课程的总学时高达4000左右。虽经1953年青岛修改教学计划会议，使得这种情况有所缓解，然而，综合大学只重教育不重研究、工科院校又只注重与国民经济密切相关的某些专业的局面仍未得到彻底纠正，导致基础理论工作无人问津。加之学习和使用俄语在20世纪50年代初期风靡全国，由于语言的障碍，制约了中国与世界其他科技大国的交流，无形中越发拉大了与国际先进水平间的距离。

总之，新中国在工业化背景下的教育改革完成了其历史任务，同时也形成了诸多弊端。

第四节 科技进步与经济绩效的分析

"一五"时期，在大规模经济建设的带动之下，我国的科技成就取得了长足发展，初步适应了经济建设对人才的需求，科技进步与经济绩效相谐共进，表现出典型的正相关特征。不过，由于历史的局限和管理经验的不足，两者的相谐尽管取得了突出的成就，但是其中的经验和得失也有不少的借鉴意义。

一 科技进步促进经济增长

科技进步与经济增长关系极为密切，它们相互联系、互相制约、互相促进。一方面，经济增长不断对科学技术提出新的要求，促进科学技术的不断发展和变革；另一方面，创造、推广相应用科学技术成果，又会促进经济增长。在现实活动中，科技进步同经济发展交织在一起，实现科技进步的过程，就是实现经济发展的过程，科技进步必须由经济增长来证明。经济增长是科技进步的结果。

作为经济增长直接动力的资本、劳动、科技进步，并不是等量齐观的三要素，它们在经济增长中的作用有质的不同。资本和劳动因素推动经济增长的过程，是一种常数形式的财富的积累过程；而科技进步因素推动经济增长的过程，则是一种指数形式财富积累过程。在科学技术条件不变的情况下，资本和劳动只能通过重新组合或追加的方式推动经济增长，其经济增长速度较慢；科技进步推动经济增长时即使投资和劳动没有变化，也能够创造出超常的经济增长速度。可见，科技进步是核心因素，在推动经济增长中有其他因素无法替代的特殊地位和作用。

单纯依靠增加劳动和资本的数量、扩大生产场所的扩大再生产，是外延式增长；而依靠科技进步、提高劳动者素质，来提高劳动生产率和生产资料利用率的扩大再生产则是内涵式增长，这两种增长方式都很重要，但一个国家要实现经济长期可持续发展，必须最终依靠内涵式增长。

科技进步与产业结构的变革有着密切的关系。科技进步对产业结构的影响，首先表现在新能源的被发现和由此引起的新产业的诞生。历史上，由于科技进步，使煤、石油、原子能、太阳能等相继出现，都对当时的产业结构产生了重要影响。其次表现为新的劳动工具与劳动对象的出现，导致产业结构的升级。历史上三次科技革命，分别产生了蒸汽机、电动机和电子计算机等新型生产工具，使产业结构素质一次比一次得以提高和优化。最后，科技进步还产生出大量新产品，引致新的需求从而形成新型产业。如电子技术的发展，出现了收录机、电视机等新产品，并由此导致了电子产业成为十分重要的产业。

科技进步有助于不断采用先进的技术装备、生产工艺和新型材料。随着科技的发展与开发、应用，先进的技术设备、生产工艺及新型材料不断涌现，并投入生产过程，从而使生产相同性能的产品物耗大大降低，并提高产品质量。

科技进步能够提高劳动者素质和技术水平。劳动者素质及其技术水平对生产要素的消耗和投入—产出比率具有重大影响，通过普及科学技术知识，提高劳动者素质和技术水平，可以在其他条件相同的情况下，减少投入，增加产出，提高经济效益。

从实践经验来看，20世纪60年代以来，美国的一些经济学家根据美国及西欧国家的有关历史资料，比较具体地分析了各国经济增长的因素。他们发现，除了资本、劳动外，科学技术起了很大作用。技术进步对经济增长的贡献，美国1950—1962年为31.2%；法国1950—1962年为32.1%；英国1950—1962年为33.2%。

从中国的情况看，"一五"时期，科技进步对经济增长的作用非常显著，其贡献份额达到27.28%。① 国有企业生产发展较快，科技进步速度也较快，达到8.61%。② 资本生产率保持在31%以上，资本利润率保持在9%以上，变动较微小。平均工资水平和就业者资本装备率稳步提高。实际平均工资由1953年的218.5元上升到1957年的261.1元。就业者资本装备率由1953年的993元/人上升到1957年1193元/人。资本增长率、就业人口增长率、就业者资本装备增长率均表现出较高且十分稳定的增长状态，其中资本增长率呈加速趋势，由1953年的6.0%稳步上升到1957年的8.1%，而就业人口增长率在2.2%—3.3%之间，就业者资本装备增长率除1953年为2.9%，1954—1957年间更在4.6%—4.9%的小区间内波动。③

二 工农业科技进步和工业基础的建立

通过苏联援助建设的156个项目和我们的学习和创新，中国工农业技术取得了全面的进步。苏联对中国的援助是全面的，从地质勘察、厂址选

---

① 李京文、郑友敬主编：《技术进步与产业结构：概论》，经济科学出版社1988年版，第72—76页。

② 刘克英、韩克兴、郑文俊主编：《知识创新工程与21世纪中国国民经济发展研究》，石油大学出版社1999年版，第128页。

③ 段宾：《技术进步及其对经济影响的数量分析——"一五"时期我国技术进步状况分析》，《中州学刊》1997年第5期。

择、基础设计、设备供应、建筑安装、开工运转、原料供应到产出产品,体现了当时世界上的最新技术成就。中国在注重引进设备的同时,也重视在科研、设计、施工和管理等各个方面的学习、培训,使得研究、设计、生产工艺和设备制造、使用得到同步提高,因而比较快地增强了消化吸收和技术自主开发能力,为我国奠定了工业化的初步基础。工业技术的"质"变也出现在电力、机械、冶金、化工等行业中。

"一五"时期,全国建成水、火大电站共76个,其中苏联援建的24个。新增发电设备容量247万千瓦,超过原计划的20%。新建火电站均采用苏联和东欧设备,其中高温高压机组占设计能力的32%。全国还建成大小不同的高压电力网10个,加强了水火电站相互配合,扩大电力供应范围。由于高速度发展的结果,1957年全国发电设备容量达463.50万千瓦,年发电量达193.35亿千瓦时,使中国的年发电量在世界上的排名从1949年的第25位上升到1957年的第13位。

"一五"期间,中国机械工业的质量发生了根本性的变化。当时中国机械工业的建设是以发展冶金设备、发电设备、运输机械、金属切削机床为重点,适当发展电机、电器、电材、炼油化工设备和农业机械。到1957年年底,共完成投资27.44亿元,全部建成投产的有40项,包括第一汽车厂等苏联援建的7项和引进捷克斯洛伐克技术的3个动力设备厂。在这些新建机械工厂中,生产技术和生产工艺有了新面貌,生产管理也有了很大改变。如大连起重机厂改变产品结构,改进生产工艺,提高系列化、标准化水平,推动规模批量生产。有的工厂按产品和工艺特点,调整生产组织,如哈尔滨轴承厂组织5条轴承生产线;沈阳扇风机厂组织轴流及离心风机车间;造船厂组织造船、造机、修船车间等。许多工厂改进了工艺装备,加强了工具、机修、试验、计量、检验等力量,调整了生产组织。大多数重点工厂建立了四师"一长制"(即生产长和总设计师、总工艺师、总锻冶师、总设备动力师),加强了科室和车间的技术部门,从而健全了技术指挥系统。许多工厂通过技术改造,技术水平得到全面提高,基本上达到了当时对质量、产量、新产品品种、成本、劳动生产率5项技术经济指标的要求。

"一五"计划期间,苏联援建的156项工程中钢铁工业有7项,实际为8项。这些项目都是打基础的大项目。特别是鞍山、武汉、包头三大钢铁基地的兴建,对全国经济发展具有重大意义,标志着中国钢铁工业发展史的新纪元。北满钢厂的兴建，对提供军事工业所需要的合金钢材料也具有重要意义。铁合金厂和碳素厂的兴建，奠定了合金钢生产和炼铝工业发展的基础。

"一五"时期，化学工业的主要任务是："积极地发展化学肥料，相应发展酸、碱、染料等工业，加强化学工业与炼焦、石油、有色金属工业的配合。"在此期间，重点建设了新的化工基地，主要是苏联帮助设计和建设的156个项目中的11项，形成了吉林、兰州、太原3个化工区的雏形；发展了基本化工原料的生产；对上海、天津、大连、南京、沈阳、锦西、青岛等地的老厂，也进行了改造和扩建。1956年5月，成立了化学工业部，管理全国的化学工业。3大化工区11个项目的建成，为中国化学工业的设计、施工、生产、科研等做出了巨大贡献。此外，还有苏联援建的华北制药厂，当时是中国最大的医药联合企业，由制药厂、淀粉分厂、玻璃分厂组成。这使得国内对青霉素的需要基本得到满足，改变了过去依赖进口的状况。

总之，"一五"期间技术进步的速度是很快的，迈出的步子也是很大的。中国科学技术工作者也初步掌握了现代化工厂、矿山和交通运输工程的设计和施工技术。

"一五"时期，苏联的农业教育、农研体制对中国有一定影响。中国农业技术在传统技术的基础上，结合本国国情和各个地域的特点，通过吸收苏联所长，逐渐获得了发展，其所引致的农业经济绩效也较为显著。

"一五"期间，农作物品种不断改良。20世纪50年代，从美国引进的棉花品种"岱字15"在中国大面积推广，该品种使产量提高10%—20%。而在玉米品种上，50年代主要推广优良的农家品种。50年代中期，开始利用双杂交种，尤其是1956年育成的"农大4号"，增产显著。在水稻品种上，1956年，广东省潮阳县的农民育种专家洪春利等从"南特16"中找到株高仅70厘米的自然变异株，1957年由它选育出中国第一个矮秆品种——"矮脚南特号"。

"一五"期间，党和政府十分重视农作物病虫害的防治工作。五年间，由1953年全国农作物病虫害防治面积16000万亩，扩大到1957年的71000万亩，即增长了4倍。其中药剂防治面积由1953年的4800万亩，扩大到1957年的50000万亩，即增长了10倍多。五年累计防治面积达15

亿亩。① 在防治的同时，推进了检疫工作。

"一五"时期，地质勘探、测绘、勘察设计业也有了很大发展。这些发展为新中国工业化所需能源、原材料的开发利用奠定了基础，这些行业的技术进步使得共和国能够顺利地完成"一五"技术目标，并为以后的经济发展开拓了局面。

正是由于技术进步，"我们的社会主义建设工作和社会主义改造工作都取得了比预想还要快还要大的胜利"，"从主要工业产品的产量说，到1957年，绝大多数产品都将超过原定的计划指标。……从重要的工业新产品说，我国过去不能够制造的某些发电设备、冶金设备、采矿设备和新型号金属切削机床，现在已经能够制造了；我国过去不能够制造的汽车和喷气式飞机，现在已经能够开始制造了；我国过去不能够生产的大型钢材和合金优质钢，现在也已经开始部分生产了"。②

---

① 农业部粮食作物生产局：《我国第一个五年计划期间的粮食生产》（1958年1月），载《中华人民共和国经济档案资料选编（1953—1957）》（农业卷），中国物价出版社1998年版，第767页。

② 周恩来：《关于发展国民经济的第二个五年计划的建议的报告》，1956年9月16日。

第十一章 劳动就业和工资福利的变化

劳动就业和工资福利问题,是关系广大人民生活的民生问题,也是体现如何处理生产和生活关系的重大问题。第一个五年计划时期,党和政府根据"在保证国家建设的前提下,适当提高人民生活水平"和"统筹兼顾、适当安排"的方针,扩大就业规模,完善提高工资,发展社会福利,加强劳动保护,在城镇职工的物质文化生活改善上取得了巨大成就。同时,党和政府在劳动就业和工资福利工作上出现缺点和错误,缩小了就业门路,削弱了市场活力,形成了城乡隔离,造就了中央高度集权的计划经济体制。

第一节 劳动力市场日渐式微

"一五"时期以保障工业化建设和城市经济发展为出发点的计划经济体制的建立,对新中国劳动就业城乡分割制度的形成起到了关键性的作用。它以动员农民回乡为重要手段,并限制农村人口向城市流动,第一次以行政命令的方式取消了公民的自由迁徙权;它把城市劳动力的就业责任完全揽到政府身上,却将绝大多数农村人口排除在劳动计划管理之外,同时又压缩城市劳动力自主择业的空间。这一切,导致了城乡劳动力市场的联系被切断,并最终取消了劳动力市场的调节作用,从而对中国社会的各个方面都产生了深远的影响。

一 城乡劳动力就业的分割

继1951年7月公安部公布《城市户口管理暂行条例》之后,1953年4月政务院制定了《全国人口调查登记办法》;借此在城市和农村建立起简易的户口登记制度。1955年6月,国务院发出《关于建立经常的户口登记制度的指示》,要求把经常性的户口登记工作推向全国,户籍登记和管理制度趋于完整。在户籍制度形成的初期,主要目的是维持社会治安和搞好人口统计,户籍制度的有关法规中都没有限制公民流动和迁徙自由的内容,相关规定的执行中也没有采取强制的、命令式的人口流动控制方法。

但是,1953 年我国转入大规模经济建设后,大量农村劳动力自发涌入城市和工矿区,给城市和工矿区造成很大压力。1953 年中国城镇人口从 1949 年的 5765 万人增加到 7725 万人,城镇人口占全国总人口的比例从 10.6% 上升到 13.3%。① 城镇人口的增加,加剧了城市粮食、住房、交通、就医、就学、就业等的紧张。为此,政务院在 1953 年 4 月发布《关于劝止农民盲目流入城市的指示》,首次以政府的名义阻止农民进城,要求对流入城市的农村劳动力实行计划管理;提出对进城农民,除有工矿企业或建筑公司正式文件证明其为预约工或合同工者外,均不得开给介绍证件;对盲目进城的农民,除确实需要的外,要劝其还乡,开始禁止城乡之间劳动力的自由流动。1954 年 3 月 12 日,内务部和劳动部又联合发出《关于继续贯彻劝止农民盲目流入城市的指示》,重申了前述政务院的通知精神。1955 年 3 月,内务部和公安部发出《关于办理户口迁移的注意事项的联合通知》,从落户入手限制农民流入城市,规定在城市找到工作、考入学校和老年父母投靠子女生活、未成年子女投靠父母生活及夫妻团聚等,允许登记落户,除此之外,不得在城市落户。

政策的剧变发生在"一五"时期的最后一年。从 1956 年的 12 月 30 日到次年的 12 月 18 日之间,中央政府及有关部门连续发布了 9 个限制农民进城的文件②,而且其内容和措辞越来越严厉。面对农业合作化加快后农村人口大量流入城市的形势,国务院先后发出《关于防止农村人口盲

---

① 参见《国家统计局关于全国人口调查登记结果的公报》,1954 年 11 月 1 日公布。
② 这 9 个限制农民进城的文件分别是:1956 年 12 月 30 日由国务院颁布的《关于防止农村人口盲目外流的指示》;1957 年 3 月 2 日由国务院颁布的《关于防止农村人口盲目外流的补充指示》;1957 年 4 月 30 日由内务部颁布的《关于受灾地区农民盲目外流情况和处理办法的报告》;1957 年 5 月 13 日由国务院颁布的《批转关于受灾地区农民盲目外流情况和处理办法的报告》;1957 年 5 月 27 日由公安部颁布的《关于实施阻止农民盲目流入城市和削减城市人口工作所面临的问题及解决办法的报告》;1957 年 7 月 29 日由国务院颁布的《批转关于实施阻止农民盲目流入城市和削减城市人口工作所面临的问题及解决办法的报告》;1957 年 9 月 14 日由国务院颁布的《关于防止农民盲目流入城市的通知》;1957 年 12 月 13 日由国务院颁布的《关于各单位从农村中招用临时工的暂行规定》;1957 年 12 月 18 日由中共中央、国务院颁布的《关于制止农民盲目外流的指示》。

目外流的指示》《关于防止农村人口盲目外流的补充指示》和《关于制止农村人口盲目外流的指示》，要求在农村对企图外流的农村人口加以劝阻；在城市工矿区，对盲目流入的农村人口，须动员其返回原籍；公安机关应依照城市户口管理规则，进行严格的户口管理；一切用人单位不得擅自招用工人或临时工。为控制招用农村人口，1957年12月，国务院发布《关于各单位从农村中招用临时工的暂行规定》，提出城市各单位需用临时工，应首先从本单位多余人员中调剂解决；调剂不够时，报请当地人民委员会，由地方劳动部门从其他单位多余人员中调剂；当地调剂不够时，由劳动部门布置招用。招用临时工时，须尽量在当地城市中招用，不足时才可从农村招用。这些指示的出台，标志着中央政府对农村人口的"盲目外流"不再是温和的劝阻态度，转而采取强制手段来堵截农民进城谋生的行为。这样，城乡劳动力的自由流动就基本被阻断了。

二 劳动力市场的运行状况

根据经济学的一般理论，劳动力市场的形成应具备三个条件：一是劳动力供求双方是否具有自主性，即劳动力的供给方对自己的劳动力是否具有自主权和出卖转让的权利，劳动力的需求方在招雇方面是否有自主权；二是劳动关系必须是契约关系，即雇佣双方是在自由基础上建立的合同关系；三是工资应当成为劳动力流动的主要调节信号和雇主的主要竞争手段。这些条件，在"一五"计划时期基本还是存在的。

从"一五"时期劳动力配置情况来看，国家对劳动力的统一调配力度在不断加强，计划经济体制也在快速形成，劳动力市场作用范围越来越小，最终退缩到无足轻重的地位。但是，由于国家直接计划管理在微观经济方面的覆盖面，即使在1956年也主要集中在国营经济、供销合作社和大型公私合营企业，就广大的农村和公私合营企业来说，行政性、指令性的计划管理还没有实行，劳动力流动迁徙的渠道尚未完全堵死，因而当时我国劳动力市场仍然存在着。

首先，在劳动力供求双方的自主性方面，劳动力市场的存在是与公民的自由选择权紧密联系的。一方面，在1951—1956年我国户籍制度建立的过程中，城乡户籍制度的有关法规中都没有限制公民流动和迁徙的内容，相关规定的执行中也没有采取强制的、命令式的人口流动控制方法，劳动力的流动仍然是允许的。另一方面，面对前一阶段政府包揽安置就业所带来的供求矛盾，1953年5月中央及时调整了解决城镇劳动力就业的方针政策，提出除根据国家建设和经济发展的需要和失业人员的就业条件逐步就业外，要鼓励失业人员自谋职业。可见，在政府安置就业能力有限的情况下，失业人员通过各种途径自谋出路当时也是允许的。据不完全统计，在1956年全国安置就业的123万失业人员中，政府介绍就业的达94.4万人，自行就业的有11.3万人，参加农业生产的8.5万人，行业归口安置的3万多人，采取其他方法安置的6万多人。① 这一状况说明，"一五"期间城镇劳动者的自主权在一定范围还是存在的。

其次，在雇佣双方建立合同关系方面，这个时期也是存在的，而且得到了政府的鼓励支持。1953年大规模工业化建设开始以后，许多工程单位不仅需要相互借调固定工，而且还需雇用大量的临时工。这种用工要求在建筑业中表现最为突出。为了保证有章可循，1954年5月劳动部就相继制定颁发了《关于订立建筑工人借调合同办法》和《关于建筑工程单位赴外地招用建筑工人订立劳动合同办法》。这两个办法不仅要求在各建筑单位需要相互借调工人时或到外地招用临时工时，必须要与工人签订合同，而且要求在合同内须将借调（招用）期限、人数、工种、技术等级、施工地点、福利待遇等做出明确规定；在合同有效期内，因执行合同引起纠纷且双方不能解决时，可申请当地劳动行政部门进行处理。

在临时工的使用问题上，特别是对从农村招收临时工的行为，中央政府与地方政府、主管部门之间存在着博弈。一般地讲，中央政府从解决城市失业、"增产节约"的目的出发，对于各地、各部门招收临时工是持反对意见的，而建设任务重、上马工程多的地方政府和部门，则为了保证完成建设计划，却对使用临时工多抱着默许或支持的态度。经过不断禁止和反弹后，最终导致中央政府有条件地让步，但提出了进行规范的要求。面对各地各部门招收使用临时工的现象，1953年8月中央劳动部《关于临时工问题的处理意见》指出："关于临时工问题，主要应根据工作性质及生产需要来确定，不能单纯以雇佣时间长短为依据。如时间较长的修筑铁路、公路、海港及军事工程等修建任务，临时性突击生产工作及临时接替职工病、伤、事假期间的工作等，均得雇佣临时工，并得依据实际需要确定雇佣时间，签订合同。工作任务完成后，即可解雇，不能以工作时间超

---

① 中国社会科学院、中央档案馆编：《中华人民共和国经济档案资料选编（1953—1957）》（劳动工资和职工保险福利卷），中国物价出版社1998年版，第151页。

过多久即要求转为正式工。"① 关于临时工的雇佣期限，国务院 1957 年 1 月的通知中规定不得超过一个月。但由于许多单位需用临时工都在一个月以上，有些地区和部门在执行中感到困难，于是多次向中央反映难以操作的问题。为此，国务院又于当年 2 月做出了新的规定："确因工作需要，雇佣临时工必须超过一个月时，可在一个月期满后，与工人按月续订合同。"对此新规定，某些地区和部门仍然认为不合实际，凭空增加手续不说，还会引起工人不安心。在此情况下，4 月劳动部就提出了变通的办法，即"在一般情况下，仍应按月签订合同，如果基本建设、季节性生产需用的临时工期限较长，按月续订合同确有不便时，可以根据生产需要的实际时间签订合同。但在合同期满后，必须予以辞退。"其他生产建设部门也纷纷照猫画虎，制定了与劳动部大致相同的规定。例如，电力工业部 5 月制定的补充规定提出："招用临时工人时必须签订劳动合同（不得超过一个月），但对基建的野外勘察、施工等单位因处在人烟稀少、工作分散或交通不便的边远地区，如按月续订合同确有困难时，可根据实际需要与工人签订合同，但合同期满后，必须严格按照合同规定解雇。"②

由于基本建设任务大，固定工人不敷使用，导致临时工人的大量存在。他们和固定工人一样，进行了巨大的艰苦的劳动，为完成各地的工业建设起到积极作用。例如，1956 年，由于内蒙古包头工业建设的任务较上年增加了 3 倍，固定工人不够用，于是在前三季度就招收调配了 46529 名临时工，占基本建设工人总数的 54% 以上。辽宁省也由于基本建设任务增加，临时建筑工人的数量也随着增大，据不完全统计，全省约有临时工人 10 万人，占到建筑职工总数的一半左右，有的单位甚至占到职工总数的 70% 以上。③

最后，在工资制度方面，随着国家有计划经济建设的开始，中央就要求各地城市尽快设立工人调配的专管机构，减少挖工、跳厂和农民盲目流入城市等劳动力市场上的混乱现象。但实际情况是，不仅私营企业仍然靠工资福利待遇吸引受雇者，而且不少国营企事业单位在中央三令五申禁止的情况下，也继续靠工资福利待遇的优势来吸引或挖雇在业职工。据调

---

① 中国社会科学院、中央档案馆编：《中华人民共和国经济档案资料选编（1953—1957）》（劳动工资和职工保险福利卷），中国物价出版社 1998 年版，第 137 页。
② 同上书，第 140、139 页。
③ 同上书，第 145、146 页。

查，1954年在上海和青岛等地，还存在不少私营营造厂，它们经常用提高工资福利待遇的办法诱挖国营建筑单位的工人。当年劳动部在北京、上海、天津、东北等地的调查也表明，企业之间职工流动的主要原因是工资收入的差别。另外，城市之间、城乡之间的劳动力流动，主要原因也是收入上的差别。例如，1954年长沙市调往韶关支援国防工程的工人，由于发现韶关的工资低，没有奔头，便有200人开小差跑了回来。1956年青海企业前往东部地区招收工人时，就以"到青海后工资能增加一倍""可以给家属安置工作"等条件，吸引当地工人前往青海工作①。

总体上看，"一五"时期国家通过建立统一招收和调配制度，对城镇劳动力市场进行了限制，反对和防止企业的"私招乱挖"行为，但劳动力市场的运行禁而不绝。在政策较为宽松的环境里，1954年至1956年成为中国历史上户口迁移最频繁的时期，全国迁移人数达7700万，包括大量农民进入城镇居住并被企业招工。即便在国务院发出几道严格禁令的1957年，仍然有不少企业、事业、机关私自招收人员，特别是私自招收临时工的现象依然相当严重。据监察部和劳动部的不完全统计，仅在当年上半年，江苏、北京、安徽、湖北、辽宁、甘肃、青海等12个省、直辖市内的一些单位，就私自招收人员达66340人，其中长期工534人，临时工67306人，临时工转正的1500人。天津市有关部门组织的检查表明，1957年3月中旬至5月中旬，在所检查的21个单位中，就发现有13个单位私自招用临时工605人②。这就说明，城市劳动力市场尽管存在着这样那样的问题，与政府对劳动力实行计划管理相冲突，但其生命力却是十分顽强的。

三 劳动力市场式微的原因和影响

"一五"时期我国劳动力市场变化特点，是政府通过采取各种办法不断限制民众的迁徙自由权和实行劳动力的统一调配，制定削弱劳动力市场的制度和政策，从而使劳动力市场作用日渐式微。那么，政府为什么要采取这种态度呢？劳动力市场作用衰微对中国社会经济又造成怎样的影响呢？这是值得探究的问题。

---

① 中国社会科学院、中央档案馆编：《中华人民共和国经济档案资料选编（1953—1957）》（劳动工资和职工保险福利卷），中国物价出版社1998年版，第98、97、158页。

② 同上书，第172、175页。

(一) 限制劳动力市场作用的原因

优先发展重工业的发展战略、计划经济体制的实施以及城市社会福利制度的建立，是政府限制劳动力市场政策出台的主要背景。

新中国成立初期，中国领导人在考虑制订第一个五年计划的时候，面对生产力落后、工业化水平低和资本主义国家敌视的压力，在经济上选择了优先发展重工业的经济战略。1952年12月22日的《中共中央关于编制一九五三年计划及五年建设计划纲要的指示》认为："工业化的速度首先决定于重工业的发展，因此我们必须以发展重工业为大规模建设的重点。""首先保证重工业和国防工业的基本建设。特别是确保那些对国家起决定作用的，能迅速增强国家工业基础与国防力量的主要工程的完成。"① 周恩来1953年9月8日在《过渡时期总路线》一文中指出："第一个五年计划的基本任务是：首先集中主要力量发展重工业，建立国家工业化和国防现代化的基础。"② 实现工业化尤其是重工业化，以建立国家独立的经济基础，这在新中国当时所面临的严峻国际环境下是一个必然的也是必要的战略选择。

工业化发展战略确定后，如何搞到工业化建设所需要的资本积累，这是一个现实而棘手的问题。一般来说，工业化内部积累有两种办法：一是日本明治维新后采用高地租、高税收方法完成国家高积累的"明治模式"，其结果是国家与农民关系紧张，农民流向农业以外；二是苏联采用的农业集体化和工农业产品价格"剪刀差"的方法。这两种办法都把原始资本的来源放在农民和农业身上，但前一种保留了市场机制（农民交高税后可保留私有财产，可自由流动），后一种没有。中国选择了后一种，要运用国家的权威进行积累，把资金、人力、物力集中投到重工业上，由此建立苏联模式的计划经济体制就是十分自然的事。

随着计划经济体制的建立，劳动力的统一分配取代了通过劳动力市场自谋就业的体制，而是否具有城镇户口成了能否在城镇就业的标准。1953年之后，劳动管理权限逐渐向中央集中，禁止各单位自行从社会上招工，也不得裁减多余的正式职工和学员、学徒。1955年5月召开的全国劳动局局长会议决定，建立国民经济各部门劳动力统一招收和调配制度。到

---

① 《建国以来重要文献选编》（第3册），中央文献出版社1992年版，第449页。
② 《周恩来选集》（下卷），人民出版社1984年版，第109页。

1956年年底，国家不仅包下了国营企业、公私合营企业的职工，而且包下了大中专、技校学生、城市转业军人的就业，形成了"统包统配"的劳动力管理制度。在这种制度下，政府对城市中每年的新增劳动力承担了安排就业的义务，用统一招收的方式将他们分配到企业和其他机构中；对于政府安排就业的人员，企事业单位必须提供各种福利，并不得随意辞退。这样，城市劳动力市场就逐渐失去了存在的环境，其作用也就日渐式微了。

与城市劳动力统一分配相配套，中国同期还形成了城市独有的社会福利制度。1953年政务院修改完善了此前颁布的《中华人民共和国劳动保险条例》。该条例详细规定了城市国营企业职工所享有的各种劳保待遇，主要包括职工病伤后的公费医疗、公费休养与疗养、职工退休后的养老金、女职工的产假及独子保健、职工伤残后的救济金以及职工死后的丧葬、抚恤等。该条例甚至规定了职工供养的直系亲属享受半公费医疗及死亡时的丧葬补助等。政府对国家机关、事业单位工作人员也在病假、生育、退休、死亡等各方面逐步建立起完善的劳保待遇。城市集体企业大都参照国营企业的办法实行了劳保。除以上福利之外，城市居民还享有名目繁多的各种补贴，就业人口还可享有单位近乎无偿提供的住房。这样，变成由国家"包下来"并通过单位享受"高福利"的城里人，便成为农民梦寐以求的目标。在这种情况下，农民千方百计向城市流动，城市人口的增加自然难以避免，但有限的资源不可能满足无限膨胀的城市人口的需要，政府就必须限制享受计划内社会福利的城市人口数量。为了避免国家财政补贴压力的增大，中央政府就以"逐步改善工农生活"为理由，最终关上了农民通往城市的大门。1957年12月13日国务院《关于各单位从农村招用临时工的暂行规定》明确宣布：城市各单位一律不得私自到农村中招工和私自录用盲目流入城市的农民，甚至连招用临时工也必须尽量在当地城镇招用，不足的时候，才可以从农村中招用。于是，城乡劳动力正常的联系互动也就基本停止了。

(二) 劳动力市场式微的影响

"一五"时期中国劳动力市场的渐趋消失，是重工业优先发展和计划经济体制确立的必然结果。无论是发展战略，还是制度政策，都需要建立严格控制人口自由流动的户籍制度，建立严格限制劳动力自由的就业制度。劳动力市场的逐渐消失，对我国经济生活与社会结构产生了极其深远的影响。

首先，剥夺了占总人口85%的农民的转移性就业。从20世纪50年代中期开始，随着大规模工业化建设的开展，政府又逐步实行了农产品统购统销制度，并强行推行农业集体化，打击了农村生产力，降低了农业生产率，使城乡差距日益扩大。正是在这样的背景下，农村人口大批涌入城市，这不仅减少了农业劳动力，也增加了城市的失业人口。于是，为了保证原有城市人口的就业，就采用户籍控制制度来阻止农民向城市的迁移。这一制度安排虽然对于推进国家工业化发展、减轻政府财政压力、稳定城市社会秩序等方面具有短期的积极作用，但对于广大农民来说却是极不公平的。由于农民的转移性就业权被基本剥夺，通过劳动获得更多收入的机会被逐渐堵死，农民逐渐成为了中国的"二等公民"，城乡二元经济社会结构由此开始形成，结果带来国家公民的不平等、延缓城市化和非农化进程、妨碍城乡结构的协调发展等消极影响。

当然，对于限制农民进城就业的政策，我们也要以科学的历史主义态度去认识。从某种程度上说，"一五"时期，政府禁止农民向城市流动，既有缓解城市失业压力的短期之功，也有让农民安心务农为工业化提供积累的长期之功。从世界现代化的历史过程看，工业化的最初进程都是由农业来推动的，工业化水平很大程度上是农业劳动生产率的函数。在欧美早期现代化国家中，农村本身成为资本主义发展的摇篮，农业革命成为工业革命的出发点。[①] 发展经济学家把这一现象概括为"工业革命以农业革命为先导"的命题。中国的国家工业化是在农业生产力水平很低的状况下启动的，落后的传统农业对工业化造成极大制约，这种制约当时突出表现在农产品的供给短缺制约。因此，随着中国工业化发展战略的全面推行，对农业发展的要求就变得十分强烈。由于当时领导人普遍认为中国农村多种经营的空间很大，吸纳劳动力就业的能力很强，于是，从1953年以后，加强对农民流入城市寻找工作途径的限制，无疑就是既照顾城市又发展农业"两全其美"的事。

其次，限制了城市劳动力的创业需求。现代经济的发展要求各种生产要素的流动和市场化，而人是其中最积极、最活跃的要素，人本身的解放

[①] 参见迪特尔·森哈斯《欧洲的经历——发展理论的历史评判》，多弗尔·伯格出版公司1985年英文版，第46—47页。

和自由流动是充分利用劳动力资源的前提条件。劳动力市场的存在，可以满足劳动者选择和创业的需求，可以为社会创造新财富。我国在进行工业化建设的初期，由于缺乏建设经验，缺乏对经济发展模式鉴别对比的理论储备，过高估计了劳动力市场的负面影响，过多包揽了政府对城市劳动力就业的责任，过早限制了劳动力市场的存在，从而建立起劳动力资源的统一调配制度。这种制度当时虽然对于推进国家工业化发展、保障国家重大发展计划的实施、稳定经济和社会秩序等方面具有积极作用，但其对劳动生产率的持续提高、对国民经济整体就业能力的创造却是极为不利的。

第二节 劳动就业政策及其实施

就业是民生之本，劳动是财富之父。"一五"计划期间，我国的劳动就业工作是配合社会主义工业化建设而开展的。期间最为显著的变化是：在宏观层面上，劳动人口不断增多，劳动参与率空前提高；统包统派范围扩大，劳动力计划管理体制形成；劳动力布局迅速调整，城镇劳动力增长显著；就业人数迅速增加，失业率迅速下降。在微观层面上，企业的劳动管理权力不断缩小，管理的内容和目标在不断细化。

一 劳动力资源供给增加和就业压力加大

随着大规模战争结束，社会局势趋于安定，人民生活趋于改善，卫生防疫工作初步发展，国家救济工作全面开展，我国人口出生率保持着提高的势头，导致人口数量快速增加。1953年，中国开展了第一次人口普查。这次人口普查的数据表明，中国人口数量（不包括港澳台地区人口数）已经达到5.9亿，不是过去估计的4.5亿，庞大的人口基数和快速的增长势头成为我国的一大国情。这个国情和加快社会主义工业化建设的目标之间存在着很大的矛盾，从而引起党中央的高度关注。时任政务院总理周恩来在人口普查结束后的一次会议上，明确指出："我国人口大概每年平均要增加1千万，那么10年就是1万万。……这样一个增长率的供应问题，确是我们的一个大负担。"[①] 刘少奇、邓小平等党和国家的领导同志，也

---

① 周恩来：《第一个五年建设计划的基本任务》，载彭佩云主编《中国计划生育全书》，中国人口出版社1997年版，第133页。

对当时人口快速增长势头表达了担忧。正是在这种背景下，党中央明确提出了宣传推广有计划节育人口的政策，实现了从鼓励生育到节制生育的认识转变。

然而，从认识转变到现实改变之间存在着时滞。由于受老百姓"多子多福"封建传统观念的影响以及当时国家在医疗卫生条件方面的限制，中央设想的节制生育政策并未能很快奏效，导致"一五"时期人口增长很快。统计资料表明，台湾和海外华侨不算在内，1952年年底，我国人口总数是57480万人，到1957年年底，人口总数增加到64650万人，5年时间共增加了7170万，每年平均增加人口1434万人，平均每年净增率为2.2%。在快速增加的人口中，蕴藏着丰富的劳动力资源供给。根据1953年第一次全国人口普查的资料，在5.9亿的总人口中，男性占51.5%，女性占41.8%。按年龄分组，16岁以下的人口21591万，占总人口的38%；16岁以上（包括16岁）至60岁以下（包括60岁）的人口31405万，占总人口的55.4%；61岁以上的人口3749万，占总人口的6.6%[1]。可见，当时我国人口结构总体上显得比较年轻，93.4%的人口年龄在60岁以下，61岁以上的老人仅占总人口的6.6%。也就是说，当时我国总人口中有超过一半的人处于可以参加劳动的年龄阶段，劳动力供给是非常丰富的，存在着可以利用的"人口红利"。

同时，新中国成立初期社会结构的快速调整导致社会观念的迅速转变，过去不从事社会生产的人口特别是家庭妇女大量走入劳动市场，纷纷要求从事社会性劳动，也在一定程度上增加了劳动力资源数量。从统计数据看，"一五"计划实施前夕的1952年，我国劳动力资源总数为26710万人，社会劳动者人数为20729万人；到1957年年底，劳动力资源总数上升为29000万人，社会劳动者人数增加到23771万人。五年间，我国劳动力资源年平均增长率为1.7%，社会劳动者人数年平均增长率为2.8%，虽然劳动力资源占人口数的比重由46.5%下降到44.9%，体现出第一次婴儿出生高潮的发生，但劳动参与率却由77.6%提高到82.0%。[2] 更高比例的劳动力人口出来要求工作，这就大大提高了对就业岗位的需求。

还有一个因素也造成城市劳动力数量的扩大。1953年开始，我国转

---

[1] 国家统计局：《中国统计年鉴（1983）》，中国统计出版社1984年版，第123、110页。
[2] 《中国劳动工资统计资料（1949—1985）》，中国统计出版社1987年版，第3页。

入大规模经济建设后,政府又逐步实行了农产品统购统销制度,并强行推行农业集体化,打击了农村生产力,降低了农业生产率,使城乡差距日益扩大。在这样的背景下,大量农村劳动力自发涌入城市和工矿区,无疑增加了城市劳动力供给,给城市和工矿区造成很大压力。

可问题的另一面是,"一五"计划时期由于下述多种因素的影响,社会就业岗位的创造能力并不高,不能有效满足求职者的需求。

首先,由于从"一五"计划开始我国实行了重工业优先发展战略,工业投资严重向重工业部门倾斜。从经济发展的角度看,确立以重工业为建设重点的方针是正确的、必要的,特别是苏联援助建设的156个项目在当时条件下是极其难得的,而且技术上也是先进的,为我国工业化的建设奠定了初步基础。但从就业创造力看,由于重工业资本密集度高,劳动力吸纳能力较弱,推行重工业优先发展战略就意味着牺牲掉大量的就业机会。有学者计算,改革前中国每亿元投资在轻工业部门可吸纳1.8万人就业,而在重工业部门只能吸纳6000人就业,重工业就业吸纳能力仅为轻工业的1/3。① 1953—1957年间,中国对重工业和轻工业的累计投资分别为212.79亿元和37.47亿元,前者是后者的5.7倍,可见,投资严重地倾斜于重工业部门,不利于就业岗位的增加。

其次,从所有制结构来看,从1953年起,国家开始有计划、有步骤地消灭私营和个体经济。特别是1955年下半年以后,全国掀起了社会主义改造高潮,在一年多的时间里,就完成了计划用两个"五年计划"才实现的改造。1953—1957年全国工业总产值公私比重(包括手工业),国营从41.5%提高到53.8%,合作社由3.3%上升到19.0%,公私合营由4.0%增加到26.4%,私营从30.7%下降到0.05%,个体手工业从20.5%下降到0.8%。② 由于国有企业主要是资金技术密集型的大企业,非国有企业基本是资本技术构成低的小企业,每亿元投资在非国有企业可以提供5万个就业岗位,在国有企业只能提供约1万个就业岗位,仅相当于非国有企业的1/5。③ 因此,"一五"计划时期社会主义改造的加快完

---

① 冯兰瑞、赵履宽:《中国城镇的就业和工资》,人民出版社1982年版,第10页。
② 中国科学院经济研究所、国家工商行政管理局:《中华人民共和国私营工商业社会主义改造统计提要(1949—1957)》,1958年10月。
③ 林毅夫、蔡昉、李周:《中国的奇迹:发展战略与经济改革》(增订版),上海三联书店2003年版,第77页。

成，国有企业投资数量的急速增加，非国有企业投资数量的严重下降，就必然会削弱全社会投资的就业带动能力，高投入并不能带来更多的有效就业机会。

最后，就当时城市产业的发展而言，也主要被局限在工业领域，以服务业为主的第三产业的发展严重滞后。20世纪50年代我国确定的城市建设工作方针是，集中力量建设那些有重要工程的新工业城市。至于那些未投入新工业项目的大城市和一般的中小城市，即便城市建设的许多方面亟待改善维护，政府也不会投入太多资金。为了集中力量保证工业建设，在各重点城市的建设中，城建投资的重点也是直接为工业生产服务的道路、上下水道、工人住宅等，而对基础设施和生活服务设施投资不足。这不仅造成市场的萧条和市民生活的不便，也降低了城市的就业容纳能力。

上述几方面情况说明，"一五"计划时期我国城市就业的压力是很大的。

二 就业政策的调整和统包统配就业制度的形成

（一）就业政策的频繁调整

进入"一五"计划建设时期以后，面对依然存在的巨大失业人口和新增的就业压力，党中央为了抓紧解决好就业问题，对我国劳动就业政策进行了不断调整，总体上可以分为三个阶段。

第一阶段，1953年5月之前。这一阶段劳动就业政策的基本特点是，继续秉承1952年7月全国劳动就业工作会议精神，主要强调由政府"统筹安排"，执行统一介绍就业政策和劳动力统一调配政策。之所以会出现这样的就业政策，原因有如下几个方面：一是前3年国民经济恢复工作异常顺利，进展超出最初的预想，从而使党和国家领导人产生了轻视经济工作的心理，认为单方面依靠政府的能力就可以解决全部的失业问题；二是私营企业在经营过程中的违法乱纪行为，在"三反""五反"运动中暴露后，引起社会的震惊和不满，促使国家领导人对私营经济怀疑态度加重；三是城市企业挖人和职工"跳槽"现象频繁发生，为了保证重点建设工程的用人需要，产生了由政府统一管理劳动力配置的要求。在这个时期，中央规定城市中所有登记的失业无业人员由政府进行就业训练和统一调配；一切公私企业招聘职工时，除公营企业由政府管理机关任免人员以及私营企业的资方代理人由资方选择外，均由劳动行政部门所属的调配机关统一介绍，非经劳动局批准，不得私自招收；不得雇用在其他企业或机关已经工作的人员,不得到外地或乡村去招雇工人和职员。这种政策,虽然提高了政府解决就业的责任意识和积极安排就业的力度,由政府想办法安置了一批失业者再就业,为此一度获得了失业无业人员的拥护与喝彩,但执行不久,各地政府就开始捉襟见肘、疲于应付。限制劳动力流动和劳动力供求双方自由缔约的做法,结果是抑制了人力资源的优化配置,阻碍了劳动力市场在城市就业中的积极作用,导致就业压力更显严重。

第二阶段,1953年5月到1955年4月。1953年5月,政务院劳动就业委员会、劳动部和内务部联合召开了劳动就业座谈会,研究了当前劳动就业工作的基本情况,指出目前实行的统一安置和调配政策客观上限制了公私企业和用人单位的积极性,缩小了自行就业的门路。因此,应该适当缩小由政府统一介绍和调配的范围。于是在8月中旬,中共中央批转了会议报告,要求全国各地改行介绍就业和自行就业相结合的政策,鼓励失业无业人员自我门路、自行就业,把劳动力统一调配的范围限制在工厂企业内部。与此同时,毛泽东还在全国财经会议上对前一时期劳动就业工作中的政策失误主动承担了责任,并做了自我批评。[①] 这样,从1953年8月开始,全国转而实行新的就业政策,并很快显示出促进就业的非凡作用。在其贯彻执行的1年时间里,失业人员自行就业的人数有了显著的增加,政府介绍就业的人数却并未因此减少,失业压力因而明显减轻。

第三阶段,1955年5月以后。不幸的是,前述局面并未继续维持下去。进入1955年之后,由于建设规模加大和建设速度加快,各部门对劳动力的需求也随之增加。同时,社会主义改造即将进入高潮,非公有制经济成分大量减少。在这种局面下,限制非公经济招收劳动力的自主权,强调劳动力招收与使用的计划性,废除"政府介绍和自谋职业相结合"这种"两条腿"走路的就业方针,似乎也就理所当然了。为此,1955年4月,中共中央在《关于第二次省、市计划会议总结报告》上批示:"一切部门的劳动力调配必须纳入计划,增加人员必须通过劳动部门统一调配,不准随便招收人员。"同年5月,在劳动部召开的第二次全国劳动局局长会议上,根据中共中央的批示精神,强调劳动就业工作必须要贯彻"统一管理,分工负责"的原则,即在劳动部门的统一管理下,由企业主管部门分别负责。从此,大多数企事业单位在招用职工时,一般都需按规定

---

① 董志凯:《1949—1952年中国经济分析》,中国社会科学出版社1996年版,第206页。

由下而上编制招工计划,由劳动部门统一安排招收,劳动者自寻出路的空间又逐渐缩小了。

(二) 劳动就业统包统配制度的形成

新中国成立初期,出于稳定人心和巩固政权的考虑,党和政府对没收的官僚资本主义企业的人员和旧军政人员统一实行"包下来"的政策。对于旧社会遗留下来的失业人员,基本上也是由政府统一安排到国营工矿企业和其他单位成为固定职工[①]。尽管这样,当时企业在相当程度上仍然保留了招工辞工的自主权,一般职工也是"能进能出"。

进入"一五"时期之后,由政府包工作的人群不断扩大。从大专毕业生逐步扩大到中专、技工学校的毕业生,又进一步扩大到复员退伍军人。1955年8月,国务院在《关于中国人民解放军推出现役干部就业的指示》中明确规定:对于家居城市具有一定文化、技术水平的复员军人,也要根据"归口包干、统一安排"的原则,由中央有关部门和地方各级政府部门分别归口安置到全民所有制企业单位当固定职工。1956年年初,资本主义工商业实行全行业公私合营时,对原私营企业职工采取了按行业归口"包下来"的政策,统一安排工作。公私合营的职工由1953年的28万人,增加到1956年的352万人,增长了11.6倍,几乎都是固定工。另外,到了1957年,有关部门又规定:各单位对于多余的正式职工和学员、学徒,应积极设法安置,如果没有做好安置工作,则不得裁减。当时,对刑满释放人员也要求"在可能条件下由劳动改造机关、劳动部门给以介绍就业"[②]。这样,政府就对城市劳动力承担了就业的"无限责任",自行就业和自谋职业基本上被统一安排、统一分配所取代。

(三) 固定工制度形成

由于劳动力的计划性安置要求增强,企业的用工主动权就被逐渐剥夺了。1953年以前,国营企业虽然已初步形成以固定工为主的用工制度,但是在许多企业和单位职工总数中临时工、季节工仍占有相当比重,一般约占20%。有些行业和一些季节性生产企业临时工的比重更大,矿山企业在50%以上。建筑行业历来就是以使用临时工、季节工为主,据1953年统计,全国建筑安装工程单位临时工人数占全部工人数的62.7%。这

[①] 何光:《当代中国的劳动力管理》,中国社会科学出版社1990年版,第163页。
[②] 《中华人民共和国经济档案资料选编(1953—1957)》(劳动工资和职工保险福利券),中国物价出版社1998年版,第92页。

些临时工还是能进能出、随着生产任务的变化而由企业调节的。劳动部1953年规定，经常性工作不应雇佣临时工担任，已经担任经常性工作的临时工，可根据生产需要逐步地分别改为正式工，即固定工。到1956年公私合营，对所有人员都安排了工作，实际上也都成了固定工。1957年3月，国务院在批转劳动部的文件中规定："企业、事业、机关编余的人员，应该想法在企业、事业、机关内部或部门之间调剂安排工作或组织他们学习，不得任意辞退。"① 这样，在计划经济必须实行劳动力的计划调配、社会主义必须消灭失业的思想支配下，逐渐形成了"能进不能出"的固定工制度。到1957年，在全国2451万全民所有制单位（包括公私合营）职工中，固定职工有2247万余人，占职工总数的91.8%。②

劳动力的统一招收和调配政策以及后来的统包统配制度，在当时的历史条件下起到了较好的作用。然而，随着时间的推移，这种统包统配、能进不能出的劳动制度的弊端也日益明显。主要表现在：一是"包下来"的范围太广和过滥。由政府统一分配和安置的人员，不管生产和工作是否需要，一律安置工作，不能辞退，结果造成一些单位人浮于事，某些人想自谋出路也不能实现。二是职工一旦成为某单位的固定工以后，即使不能发挥技术业务专长，非经组织批准，也不能到别的单位工作。三是有些职工逐渐形成"进了国营门，就是国家人"的观念，从而开始不思进取，劳动纪律松弛，坐吃社会主义的"大锅饭"。因此，统包统配的就业制度越到后来，其消极影响就越突出，严重妨碍了劳动生产率和经济效益的提高，不利于国民经济的发展，不利于扩大就业和改善人民生活。

三 解决就业的办法和效果

"一五"计划时期，为了解决失业人员的再就业问题，尽可能满足新增劳动人口的就业需求，党中央采取了以下几种办法。

（一）完善转业训练，加强技术培训

在"一五"建设时期，政府在总结以往经验和办法的基础上，进一步在失业人员转业训练的方针政策方面，做出了更加完备而又切合实际的修改。1953年9月，中央劳动部在《关于劳动就业工作的报告》中，对转业训练的有关问题给予了全面的规定。在训练方针上，必须根据目前国

---

① 袁伦渠：《中国劳动经济史》，北京经济学院出版社1990年版，第91页。
② 何光：《当代中国的劳动力管理》，中国社会科学出版社1990年版，第163页。

家经济建设的需要来进行，无论举办技术、业务任何一种训练班，一定要以有出路为原则，没有安置把握的，不要招收训练；在训练时，要加紧政治教育工作。参加训练的对象，必须是确有前途者，以吸收失业工人为主要对象，并适当照顾到其他失业人员中有培养前途的青年。训练方式的选择上，要依靠多方面的力量办培训，但以用人单位自训为主；劳动部门一般可采用劳动部门代训、与用人单位合办和委托工厂代训艺徒 3 种方式。培训的经费来源，凡用人单位自训者由单位自出经费，必要时劳动部门可给以适当补助；劳动部门代训及与用人单位合办或劳动部门委托工厂代训艺徒时，训练经费可由劳动就业经费或失业救济基金中开支一部分或全部。

由于各地的转业训练都贯彻了根据需要来进行培训的原则，培训效果良好，受训的失业工人在结业后，大都能较快地重新就业。据统计，仅 1953 年一年参加转业训练的失业人员结业后就业者就达 3.3 万人。通过大力举办和不断完善失业人员的转业训练，提高了失业人员的文化素质和业务技能，大大减少了新中国成立前遗留下来的失业人数。到 1956 年年底，旧中国遗留下来的 400 万失业人员，仅有 7 万多人尚未实现就业。

另外，由于大规模经济建设的开始，各生产建设部门迫切需要补充新的技术工人，仅靠失业工人的转业培训，已经难以满足生产建设发展的需要。面对这种局面，各级政府劳动力培训的重点，就从失业工人的转业训练转向新增劳动力的技术培训。根据第一个五年计划要求五年内培养 92 万多名熟练工人的规定，1953 年中央决定劳动部管理技工教育工作，从中央到地方、从政府到企业，建立起技术工人培训的管理机构。这一时期，我国通过增加技工学校和加强学徒培训两种方式，加大了技术工人的培养。五年内，利用学徒方式和技工学校共培养熟练工人 73 万余人，是计划培训人数的 1.31 倍。[①] 培养出来的这些技术工人，立即就能投入到生产建设的急需岗位，不仅支持了国家的重点建设；而且促进了新生劳动力的就业水平。

（二）不断加强劳动力的统一调配

1954 年年初，劳动部召开了各大行政区和省、市劳动局局长会议，指出在大规模的经济建设时期，劳动部门的工作重点应该由救济失业工人

---

① 何光：《当代中国的劳动力管理》，中国社会科学出版社 1990 年版，第 195—196 页。

转向建筑工人的调配。同年3月，劳动部又召开了全国建筑工人调配工作会议，随后还颁发了《全国建筑工人暂行办法》《关于建筑工程单位赴外地招用建筑工人订立劳动合同办法》《关于订立建筑工人借调合同办法》3个政策性文件，从而建立了全国统一的建筑工人招收和调配制度。这一制度的形成，对提高建筑工作效率，确保建设项目特别是重点工程，起到了非常重要的作用。

进入1955年，为了克服劳动力在空间上的不均衡状态，确保重点项目的顺利建设，劳动力统一招收和调配制度从建筑业扩大到工矿企业和交通运输等各个部门。1955年5月，全国第二次劳动局局长会议召开，明确提出劳动部门要管工业、建筑、交通运输企业劳动力的招收调配工作，并管理商业、外贸、粮食、合作社、农业、林业、水利等企事业单位的劳动力招收工作。工作的开展要贯彻"统一管理，分工负责"的原则，即在劳动部门的统一管理之下，由企业主管部门分别负责。这样，劳动力的统一招收和调配制度，就在国民经济的各个部门建立和发展起来了。党和政府不断扩大劳动力的调配范围，在当时制止了劳动力的私招乱雇现象，保证了劳动力的稳定和职业安定，有助于解决部门之间、地区之间、企业之间劳动力的不平衡状态，不仅支援了重点地区和重点项目的顺利建设，而且还减少了窝工浪费，稳定了现有就业。

1956年以后，政府对城市所有劳动力都采取了统统包下来的政策，无论条件好坏都由政府分配工作。只是由于当时生产建设发展较快，城市新成长的劳动力基本上可以全部吸收，加上当时职工队伍的素质和精神面貌比较好，企业管理也在不断加强，这种政策的弊病还没有完全暴露出来。因此，政府就不计后果地向企业塞人，解决了大量城市居民的就业问题。

(三) 加强农林业生产，面向农村就业

这一时期，为了减轻城市的就业压力，党中央反复强调加快农业发展和面向农村就业的重要性，严格控制农村剩余劳动力流入城市。还在大规模工业化建设刚刚开始的1953年4月，政务院就针对当时农民流入城市的现象发布了《关于劝止农民盲目流入城市的指示》。但由于各地贯彻执行不力，一年后的1954年3月12日，政务院内务部和劳动部再次指示各地继续劝止农民盲目流入城市，同时要求对已经流入城市的农民，由民政部门、劳动部门会同其他有关部门动员返乡。同时，反复提出在不破坏水土保持及不妨害畜牧业发展的条件下，进行垦荒，改造瘠薄的土地，扩大耕地面积，加强精耕细作，或者通过有计划地发展副业、手工业和农副产品初步加工、植树造林、养鱼捕鱼、疏浚河道以及建设大型水利工程等办法，消化农村剩余劳动力，减少向城市"盲流"。当然，要想让农民稳定地固守在农村做一个为工业化贡献一生的"农业劳动力"，就必须建立一项制度防止农民逃离集体化农村的管束。这种约束农民流动的强烈需要是中国户籍制度最终确立的最重要的推动因素。为此，从1956年年底开始，政府采取了一系列更加严厉的措施，最后彻底剥夺了农民的迁徙自由。客观地看，虽然采用动员滞留于城市的农民乃至干部职工的家属回乡并限制外来人口进入城市的办法能减缓城市的就业压力，但通过行政手段将城市人口外迁出去，并实行严格的人口管制制度，既加大了农村地区的就业压力，又打乱了人口流动的规律，不利于城乡的人员流动，也不利于城市化的发展，而是人为地将城市与农村分割开来。

到了"一五"计划后期，由于城市就业容纳量远远落后于投资增长和经济发展的速度，政府不得不采取精简机构、压缩城市职工去农村等措施来缓解压力，开始把农村作为消纳城市多余人员的"蓄水池"。由于中央认为"目前农业合作社的劳动力还是不足的，大中城市和工矿区附近的农村劳动力更加不足"，"农林业发展了，不仅可以减少农民进城，而且可以大量容纳城市多余的劳动力"。因此，城市多余劳动力的主要就业方向，"应该是下乡、上山、参加农林业劳动"。① 这样，继1956年实行干部"下放"政策之后，1957年的夏秋季又下放了81万名城市机关干部。

四　就业政策的执行效果

（一）就业人数快速增长

1957年年末，全国社会劳动者人数已达23771万人，比1952年年底增加3042万人，增加了14.58%。1957年年底职工人数达到3101万人，比1952年的1603万人增加了93.45%。关于全国社会劳动者人数和职工人数增长情况，详见表11-1和表11-2。

---

① 周恩来：《关于劳动工资和劳保福利政策的意见》，1957年9月26日在中共八届三中会议上的报告。

表 11-1　　　　　　"一五"时期中国劳动者情况　　　　　　单位：万人

年份	社会劳动者人数	职工人数	城镇个体劳动者人数	农村劳动者人数
1952	20729	1603	883	18243
1953	21364	1856	898	18610
1954	21832	2002	742	19088
1955	22328	2162	640	19526
1956	23018	2977	16	20025
1957	23771	3101	104	20566

资料来源：《中国劳动工资统计资料（1949—1985）》，第 5 页。

表 11-2　　　　　　"一五"时期中国职工人数增长情况

指数＼年份	1952	1953	1954	1955	1956	1957
以 1952 年为 100	100	115.8	124.9	134.9	185.7	193.4
以上年为 100		115.8	107.9	108.0	137.9	104.2

资料来源：根据《中国劳动工资统计资料（1949—1985）》数据推算，第 5 页。

（二）就业的城乡结构变化

"一五"时期，我国城镇就业增长快于农村就业增长，城镇就业人数占社会劳动者人数的比重在稳步上升。由于重工业优先发展战略的制定和实施，国家的基本建设投资主要集中在大中城市和新建矿山城镇，城镇就业机会增多；同时，工农生活和城乡生活差距仍然较大，引起农村人口纷纷流入城市。第一个五年计划期内流入城镇的农村人口大约 800 万人[1]，促进了我国城市化水平的迅速提高。1957 年我国的城市化率（城镇人口占全国总人口的比例）上升到 14.4%，比 1952 年和 1949 年分别提高了 1.9 个百分点和 3.6 个百分点。[2] 受这些条件的影响，"一五"期内城镇就业的绝对数和相对数基本呈现出上升的趋势。具体情况见表 11-3。

---

[1] 《中华人民共和国经济档案资料选编（1953—1957）》（劳动工资和职工保险福利卷），中国物价出版社 1998 年版，第 23 页。

[2] 国家统计局：《中国统计年鉴（1983）》，中国统计出版社 1984 年版，第 103 页。

表 11-3　　　　　　　城镇乡村劳动者人数及其变化　　　　单位：万人、%

年份	社会劳动者人数	城镇劳动者人数	城镇劳动者比例	农村劳动者人数	农村劳动者比例
1952	20729	2486	12.0	18243	88.0
1953	21364	2754	12.9	18610	87.1
1954	21832	2744	12.6	19088	87.4
1955	22328	2802	12.5	19526	87.5
1956	23018	2993	12.6	20025	87.0
1957	23771	3205	13.5	20566	86.5

注：城镇劳动者人数是职工人数与城镇个体劳动者之和的近似值。

资料来源：根据《中国劳动工资统计资料（1949—1985）》第 5 页数据计算。

（三）就业的所有制结构变化

"一五"计划时期，是我国所有制结构和生产关系剧烈变化的时期。由于大力推行对农业、手工业和资本主义工商业的社会主义改造政策，各种个体的和私营的经济形式逐渐被限制和消灭，全民所有制和集体所有制经济迅速扩大了阵地。期间，我国劳动就业的所有制结构也随之发生了显著的改变：在国营、公私合营和合作社营企业中就业的职工数量迅速增加，而在私营企业中就业的职工人数和个体劳动者人数迅速下降。具体情况见表 11-4。

表 11-4　　　　　　　按经济类型分的年末就业人数　　　　　　单位：万人

年份	国营单位职工	公私合营单位职工	合作社营单位职工	私营企业职工	城镇个体劳动者
1952	1079.7	25.7	107.7	367.3	883
1953	1302.9	28.0	127.8	366.9	898
1954	1358.8	54.9	178.0	289.2	742
1955	1440.2	89.9	158.6	218.9	640
1956	1879.4	352.6	188.2	2.8	16
1957	1921.9	345.7	180.5	2.5	104

资料来源：《中国劳动工资统计资料（1949—1985）》，第 5、83 页。

(四) 就业的产业结构变化

由于实施以重工业为主的工业化建设，使工业和农业之间、重工业和轻工业之间、三次产业之间的比例关系发生了巨大的变化。受产业结构演变的影响，我国劳动力就业的产业和部门比例也出现了一定的变化，但情况比较复杂。从劳动者在农、轻、重部门的分布来看，农业劳动者的绝对数虽然仍在稳步增加，但相对数却基本未变；重工业劳动者无论在绝对数上还是在相对数上，均有了明显的提高；与之相反，轻工业劳动者却在绝对数和相对数两方面都出现了明显的下降。从劳动者在三次产业的分布来看，第一产业的比重有所下降，第二、三产业的比重有所上升。具体情况见表 11-5。

表 11-5　　　　　社会劳动者在产业和部门间的分布

年份	社会劳动者构成（以合计为100）		社会劳动者构成（以合计为100）			工农业劳动者构成（以合计为100）		
	物质生产部门	非物质生产部门	第一产业	第二产业	第三产业	农业	轻工业	重工业
1952	96.5	3.5	83.5	7.4	9.1	93.3	4.7	2.0
1953	96.5	3.5	83.1	8.0	8.9	92.8	5.0	2.2
1954	96.5	3.5	83.1	8.6	8.3	92.4	5.4	2.2
1955	96.5	3.5	83.3	8.6	8.1	93.0	5.0	2.0
1956	95.9	4.1	80.6	10.7	8.7	93.1	4.2	2.7
1957	95.4	4.6	81.2	9.0	9.8	93.2	4.1	2.7

注：农业包括农、林、牧、副、渔业。
资料来源：《中国劳动工资统计资料（1949—1985）》，第7—9页。

但是，在就业的产业结构变化中，潜藏着一个非常不和谐的问题，就是工业发展的资本密集型取向严重减弱了对劳动力的吸纳能力，阻碍了农业劳动力向非农产业的转化。"一五"时期，工农业劳动者人数增加 2148 万人，其中工业增加 155 万人，仅占 7.2%，农业增加 1993 万人，占 92.8%[1]，结果，农村人口在总人口中的比重大且居高不下，1957 年仍高达 86.5%，仅比 1952 年降低 1.5 个百分点，工业化没有为城市化带来巨大拉力，导致农业中潜藏着巨量的剩余劳动力。据 1955 年对全国 26000 多个农业社的调查，全年每个劳动力平均只工作了 96 个劳动日。河北省

---

[1] 《中国统计年鉴（1983）》，中国统计出版社 1983 年版，第 122 页。

香河县等地，1955—1956年，农业社劳动力过剩约为26%。山西省阳高、灵丘等5县18个农业社，大约有30%的劳动力没有活干。四川省内江县19个农业社的剩余劳动力占总劳动力数量的35%。① 这些弊端当时政府并未意识到，但为后来农村的长期贫困埋下了伏笔。

（五）就业的地区结构变化

为改变旧中国遗留下来的地区经济发展极度失衡状况，这一阶段中国工业投资的重点主要集中在内陆地区。"一五"时期投入施工的150个大型项目，实际完成投资196.1亿元，其中东北投资占44.3%，中部地区占32.9%，西部地区占20%。② 与国家基本建设投资重点相配合，这一时期我国劳动力就业的地区结构也必然发生了一定的变化。目前，尽管没有直接完整的劳动力地区统计数据，但从档案材料的记载可以看出，这一时期在全国实行劳动力统一招收和调配制度的影响下，沿海地区的工程技术人员和建筑工人大批向内地转移。全国社会劳动者在东部地区的比重有所下降，而在中西部地区的比重有所上升。

（六）城镇失业人数大幅度下降

由于党和政府实行了一系列就业保护和促进政策，到1957年就基本上解决了旧中国遗留下来的失业问题。城镇失业总人数由1952年年底的376.6万人减少到1957年年底的200.4万人，城镇失业率由13.2%下降到5.9%。基本情况见表11-6。

表11-6　　　全国失业人员就业情况和失业人员年末人数　　　单位：万人、%

年份	当年就业人数	累计就业人数	城镇失业人员数	城镇失业率
1952	24.0	97.6	376.6	13.2
1953	43.9	141.5	332.7	10.8
1954	11.9	153.4	320.8	10.5
1955	5.4	158.8	315.4	10.1
1956	102.5	261.3	212.9	6.6
1957	12.5	273.8	200.4	5.9

资料来源：国家统计局：《中国劳动工资统计资料（1949—1985）》，第109页。

---

① 廖田平：《两种生产理论和我国的人口问题》，广东人民出版社1982年版，第88页。
② 董志凯、吴江：《新中国工业的奠基石——156项建设研究》，广东经济出版社2004年版。

由于就业人数的增加,旧中国遗留下的近 400 万名失业职工,基本上已经得到了就业和安置。到 1957 年年底,全国登记的失业和求职人员有 115 万人,其中妇女占 54%,就业条件较好的占 60%,新中国成立前失业的大约 7 万人。根据几个省市劳动局清查的结果,在登记的失业人员中,大约有 74% 的人家庭有比较经常的收入,或者家庭成员中有人就业;大约有 20% 的人,家庭成员中虽然也有人就业,但收入较低,生活困难;另有 6% 的人,全家无一人就业,生活困难更大。以此推算,全国城镇真正失业的户数不到 10 万户。[①]

第三节 工资制度改革和收入分配趋势

职工工资是一个极为复杂的生产和分配的问题,它体现着工人阶级内部、产业之间、地区之间、各类人员之间的关系,也体现着工农之间、积累和消费之间、集体利益和个人利益之间、眼前利益和长远利益之间的关系。"一五"计划时期正处于社会主义经济制度的初创时期,党和国家根据在发展生产、提高劳动生产率的基础上逐步改善职工生活的方针,加大了对工资制度改革的步伐,适当增加了职工收入,并建立起新的劳动保险和福利制度,一定程度上提高了居民的生活水平。

一 国有单位工资制度的改革

进入"一五"时期之后,我国国有制(包括行政事业单位和国企)仍然并存着两种工资制度,一是供给制,二是工资制。这两种工资制度与全国开展有计划的经济建设存在着矛盾,因此进行了统一和调整。

(一)供给制完全转向工资制

所谓供给制,就是根据工作生活的基本需求,给军政人员免费提供生活必需品的一种分配制度。1952 年的工资改革,虽然统一了全国的工资计算单位和供给标准,并将供给制工作人员的津贴标准和工资制工作人员工资标准都统一到 29 个等级,但供给制和工资制这两种工资制度并行的局面没有改变。

---

① 《中华人民共和国经济档案资料选编(1953—1957)》(劳动工资和职工保险福利卷),中国物价出版社 1998 年版,第 44 页。

1954年6月，财政部进一步修订国家机关工作人员的工资标准及供给包干费标准，提高了包干费，废除了灶别的规定，把伙食费、服装费及津贴全部转由个人自由支配。这种"大包干"的形式，形成了"半工资半供给"的分配状态，是由供给制向工资制过渡的关键一步。

1955年1月，军队干部全部改行了工资制。8月，国务院颁发了《关于全部实行货币工资制的命令》，宣布从当年7月起，将现有的一部分工作人员所实行的包干制待遇一律改为工资制待遇，以统一国家机关工作人员（包括企、事业单位中实行包干制的人员）的待遇，从而结束了供给制和工资制两种工资制度并存的混乱局面。与此同时，政府还颁布了国家机关工作人员新的工资等级制度，把国家机关行政人员的工资标准分为30个等级，最高工资560元，最低工资18元，高低工资差距为31倍。

供给制完全改为工资制以后，国家机关工作人员及其家属的一切生活费用均由个人负担；住、用公家的房屋、家具和水电的，一律要缴租付费；多子女家庭有生活困难者，按规定予以补助。这样，我国政府机关人员的个人收入分配制度，就由供给制完全转变为工资制了。

（二）全国等级工资制的确立

1956年6月16日，国务院通过了《关于工资改革的决定》，开始新中国成立后的第二次工资改革。这次工资改革是在全国统一进行的，囊括了国营企业、事业单位和国家机关三个部门，成为计划经济体制下我国工资制度成型的一件大事。

之所以进行全国性工资改革，原因主要有三点。一是混乱的工资标准不利于大规模经济建设的开展。1952年的第一次工资改革是由各大区分别制定方案实施的，工资标准全国并不统一。到了"一五"计划时期，由于地区间工人调动的增多，不统一的工资标准就与当时经济发展的计划性、地区发展的均衡性以及经济发展战略的要求极不适应。二是职工工资增长缓慢不利于生产积极性的发挥。"一五"计划实施以后，全国工业企业的劳动生产率有了快速提高，但职工工资并没有进行全面调整，出现了职工工资水平过低的情况，引起了越来越大的抱怨和不满。三是工资分作为计算标准已经失去了实际意义。1952年以后，随着生产的恢复和发展，全国物价逐渐稳定，工资分的分值已很少变动，五种实物已经不能真实反映职工生活多样化的要求，其保障职工实际收入的作用已经消失。因此，为了贯彻按劳分配的社会主义分配原则，最大限度地调动广大职工的工作积极性，就需要进行一次新的工资改革。

这次工资改革的内容，主要有以下几点：

第一，取消工资分制度和物价津贴制度，全国统一实行货币工资制。为了能使工资比较正确地反映经济建设布局调整和各地区生活、物价水平，在实行货币工资的同时，规定了不同的工资区别类别和地区工资标准。把国家机关和事业单位及部分服务行业划分为11类工资区，同一职务的工资标准，11类区最高，1类区最低。同一等级的工资标准，第11类比第一类高30%，相邻两个工资区之间相差3%。就国家机关来说，最高地区的工资标准与最低地区相差30%。对于生活艰苦、物价又高的边远地区，另外加一定的补贴。

第二，调整产业、地区、部门之间和人员之间的工资关系。在产业之间，根据各产业在国民经济中的重要性、技术复杂程度和劳动条件等因素，排出产业顺序，分别制定工资标准，使重工业工资标准比轻工业的工资标准高一些。以辽宁地区为例，一级工与八级工的月工资标准，钢铁冶炼和煤炭行业为34.5—110.4元，卷烟行业为28.5—71.3元。在部门之间，直接生产部门的工资比其他部门的工资有较高的增长。据有关资料表明，工资改革以后的1956年与改革前的1955年相比，国营重工业部门职工的平均工资提高了15.6%，轻工业部门提高了12%，非工业部门（不包括教育部门和供销合作社系统）提高了10.9%，国家机关工作人员提高了10%。在地区之间，为了使工资政策符合国家经济发展的需要，对于内地重点发展地区的工资标准也规定得较高，增长幅度较大。以国营机械制造工业职工的平均工资为例，这次工资改革中黑龙江地区增长20%，山西增长19%，湖北增长18%，天津增长12%，上海增长9%[①]。在各类人员的工资关系方面，规定企业干部的工资高于相应的国家机关干部的工资，以鼓励干部到企业去工作；同时规定工程技术人员的工资高于同级管理人员，以调动人们钻研科学技术的积极性；高级知识分子的工资提高得更多一些，在北京地区，这些人员的工资标准提高了36%左右。

第三，统一并改进了工人工资等级制度。就产业工人的工资等级而言，在这次改革中出现了三个方面的变化：一是根据各产业工人的生产技术特点，建立了不同的工资等级制度，使工人的工资等级制度与企业的生

[①] 庄启东等：《新中国工资史稿》，中国财政经济出版社1986年版，第65页。

产技术特点结合得更加紧密。二是较多地提高了高级技术工人的工资标准，从而使技术熟练劳动与非熟练劳动、复杂劳动与简单劳动在工资标准上有了比较明显的差别，以便从物质利益上鼓励人们提高技术水平。

第四，改进国家机关、事业单位和企业职员（包括管理人员和技术人员）的职务等级工资制。按照职务高低、责任大小、工作繁简或技术复杂程度，确定了职务等级和工资标准。实行职务等级工资制，就是采取一职数级、相邻职务之间上下交叉的办法来划定工资。国家机关行政人员和技术人员分别规定了工资标准：行政人员工资标准划分为 30 个等级，北京地区（六类）党和国家主要领导人工资最高为 644 元，部长最高为 460 元；机关技术人员分五类。企业职员的职务工资制，全国分为 7 类地区、4 类产业，每类产业又分为 4 类企业，在企业内部又划分为 3 类科室、4 类职员。企业职员的所有职务一般划分为 13 类，每类职务又划分为若干等级，分别规定不同的工资标准。

第五，推广计件工资制，改革奖励津贴制度。按照国务院决定的要求，各产业部门凡是能够计件的工作，全部或大部实行计件工资制，并规定计件工资标准可以比计时工资标准高 4%—8%；各产业部门根据生产需要，制定统一的奖励办法，积极建立质量提高、产品创新、节能降耗、任务超额等多种奖项。

经过这次改革，在我国建立了全国统一的等级工资制度，普遍提高了广大职工的工资水平，调动了职工的劳动积极性，保证了第一个五年计划的顺利完成。改革执行的结果，实际增加工资总额 16.14 亿元（新增加职工工资不计），比工资改革方案的计划多 2.9 亿元；职工的年平均工资由改革前的 538.9 元增至 636.3 元，提高了 18.1%，比计划数高了 3.3%。[①]正如中央后来所评价的："这次改革就是在较多地增加工资的基础上，根据按劳分配原则，克服过去工资制度中某些不合理不统一的状况，贯彻统一的工资政策，建立起比较统一，比较合理的工资制度。"应该说，通过这次改革，正式确立了新中国计划经济体制下的工资制度。这次改革所确定的原则和个人收入分配格局，一直延续到 20 世纪 70 年代末期。

但是，由于原来的工资状况十分复杂，加上当时对工资及其有关方面

[①]《中华人民共和国经济档案资料选编（1953—1957）》（劳动工资和职工保险福利卷），中国物价出版社 1998 年版，第 552 页。

的情况调查研究不够，因此这次改革也产生了不少缺点甚至错误。一是工资增加过多了一些，给消费市场供应和国家财政产生了不利影响。二是职工的升级面过大，不少部门超过了50%，许多不需要也不应该升级的人也升了级。三是推行计件工作制过急过宽，没有及时地、适当地修改落后的定额。四是在地区关系、城乡关系以及各类人员的工资关系上，也没有达到预定的目的，如许多地区的乡干部、乡村供销合作社营业员、普通工、学徒工等人的工资标准定得偏高，企业管理人员和普通工人之间不适当地扩大了，引起了农民、普通工人、老工人的怨言。

二 公私合营企业的工资改革

在实行公私合营以前，私营企业基本上是规模不大的小厂小店，工资高低不一，变相工资名目繁多，制度比较混乱。在私营资本主义企业处于国家资本主义的初级、中级阶段，许多资本家不甘心接受社会主义改造，采取了多种反限制、反改造的手段，经常采取乱提工资、乱增加福利的办法加大生产成本，减少上缴税额，以便把调整工资福利的支出转嫁给国家，增大限制和改造的困难。为此，国家加强了对私营企业工资的领导和管理，制止资本家随便调整工人工资，并设立私营企业工资调整必须要报请当地劳动部门审批的规定，要求私营企业的工资制度应该逐步与同一地区性质相同、规模相近的国营企业大致看齐。通过这些措施，使私营企业任意调整工资的现象初步得到了控制。

全行业公私合营以前就已实行了公私合营的企业，国家已经对它们进行了工资改革，使它们的工资标准和工资制度与同一地区性质相同、规模相近的国营企业大致相同；现行工资标准高于当地同类性质国营企业的，一律不予降低。在全行业公私合营以后实行公私合营的企业和由私营直接转为国营的企业，由于生产资料实际上已由国家所掌握，生产关系发生了根本性变化，企业就基本上具备了实行按劳分配的条件。

1956年10月，国务院发布了《关于新公私合营企业工资改革若干问题的规定》，开始在全国范围内对新公私合营企业的工资制度进行改革。公私合营企业工资改革的基本方针是：新公私合营企业的工资标准和工资制度，应该逐步向同一地区性质相同、规模相近的国营企业看齐；公私合营企业的工人、职员、私方人员的工资标准同当地同类国营企业的工资标准相比较，高的不减少，低的根据企业生产经营情况和实际可能，分期逐步增加。现行工资标准高于新定工资标准的部分，给予保留；保留的工资，今后应该随着提高工资标准和升级逐步抵消。

根据上述方针，全国按地区对新公私合营企业进行了工资改革。新公私合营企业的工资标准，根据企业的设备、技术水平和现行工资标准等条件，参照当地同类性质的地方国营企业的工资标准制定，在同一地区的同一行业可以实行两三种工资标准。工人的工资等级制度原则上也向国营企业看齐，如果执行确有困难的，允许在某些等级或每级中间加上半级。轻工业企业中某些工种内部技术差别不大、工种之间又没有直接升级关系的，可以按工作规定工资。各行业工资等级数目的多少和各等级之间差额的大小，主要应该根据技术复杂程度来确定。对旧的计件工资制也按新定的工资标准和劳动定额，进行了计件单价的重新规定。另外，服务业、饮食业原来实行的提成制、分红制由于能调动职工的积极性，因而也予以保留，只改进了提成的比例和分配的方法。对变相工资区别对待，属于福利性质的予以保留，不合理的进行改进；属于陈规陋习、影响生产的，则逐步取消或以合理的制度进行代替。至于私方人员的工资待遇，按照对职工工资的同样原则处理，在评定工资的时候，除了按照现任的职务和工作能力以外，还要充分考虑他们的技术能力和经营管理的经验，并适当照顾他们现有的工资水平。通过这些改革，新公私合营企业与国营企业在工资制度上走向一致。

综上所述，第一个五年计划时期职工工资制度改革的结果，主要是初步建立了以按劳分配为原则的社会主义工资制度，劳动工资管理权限逐渐由大区向中央集中，经过1956年第二次工资改革后，工资计划的大权就完全集中统一到中央了。通过建立全国统一的工资计划管理体制，有力地支持了全国重点地区的建设，推进了国家工业化的建设。

三　职工工资水平和结构的变化

（一）职工工资的总体增长情况

总体上看，这一时期职工工资水平有了较大幅度的提高。全国工业总产值平均每年增长18%，工业全员劳动生产率平均每年增长8.7%，职工工资每年递增7.5%。从全国职工的工资总额来看，1952年为68.3亿元，1957年增加到190.8亿元，增加了1.8倍。从职工平均工资来看，1952年为446元，1957年达到637元，增长了43.1%。各年度职工工资及其增长指数详见表11-7。

表 11-7　　　　　　　"一五"时期职工工资和指数

年份	工资总额（亿元）	工资总额指数		平均工资（元）	平均工资指数	
		以1952年为100	以上年为100		以1952年为100	以上年为100
1952	68.3	100.0		446	100.0	
1953	90.0	131.8	131.8	495	111.2	111.2
1954	98.8	144.7	109.8	517	116.2	104.4
1955	108.8	159.3	110.1	527	118.4	101.9
1956	158.6	232.4	145.8	601	135.1	114.0
1957	190.8	279.2	120.3	637	143.1	106.0

资料来源：《中国劳动工资统计资料（1949—1985）》，中国统计出版社1987年版，第115、116、151页。

从表11-7可以看出，"一五"期间职工工资总额和平均工资都呈现不断增长的态势，但增长速度在年度之间是不平衡的。1953年提高较快；1954年和1955年提高较慢，原因在于工业、基本建设、交通运输等部门对职工的升级控制过紧，并取消了一些不合理的奖金和津贴；1956年通过工资改革增加工资很多，增长幅度最大；1957年由于消化上年工资增加过多的不良反应，增长速度又降了下来。

从具体工业部门职工年平均工资的增长情况来看，这一时期煤炭工人工资增长57.34%，建材工人工资增长46.88%，冶金工人工资增长36.88%，机械工人工资增长25.47%，纺织工人工资增长24.16%。[①]

（二）职工工资结构的变化

"一五"计划时期，由于所有制结构迅速单一化，工资收入逐渐成为居民收入的唯一来源。但是，由于政府把工作中心从社会稳定转向经济建设上，收入分配政策越来越强调按劳分配的原则，从而使工资形式中计件工资、奖励工资的比重有所提高，来自津贴和救济性质的收入不断减少。

这一阶段，职工工资主要有计时工资、计件工资、奖金和津贴四种形式。

第一，计时工资。这是按照计时工资标准支付给职工的劳动报酬，包括对已做工作按照计时工资标准支付的计时工资，因病、工伤、产假、事

---

① 《中国劳动工资统计资料（1949—1985）》，中国统计出版社1987年版，第159页。

假、探亲假、定期休假、停工、学习、执行国家或社会义务等原因按计时工资标准或计时工资的一定比例支付的工资。当时我国职工计时工资的标准具有职务工资的特点，即按照工作人员的职务高低、责任大小、工作繁简和业务技术水平确定不同的工资等级，工人实行八级工资制，干部实行职务等级工资制。国营企业中的所谓八级工资制，就是按照技术复杂程度和工人的技术水平，由低到高地划分为八个工资等级，并在制定工人技术标准的基础上，根据工人的技术水平和工作的好坏评定工资。企业职员的职务工资制，是把企业的领导人员、工程技术人员和经营管理人员，根据职务的重要程度、责任大小和技术复杂程度等因素，对各种职务规定不同的工资标准。国家机关工作人员实行的职务等级工资制，是依照行政职务或技术职务（职称）的不同，把工资由高到低分为30个等级和330个具体标准。计时工资是这一时期最主要的工资形式，大多数企业职工是以计时工资的形式取得个人劳动报酬的。

第二，计件工资。这是对已做工作按计件单价支付给职工的劳动报酬。这一时期，计件工资制在第一次工资改革的基础上，通过改革旧的计件、推广新的计件而有了进一步的发展。当时，由于政府认为计件工资制是最符合按劳分配的计酬形式，要求凡是能实行计件的工作，应该全部或大部实行计件制。1956年以前，实行计件工资制的工人是依据和同级计时工人相同的标准工资计算计件单价的，1956年第二次工资改革时，曾规定计件工人按比同级计时工资标准高4%—8%的水平计算计件单价，以此鼓励计件工资的推行，从而使计件面逐渐有所扩大。据统计，1952年工业企业实行计件工资制的工人占全部工人的35%，1953年扩大到40%，1956年又增至41.4%。[①] 计件工资的推行对调动职工生产积极性、促进生产发展起到明显的作用。但是，在实行中也出现了只关心个人物质利益而不关心劳动成果的弊端（如只注意数量不注意质量，弄虚作假等），特别是不利于增进职工内部的团结。因此，在1957年"整风"和"反右派运动"以后，计件工资实行的范围就逐渐缩小了。1957年工业部门的计件工资面就缩小为36%，建筑业也由1956年的63%缩小到60%。[②]

[①] 国家统计局：《我国工资制度和职工收入水平的提高》，见苏星、杨秋宝编《新中国经济史资料选编》，中共中央党校出版社2000年版，第437页。

[②] 同上书，第438页。

第三，奖励工资。这是对职工超额劳动的一种鼓励，是为了奖励先进，对在工作中有优良成绩的职工，在标准工资以外支付的劳动报酬。"一五"时期，奖励工资制经历了一个发展、整顿、再发展、再整顿的过程。1953年是奖励制度大发展的一年，1954年和1955年进行了大整顿，1956年是推行奖励制度最普遍的一年，1957年大多数奖励办法被取消了。总体看，"一五"期间奖励制度的特点是：奖励指标单一具体，只有生产、技术、经济方面的要求，不包括思想政治条件，按指标发奖，不进行评议；强调及时修改定额，没有超额限制；按个人标准工资分配奖金和超额奖，职工奖金收入差别较大。国营工业企业奖金占工资总额的比重，1953年12月为4.7%，1954年9月为2.1%，1955年9月为2.2%，1956年9月为2.7%，1957年为2.9%。① 这一时期奖励制度的实行，对调动职工的生产积极性、提高职工收入起到了良好作用。

第四，津贴。新中国成立初期，凡是实行供给制的人员，其主要收入就是生活津贴。在1953年以后的几次调整与改革中，津贴制度依然保留，先后使用了地区津贴、野外津贴、技术津贴、停工津贴、学习津贴、生活津贴等多种形式，以此来处理工资改革中的某些特殊问题。

1956年第二次工资改革后，我国全民所有制单位职工工资总额的构成为：工业部门中计时工资和计件工资占91.7%，各种奖金占2.1%，各种津贴占3.7%，其他工资占2.5%；建筑业中计时工资和计件工资占90.5%，各种奖金占0.7%，各种津贴占5.8%，其他工资占3.0%。②

通过计件工资和奖励工资的实行，对于鼓励职工增加生产、厉行节约、提高产品质量都起到一定的推动作用。例如，沈阳重型机器厂推广计件工资后，劳动生产率1954年比1953年提高了20%，1955年比1954年提高26%，1956年比1955年提高16%，1957年比1956年提高22%。辽宁弓长岭铁矿实行计件工资后，在产量增加的同时，降低单位成本35%，人工成本37%。国营太原矿山机器厂从1954年实行计件工资以后，工时定额逐年降低，1955年降低23.4%，1956年降低30%，1957年降低37%。天津动力机械厂铸工车间实行质量奖励以后，废品率从1953年的10%降低到1955年7月的2.5%；鞍钢大型轧钢厂实行原材料节约奖励

---

① 袁伦渠：《中国劳动经济史》，北京经济学院出版社1990年版，第182页。
② 国家统计局：《中国劳动工资统计资料（1949—1985）》，中国统计出版社1987年版，第132、133页。

后，产品合格率由91%提高到92.3%，仅在6个月时间里就节约钢材400吨，价值65100元；唐山发电厂实行安全运转奖后，创造了33个月安全无事故纪录。①

四 职工工资增长中的关系处理

在"一五"时期的工资调整中，对于地区间、部门间、各类人员间的工资关系和工资制度，都有不少的改进。不同地区之间和产业之间的工资增长速度是不相同的，存在着明显的差别，这是根据按劳分配原则、国家工业化战略以及历史工资状况来决定的。

（一）部门关系：生产部门高于非生产部门，重工业高于轻工业

工资改革后的1956年相比1955年，职工的平均工资在国营重工业部门提高15.6%，国营轻工业部门提高12%，非工业部门（不包括教育部门和供销合作社系统）提高10.9%，国家机关提高10%。到"一五"末的职工工资水平，较高的是工业、基建、交通运输部门的职工，其次是国家机关人员和事业单位的职工，比较低的仍然是乡干部、小学教员和供销合作社人员。就工业部门职工平均工资来看，据国家统计局对五个工业部门的统计，各产业职工工资水平的顺序，1950年是纺织、机械、冶金、煤炭、轻工；1953年是冶金、机械、纺织、煤炭、轻工；1957年是煤炭、冶金、机械、纺织、轻工。②就同等级工人的工资标准而言，以辽宁地区为例，由高到低的排序是：钢铁冶炼和煤炭开采、石油、化工、造纸、纺织、面粉、卷烟（见表11-8）。

表11-8　　　　　　　　1956年工业部门的工资标准

产业部门		一级工与八级工的月工资标准（元）	最高级与最低级的倍数
重工业	钢铁冶炼	34.5—110.4	3.2
	煤炭开采	34.5—110.4	3.2
	石油开采	34.0—103.7	3.05
	化工合成氨、酸碱	33.5—100.5	3.0

---

① 中国社会科学院、中央档案馆编：《中华人民共和国经济档案资料选编（1953—1957）》（劳动工资和职工保险福利卷），中国物价出版社1998年版，第657页。

② 国家统计局：《中国劳动工资统计资料（1949—1985）》，中国统计出版社1987年版，第159页。

续表

产业部门		一级工与八级工的月工资标准（元）	最高级与最低级的倍数
轻工业	造纸	32.0—91.2	2.85
	纺织	31.5—85.0	2.7
	面粉	29.0—75.4	2.6
	卷烟	28.5—71.3	2.5

资料来源：转引自庄启东等《新中国工资史稿》，中国财政经济出版社1986年版，第64页。

（二）地区关系：内地快于沿海

为了使工资政策符合国家经济建设的需要，对于内地重点发展地区的工资标准也规定得较高，过去沿海地区与其他地区之间过大的工资差别有所缩小。在提高工资最多的1956年的工资改革中，对于同类产业在不同地区的企业，规定了不同的工资标准来调整。以石油钻井行业为例，同等级工人的工资标准由低到高的地区排序分别是四川、河北、陕西、甘肃、新疆、青海。以国营机械制造工业职工的平均工资为例，1956年工资改革后，上海增长9%，天津增长12%，湖北增长18%，山西增长19%，黑龙江增长20%。由于对各地区采取不同的增长幅度，内地高于沿海，从而使地区之间的工资关系都有了一定改善。从上海和西安的几个同类产业职工的平均工资水平的对比来看，改革前电力业上海比西安高35.4%，改革后高18.4%；纺织业改革前上海比西安高23.1%，改革后高12.5%；印染业改革前上海比西安高17.7%，改革后高10.6%。再如包头市工人的各级工资标准，改革前都低于沈阳，改革后一般都比沈阳高9%。① 在国家机关和事业单位方面，由于改行了11类地区工资标准，地区间的不合理状况也有所改善。

（三）干群关系：重视和谐

"一五"时期的工资调整中，一个非常突出的问题是干群工资差距的处理。在1956年的工资改革中，企业领导人的工资标准定得较高，工资增加幅度过大，一时引起了工人的不满，以致有些工人提出了"中央给块肉，领导吃个够，工人啃骨头"的说法。当时，中央及时发现了这个

---

① 袁伦渠：《中国劳动经济史》，北京经济学院出版社1990年版，第151—152页。

问题，于是在 1956 年 10 月批转劳动部党组的报告中决定：科长以上干部的工资增长幅度不得超过 20%，厂长一级主要领导干部的工资增长幅度不得超过 13%。通过调整降低企业领导人员工资增加的幅度，一定程度上消除了群众的意见，缓和了企业内部的干群关系，保证了工资改革的顺利完成。

与此同时，对国家机关和事业单位实行职务等级工资制过程中出现的矛盾，中央也予以高度重视和处理。本来，在 1956 年的工资改革中，通过较大幅度提高最低等级的工资标准，从而缩小了国家机关高级工作人员与低级工作人员之间的工资差距（最高与最低级别的工资差距由以前的 31 倍缩小到 28 倍）。但是，改革后的工资差距依然显得较大，不利于调动基层工作人员的积极性。面对这一问题，中央采取了相应的补救措施，进行了部分调整。1956 年 12 月，国务院发出《关于降低国家机关十级以上干部工资标准的规定》，决定将国家机关 10 级以上领导干部的工资标准降低 3%—10%。其中，1—5 级降低 10%，6—8 级降低 6%，9 级、10 级降低 3%。就北京地区而言，干部的最高工资由 644 元降到 579.50 元。同时还规定，凡参照国家机关工作人员工资标准制定单独工资标准的事业、企业单位，其相应的行政人员的工资标准，也应同比例降低。1959 年 3 月，党中央又决定降低 3 级以上党员干部的工资，把 1、2、3 级合并为一级，都降低到 460 元（原来这三级干部的工资分别是 579.50 元、522.5 元和 465.5 元）。

可见，面对刚刚出现的干群利益矛盾，党中央通过多次降低国家机关等级较高人员的工资待遇，使领导干部带头发扬了艰苦奋斗的优良传统，以身作则地贯彻执行了勤俭建国的方针，使干群关系能够保持比较紧密的状态，从而对社会主义建设事业的顺利发展起到了强大的推动作用。

第四节　职工劳动保险和劳保福利

随着 1951 年 2 月《中华人民共和国劳动保险条例》和 1952 年 6 月《关于国家机关工作人员实行公费医疗预防措施的指示》的颁布实施，标志着新中国社会保险制度开始建立。由此，我国职工初步建立了两套不同的劳动保险和福利制度。一套是在企业中实行的劳动保险条例，另一套是在国家机关事业单位中实行的公费医疗的劳动保险办法。到了"一五"时期，这两套职工劳动保险和福利制度在原有基础上走向完善又有了新的发展，基本奠定了与计划经济体制相适应的"国家/企业保险福利模式"。

一 企业职工劳动保险制度的进一步发展

1953年过渡时期总路线的提出，标志着中国进入了社会主义建设和社会主义改造的新阶段。这时，新中国社会保险事业也进入了一个新的大规模扩展的历史时期。与1949—1952年相比，1953年连续颁发的三个重要文件，即《关于中华人民共和国劳动保险条例若干修正决定》、修正后的《保险条例》和《保险条例实施细则修正草案》为核心，再加上随后颁发的一系列政策规定，标志着以苏联模式为基本特征的"国家保险"制度最终得以确立。之所以说以"《保险条例》修正案"为主体的1953年颁布的这三个文件被认为是真正意义上计划经济条件下社会保障制度最终得以建立的一个重要标志，是因为它们的内容发生了以下几个重要变化：

（一）实施范围逐步扩大

自修正案发布以后，仅几个月时间即到1953年3月底，实行《保险条例》的企业就达4400多个，比1952年增加了11.5%，职工人数达到420万人，比1952年增加了39%。实施范围由原来规定的百人以上厂矿和铁路、邮电、航运三个产业的企业单位，扩大到所有厂矿及交通事业的基本单位和国营建筑公司。到1956年，实施《保险条例》的范围又扩大到商业、外贸、粮食、供销合作、金融、民航、石油、地质、水产、国营农牧场、造林等13个产业和部门。同时，二轻系统的合作工厂、区县以上的集体企业也都参照《保险条例》建立了劳动保险制度，没有实行劳动保险的企业也采取了订立劳动保险集体合同的办法。因此，全国各类企业的职工都享受到了不同程度的劳动保险待遇。到1957年，全国参加劳动保险的人数达到1150万，加上签订集体劳动保险合同的职工，享受保险待遇的职工总人数已达1600万人以上，比1953年增加了近4倍，相当于国营、公私合营和私营企业职工总数的94%。[①]

（二）待遇标准酌量提高

政务院的《决定》指出，"现在国家经济状况已经根本好转，大规模

---

① 中国社会科学院、中央档案馆编：《中华人民共和国经济档案资料选编（1953—1957）》（劳动工资和职工保险福利卷），中国物价出版社1998年版，第1150页。

经济建设工作即将展开，自应适当扩大劳动保险条例实施范围并酌量提高待遇标准。"根据《决定》的精神，社会保险和福利的各项待遇水平开始逐步提高。例如在生育补助方面，其标准由5尺红布提高到4万元（旧币），一切费用由企业支付；在疾病保护方面，病假连续3个月以内企业支付本人50%—100%的工资提高到病假连续6个月以内支付本人60%—100%的工资等；在工伤待遇方面，非因工完全丧失劳动能力的，将发给本人工资20%—30%的残疾救助费提高到50%，因病死亡的丧葬补助费由相当于1个月的工资提高到2个月；在退休养老方面，领取退休金的条件由本企业工龄10年减少到5年，退休养老金的替代率由本人工资35%—60%提高到50%—70%；等等。

（三）各项费用的缴纳、给付和调剂制度逐渐规范

各项社会保险待遇的费用全部由实行《保险条例》的企业负担，其中一部分由企业直接支付，另一部分由企业缴纳社会保险金，交工会办理，缴纳规模相当于职工工资总额的3%，其中30%上缴中华全国总工会作为总基金，70%留存于该企业基层工会，作为社会保险基金用于支付残疾抚恤金、救济金、工伤救济金、丧葬金和退休金等，每月结算一次，余额转入省市工会以作为社会保险调剂金；省市工会每年结算一次，余额上缴中华全国总工会；下一级工会不足开支时向上一级工会申请进行调剂。对于迟缴或不缴劳动保险金的企业，规定要罚缴滞纳金，并由银行从其经费中强制扣缴。

此外，为了适应大批民工参加国家各项经济建设工程的形势，经政务院批准，由内务部和劳动部于1954年6月联合发布了《关于经济建设工程民工伤亡抚恤问题的暂行规定》，对伤亡民工的治疗、工资、抚恤、家属生活补助等问题提出了详细执行办法，一定程度上缓解了民工生活的后顾之忧。1954年9月20日，全国人大常委会通过的《中华人民共和国宪法》第93条规定："中华人民共和国劳动者在年老、疾病或者丧失劳动能力的时候，有获得物质帮助的权利。国家举办社会保险、社会救济和群众卫生事业，并且逐步扩大这些设施，以保证劳动者享受这种权利。"《宪法》系统、全面地提出劳动和社会保障权益所应涉及的内容，以更完整意义上的根本法形式，为社会保障制度的确立提供了法律依据和法律保障。

二 国家机关、事业单位社会保险制度的进一步完善

1952年6月政务院通过颁布《关于全国人民政府、党派、团体及所属事业单位的国家机关工作人员实行公费医疗预防措施的指示》，建立了机关事业单位的抚恤制度和公费医疗制度。这个指示一方面规定门诊、住院所需的诊疗费、手术费、住院费和医药费均由国家承担；另一方面却没有规定工作人员供养的直系亲属可享受医疗补助的内容。在此基础上，"一五"时期国家机关、事业单位工作人员的劳动保险制度，有了进一步的发展和完善。

（一）补充了国家工作人员患病期间的待遇和子女的医疗问题

1955年12月，在先后两次修订原来暂行办法的基础上，国务院颁发了《国家机关工作人员病假期间生活待遇试行办法》，根据这个办法，政府工作人员患病待遇高于一般企业职工。1956年9月，财政部、卫生部和国务院人事局联合发布了《关于国家机关工作人员子女医疗问题的规定》，提出国家机关工作人员子女患病的医疗问题，可以采取两种办法来解决：一种是每人每月按公费医疗规定数额缴纳医疗费，建立由机关统一掌握的单位统筹，子女医疗费从统筹费内开支；另一种是实行统筹有困难的单位，子女医疗费由本人自理，对确有困难的家庭，从机关福利费中予以补助。

（二）建立了国家工作人员生育保险制度

1955年4月，政务院颁布了《关于女工作人员生育假期的通知》，规定女性工作人员在产前产后共给假56天，流产的给予30天以内的产假，在产假期间的工资照发；难产或双生的，增加14天假期，工资照发；女性工作人员怀孕期间的检查费和分娩时的接生费，均由国家负担，其他费用按疾病待遇的规定处理。这样，就形成了与企业女职工待遇基本相同的机关人员生育保险。

（三）确立了国家工作人员养老保险制度

1955年12月，国务院颁发了《国家机关工作人员退休处理暂行办法》，规定"男子年满60岁、女子年满55岁，工作年限已满15年的"，或者"工作年限已满10年，因劳致疾丧失工作能力的"工作人员，可以退休；工作人员退休后，其退休金由其居住地点的县级人民委员会在优抚费项下发给，直到其死亡时为止；退休后的工作人员死亡时，一次发给3个月的退休金给其家人，作为丧葬补助费。通过这个办法，建立起国家工

作人员的养老保险制度。

"一五"计划时期逐步建立起来的国家机关、事业单位的劳动保险，同企业职工的劳动保险比较，具体标准互有高低。如生育待遇标准基本相同；退休待遇标准比企业稍低一些；医疗、病假待遇标准高于企业；伤残、死亡待遇，二者都实行低标准。这些劳动保险待遇，保证了国家机关和事业单位职工在生活出现特殊困难时能够得到基本的物质帮助，从而解除了工作人员生活的后顾之忧，调动了他们努力工作的积极性。

三　职工生活福利的进一步丰富

早在国民经济恢复时期，党和政府就已制定出一系列方针、政策，积极开展社会福利事业的建设，并拨出大量的经费，在政府机关、企业、事业单位为职工兴办各种免费的集体福利设施。"一五"时期，国家进一步兴建集体福利设施，建立职工福利补贴制度和福利费管理制度。

（一）在兴建集体福利设施方面，各地工会和工矿企业举办了各种免费和少量收费的生活服务机构，兴建了大量的文化娱乐设施

兴建托儿所、幼儿园，以保证儿童的健康成长，也解放了一大批妇女，使她们积极投入到各项建设事业中去；举办职工食堂、浴室、理发室、休息室，使职工得到生活上的方便；兴建文化宫、俱乐部、阅览室、图书馆，以丰富职工的文化生活；举办疗养院、休养所，使职工得到疗养休整，保证他们的身体健康。据不完全统计，仅工矿企业举办的托儿所，1957年就达到1.1万个，比1952年增加10倍，受托儿童数有26.1万人。到1957年，各级工会兴建的文化宫、俱乐部，总共19116个，比1952年增加160.8%；图书馆达到26482个，比1952年增加482.8%。修建的职工疗养院和医疗所，到1957年共有1515个，床位数达63792张，分别是1952年的23.7倍和8.9倍。[①] 集体福利设施的发展，方便了职工的生活，减轻了家务劳动，也丰富了职工的业余文化生活，并为解决职工个人无法解决的生活困难提供了物质条件。

（二）在建立福利补贴制度方面，主要是实行职工住房补贴、冬季取暖补贴和生活困难补助制度

1956年年底和1957年年初国务院发出通知，决定在全国企事业职工

[①] 国家统计局：《中国劳动工资统计资料（1949—1985）》，中国统计出版社1987年版，第212、214页。

中统一实行冬季取暖补贴制度，规定在淮河以北和秦岭以北地区发给宿舍取暖补贴，补贴标准一律按照职工本人工资的4%计算。职工生活困难补助制度是作为劳动保险福利制度和社会保障事业的一个重要组成部分建立起来的。补助的形式是现金和实物相结合。1957年1月国务院发布的《关于职工生活方面若干问题的指示》中指出："对于遇到特殊事故而生活上发生困难的职工，应该给予适当补助。企业中这项补助工作可由工会负责。除了工会掌管用于困难补助的经费以外，企业行政可以在企业奖励基金中提取10%作为困难补助，拨交工会合并使用。""事业、机关职工的困难补助工作，由人事部门和工会负责，所需经费由福利费中开支。"当时规定：凡是收入少、供养人口多，不能维持当地最低生活水平或者有其他原因发生生活困难的职工，可以向所在工会组织申请给予补助。

（三）在职工集体福利事业的发展中，最为突出的是职工住宅的建设得到重视

据统计，从1953年到1957年国家对职工住宅的投资共计50亿元，新建的职工住宅建筑面积达9454万平方米，每年住宅投资平均约占国家基本建设投资的9.32%。每年平均新建住宅面积1891万平方米，比1952年增加1140平方米，比1952年增长151.7%。另外，国家还帮助职工以"自建公助"的办法盖了不少简易住宅，仅铁道、煤炭、纺织等部门就帮助职工自建了230多万平方米的住房，解决了10余万职工的住房问题。尽管如此，由于这一时期新职工增加很快，职工住宅仍然非常紧张和困难。根据1956年对99个城市、工矿区的近千万职工的调查，住公家房屋的职工约占职工总数的46%，加上住在办公室、仓库、营业室、货栈、厂房和工棚等房屋的职工，住公家房屋的约占职工总数的50%；自有房屋和租住民房的职工约占30%；居住条件很差（住危险房屋、老少同居或几家同居等）、急需解决居住条件的职工约占20%。① 也就是说，虽然国家为职工建造了大批的住宅，但与职工的基本需求相较，住房面积仍感缺乏，有约1/5的职工住房问题急需解决。

（四）在福利费的筹措和使用管理方面，国家也做出了明确规定

就福利费的来源和开支而言，主要有以下几个渠道：一是国家提供非

---

① 中国社会科学院、中央档案馆编：《中华人民共和国经济档案资料选编（1953—1957）》（劳动工资和职工保险福利卷），中国物价出版社1998年版，第1138、1141页。

生产性建设投资费用（第一个五年计划期间，我国非生产性投资占基本建设投资总额的20.3%）；二是建立企业福利基金制度（国营企业按工资总额的2.5%提取福利基金）；三是从企业管理费中列支福利费用；四是从工会经费中列支福利费用；五是福利设施的营业收入。福利费的开支，主要是用于兴建与维持集体福利设施，如职工食堂、职工宿舍、托儿所、幼儿园、理发室、浴室、洗衣房、电影院、文化宫、俱乐部等生活文化设施，或为职工提供生活困难补贴、房补、水电补助、取暖补贴以及支付职工医疗卫生费、丧葬费及抚恤费等。"一五"期间，职工劳保福利费用的总额及增长指数情况详见表11-9。

表11-9　　　　　　　　职工劳保福利费用总额及指数

年份	劳保福利费用总额（亿元）	指数		相当于工资总额的比重（%）
		以1952年为100	以上年为100	
1952	9.5	100.0		14.0
1953	14.5	152.6	152.6	16.3
1954	16.6	174.7	114.5	17.5
1955	17.3	182.1	104.2	17.3
1956	26.7	281.1	154.3	19.5
1957	27.9	293.7	104.5	17.9

注：表中数字包括公私合营、合作社营、私营单位职工劳保福利费用。

资料来源：《中国劳动工资统计资料（1949—1985）》，中国统计出版社1987年版，第189页。

通过举办上述多种集体福利事业，到1957年我国城市职工的福利制度逐步建立起来。这些制度的建立，确实解决了职工生活的诸多困难，提高了职工的物质文化生活，激发了职工的劳动积极性和对社会主义的热爱，对于生产的发展起了积极的促进作用。在农村，这一时期国家也通过颁布《高级农业生产合作社示范章程》，对农村生活没有依靠的老、弱、孤、寡、残疾的社员，在生产生活上给予适当的安排和照顾。加上农民自发建立起来的合作互助医疗制度，就在我国城乡形成了"低水平、广覆盖、多项目"的劳动保险制度和社会福利制度，一定程度上体现了社会主义制度的优越性。

总之，这一时期得到加强的社会保障和福利制度，其本质特征，就是以国家为实施和管理主体，国家和企业共同担负费用，由此而形成了国家和企业的一体化社会保障福利模式，即我们可以将其称为"国家/企业保险福利模式"。这种模式的形成是与当时计划经济体制的建立相适应的。在计划经济体制建立后，社会的生产与消费等资源完全由国家来统一配置，人力资源也由国家定额和统保统配，劳动者的就业和保障也是由国家统一包下来的。这种一切资源统一配给的模式在国民经济短缺的特定历史时期曾经发挥过重要的积极作用，为当时的经济社会发展起到了重要的保障和后勤作用。对此，一些西方经济学家曾给予了这样的高度概括：一是所有工人的工资都是相同的，很低的；二是工资当中充满了慷慨的各种津贴，例如养老保险、食物补贴、住房甚至取暖费，并且它们通常由企业来提供；三是工作有保障，实际上职业是终生的。由此，我们不难理解，这一时期的社会保障制度与计划经济体制的相辅相成，是当时一个"经济秩序下产生的具有系统性必然性的产物"。

四 劳动保护制度的建立与实施

改善劳动条件，保护劳动者在生产中的安全和健康，是新中国成立后国家确立的一项重要政策，也是社会主义企业管理的基本原则之一。随着大规模经济建设的开展，"一五"期间国家在劳动保护方面做了许多工作，建立了比较严格的劳动保护制度。通过对职工劳动的场所卫生、操作规程和安全保障的严格要求和督促实施，旧中国遗留在企业中不安全、不卫生的情况有了很大改变，伤亡事故、职业疾病的发生比例也有了明显下降。

（一）事故种类及发生原因

大规模经济建设开始以后，由于职工劳动条件改善跟不上生产发展的需要，职工伤亡事故非常严重。据不完全统计，1952年全国工伤死亡2736人，1953年死亡3400人，1954年死亡2953人，1955年死亡3023人，1956年死亡3177人。[①] 从各地上报的材料来看，当时全国工伤事故有下述特点：第一，因工伤亡人数与事故次数，历年来均以煤矿系统为首，建筑系统次之，再次为五金冶炼与交通运输业，林业占第四位。第

---

① 中国社会科学院、中央档案馆编：《中华人民共和国经济档案资料选编（1953—1957）》（劳动工资和职工保险福利卷），中国物价出版社1998年版，第789—792页。

二，从企业的社会性质来看，以私营企业中的伤亡事故最为严重，其次是地方国营企业。第三，在各种事故中，以爆炸事故造成的危害最为严重，尤其是瓦斯与火药的爆炸，一再造成重大的伤亡与损失。第四，从事故发生的原因分析，因没有制定安全技术规程或规程制度不健全、贯彻不力，技术管理不善或技术指导错误，仅凭经验进行操作所造成的伤亡事故为最多；同时，随着生产的发展大量新工人涌入工厂、矿山，而企业管理方面未能加强对新工人的现场安全操作教育与经常指导，因而新工人在工作中发生事故的比重很大。第五，在事故的处理上，大部分只责备不幸受伤的职工，把责任推到工人身上，而对企业管理上存在的各种可能产生伤害事故的真正原因反而看不到。有些单位对事故责任者处分的面太宽，厂内各级领导人员直至具体操作的工人，大都受到了处分，而主要责任者与次要责任者没有加以区分，以致使事故的处理往往失去了教育意义。

可以看出，当时伤亡事故频繁的根本原因，首先是企业中的劳动保护工作跟不上生产发展的要求，也就是社会主义"关心人"的企业管理原则尚未得到切实贯彻。一方面，"安全生产"的口号虽然叫了几年，但企业行政的安全责任制尚未贯彻落实，以致安全教育流于形式，工人缺乏安全操作的知识。另一方面，由于技术管理不善，企业管理干部不愿意或不会科学地、合理地组织劳动，经常要工人加班加点，导致工人过度疲劳，丧失了对事故的警惕性。其次，群众劳动保护工作薄弱，各级工会组织的劳动保护机构还没有系统地建立起来，在防止工伤事故方面不能发挥群众监督作用，也是伤亡事故频繁的原因之一。最后，劳动保护干部数量不足，业务和技术水平不高，工人缺乏安全技术与生产卫生的科学知识，劳动保护科学技术研究工作开展不足，许多危害工人安全健康的关键问题技术上无法解决，也在一定程度上使预防工伤事故的工作遇到困难。

以上情况表明，随着大规模经济建设的进行和各种劳动竞赛活动的开展，各种工伤事故开始增多，已经严重影响到广大职工的身心健康；建立职工劳动保护制度、加强劳动保护措施成为摆在政府和企业面前的一件大事。

（二）加大劳动保护法规的建设力度

针对某些企业和企业主管部门对贯彻安全生产的方针仍然重视不够，同时国家还缺乏统一的劳动保护法规和完整的监察制度等问题，1956年5月，国务院同时颁发了《工厂安全卫生规程》《建筑安装工程安全技术规程》《工人职员伤亡事故报告规程》三个劳动保护的法规。这三个劳动保护法规集中了几年来我国劳动保护工作的经验，用法令的形式把这些经验肯定下来，使厂矿企业改进和加强劳动保护工作有了统一的依据和准则，使职工群众能够更好地监督和支持这一工作的深入开展。

改善劳动条件，保障职工在生产中的安全与健康，是社会主义制度优越性的一个鲜明标志。国务院所颁布的这三个规程，充分表明了党和政府对职工群众的人文关怀。《工厂安全卫生规程》要求我国所有的大型工厂都要做到清洁和有秩序的文明的生产。它对厂院、工作场所环境，机械、电气设备的安装与操作，锅炉、气瓶的检验与使用，气体、粉尘和危险物品的存放，供水的检验与管理，生产辅助设施的建设与使用以及个人防护用品的供给和质量等问题，做出了详细的规定。《建筑安装工程安全技术规程》要求各建筑企业必须加强施工中的安全技术措施与施工组织措施，在充分考虑施工安全的基础上合理地布置施工现场，妥善地安排工序和采取正确的施工方法，合理地提出组织施工的各项具体方案，从而保障职工在施工中的安全和健康。《工人职员伤亡事故报告规程》明确规定了企业领导对伤亡事故应负的责任，也明确规定了劳动部门和工会组织对这一工作的监督检查职权以及负伤频率和负伤严重率的统计指标等，这就促使厂矿企业能够认真负责地对伤亡事故进行调查、登记、统计、分析和报告，惩处迟报、漏报和隐瞒不报的现象，有利于企业切实采取有效的措施以避免类似的事故重复发生。总之，这三个劳动保护法规的发布，是我们国家具体地实行"安全生产"方针的重要法令，也成为当时处理企业中劳动保护问题的法律依据。

除此之外，这一时期中央还颁发了一些其他的劳动保护法规。例如，1955年8月国务院颁布的《关于限制公私企业加班加点的暂行规定》，对企业的加班加点现象予以严格限制，有利于保护职工的身体健康，促进企业管理水平和劳动生产率的提高。1956年1月经国务院批准由劳动部颁布了《关于防止沥青中毒的办法》，对沥青装卸、搬运和使用中的程序标准和防护要求，做出了细致规定。1956年5月国务院颁布的《关于防止厂矿企业中矽尘危害的决定》，对石英粉的研磨技术、通风条件、空气含尘指标、防尘用品、产品包装、健康检查等问题，提出了明确规定，为减轻或消除厂、矿企业中矽尘的危害，保护职工的安全与健康，起到良好作用。

(三）实行安全技术劳动保护的计划制度

在国家开展大规模经济建设之后，为使劳动保护工作随着生产的发展，逐步走向计划化，通过建立正常的工作秩序以适应生产发展的需要，贯彻安全生产方针，编制安全技术劳动保护措施计划就显得非常必要。1953年11月，中财委向各企业主管部门提出了在编制1954年生产财务计划的同时应该做出安全技术劳动保护措施计划的建议。劳动部也函告各地劳动局督促协助厂矿企业制订安全技术劳动保护措施计划。在此建议背景下，据对9个省区24个城市的935个厂矿企业的调查，1954年已制订了安全技术劳动保护措施计划的企业，占被调查企业数的66.63%；在产业系统中，铁道部占89.3%，一机部占85.96%，二机部占70%，重工业部所属单位大部分制订了劳动保护计划。

1954年11月，劳动部正式下发了《关于厂矿企业编制安全技术劳动保护措施计划的通知》，对编制计划的项目范围、职责、程序及经费等方面的问题，提出了明确的规定。该《通知》指出，各厂矿企业在每年编制生产财务计划时，应将安全技术劳动保护措施计划列入并同时进行编制；项目范围包括以改善劳动条件、防止工伤、预防职业病和职业中毒为主要目的的一切技术组织措施；基层工会和行政应签订协议书或合同，报送上级备案，并向职工公布，按季进行检查，监督与保证计划的贯彻执行。

自上述通知发布后，在中央各部的重视与督促下，安全技术劳动保护措施计划的编制工作开始引起了全国各地厂矿企业的高度注意。从1955年开始，一般都在编制生产财务计划的同时，编制了安全技术措施计划，并积极付诸实施。据对13个省和3个直辖市的不完全统计，1956年9月已有1572个企业单位，在编好计划的基础上签订了劳动保护协议书。事实证明，计划编制较好的单位不仅具体体现了安全生产的方针，而且克服了劳动保护工作中"头痛医头、脚痛医脚"的被动现象。同时，由于许多企业把安全技术劳动保护措施计划列入生产技术财务计划中，也使劳动保护工作逐步纳入正常秩序，这对于加强计划管理和技术管理，起到了一定的作用，对于安全生产责任制的建立与加强也提供了有利条件。

（四）建立劳动保护的监督组织机构

为了能够把国务院和劳动部提出的各项劳动保护要求落到实处，使企业职工的劳动保护制度发挥作用，建立劳动保护组织机构就显得十分必要。为此，中华全国总工会第六届执行委员会常务委员会第 76 次会议，曾于 1954 年通过了《工会基层组织劳动保护委员会组织通则》，要求在工会基层积极建立或健全劳动保护委员会，培养专职的主任委员，具体负责领导劳动保护工作，配合并监督企业行政遵守劳动保护法令。1956 年 3 月，中华全国总工会又颁发了《工会基层（车间）委员会劳动保护工作委员会组织条例》。《条例》规定，在工会基层（车间）委员会下建立由 3—21 人组成的劳动保护工作委员会，委员由工会基层委员会聘请劳动保护检查员、先进生产者、工程技术人员和其他积极分子担任。与前述《组织通则》要求成立的劳动保护委员会相比，这次《组织条例》要求成立的劳动保护工作委员会，其地位更加独立，不再承担协助和配合企业行政方面的工作，而是专门监督企业行政执行劳动保护法令、安全技术与工业卫生规程和标准，保证职工的安全和健康的组织机构。

根据《组织条例》的规定，劳动保护工作委员会设主任委员一人，并可设副主任委员若干人。主任委员由工会基层（车间）委员会的委员担任，企业行政各级领导人员和安全技术干部不得担任正、副主任委员的职务。该委员会有权视察工作地点和向企业行政部门索取有关劳动保护的文件，其职责主要是：监督企业遵守关于工时、休息、休假、女工和未成年工等劳动保护法令，检查加班加点是否合法；参加拟订劳动保护协议书和集体合同的工作并定期检查其执行情况；按照卫生要求，监督企业行政在工作地点安设通风、照明装置，督促企业采取有效措施消除工作场所的粉尘、有毒气体和高温；检查生活用室的卫生状况；监督企业行政切实改进安全设施，检查工具、机床、机械和各种设备的安全装置是否完善；监督企业对工人进行安全操作方法的指导和训练；监督企业行政按照规定及时供应工人质量合格的个人防护用具、清洁用水和保健食品；宣传国家劳动保护法令，普及安全卫生知识，推广安全操作的先进经验；监督企业及时实现劳动保护检查员的正确建议；监督企业及时正确地登记并统计工伤事故和职业病，研究其发生的原因，督促企业采取有效措施加以防止，并检查其执行情况；参加拟订并审查企业行政季节性的劳动保护措施计划，并检查其执行情况。工会基层劳动保护工作委员会的成立，对国家劳动保护法令的执行和落实起到了积极的推动作用，促进了全国各地劳动保护工作的蓬勃发展，维护了职工的利益和健康。

1953—1957 年中国的就业和工资福利政策是为重工业优先发展战略

服务的。中国作为一个经济基础极度薄弱的新独立的发展中大国,为了保证国家安全和打破"重工业"瓶颈,确立优先发展重工业战略是合理的、必要的。但要把这种战略贯彻下去,就不可能主要依靠市场来引导资源配置,只能通过中央高度集权的计划分配机制来配置资源。在这种要求下,劳动就业和工资福利的变化,首先要求为发展重工业积累资金服务,其次要与整个国家的计划经济体制相匹配。于是,在这个领域就出现了以下几个特点:一是用城镇劳动力的全面就业来维持社会稳定,二是用城镇职工工资的低水平来保障资金积累,三是用城镇职工的多福利来调动生产积极性,四是用严格的劳动保护来减少生产损失,五是用城乡劳动力市场的分割来支持城镇经济的发展。正因如此,"一五"计划时期我国劳动就业和工资福利工作的运行,就只能是在城镇开展。